Danielle Graf / Katja Seide

Das gewünschteste Wunschkind aller Zeiten treibt mich in den Wahnsinn

Babys verstehen und gelassen begleiten

Danielle Graf / Katja Seide

Das gewünschteste Wunschkind aller Zeiten treibt mich in den Wahnsinn

Babys verstehen und gelassen begleiten

BELTZ

MIX
Papier aus verantwortungsvollen Quellen
FSC www.fsc.org FSC® C089473

Klimaneutral
Papier
ClimatePartner.com/13732-1910-1001

Dieses Buch ist erhältlich als:
ISBN 978-3-407-86766-7 Print
ISBN 978-3-407-86767-4 (EPUB)

1. Auflage 2023

Illustration: Annika Botved, www.penimals.de
Lektorat: Katharina Theml, Büro Z, Wiesbaden/Petra Dorn
Umschlaggestaltung: www.anjagrimmgestaltung.de

Bildnachweis: Baby: © Palina Liashkovicht/Stocksy
Hintergrund: © Jakob Lagerstedt/Stocksy
Mütze: © Maria Symchych/Shutterstock.com

Herstellung: Sarah Veith
Satz: Publikations Atelier, Dreieich
Layout: www.anjagrimmgestaltung.de
Druck und Bindung: Beltz Grafische Betriebe, Bad Langensalza
Beltz Grafische Betriebe ist ein klimaneutrales Unternehmen
(ID 15985-2104-100)
Printed in Germany

Weitere Informationen zu unseren Autor*innen und Titeln finden Sie unter: www.beltz.de

Für Monika und Thomas,
die liebevollsten Großeltern,
die sich ein Kind wünschen kann.
Danke. Für alles!
Katja

Für meine beste Freundin Shirley.
Danke, dass du immer da bist.
Danielle

@kriegundfreitag Ein Baby anzuziehen, ist, wie einen schreienden Zauberwürfel zu lösen.

Inhalt

Bindung

Stillen

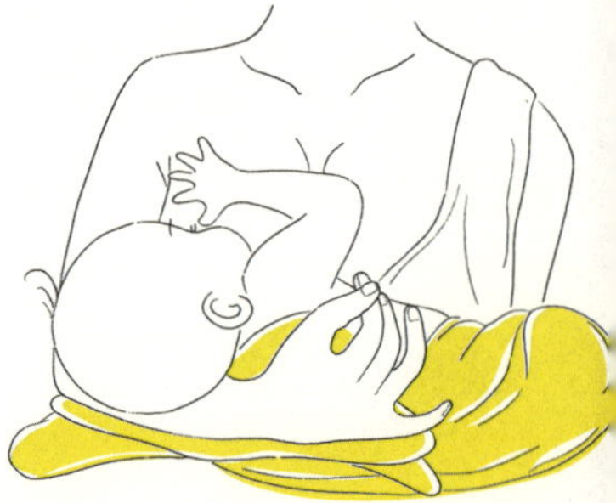

Beikost einführen

Weinen und schreien

Schlafen

Einleitung

»Du … meine Schwägerin ist echt komisch …«, flüsterte mir meine Freundin Maria verschwörerisch im Matheunterricht zu. »Sie und mein Bruder lassen ihr Baby bei sich im Bett schlafen!« Marias Bruder war zehn Jahre älter als sie und gerade Papa geworden. »Eeeewww!«, entfuhr es mir. – »Ja, oder?«, fühlte sich Maria durch meine Reaktion bestätigt. »Das ist doch voll unnormal. Aber sie will das Kind auch mehr als sechs Monate stillen.« Ich verzog das Gesicht. »Warum?!«, flüsterte ich verblüfft. »Ja, keine Ahnung, ich sag doch, die ist komisch. Voll Öko!« – »Voll!« – »Gibt es etwas, was Sie mit der Klasse teilen wollen, Katja, Maria?«, fragte unsere Mathelehrerin genervt von vorn. Zwei rot anlaufende Sechzehnjährige schüttelten kichernd den Kopf und wandten sich wieder ihren Aufgaben zu. Im Rückblick war das der erste Moment in meinem Leben, in dem ich mit bindungs- und beziehungsorientierter Elternschaft in Berührung kam. Ich fand es mehr als seltsam. *So* eine Mutter würde ich schon mal nicht werden.

Um es kurz zu machen: Wurde ich doch.

Doch dass das passieren würde, war mir lange nicht klar. Selbst noch in der Schwangerschaft war ich vollends davon überzeugt, dass mein Kind im eigenen Bettchen schlafen würde. Okay, vielleicht im Beistellbett. Es würde von Anfang an lernen, nach dem Spielen die Spielsachen wegzuräumen, es würde beim Essen nicht matschen und sich selbstständig anziehen, sobald es motorisch dazu in der Lage war. Helfen würde ich nur bei Dingen, die es wirklich noch nicht konnte. Ich malte mir aus, wie es als Baby zufrieden gurgelnd auf der Krabbeldecke läge, während ich ganz selbstverständlich nebenbei all die Dinge erledigen würde, die in den letzten Jahren so liegen geblieben waren. Fotos in Fotoalben kleben, Steuerunterlagen ordnen, die Unterrichtsmaterialien im Arbeitszimmer sichten und aussortieren, vielleicht promovieren, jagen, fischen, imkern ... Ach nein, das war jemand anderes.*

Ich hatte lange darum kämpfen müssen, schwanger zu werden und zu bleiben. Danielle und ich lernten uns 2009 in einem Kinderwunschforum im Internet kennen und freundeten uns dort lose virtuell an. Danielles erstes Kind wurde 2009 geboren. Mein erstes Kind 2010. Die Geburten unserer Erstgeborenen waren bei uns beiden der langersehnte Abschluss eines jahrelangen, harten Kinderwunschweges mit unseren jeweiligen Partner*innen. Mit meiner neugeborenen Tochter Carlotta im Arm schrieb ich damals überglücklich an all meine Freund*innen: »Das gewünschteste Wunschkind aller Zeiten ist da!« Endlich. Happy End.

Doch schon bald stellten Danielle und ich unabhängig voneinander fest, dass so ein Baby nicht nur Freude macht, sondern ein Knochenjob sein kann, wenn man nicht weiß, was man tut. Da war nichts mit friedlich gurgelnd auf der Decke liegen! Pah! Carlotta dachte gar nicht daran. Carlotta wollte bei mir sein, wollte im Arm gehalten werden, wollte auf mir schlafen, auf mir leben. Ich schaffte nicht nur nicht das, was ich mir vorgenommen hatte – Fotoalben, Steuer, Unterrichtsmaterialien –, ich schaffte es nicht einmal, zu duschen oder etwas Warmes zu essen! Ich fragte mich ernsthaft, wie Menschen mit mehreren Kindern überhaupt noch zu etwas kommen. Ein Kind ist kein Kind? Nicht in meiner Welt.

Bei Danielle lief es nicht besser. Danielles Tochter Sophie war ein Schreikind, und Danielle rutschte, ohne es zunächst zu merken,

* Christian Lindner sagte 2022 sinngemäß in einem Gespräch mit einem Redakteur der »Zeit« er wolle sich die Elternzeit mit seiner Frau aufteilen. Für seine Zeit hätte er schon Vorstellungen: Er wolle Bücher schreiben, vielleicht promovieren, jagen, fischen, imkern.

in eine nachgeburtliche Depression. Sie hatte gedacht, sie würde schon wissen, was zu tun sei, da sie doch sicher von ihrem Bauchgefühl geleitet werden würde. Sie hatte sich gut vorbereitet gefühlt. Trotzdem schrie die kleine Sophie über Stunden jeden Tag. Meine Tochter Carlotta schrie nur in den Abendstunden, aber da ich damals noch nicht wusste, dass das etwas ist, was bei allen Babys vorkommt, war ich fast außer mir vor Sorge und fürchtete, wir Eltern würden etwas falsch machen. Fünf Wochen nach der Geburt, nach einem besonders schreiintensiven Abend, war ich so am Boden, dass ich meiner besten Freundin recht verzweifelt und resigniert »Das gewünschteste Wunschkind aller Zeiten treibt mich in den Wahnsinn!« simste. Mir das einzugestehen, war gar nicht so leicht. Welche Mutter ist denn von ihrem Baby überfordert, mmh? Nun: diese hier.

Rückblickend wissen wir, dass uns einfach Hintergrundwissen zu dem, was Babys können und was nicht, fehlte. Wir hatten immer nur die friedlich schlummernden Babys gesehen, deren Mütter genüsslich im Café einen Latte macchiato tranken und sich entspannt unterhielten. Daher gingen wir wie selbstverständlich davon aus, dass auch wir zu ihnen gehören würden. Heute wissen wir: Auf jedes friedliche Café-Baby kommen mindestens zehn schlecht schlafende Säuglinge, die von ihren Eltern verzweifelt zu Hause herumgetragen oder auf dem Pezzi-Ball gewippt werden, damit sie doch bitte, bitte noch ein bisschen weiterschlafen. Diese oft quengeligen und nörgeligen Kinder sehen wir in unserer Gesellschaft draußen auf der Straße, in den Geschäften oder Restaurants eher selten, weswegen wir sie für eine Ausnahme halten. Doch oft trauen sich die Eltern »schwierigerer« Babys einfach nicht aus dem Haus, weil sie Angst haben, ihre Mitmenschen mit dem Geschrei zu stören. Uns ging das jedenfalls genauso! Ihnen vielleicht auch?

Hilfe und Austausch fanden Danielle und ich bei den anderen User*innen des Kinderwunschforums. Es schien fast so, als würden alle Neueltern das durchmachen, was wir durchmachten. Es wurde ein Unterforum für Babybelange gegründet. Wir wurden eine eingeschworene Gemeinschaft, die Abend für Abend im Bett neben ihren Säuglingen lag und sich im virtuellen Forums-Dorf über Probleme und deren Lösungen austauschte. Manchmal stritten wir uns auch, wie das so ist, im Internet. Durch die gegenseitige Hilfe wurde unser Umgang mit unseren Wunschkindern sicherer. Bald waren Danielle und ich es, die neuen Eltern im Forum Tipps geben konnten. Dabei stellten wir fest, dass sich die Fragen durch Neuzugänge im Forum immer wieder wiederholten: Warum schläft mein Baby nicht einfach so ein? Warum kann ich mein Baby nicht ablegen, es wacht dabei immer wieder auf? Warum schreit es so lange am Abend, und wie schaffe ich es, mein Baby zu beruhigen? Danielle und ich trafen uns zu diesem Zeitpunkt – Januar 2013 – zum ersten Mal in der realen Welt. Bei einem Kaffee beschlossen wir, die Antworten auf die brennendsten Fragen einmal ganz ausführlich aufzuschreiben, mit allen Details, die wir in Fachbüchern dazu finden konnten, um dann darauf verweisen zu können und nicht immer wieder neu im Forum schreiben zu müssen – unser Blog wurde geboren. Am Tag des Launches im Februar 2013 hatten wir sage und schreibe 2000 Zugriffe, und es wurde in den nächsten Wochen, Monaten und Jahren auch nicht weniger, sondern mehr. Immer wieder wurden wir im Laufe der nächsten Jahre im Forum gebeten, doch ein Buch zu schreiben, da unsere Blogtexte als hilfreich empfunden wurden.

Gesagt, getan. 2016 erschien unser erstes Buch im Beltz Verlag. Als wir mit dem Schreiben begannen, gab es allerdings bereits etliche gute Bücher zur bindungsorientierten Elternschaft im ersten Lebensjahr. Wie Babys »geborgen wachsen«, beschrieb nicht nur Susanne Mierau, sondern auch Dr. Herbert Renz-Polster, Nicola Schmidt, Julia Dibbern, Jesper Juul, William Sears, Dr. Remo Largo, Alfie Kohn und viele andere. Nora Imlau hatte mit ihrem Buch *Crashkurs Baby* aus unserer Sicht sogar einen so perfekten Ratgeber geschrieben, dass wir für etliche Jahre fanden, es sei alles zum Thema Baby gesagt. So entschieden wir uns, unser erstes Buch stattdessen zur Autonomiephase zu schreiben, weil es bis dahin keine Bücher für diese Altersspanne gab, die die beziehungs- und bedürfnisorientierte Elternschaft nach dem ersten Geburtstag beschrieb. Unser Buch traf einen Nerv bei Eltern und wurde bald über 400 000 Mal verkauft. 2018 und 2020 kamen unsere Bücher *Gelassen durch die Jahre 5–10* und *Das Geschwisterbuch* hinzu, die ebenfalls auf den vorderen Plätzen der Bestsellerlisten landeten.

Der Grund, warum unsere Bücher so vielen Eltern, Großeltern und pädagogischem Personal helfen, liegt unseres Erachtens darin, dass wir erst einmal die gleichen Fehler wie alle machen. Wie ein Großteil der Eltern da draußen sind wir erst einmal verwirrt, wenn ein neuer Lebensabschnitt bei unseren Kindern beginnt und sie neue Verhaltensweisen an den Tag legen. Und dann kommt es vor, dass wir ungünstig oder falsch reagieren und mit unseren Kindern in Konflikte geraten. Dann halten wir inne, blättern in Fachbüchern, analysieren die Situationen, schauen hinter ihr und unser Verhalten und erkennen, was besser gewesen wäre. Wir passen unsere Reaktionen an die neue Realität an und schreiben hinterher darüber, was uns und unseren Kindern geholfen hat.

Mit diesem Buch kehren wir an unsere Anfänge zurück: Wir schreiben über Babys. Mittlerweile haben wir das Gefühl, dass wir Ihnen als Leser*innen trotz der vielen guten Babybücher auf dem Markt einen bindungs- und beziehungsorientierten Ratgeber mit Mehrwert geben können. Denn wir werden genau auf die Fragen eingehen, die alle Neueltern im alten Kinderwunsch-Elternforum immer wieder stellten, die uns selbst im ersten Babyjahr unter den Nägeln brannten und auf die es, wie wir finden, noch nicht genügend fundierte Erklärungen in anderen Ratgebern gibt.

Im ersten Teil des Buches werden wir tiefergehend auf das Thema Bindung zu sprechen kommen. Bindung ist das Fundament, auf dem eine gute Eltern-Kind-Beziehung sicher und stabil aufgebaut wird, und sie bildet deshalb auch den gedanklichen Rahmen für unser gesamtes Buch. Wir werden beschreiben, was es braucht, um dieses emotionale Band gut wachsen zu lassen, erklären, was Feinfühligkeit bedeutet, und warum Babys manchmal einen Elternteil scheinbar ablehnen. Wir werden auch aufzeigen, warum es wichtig ist, ein Baby nicht nur liebevoll zu umsorgen, sondern es auch loszulassen, damit es eigene Erfahrungen machen kann.

Anschließend werden wir auf das Thema Stillen beziehungsweise Fläschchengeben sowie auf die Einführung von Beikost zu sprechen kommen. Unsere Kinder wissen zwar, wann und wie viel Hunger sie haben und wie sie saugen müssen, um die Milch fließen zu lassen, doch meist können wir Eltern durchaus ein paar Tipps und Tricks rund um das schmerzfreie Anlegen, das ergonomische Halten und vieles mehr gebrauchen. Auch das bindungsorientierte Füttern soll in diesem Kapitel nicht zu kurz kommen.

Im Kapitel »Schreien« gehen wir auf Nah- und Fernsignale ein – ein wichtiges Wissen, das bisher nur wenig ausführlich beschrieben wurde. Denn Babys schreien erst, nachdem sie uns beharrlich ca. 30 Minuten lang anderweitig gezeigt haben, was sie brauchen. Sie ruscheln und wuscheln und reißen die Äuglein auf, strecken die Zunge raus, drehen ihr Köpfchen … und wir kapieren es einfach nicht. Kein Wunder – wer wächst denn heute noch in einer Großfamilie auf? Wer von uns hat schon viel Erfahrung mit so kleinen Kindern und ihren Signalen, bevor das eigene Baby kommt? Die wenigsten. Deshalb haben wir genau aufgeschlüsselt, welche Nahsignale Kinder aussenden, was sie damit sagen wollen und wie man am besten darauf reagiert. So können Sie viele Schreiperioden Ihres Kindes schon von Anfang an vermeiden. Wir helfen Ihnen also, feinfühlig und prompt zu reagieren, was wichtig für die Eltern-Kind-Bindung ist. Die Antworten darauf, warum Babys abends so oft und lange weinen, wie man mit Schreibabys umgehen kann und warum wir unsere Kinder besser nicht absichtlich schreien lassen sollten, runden das Kapitel ab.

Anschließend widmen wir uns dem großen Thema »Schlaf«. Wir erklären unter anderem, warum wir Menschen überhaupt schlafen müssen, warum unsere Babys erst nicht ein- und dann nicht durchschlafen können, warum sie immer wieder aufwachen, wenn wir sie ablegen wollen, und warum sie beim Schlafen so klingen, als läge eine ganze Herde Büffel schnorchelnd und schniefend neben uns.

Neben den Dauerbrennern »Mein Baby schreit!« und »Mein Baby schläft einfach nicht!« gehen wir im Laufe des Buches auch auf Schwierigkeiten ein, die man als Neueltern vielleicht durchmacht. Das Leben mit einem Baby ist nicht nur eitel Sonnenschein. Klar, Babys sind super und wir lieben sie! Aber manchmal wird man als Elternteil auch wütend oder eifersüchtig. Man ist müde, genervt, fühlt sich eingeengt. Einige Menschen bereuen es sogar – bei aller Liebe zu ihren Kindern –, Eltern geworden zu sein. Das sind Tabuthemen, die kaum jemand anspricht. Und doch kommen sie vor. Deshalb werden wir ihnen in unserem Buch Raum geben. Das heißt nicht, dass Sie dieses Kapitel brauchen werden. Vielleicht schweben Sie auf Wolke 7 und alles ist gut. Dann überblättern Sie diese Seiten ruhig. Aber wenn wir mit unseren Erklärungen nur *einen* Elternteil erreichen und beruhigen können, haben wir unser Ziel schon erreicht.

Im letzten Teil des Buches beschäftigen wir uns ausführlich mit der kognitiven, motorischen und sprachlichen Entwicklung innerhalb der ersten 18 Monate und dem freien Spiel, welches für den Ausbau aller dieser Fähigkeiten und Kompetenzen unabdingbar ist. Den Abschluss des Buches bildet »Babygesundheit von A-Z«. Dass Kinder nicht an den Waschmittel- oder Putzschrank gelangen dürfen, weil Putzmittel häufig giftig sind, weiß wahrscheinlich jede und jeder. Dass man heiße Getränke nicht so hinstellen darf, dass ein Kleinkind diese erreichen, herunterziehen und sich damit verbrennen könnte, auch. Doch hat man noch keine Kinder, gibt es eine Vielzahl an ebenfalls wichtigen Informationen, die einfach an einem vorbeigehen, weil sie nicht relevant fürs eigene Leben sind. Bekommt man dann sein erstes Kind, wird einem leider nicht sofort im Krankenhaus ein Merkzettel ausgehändigt, der über bestimmte Gefahren aufklärt, und man fühlt sich recht alleingelassen mit der Aufgabe, das eigene Kind am Leben zu halten. Wir wollen Ihnen deshalb am Ende des Buches ein paar »Basics« über Dinge vermitteln, die entweder schädlich, ungesund oder sogar tödlich für Ihr Baby sein können oder die zwar an sich relativ harmlos sind, aber so krass aussehen, dass Sie als Eltern Todesangst um Ihr Kind haben könnten. Alle Punkte, die wir in diesem Kapitel ansprechen, sind das gesammelte Wissen und der gesamte Erfahrungsschatz von Eltern aus unserem Blog und wurden von Ärzt*innen und Rettungssanitäter*innen bestätigt und ergänzt.

Wie für all unsere Bücher haben wir auch für dieses intensiv recherchiert. Wir haben mit Kinderärzt*innen, Psycholog*innen, Spielforscher*innen, Erziehungswissenschaftler*innen, Bindungsforscher*innen, Schlafexpert*innen, Ernährungswissenschaftler*innen, Gehirnforscher*innen und sehr, sehr vielen Eltern gesprochen, Sekundärliteratur gewälzt und Erklärungen für all die überraschenden Verhaltensweisen von Babys gesucht und gefunden. Für das Kapitel »Mit Herausforderungen der Elternrolle umgehen« hatten wir professionelle Unterstützung von Dipl.-Psych. Eva Heimke, Psychologin (M.Sc.) Isabel Huttarsch und Kinder- und Jugendpsychiater Dr. med. Oliver Dierssen.

Vielen Dank an dieser Stelle an alle Personen, deren Erfahrungen und Expertise in dieses Buch eingeflossen sind!

Herausgekommen ist unserer Meinung nach ein fundierter bindungs- und bedürfnisorientierter Ratgeber. Einer, den wir selbst als Jungeltern gebraucht hätten. Alle Ratschläge, die wir Ihnen geben, sind von uns selbst und unzähligen unserer Blogleser*innen erprobt und für gut befunden. Nicht alle Tipps und Tricks funktionieren bei allen Babys, logisch, aber insgesamt werden Sie hoffentlich so viel Inhalt aus unserem Buch mitnehmen, dass Ihnen das Zusammenleben mit Ihrem Kind leichter fällt. Unser Buch ist für alle Eltern, die, wie wir, unsicher ins Abenteuer Baby gestartet sind. Für die, deren Babys nicht von Anfang an perfekt durchschlafen. Für die, deren Kinder in den Babykursen am lautesten schreien. Für die, deren Babys den liebevoll gedünsteten Pastinakenbrei einfach verweigern. Für alle, die ihr Kind unglaublich lieben und trotzdem manchmal vom Elterndasein genervt sind. Für alle Eltern, die beim Herausgehen aus dem Krankenhaus oder dem Geburtshaus dachten: »Ach du Scheiße! Die können uns doch nicht einfach unser Baby mitgeben, wissen die denn nicht, dass wir keine Ahnung haben?!« Machen Sie sich keine Sorgen. Es sind schon viele Eltern vor Ihnen genauso gestartet.

Wir sind für Sie da. Gemeinsam schaffen wir das.

Bindung

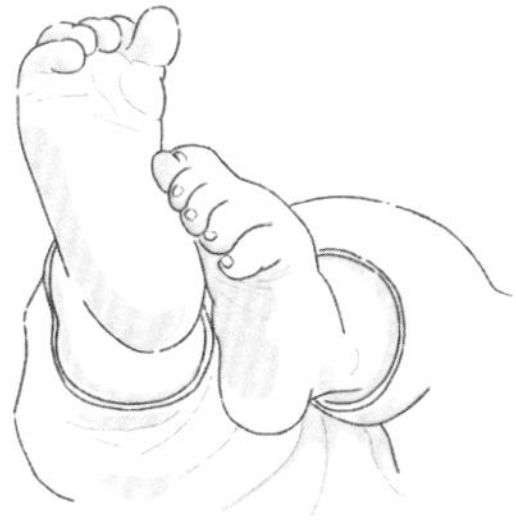

Das Elixier der Kindheit

Bindung wird beschrieben als ein imaginäres emotionales Band, welches zwei Menschen auf spezielle Art und Weise miteinander verbindet und selbst über Raum und Zeit hinweg bestehen bleibt.[1] Laut John Bowlby, dem Begründer der Bindungstheorie, werden alle Babys dieser Welt mit einer genetisch in ihnen verankerten Bereitschaft, sich eine Bindungsperson zu suchen, geboren. Denn nur, wenn es dem Kind gelingt, einen (erwachsenen) Menschen davon zu überzeugen, sich um sein Wohlergehen zu kümmern, kann es überleben. Schon die Kinder unserer urzeitlichen Vorfahren haben Bindungsverhalten wie Weinen, Anklammern und Nachlaufen gezeigt, um beim Weiterziehen der Horde nicht zurückgelassen zu werden. Das Aussenden von Bindungssignalen war und ist eine bedeutende Überlebensstrategie für unsere Kinder, die aufgrund ihrer physiologischen Unreife bei der Geburt nicht in der Lage sind, für sich selbst zu sorgen oder zumindest ihren Müttern hinterherzulaufen, wie es beispielsweise Jungpferde tun.[2]

Ist Bindung einmal aufgebaut, verkörpert sie auch das uneingeschränkte Vertrauen darauf, dass ein anderer Mensch uns schützen und umsorgen wird.[3] Mit dieser Anlage zum Vertrauen werden wir Menschenkinder geboren. Wir kommen mit einem positiven, zuversichtlichen Blick auf unsere Welt auf die Welt. Die Bindungsperson, die ein Baby schließlich unbewusst wählt, muss nicht mit ihm verwandt sein – es sucht sich schlicht und ergreifend diejenige Person heraus, die sich am verlässlichsten und am feinfühligsten um seine grundlegenden Bedürfnisse kümmert. Feinfühligkeit erklären wir gleich noch genauer, aber kurz gesagt bedeutet es, die Signale des Babys richtig zu decodieren und zeitnah darauf einzugehen. Nicht nur Hunger, Müdigkeit, Schmerz und eine volle Windel werden von dem kleinen Menschlein zur Sprache gebracht, vielmehr geht es auch um Körperkontakt, Wärme und Schutz. Eltern von Neugeborenen oder andere dem Kind nahestehende Menschen müssen zunächst durch Versuch und Irrtum herausfinden, was sein Weinen, Jammern, Knötern und Schreien zu bedeuten haben. Zu Beginn ist das Team Familie natürlich noch nicht eingespielt. Das macht aber nichts! In einem Wechselspiel zwischen Eltern und Kind lernen beide Seiten, die Signale sicherer zu entschlüsseln. Schon nach ein paar Wochen gelingt es den meisten Bindungspersonen, anhand von kleinen Körpersignalen oder der Stimmlage des Weinens zu erkennen, ob das Baby müde oder hungrig ist, ob es sich langweilt oder frustriert ist, weil es gern etwas greifen möchte, das aber noch nicht schafft. Je besser diese Decodierung klappt, desto stärker wird das Band der Bindung zwischen Eltern und Kind.[4]

So einen Prozess hat auch Marie mit ihren Zwillingen erlebt:

Ich kann nicht bestätigen, dass die große Liebe, von der immer alle berichten, bei mir sofort nach der Geburt da gewesen wäre. Bei mir hat dieses Gefühl der Liebe, der Bindung und dieses »Wow, das sind meine Kinder!« erst richtig nach acht Wochen oder so begonnen. Seit die beiden mich aufmerksamer anschauen, lächeln, plappern und glucksen. Vorher war ich froh, sie auch mal aus der Hand geben zu können. Sie waren irgendwie so langweilige Säuglinge und gleichzeitig so bedürftig. Während des Entwicklungsschubs mit acht Wochen waren sie natürlich sehr weinerlich, und da hatte ich eher notgedrungen sehr viel Körperkontakt mit ihnen, zur Beruhigung. Ich glaube, dieses viele Kuscheln in Verbindung mit den neuen Fähigkei-

ten hat dann bei uns erst die Bindung zueinander ausgelöst. Mittlerweile sind sie fast zwölf Wochen, und nun sehen sie auch wie süße Babys und nicht mehr wie kleine Flughunde aus. Ich möchte sie nur noch knuddeln, lieb haben und bestaunen. Meine beste Freundin dagegen war von der ersten Minute an verliebt in ihren Sohn. Er ist gleichzeitig mit unseren Zwillingen geboren worden, ein paar Tage später. Ich habe ziemlich an mir gezweifelt, warum ich das nicht auch gefühlt habe. Ich glaube, ich musste vielleicht erst ankommen in der Mutterrolle und meine Kinder auch erst kennenlernen. Am Anfang hat es sich eher so angefühlt, als würde ich zwei fremde Babys babysitten. Süße Babys, klar! Aber irgendwie nicht meine. Jetzt schon. Jetzt ist die große Liebe und die Verbindung zu ihnen da.

Ein Kind kann an mehrere Personen gebunden sein, aber nicht an unendlich viele.[5] Die Bindungsbeziehungen sind nicht immer gleichrangig. Bei den meisten Kindern kann man eine eindeutige Hierarchie im Aufsuchen der Bindungspersonen bei Stress und Angst erkennen. Dieses Phänomen werden wir im nächsten Abschnitt näher erklären.

Die Bindungshierarchie

Für die seelische Gesundheit besteht bei Menschen eine biologische Notwendigkeit, sich mindestens an eine Person zu binden, das haben wir bereits ausgeführt. Bindung geschieht besonders stark im ersten Lebensjahr, hört dann aber nicht abrupt auf, sie wird auch in den nächsten Entwicklungsjahren zu verschiedenen anderen Menschen aufgebaut. Zunächst aber bindet sich ein Baby an eine Hauptperson – normalerweise ganz klischeehaft an die Mutter, da sie sich in den meisten Familien am stärksten kümmert. Sie wird dann Bindungsperson Nummer 1, oder primäre Bindungsperson. In dieser Position kann sie das Baby in Stresssituationen am besten beruhigen und wird bei angstvollen oder schmerzhaften Erfahrungen vom Kind bevorzugt. Dieser Hauptbindungsperson untergeordnet sind andere Bindungsbeziehungen, beispielsweise zum Vater, zur Co-Mutter, zu den Geschwistern, zu den Großeltern oder der Tagesmutter. Im normalen Alltag ist es erst einmal egal, wo genau die anwesende Bindungsperson auf der Bindungshierarchie steht. In Situationen, die für das Baby angenehm und entspannt sind, reicht die Sicherheit dieses emotionalen Bandes allemal aus. Gerät das Baby jedoch in Stress, lässt es sich von sekundären Bindungspersonen zwar durchaus beruhigen, wenn die Hauptbindungsperson nicht zur Verfügung steht – es dauert jedoch etwas länger.[6] Trotzdem sind diese sekundären Bindungen für das Kind wichtig und sollten unbedingt unterstützt werden. Dass das Beruhigen länger dauert, bedeutet nicht, dass es dem Kind auf ihrem Arm schlechter geht als auf dem Arm der Bindungsperson Nummer 1, aber es liegt in der Natur von Bindung, dass ein Baby in solchen Situationen immer die primäre Bindungsperson bevorzugen wird.

@FuchsMami Triff mich, wie ich auf allen vieren unter einer Wolldecke versteckt durch die Küche ins Wohnzimmer krabble, damit das Baby mich nicht sieht und anfängt zu weinen, sondern ruhig und zufrieden bei Papa liegen bleibt.

Manchmal machen junge Eltern den Fehler, Bindungspersonen auf den unteren Positionen der Bindungshierarchie zu wenig Bindungszeit mit dem Baby zu geben, eben weil das Baby schneller anfängt, bei ihnen zu weinen. Es gibt Väter, die das Baby sofort an die Mutter abgeben, wenn es anfängt, unruhig zu werden, und Mütter, die ihrerseits das Baby niemandem anvertrauen, aus Angst, dass es weinen könnte. Leider ist das ein sich selbst verstärkender Kreislauf: Je weniger Zeit die anderen Personen zum Bindungsaufbau haben, desto stärker protestiert das Baby, wenn es bei ihnen sein soll. Solange diese Bindungspersonen feinfühlig reagieren und die Bedürfnisse des Babys nicht absichtlich ignorieren (z. B. um es zu erziehen), darf die Bindungsperson Nummer 1 sich gern so weit zurückziehen, dass die anderen eine Chance zum Bindungsaufbau haben. Wir kommen darauf noch einmal am Ende dieses Kapitels zurück, wenn wir über die Nebenwirkungen der Bindungshierarchie sprechen. Grundsätzlich gilt: Je mehr sich die anderen Bindungspersonen um das Baby kümmern und auf seine Bedürfnisse eingehen, desto näher kommen sie der Bindungsposition Nummer 1. In manchen Familien, in denen sich die Eltern paritätisch kümmern, bemerkt man keinen Unterschied in der Bindungsposition der beiden Elternteile.

Doch lassen Sie uns nun erst einmal die Frage klären, wie sich eine sichere Bindung überhaupt entwickelt.

So entwickelt sich eine sichere Bindung

Menschliche Neugeborene kommen mit der angeborenen Kompetenz auf die Welt, genau zu zeigen, was sie im Moment brauchen. Sie nutzen dafür Bewegungen, Mimik, Pupillengröße, Gestik, Stimme und den Grad der Durchblutung ihrer Haut. Diese unbewussten Verhaltensweisen bringen Erwachsene dazu, Nähe, Kontakt und Umsorgung zu aktivieren, deshalb werden sie in der Wissenschaft »Bindungsverhaltensweisen« genannt.[7] Die allermeisten Erwachsenen reagieren ganz spontan, intuitiv und richtig auf diese Bindungsverhaltensweisen der Kinder, das heißt, sie erkennen die Zeichen und nehmen das Baby hoch, umsorgen und beeltern es. Man könnte denken, es wäre deshalb unnötig, hier lang und breit zu erklären, wie sich eine sichere Bindung aufbaut, doch leider haben bestimmte Erziehungsmethoden und unangemessene kulturgebundene Vorstellungen vom Kind und seinen Bedürfnissen in unserer kollektiven Vergangenheit diese natürlichen Reaktionen von Erwachsenen auf Babys etwas aus der Bahn geworfen.

Lassen Sie uns deshalb aufschlüsseln, welche Faktoren eine sichere Bindung begünstigen.

Feinfühligkeit

Wird ein Baby geboren, ist es den Eltern zunächst einmal »fremd«, das heißt, seine individuellen Vorlieben, sein Charakter, sein Temperament, seine genetischen und konstitutionellen Dispositionen, seine sensorischen, geistigen und motorischen Anlagen, der Grad seiner Erregbarkeit usw. sind den Eltern noch nicht bekannt. Sie haben zwar wahrscheinlich in der Schwangerschaft eine Annahme über ihr Kind aufgrund seiner Verhaltensweisen im Uterus aufgebaut, aber diese muss sich nicht unbedingt bestätigen, wenn es auf der Welt ist. Elterliche Feinfühligkeit besteht also zunächst einmal darin, alle Annahmen und Wünsche, die auf das Baby im Bauch projiziert wurden, loszulassen.[8] Das Baby kommt als eigenständige Person auf die Welt, und es gilt, diese vorurteilsfrei kennenzulernen. Nur wenn die Eltern diesen Fakt innerlich anerkennen, können sie wirklich feinfühlig auf ihr Kind eingehen.

Mary Ainsworth beschreibt Feinfühligkeit anhand von vier Merkmalen:[9]

- Die Eltern haben das Befinden des Babys immer im Blick, selbst wenn sie sich gerade um etwas anderes kümmern. Das heißt, sie haben keine zu hohe Wahrnehmungsschwelle, was die »leisen« Signale ihres Kindes angeht.
- Die Eltern können sich so in das Baby hineinversetzen, dass sie seine Äußerungen richtig interpretieren, und nicht gefärbt durch die Brille ihrer eigenen Bedürfnisse oder durch das (falsche) Bild, das sie sich von ihrem Kind gemacht haben. Beispielsweise versuchen sie nicht, ihr Kind zum Schlafen zu bringen, nur weil sie selbst müde sind, wenn es eigentlich signalisiert, dass es Anregung möchte. Außerdem interpretieren sie beispielsweise das Treten des Babys beim Wickeln gegen den Bauch der Eltern nicht als »absichtliches Ärgern«, weil das Kind ein »kleiner Satansbraten« ist, sondern als das, was es ist: ein Bewegungsbedürfnis, das zufällig den Eltern wehgetan hat.
- Die Eltern reagieren prompt auf die Bedürfnisse ihres Babys, da es wichtig ist, dass das Neugeborene sich als kompetent und seine Kommunikation als wirksam erlebt: Äußert es ein Bedürfnis, wird auf diese Äußerung sofort eingegangen und das Problem

von seinen Bindungspersonen gelöst. Da die Gedächtnis- und Aufmerksamkeitsspanne von Babys noch sehr kurz ist, stellen sie leider keine Verbindung zwischen ihrer Aktion und der elterlichen Reaktion her, wenn diese stark verzögert, also erst Minuten später erfolgt. Je älter das Kind ist, desto länger kann es aber abwarten. Wird gar nicht auf die Signale des Babys eingegangen, erlebt es sich als hilflos und seine Kommunikation als nutzlos. Mit der Zeit stellt es diese dann ein. In der Vergangenheit wurde das als positiv interpretiert, da die Säuglinge ihre Bedürfnisse nicht mehr äußerten und so von außen als »brav« und »pflegeleicht« gesehen wurden. Diese Interpretation hat sich als falsch und schädlich herausgestellt.

- Die Eltern reagieren »angemessen« und geben dem Baby genau das, was es braucht. Wenn das Baby beispielsweise weint, wäre es angemessen, es mit Körperkontakt, geflüsterten Worten und vielleicht auch Stillen zu beruhigen. Unangemessen wäre, es mit einer lauten Rassel ablenken zu wollen. Die Angemessenheit der elterlichen Reaktion hängt natürlich auch von den Vorlieben des Kindes, seinem Charakter und seinem Alter ab. Die Leitfragen heißen: Was braucht mein Kind gerade von mir, welche Reaktion von mir befriedigt am ehesten sein Bedürfnis? Was ist zu viel, was ist zu wenig?

Feinfühligkeit unterscheidet sich von Überbehütung dadurch, dass die Eltern Bedürfnisse erst dann befriedigen, wenn das Kind das wünscht, also sich dazu äußert. Feinfühlige Eltern nehmen ihrem Kind auch keine Aufgaben ab, die es selbst meistern könnte, es sei denn, es bittet darum. Darin unterscheidet sich Feinfühligkeit von Vernachlässigung – Letztere geschieht dann, wenn einem Kind Hilfe und Unterstützung absichtlich vorenthalten werden, damit es »selbstständig« wird.[10]

Blickkontakt

Die Gesichter von Menschen sind für unsere Babys von Anfang an eine ständige Quelle des Interesses. Sie scheinen bereits mit einem angeborenen Verständnis dafür auf die Welt zu kommen, dass sie der menschlichen Spezies angehören, und deshalb beobachten sie auch, sobald es die Koordination ihrer Augen zulässt, mit Vorliebe das, was wir Erwachsenen tun.[11]

@Doerthe_Blue Wessen Anblick dem Einjährigen ein Strahlen ins Gesicht zaubert:
– Papa
– Großeltern
– Staubsauger
Ich befinde mich in diesem Ranking irgendwo im soliden Mittelfeld, vermutlich knapp hinter Bananen.

Blickkontakt ist für den Bindungsaufbau besonders wichtig. Wenn wir Eltern das Gesicht und die Augen unseres Kindes anschauen, können wir oft seine Stimmung darin ablesen. Die wichtige vorsprachliche Kommunikation wird so eingeleitet. Gleichzeitig hat unser Kind die Möglichkeit, unsere Mimik und unsere Stimmungen zu studieren. Besonders gut klappt der gemeinsame Blickkontakt beim Stillen beziehungsweise Fläschchengeben, da es dabei meist einen für Babys idealen Blick-Abstand von circa 20 cm zum Gesicht der Eltern gibt.[12] Wir raten deshalb dazu, beim Stillen oder Füttern zunächst nicht zu lesen oder aufs Handy zu gucken. Die ersten aufmerksamen Minuten sollten ganz Ihnen und dem Baby gehören. Natürlich dauern Stillepisoden manchmal sehr lange, und es ist, das wissen wir aus eigener Erfahrung, zu viel verlangt, währenddessen ununterbrochen liebevoll lächelnd auf sein Baby zu blicken. Das brauchen Sie auch nicht. Nach einer Weile der Nahrungsaufnahme wird Ihr Baby von allein seine Augen von Ihrem Gesicht abwenden und vielleicht sogar nuckelnd einschlafen. Dann dürfen Sie selbstverständlich Ihr Handy zur Hand nehmen, um in Kontakt mit der Außenwelt zu bleiben.

Nimmt eine Bindungsperson keinen Blickkontakt zum Baby auf, beispielsweise durch eine postpartale Depression, kann die Entwicklung der Bindung zu dieser Person zunächst gestört werden. Es ist aber möglich, diesen Bindungsaufbau nachzuholen, wenn es demjenigen wieder besser geht.

Wird das Kind etwas älter, leitet der Blickkontakt das Lernen durch gemeinsame Aufmerksamkeit ein. Wir kommen darauf gleich noch zu sprechen.

Körperkontakt und Tragen

Fängt das Kind an zu weinen, nimmt der Elternteil es automatisch auf den Arm und bietet das Allerwichtigste: Körperkontakt. Das Kind wird gestreichelt, liebkost, gewiegt und umarmt. Das Berühren der Körpervorderseiten von Elternteil und Baby ist die Art von Körperkontakt, die ein Baby am besten beruhigt, deshalb nehmen Eltern ihr Kind oft ganz selbstverständlich in eine aufrechte Umarmungsposition.[13] Brust liegt an Brust, am allerbesten nackt, der Kopf des Babys liegt an der Schulter des Elternteils.[14] Das zentrale Nervensystem des Babys reagiert prompt – das Kind wird ruhig, da der Körperkontakt es tröstet und ihm Sicherheit verspricht.

In den ersten Wochen und Monaten sollte das Kind so oft wie möglich getragen werden. Auf dem Arm oder im Tragetuch – überall, wo ein Elternteil ist, möchte das Kind auch sein. In einer Untersuchung zur Auswirkung von Tragen auf die Eltern-Kind-Bindung im Jahr 1990 stellte die Forschungsgruppe um Elisabeth Anisfeld fest, dass 83 Prozent der Kinder, deren Eltern Tragehilfen verwendet hatten, nach einem Jahr sicher an ihre Eltern gebunden waren, während es nur 38 Prozent der Kinder in der Kontrollgruppe waren. Diese waren von Geburt an in einer Babyschale umherkutschiert worden. Das ist insofern bemerkenswert, da die soziale Einbettung aller Familien, die an der Untersuchung teilnahmen, eher eine unsichere Bindung begünstigte. Den Teilnehmer*innen der Tragegruppe wurde schon im Krankenhaus die Verwendung der Tragehilfe erklärt, während die andere Gruppe eine Babyschale erhielt. Die Trageeltern bekamen die Anweisung, ihr Kind täglich mindestens für eine Stunde darin zu tragen. Obwohl ein Teil der Trageeltern die Trage nur selten (drei- bis viermal pro Woche) und/oder nur die ersten vier bis sechs Monate nutzte, wirkte sich auch das wenige Tragen positiv auf die Bindung aus. Je häufiger die Trage genutzt wurde, desto höher war die Wahrscheinlichkeit einer sicheren Bindung. In der Kontrollgruppe begannen vier Mütter nach zwei Monaten von allein, die Babyschale einzumotten und stattdessen eine Trage zu nutzen – drei dieser vier Kinder gehörten nach einem Jahr zu den sicher gebundenen Kindern der Kontrollgruppe. Ebenfalls erkannt wurde, dass die Babys in der Kontrollgruppe fast doppelt so viele Schreiepisoden am Tag hatten wie die getragenen Kinder. Spannend war auch, dass die Eltern der Tragegruppe nach etwa dreieinhalb Monaten schneller und feinfühliger auf die Signale ihrer Kinder reagierten als die Eltern der Kontrollgruppe. Sie konnten sie besser »lesen«. Nun war die Anzahl der Eltern und Kinder in den Gruppen zu gering für ein repräsentatives Ergebnis – 23 in der Tragegruppe, 26 in der Kontrollgruppe. Trotzdem zeigen die Ergebnisse auch dieser kleinen Gruppe, dass sich körpernahes Tragen positiv auf die Bindung und die Feinfühligkeit der Eltern auswirken kann. Tragen kann eine einfache, relativ kostengünstige Methode sein, um sogar ungünstige Lebensumstände auszugleichen.[15] Wenn Sie mehr über das Tragen wissen wollen, empfehlen wir das Buch *Ein Baby will getragen sein. Alles über das Tragen und seine Vorteile* von Evelin Kirkilionis.

@kriegundfreitag Babys sind winzige Personal Trainer, die man sich um den Bauch schnallen muss und die einen anschreien, sobald man aufhört, sich zu bewegen.

Es ist nicht verkehrt, sein Baby auch mal abzulegen, vor allem dann, wenn die Eltern das Gefühl haben, sie brauchen eine Pause. Ein Kind sollte aber nicht über mehrere Stunden allein im Bettchen, im Ställchen, in der Wippe oder unterm Spielebogen liegen gelassen werden, vor allem nicht in den ersten drei Monaten. Menschenkinder sind kleine Traglinge und werden sehr unreif geboren. Mindestens die ersten drei Monate sollten sie, wenn möglich, viel am Körper der Eltern getragen werden, auch, um zum Beispiel die Hüftentwicklung zu unterstützen und die Körperwärme mitzuregulieren.[16]

Fängt das Kind an, sich mit den eigenen Händen oder Füßen zu beschäftigen oder gezielt nach Sachen zu greifen, sind Alleinspielphasen auf einer Decke oder im Wagen richtig und sogar wichtig. Solange es zufrieden vor sich hin spielt, kann man es unbesorgt in Ruhe lassen. Fängt das Baby aber an, zu meckern oder gar zu weinen, sollten die Eltern auf das Bindungssignal ihres Kindes eingehen und es hochnehmen und bekuscheln.

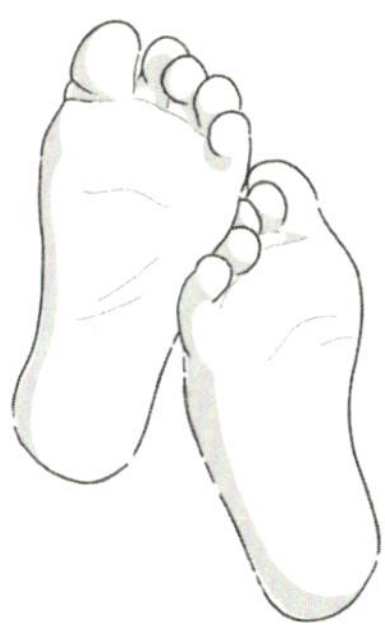

Auf Schreien und Weinen eingehen

Wimmern, Knötern, Jammern, Weinen und Schreien sind die effektivsten Kommunikationsmittel von Babys. Sie kommunizieren selbstverständlich auch über viele andere Signale wie Pupillengröße, Mimik, Gestik und Durchblutung der Haut beispielsweise, doch diese sind subtiler und werden von ungeschulten Erwachsenen leichter übersehen. Es braucht einige Zeit, bis Eltern aus den Weinlauten ihres Babys heraushören können, was es braucht. Manchen gelingt es auch nie, und sie probieren dann einfach aus, was es sein könnte: Hunger? Müdigkeit? Volle Windel? Die Opernsängerin Priscilla Dunstan meint, Eltern in diesem Punkt helfen zu können. Sie sagt, sie habe fünf universelle Babylaute entdeckt, mit denen Babys in den ersten drei Lebensmonaten ihre Wünsche ausdrücken. Höre sich ihr Schreien nach »neh« an, dann wären sie zum Beispiel hungrig. Die Zunge drücke beim N von »neh« so gegen den Gaumen wie beim Stillen. Mache das Baby eher ein »owh« beim Weinen, sei es müde. Das »owh« erinnere von der Lippenstellung her ein bisschen an Gähnen. Produziere das Baby beim Weinen eher ein »heh«, dann sei ihm etwas unangenehm, zum Beispiel eine nasse Windel. »Eairh« bedeute, dass es Hilfe beim Pupsen benötige, und »eh«, dass es Hilfe beim Rülpsen brauche. Etliche Videos von schreienden Babys in den sozialen Medien scheinen Dunstans Theorie zu bestätigen, allerdings wurde ihre Hypothese niemals wissenschaftlich bestätigt. Zwar wurde eine Studie an der Brown University in Rhode Island begonnen, sie wurde aber abgebrochen und durch Verbraucherumfragen ersetzt, um schneller mit dem Verkauf ihrer DVD zur Methode auf den Markt gehen zu können. Sie können gern versuchen, die Weinlaute Ihres Babys nach Dunstan zu kategorisieren, aber behalten Sie im Hinterkopf, dass auch die beste Theorie sich im Alltag als untauglich erweisen kann, da wir Menschen Individuen sind. Zu stillen, weil das

Baby »neh« schreit, ohne zu schauen, ob es wirklich hungrig ist, wäre einer guten Bindungskommunikation eher abträglich. Aber ausprobieren, ob die Weinlaute Ihres Neugeborenen den Dunstan-Lauten entsprechen, können Sie ruhig einmal.

Ist das Baby in der abendlichen Schreiphase gefangen, gehen die Eltern auf das Schreien ein. Was man genau tun kann, haben wir im Abschnitt »Abendliches Schreien« im Kapitel »Weinen und schreien« beschrieben. Es ist normal, wenn sich die Eltern bei stundenlangem Schreien verzweifelt fühlen, und es kommt häufig vor, dass dadurch Aggressionen hervorgerufen werden – die meisten Eltern schaffen es aber, diese Impulse zu überwinden und für ihr Kind erreichbar zu bleiben. Es ist wichtig, hier eindringlich zu betonen, dass Eltern, die von dem Weinen ihres Kindes emotional so gestresst werden, dass sie das Gefühl haben, sie tun ihrem Baby gleich etwas an, wenn es nicht aufhört zu weinen, dieses am besten an einem sicheren Ort ablegen und aus dem Zimmer gehen sollten, um sich selbst beruhigen zu können. Das Gleiche gilt für nächtliches Weinen. Auch hier gehen Eltern, die eine sichere Bindung aufbauen wollen, immer prompt auf panisches Weinen ein. Am besten schläft das Kind in der Nähe seiner Eltern. Dort wacht es weniger oft auf, und alle kommen zumindest in unterbrochenen Phasen zu einer Mütze Schlaf. Wenn Sie nachts durch das Weinen jedoch so gestresst sind, dass Sie starke Aggressionen gegenüber Ihrem Baby empfinden, gehen Sie aus dem Raum. Der Impuls, das weinende Baby zu schütteln, steckt leider in allen von uns, und es sind dadurch schon zu viele Säuglinge gestorben. In einer solchen Situation geht das Leben des Kindes eindeutig vor, Bindung hin oder her.

Absichtliches Schreienlassen ist übrigens eins der effektivsten Mittel, um eine sichere Bindung zu *verhindern*.[17] Im Umkehrschluss lässt sich daraus aber nicht ableiten, dass jedes Mal, bei dem ein Baby für ein paar Minuten schreien muss, etwa weil ein Geschwisterkind versorgt werden muss oder weil die Eltern auf der

Toilette sind oder es aus Versehen nicht gehört haben, die bisher aufgebaute Bindung zerbricht. Solche Vorkommnisse sind blöd, aber im Alltag nicht zu verhindern.

Trösten

Trösten ist die elterliche Handlung, die auf Weinen und Schreien eines Säuglings erfolgt. Diese Handlung unterstützt den Aufbau einer sicheren Bindung. Zuverlässige Zuwendung durch Trösten ist erforderlich, damit unsere Kinder zu psychisch gesunden Erwachsenen heranreifen. Wir beschreiben im Kapitel »Weinen und schreien« ausführlich, wie man in verschiedenen Situationen am besten tröstet.

Babys kommen mit einem extrem unreifen Nervensystem auf die Welt. Ihre Fähigkeit, Gefühle zu regulieren, ist zunächst nur sehr schwach ausgebildet und entwickelt sich erst im Laufe der ersten Lebensjahre. Angst, Wut, Stress – all das kann unser Kind zunächst nur mit unserer Hilfe überwinden. Erst nach und nach erlernt es Strategien, um unangenehme Zustände selbst zu regulieren.

Was passiert eigentlich in solchen Stresssituationen im Körper? Ist ein Kind aufgeregt, wird zunächst Adrenalin ausgeschüttet, wodurch sich Blutdruck und die Herzfrequenz erhöhen. Die Atmung ist beschleunigt und die Muskeln sind angespannt – der Körper befindet sich in Alarmbereitschaft. Hilft niemand dem Kind dabei, sich zu beruhigen, produziert der Hypothalamus im Gehirn größere Mengen des Hormons Corticoliberin. Dieses setzt in der Hypophyse vermehrt Adrenocorticotropin frei, das in der Nebennierenrinde die Produktion von Cortisol anregt. Befinden sich davon über längere Zeit größere Mengen im Körper, wirkt dieses toxisch auf den Körper.[18]

Werden Kinder nicht ausreichend getröstet, kann das dazu führen, dass sie ihr ganzes Leben daran zu knabbern haben. Es kann zu

ungünstigen Veränderungen im Gehirn kommen, die das Stressempfinden lebenslang beeinflussen. Fehlender Trost wirkt sich auch nachhaltig auf die Eltern-Kind-Bindung aus. Ist diese geschwächt, wird weniger Oxytocin ausgeschüttet. Dieses Hormon dient unter anderem als Andockstelle für das stressbedingt ausgeschüttete Cortisol und »bindet« es sozusagen. Ist im Körper weniger Oxytocin vorhanden, ist der Cortisolspiegel dadurch dauerhaft höher. Die Folge davon kann ein sehr überempfindliches Stressreaktionssystem sein, was im späteren Leben zu Problemen wie psychosomatischen Erkrankungen, Angststörungen oder Depressionen führen kann.[19] Das wichtige Oxytocin aktiviert darüber hinaus den Vagusnerv – unser körpereigenes Stressbewältigungssystem. Dieser reguliert die durch Stress ausgelöste Unordnung im Körper. Der Vagusnerv wird durch Trost stimuliert – er »lernt« quasi, wie man arbeitet, indem er immer wieder – zunächst von außen unterstützt – stimuliert wird. Im Laufe der Zeit kann er seine Arbeit dann immer besser auch ohne fremde Hilfe erledigen. Das Kind ist also zunehmend besser in der Lage, sich selbst zu beruhigen. Ein gut trainierter Vagusnerv führt zu mehr Ausgeglichenheit, besserem Denkvermögen mit erhöhter Aufmerksamkeit, besserer Kommunikationsfähigkeit und sogar zu einem fitteren Immunsystem.[20] Trösten und Mitfühlen sind wesentliche Faktoren des menschlichen Zusammenlebens. Trost signalisiert: Ich sehe, dass es dir schlecht geht – ich möchte dir dabei helfen, deine Trauer zu bewältigen. Kinder, die in ihrem Kummer liebevoll angenommen und getröstet werden, wachsen mit dem Gefühl emotionaler Sicherheit auf und sind viel offener für die Bedürfnisse anderer.

Doch wie tröstet man eigentlich richtig? Trost ist nämlich nicht gleich Trost. Hört man anderen Erwachsenen auf der Straße zu, wird man bemerken, dass viele unbewusst dazu neigen, Kummer wegzureden. Sie wenden sich zwar ihrem Kind liebevoll zu, sagen dann jedoch Sätze wie: »Ist doch überhaupt nicht schlimm!«, »Es gibt doch keinen Grund zu weinen!«, »Ist doch nichts passiert!« … Doch! Es ist etwas passiert! Das Kind weint und ist unglücklich – es braucht gerade niemanden, der seine Gefühle negiert und behauptet, die Situation sei nicht schlimm. Meist meinen wir Erwachsenen mit solchen gut gemeinten Sätzen eigentlich, dass es für uns nicht so schlimm ist – der heruntergefallene, in tausend Teile zersprungene Teller macht uns nichts aus –, und wir wollen dem Kind die Sicherheit geben, dass wir nicht böse sind. Oder wir sehen, dass sich das Kind wehgetan hat, und wollen ihm mit unserem »Ist nicht schlimm!« beteuern, dass der Schmerz schnell verschwinden wird. Für unser Kind geht es in der Situation aber um etwas anderes. Es geht selbstverständlich davon aus, dass wir ihm nicht böse sind, schließlich war es ein Versehen. Diese Sicherheit brauchen wir ihm nicht zu geben. Unser Kind hat sich erschrocken vor der Lautstärke und dem Anblick des kaputten Tellers, oder es spürt Schmerzen, weil es hingefallen ist. Das ist es, was es zum Weinen gebracht hat, und das ist es, was wir ansprechen sollten. Daher ist es sinnvoller, beim Trösten die Situation zu beschreiben und die Gefühle zu verbalisieren.

Für ein Kind ist es tröstlich, wenn es merkt, dass wir seinen Kummer erkennen und ernst nehmen. Statt »Ist doch nicht schlimm!« ist es besser zu sagen: »Oh, der Teller ist heruntergefallen! Du hast dich erschreckt! Es war laut, das war unangenehm. Und du bist jetzt ganz traurig deswegen« beziehungsweise »Oh, du bist hingefallen und jetzt tun dir das Knie und die Hände weh. Oh weh. Komm her, ich kann pusten, und wir schauen, ob das hilft«. Das bewertet die Situation nicht, sondern erklärt dem Kind seine eigenen Gefühle. Nicht negierend, aber auch nicht übertrieben wehklagend, sondern angemessen mitfühlend. Trost dient nicht dazu, das Weinen des Kindes zu beenden, er sollte vielmehr das Weinen *begleiten*. Um Traurigkeit zu überwinden, braucht es die liebevolle, zugewandte Nähe eines nahestehenden Menschen. Das Gefühl muss verarbeitet und ausgelebt werden, und dafür sind Zeit und Zuwendung notwendig. Nur jemand, der sich wirklich angenommen fühlt, kann Trauer durchleben und gestärkt aus ihr hervorgehen. Wir müssen dabei nicht beschwichtigen, keine Lösungen finden, wir müssen im Grunde gar nichts tun, außer zu signalisieren: »Ich bin hier und für dich da!« Ganz besonders tröstend ist Körperkontakt – ein Kind in die Arme zu nehmen und Haut an Haut zu kuscheln, wirkt stark beruhigend. Auch wenn es verlockend ist und meistens funktioniert: Ablenken statt Trösten hilft unseren Kindern langfristig gesehen nicht. Denn es nimmt ihnen die Chance, ihre eigene Stressregulation aufzubauen.

Stillen oder Füttern nach Bedarf

Beim Stillen gehen die Eltern auf die Signale des Kindes ein. Wenn das Baby Hunger signalisiert, wird es angelegt beziehungsweise sein Fläschchen gegeben, egal wie lange die letzte Mahlzeit her war. Ein Stillen/Fläschchengeben nach der Uhr ist einer sicheren Bindung eher abträglich, weil die Signale des Kindes ignoriert werden, um nach Plan füttern zu können. Eltern erkennen nach einer Weile Übung schon bald die subtilen Hungersignale ihres Kindes: unruhig werden, Fäustchen in den Mund, Kopf suchend hin- und herdrehen. Fängt das Baby vor Hunger an zu weinen, hat es mindestens eine halbe Stunde lang schon angedeutet, dass es an die Brust möchte. Auch das passiert im Alltag hin und wieder und ist an sich kein Drama. Schön wäre es aber, wenn die Eltern lernen, die ersten Hungerzeichen ihres Kindes, die vor dem Weinen liegen, zu erkennen und es daraufhin zu stillen. Wir kommen darauf noch einmal im Abschnitt »Woran erkenne ich, dass mein Baby hungrig ist?« im Kapitel »Stillen« zu sprechen.

Auch beim Füttern der Beikost erkennen die Eltern die Signale des Kindes. Dreht das Kind den Kopf weg oder lässt es den Mund geschlossen, sagt es damit, dass es satt ist oder diesen Brei nicht möchte. Dann wird das Füttern beendet, egal, ob nur ein Löffel gegessen wurde oder ein ganzes Glas. Das Baby entscheidet selbst, wie viel es möchte! Im ersten Jahr geht es beim Breifüttern nicht darum, satt zu werden, sondern darum, verschiedene Geschmäcker und Konsistenzen kennenzulernen und das Immunsystem des Körpers mit winzigen Dosen von Nahrungsmitteln bekannt zu machen, um späteren Allergien vorzubeugen.

Spielen

Beim Spielen oder anderer Interaktion erkennen die Eltern kleine Signale der Freude, der Aufmerksamkeit, des Unbehagens oder der Überforderung. Dreht das Baby seinen Kopf zur Seite oder starrt Löcher in die Luft, ist es momentan überfordert und möchte seine Ruhe. Geben Sie ihm die Ruhe. Ein Zurückdrehen des Kopfes oder anderes aufmerksamkeitsheischendes Verhalten, zum Beispiel Schnipsen oder Rufen, um das Baby aus seinem Starren herauszulösen, sollten Sie unterlassen. Nach bis zu 30 Sekunden kehrt das Gehirn des Babys sowieso aus seiner Ruhepause zurück. Es kann dann wieder liebevoll angesprochen werden.

Allgemein kann man festhalten: Schaut ein Baby einen Gegenstand oder ein Gesicht mehrere Sekunden an, ist es interessiert und konzentriert. Gerade menschliche Gesichter haben den größten Faszinationsfaktor und können die Aufmerksamkeit unserer Kinder lange aufrechterhalten. Schaut das Baby dagegen etwas nur kurz an und strebt mit seinen Händchen nicht danach, kennt es diesen Gegenstand bereits und ist daran nicht sonderlich interessiert. Dann können wir ihm etwas anderes anbieten. Grossmann und Grossmann beobachteten bei ihrer Langzeitstudie, dass bindungssichere Eltern ihr Kind in Ruhe lassen, wenn es gerade konzentriert spielt, und ihm Angebote machen, wenn sie merken, dass das Spielinteresse nachlässt. Sobald sich das Kind mit diesem neuen Gegenstand konzentriert beschäftigt, ziehen sich die Eltern wieder ein wenig zurück, um nicht zu stören. Wenn das Kind Verunsicherung zeigt oder Hilfe benötigt, geben sie ihm dann wieder Unterstützung und Trost.[21] Auch beim Spielen ist also Feinfühligkeit für die Signale des Kindes gefragt.

Kann ein Baby bereits krabbeln, sich also von den Bindungspersonen selbstständig wegbewegen, können wir oft folgenden »Kreis der Sicherheit« beim Spielen beobachten: Das Kind sitzt, beispielsweise in einer Krabbelgruppe, auf dem Schoß seiner Bindungsperson. Dort ist seine sichere Basis. Wenn es etwas Interessantes entdeckt, bewegt es sich darauf zu – und dementsprechend von seinem Elternteil weg. Es untersucht den Gegenstand und vielleicht auch noch ein weiteres Stück des Raumes. Irgendwann taucht es aus dem Zustand der Konzentration wieder auf, bemerkt, dass es sich weit von seiner Bindungsperson entfernt hat, und krabbelt schnellstmöglich zu ihr zurück. In den Armen seiner Bindungsperson findet es seinen sicheren Hafen. Dort möchte es gekuschelt, vielleicht sogar gestillt werden, um seine Gefühle ordnen zu können und den entstandenen Stress der Erkundung des Raumes abzubauen. Sicher gebundene Eltern schieben ihr Kind nicht von ihrem Schoß, wenn es dortbleiben möchte. Aber sie unterstützen den Erkundungsdrang ihres Kindes, wenn es von allein loszieht, passen von ihrem Platz aus auf, freuen sich über seine Fortschritte und helfen ihm, wenn es um Hilfe bittet. Wenn das Kind nach der Exploration ihre Nähe sucht, heißen sie es willkommen, geben ihm Trost und Geborgenheit und erfreuen sich an der Interaktion mit ihrem Kind.[22]

Kommunikation

Sicher gebundene Eltern sprechen automatisch verändert mit ihrem Baby. Die Stimme wird angehoben, der Sprechrhythmus wird verlangsamt, der Klang der Worte gleicht einer Art Singsang. Harte Konsonanten werden abgeschwächt und so ganz natürlich den Hörbedürfnissen unserer Säuglinge angepasst. Nicht nur das, Stimmmodulation und -klang der sicher gebundenen Eltern nimmt auch die Stimmung des Babys auf und formuliert diese für es neu.[23] Die Eltern sprechen also automatisch und fast immer unbewusst in der sogenannten »Ammensprache«. Das ist richtig und wichtig! So fühlt sich das Baby akzeptiert und verstanden. Eltern und Kind werfen sich gegenseitig Gurrlaute zu, die Eltern warten, bis das Kind zu Ende »gesprochen« hat, und antworten ihrerseits auf die Lautäußerungen.[24] Tun Sie einfach so, als würden Sie Ihr Baby gut verstehen, und antworten Sie ihm:

Baby: »Gurgel, gurgel, bla?«
Elter: »Echt, du meinst, Hertha wird diese Saison nicht absteigen? Na, du bist ja optimistisch.«
Baby: »Örrö! Blff pffffff.«
Elter: »Du wärst glücklich, wenn sie es schaffen? Ja, ich auch. Vielleicht nehme ich dich am Wochenende mal mit ins Stadion.«
Baby: »Kräh! Gurgel, gurgel.«
Elter: »*Natürlich* denke ich dann an deine Ohrenschützer, was denkst du denn?!«

Ein solches Zwiegespräch fördert die sichere Bindung ungemein. Früheren Generationen von Eltern wurde gesagt, man solle »normal« mit dem Baby sprechen, um seine Intelligenz nicht zu beleidigen und zu mindern.[25] Doch heute weiß man, dass dieser Rat ungünstig war. Die weiche, melodiöse Ammensprache ist für Babyohren besser zu decodieren, dadurch lernen sie insgesamt besser und schneller die Sprache ihrer Eltern.[26]

Grossmann und Grossmann kategorisierten während ihrer Forschungen zu Bindungsverhalten in Familien drei vorherrschende Redestile von primären Bindungspersonen: »behutsam-liebevoll«, »unbekümmert-spielerisch« und »träge-neutral«.[27]

Eltern, die einen behutsam-liebevollen Redestil hatten, redeten eher leise und überhäuften ihr Kind nicht mit Wortschwallen. Stattdessen warteten sie eher auf Lautäußerungen ihres Babys und beantworteten diese dann prompt. Auch wenn sie die Laute ihres Babys natürlich nicht wirklich verstanden, antworteten sie erklärend darauf, so als hätte ihr Kind etwas gefragt oder ihnen etwas Spezielles mitgeteilt. Sie akzeptierten ihr Kind als ernst zu nehmenden Gesprächspartner und hörten ihm aufmerksam zu. Besonders zuverlässig gingen sie auf unzufriedene Lautäußerungen ihres Kindes ein und trösteten so lange, bis es wieder ruhig und zufrieden war.

Primäre Bindungspersonen, die »unbekümmert-spielerisch« mit ihren Kindern sprachen, redeten sehr viel, machten viele Scherze und versuchten, ihre Kinder zum Lautieren zu animieren. Leider waren sie gleichzeitig zu ungeduldig, um auf die Äußerungen der Babys zu warten, und unterbrachen diese mit eigenem Reden. Kommunizierten ihre Kinder Unbehagen, reagierten die Bindungspersonen mit ablenkender, übertrieben aufmunternder Stimme und zu wenig liebevoll-tröstend.

Primäre Bindungspersonen mit träge-neutralem Redestil redeten sehr wenig und oft nicht mit dem Kind, sondern eher mit anderen Erwachsenen im Raum. Wenn sie sprachen, dann mit wenig Sprachmelodie, sodass ihre Gefühle nicht gut interpretierbar waren. Nur selten sprachen sie spielerisch oder anregend mit dem

Kind. Nur auf etwa 17 Prozent der Lautäußerungen ihres Babys gingen sie überhaupt ein, alle anderen blieben unbeantwortet.[28]

Welchen Redestil die primären Bezugspersonen haben, beeinflusst die Sprachfreude ihrer Kinder: Mit zehn Monaten äußerten sich Kinder, deren Eltern behutsam-liebevoll mit ihnen sprachen, etwa 280-mal innerhalb von 45 Minuten. Kinder mit Eltern mit unbekümmert-spielerischem Sprachstil lautierten dagegen nur circa 160-mal pro 45 Minuten, und Kinder, deren Eltern träge-neutral mit ihnen sprachen, äußerten sich etwa 223-mal innerhalb des 45-Minuten-Zyklus.[29] Es scheint also frustrierender und schädlicher für die Sprachentwicklung zu sein, einfach über die Lautäußerungen von Kindern hinwegzugehen und sie mit Erwachsenensprache »vollzusülzen«, als kaum mit ihnen zu reden. Am günstigsten ist es, ihnen aufmerksam zuzuhören und dann auf ihre geäußerten Befindlichkeiten prompt zu reagieren. So wird nicht nur die Bindung gestärkt, sondern die Kinder entwickeln die innere Gewissheit, dass es sich lohnt, Gefühle zu verbalisieren.[30]

Doch nicht nur gesprochene Sprache ist Kommunikation. Viel eher als über das Wort findet Kommunikation über Tonlage, Mimik und Gestik statt. Ist das Baby wach und ausgeglichen, nehmen die Eltern es automatisch in eine En-face-Position: Das Gesicht des Babys ist dabei auf derselben Höhe wie das des Elternteils, der Abstand beträgt circa 25 cm. Beide betrachten sich aufmerksam, ein nonverbaler Dialog entsteht.[31] Unsere Babys können schon kurz nach ihrer Geburt unsere Mimik nachahmen und haben sogar eine leise Ahnung davon, was unsere Gesichtsausdrücke bedeuten.[32] Natürlich müssen diese Ahnungen noch über die Jahre verifiziert werden, sodass das Beobachten ihrer Mitmenschen für lange Zeit ihre Lieblingsbeschäftigung bleibt.

Ist das Baby ängstlich, traurig, wütend oder hat es Schmerzen, wird sein Bindungssystem aktiviert, da es mit diesen Gefühlen noch nicht allein fertigwird. Es wird also zu seiner Bindungsperson streben. Wenn es schon krabbeln kann, krabbelt es dorthin und wird bittend die Ärmchen in Richtung Elternteil strecken – auch das ist Kommunikation! Wenn es noch nicht mobil ist, wird es seine Stimme als Kommunikationsmittel nutzen. Die Eltern kommen prompt, nehmen es auf und beruhigen es. Dadurch werden die negativen Gefühle des Kindes verringert, und es verinnerlicht unbewusst die nützliche kommunikative Funktion des Ausdrucks seiner Gefühle. Denn durch das aktive Handeln des Kindes ist eine Lösung seines Problems eingetreten – es wurde co-reguliert. Es lernt: Kommunikation ist der Schlüssel zur berechtigten Hoffnung auf Hilfe.[33] Berechtigt deswegen, weil die Bindungspersonen es immer wieder verlässlich bewiesen haben. Was für eine stärkende Erkenntnis für den Rest seines Lebens!

Gemeinsame Aufmerksamkeit

Auch über gemeinsame Aufmerksamkeit findet Kommunikation statt. Gemeinsame Aufmerksamkeit entsteht zwischen Bindungspersonen und Kind eigentlich fast automatisch, da Eltern und Großeltern häufig mit dem Baby auf dem Arm durch die Wohnung laufen, auf Gegenstände zeigen und, wenn das Baby hinschaut, erklären, was da zu sehen ist. Ist das Baby größer, zeigt es selbst auf Dinge und fragt: »Da?« Natürlich schauen wir Erwachsenen dann in die angezeigte Richtung und erklären unserem Kind, was »da« ist. Schon mit neun Monaten prüfen Babys den Gesichtsausdruck und die Haltung ihrer Eltern, wenn diese etwas Bestimmtes ansehen. Mit elf Monaten registrieren sie den elterlichen Ausdruck von zum Beispiel Ekel, Angst oder anderer Gefühle beim Anschauen von Dingen.

Durch das Hin- und Hergucken zwischen dem Ding, auf das der Elternteil schaut, und auf die dabei entstehende Mimik und Gestik des Erwachsenen, versucht das Kind, die Absichten und Gefühle, die hinter den Handlungen seiner Bindungspersonen stehen, zu verstehen.[34] Es wird die registrierten Gefühle in sein eigenes Wertesystem integrieren. Zeigen die Eltern Angst vor Hunden oder Ekel vor Spinnen, wird das Kind es sehr wahrscheinlich übernehmen. Und wie genial ist dieses System! Denn so lernen Kinder durch Beobachtung und geteilte Aufmerksamkeit wichtige Lektionen über die Welt, in der sie leben. Spätestens ab 13 Monaten beginnen Kinder dann selbst, die Aufmerksamkeit ihrer Bindungspersonen auf für sie interessante Dinge und Personen zu lenken, um ihr Verständnis der Umwelt zu erweitern. Zum Lernen brauchen sie also eine reifere, wissende Person, die bereit ist, ihre Aufmerksamkeit auf einen gemeinsamen Gegenstand zu lenken und diesen zu erklären.[35]

Perspektivenwechsel durchführen

Zu guter Letzt baut sich eine sichere Bindung dann auf, wenn sich die Bindungsperson in das Denken und Fühlen ihres Kindes hineinversetzen kann (Perspektivenwechsel) und es von Anfang an als denkenden, fühlenden, gleichwürdigen Menschen mit eigenen Absichten und Wünschen ansieht und es dementsprechend behandelt und anspricht.[36] Beispielsweise wird es bei Pflegehandlungen oder beim Füttern um Einwilligung gebeten, selbst wenn es noch nicht aktiv »Ja« oder »Nein« sagen kann. »Consent« ist wichtig und kann auch an der Körpersprache abgelesen werden. Notfalls wird kurz abgewartet. Ist ein Windelwechsel trotzdem unumgänglich, wird das Unbehagen des Kindes zumindest verbal von der Bindungsperson begleitet: »Ja, das doofe Windelnwechseln, das gefällt dir wirklich gar nicht. Da bist du jetzt ganz empört, dass ich das machen musste. Du sagst: ›Ich mag das nicht, Papa!‹ Es tut mir leid. Du magst das überhaupt nicht, ich höre dich. Leider muss es manchmal sein, nicht? Aber schau, jetzt sind wir schon fertig. Ich habe mich beeilt.« Dem Baby werden außerdem keine schlechten Absichten und Motive unterstellt, etwaige unabsichtlich verletzenden Handlungen werden nicht als vorsätzlich wahrgenommen. Diesen Punkt haben wir bereits bei »Feinfühligkeit« erklärt.

Es ist uns wichtig zu betonen, dass wir hier das *ideale* Verhalten von Eltern beschrieben haben. Kein Mensch schafft es, immer und überall gelassen und feinfühlig auf sein Kind einzugehen, auch wir selbst nicht. Es ist auch nicht so, dass eine ungünstige Reaktion der Eltern sofort zu einer Bindungsstörung führt. Es ist von der Natur so eingerichtet, dass ein Baby, das nach Bindung sucht, auch mit Rückschlägen fertigwird. Sonst wären automatisch alle Zweit- und Drittgeborenen oder Mehrlinge unsicher gebunden, da es bei mehreren Kindern selbstverständlich vorkommt, dass eins davon abwarten muss, wenn das andere gerade gewickelt oder zu Bett gebracht wird. Dem ist nicht so! Es schadet der Bindung nicht, wenn ein Kind kurze Zeit allein weinen muss, weil die Eltern gerade nicht kommen können – wir dürfen auf die Toilette gehen oder duschen, ehrlich. Wichtig ist einfach der kontinuierliche Versuch, auf das Kind angemessen zu reagieren und die Bedürfnisse korrekt zu entschlüsseln.[37] Dass das nicht immer möglich ist, dürfte jedem verständlich sein. Es ist wichtig, dass das Kind nicht absichtlich seinem Weinen überlassen oder ignoriert wird, um die elterlichen Wünsche durchzusetzen (»Lass es schreien, es muss lernen, dass es dich nicht tyrannisieren darf!«) – das sollte die Basis sein, auf die wir uns alle einigen. Insgesamt aber kommt es einfach darauf an, die Menge der feinfühligen Reaktionen größer zu halten als die der unangemessenen Reaktionen. Wer sein Kind nicht absichtlich schreien lässt, ist da schon mal auf einem guten Weg …

Wozu braucht ein Kind eine sichere Bindung?

Dass das Bedürfnis nach Bindung für ein Kind ebenso bedeutsam ist wie die Nahrungsaufnahme und das beständige Erforschen seiner Umwelt, haben wir im einführenden Absatz dieses Kapitels schon angedeutet. Ohne eine Person, die bereit ist, eine Bindung zum Baby aufzubauen, wird es sterben. Das gilt nicht nur für die körperliche, sondern auch für die emotionale Versorgung, wie die unabsichtlich grausamen Experimente des Staufer-Kaisers Friedrich II. im 13. Jahrhundert zeigten. Er verbot Ammen, mit den von ihm ausgesuchten Säuglingen zu sprechen, und wies sie an, die Kinder stattdessen nur zu füttern. Eigentlich wollte er herausfinden, welche Sprache Kinder entwickeln, wenn sie ohne Ansprache bleiben. Doch was stattdessen geschah: Sie starben. Die fehlende emotionale Verbundenheit schlug auf die Biologie ihres Körpers durch – ihre Systeme gaben einfach auf.[38] Der Geschichtsschreiber Salimbene von Parma, der über den Versuch berichtete, schrieb dazu in seinen Aufzeichnungen über das Experiment: »Sie vermochten nicht zu leben ohne das Händepatschen und das fröhliche Gesichterschneiden und die Koseworte ihrer Ammen.« Wie Blümchen ohne Sonne gingen sie ein.

Neuste Forschungsergebnisse weisen außerdem darauf hin, dass eine sichere Bindung ein entscheidender Faktor für die Entwicklung von guter Beziehungsfähigkeit ist. Grundlegende Muster für das Verhalten innerhalb von Beziehungen werden somit in den ersten Lebensjahren gelegt. Gott sei Dank bedeutet das nicht, dass ein Kind, welches einen frühkindlichen Beziehungsabbruch erleiden musste, nie in der Lage sein wird, eine stabile Beziehung im Erwachsenenalter aufzubauen, doch man muss davon ausgehen, dass das diesem Kind schwerer fallen wird als einem Kind, das beim Heranwachsen auf einen verlässlichen emotionalen Hafen zurückgreifen konnte.

Der Zusammenhang von Bindung und gelingenden Beziehungen wurde Mitte des 20. Jahrhunderts von Harry Harlow an der Universität Wisconsin bewiesen, indem er weitreichende Untersuchungen an mutterlos aufgezogenen Rhesusaffen durchführte. Vielleicht haben Sie bereits von den Rhesusaffen-Babys gehört, die damals jeweils von zwei leblosen Draht-Affen-Figuren aufgezogen wurden. Eine dieser Affenfiguren bestand nur aus Draht und einer Flasche Milch, die andere hatte über dem Drahtverbund weiches Fell, und sie wurde von innen gewärmt. Die Äffchen klammerten sich an die warme Fell-Attrappe, obwohl sie keine Nahrung bereitstellte, und banden sich emotional an sie. Von dieser sicheren Basis aus konnten sie sogar Erkundungsverhalten zeigen und Ängste überwinden. Die Futter-Mutter-Attrappe suchten sie nur kurz zum Sättigen auf und huschten danach schnell wieder zu ihrer Fell-Figur.[39] Doch was die Äffchen von ihren Drahteltern nicht lernen konnten, war adäquates Sozialverhalten. Sie zeigten aggressives Verhalten, selbst in positiven Situationen, und hatten keine Impulskontrolle. Ihre unvorhersehbaren Verhaltensweisen waren für andere Affen so stressig, dass diese begannen, die elternlos aufgewachsenen Tiere zu meiden. Das führte wiederum zu einem Teufelskreis, da sie durch den Ausschluss aus der Gemeinschaft nun noch weniger Gelegenheit hatten, ihr defizitäres Sozialverhalten durch Lernen in der Gruppe zu verbessern.[40] Nun sind Menschenkinder keine kleinen Äffchen, und sie wachsen auch nicht in Isolation bei Drahteltern auf. Trotzdem kann die Wissenschaft mittlerweile aufgrund von Bindungsverhalten eine Vorhersage machen, wie gut Kinder im Kindergartenalter – und später – mit Konflikten umgehen können. Je mehr sichere

Bindungen ein Baby aufbaut, desto höher ist die Wahrscheinlichkeit seiner sozialen Kompetenz im Kindergartenalter.[41] Sicher gebundene Fünfjährige bemühen sich im Kindergarten-Setting beispielsweise insgesamt stärker um eine selbstständige Lösung von Konflikten und zeigen, wenn sie sicher an ihren Vater gebunden sind, weniger Aggression. Stattdessen versuchen sie, den Streit sprachlich zu lösen.[42]

Auch beim Lernen spielt eine sichere Bindung eine große Rolle. Wie in verschiedenen Studien nachgewiesen wurde, sind soziale Bindungen eine der notwendigen Voraussetzungen, um ein kohärentes Zusammenspiel von neuronalen Aktivitäten im Gehirn zu stimulieren, welche wiederum zu zielgerichteter Aktivität des Kindes führen.[43] Kinder mit einer sicheren Bindung beschäftigen sich ausdauernder mit Spielsachen und schöpfen ihre Intelligenz im freien Spiel besser aus.[44] Sie sind an sich nicht klüger oder intelligenter als Kinder in unsicheren Bindungsbeziehungen, aber sie können das kognitive Potenzial, das ihnen genetisch gegeben wurde, besser ausnutzen. Denn Kinder mit sicherer Bindung entwickeln durch die vielen positiven Interaktionen mit den sie umsorgenden Erwachsenen sehr früh eine Zuversicht darin, dass sie sich Unterstützung und Hilfe, aber auch Beruhigung und Trost bei ihnen holen können, wenn ihre Kompetenz für eine Aufgabe noch nicht ausreicht. Diese Zuversicht lässt sie ihre Fähigkeiten unbesorgter ausprobieren und dadurch ständig erweitern.[45] Sie gehen auch Materialien und Aufgaben an, die vielleicht noch zu komplex sind, und lernen, dass Scheitern und Enttäuschung keine dramatischen Konsequenzen nach sich ziehen, da der dadurch ausgelöste Stress zuverlässig von den Bindungspersonen co-reguliert wird. Die dabei entstehende psychische Sicherheit des Kindes ist eine günstige Voraussetzung für die Fähigkeit im Erwachsenenalter, flexibel mit allen Arten von neuen Anforderungen und Problemen umgehen zu können.[46]

Als weiterer Vorteil einer guten Bindung sei angeführt, dass Kinder, die als Babys eine sichere Bindung aufgebaut haben, im späteren Leben auf Belastungen psychisch weitaus stabiler reagieren als unsicher gebundene. Bowlby postuliert, dass Kinder zunächst darauf angewiesen sind, dass die sie umgebenden Erwachsenen in der Lage sind, den Ausdruck der kindlichen Emotionen ohne Verzerrungen richtig zu interpretieren und ihnen zu erklären, sodass die Kinder ihre Emotionen mit sprachlich korrekten Wörtern für Gefühle verbinden.[47] Gleichzeitig werden angstvolle Situationen und Begebenheiten zusammen mit einer Bindungsperson überwunden. Durch deren zärtliche Berührungen, durch das Gewiegtwerden, Blickkontakt und beruhigende Worte lernt das Kind ganz automatisch Techniken zur Stressbewältigung, und seine Fähigkeit zur Selbstregulation wächst.[48] So entwickelt sich allmählich ein internales Arbeitsmodell im Gehirn des Kindes von sich selbst als liebenswerte, wertvolle Person, die es verdient, dass man ihr hilft, wenn sie Hilfe braucht; und von den Bindungspersonen als verlässliche, unterstützende Helfer, die verfügbar sind, Leid beseitigen und Entspannung bringen.[49] Mit dieser Sicht auf sich selbst und die Welt als Grundausrüstung kann mit Schwierigkeiten im späteren Leben sehr viel resilienter umgegangen werden.

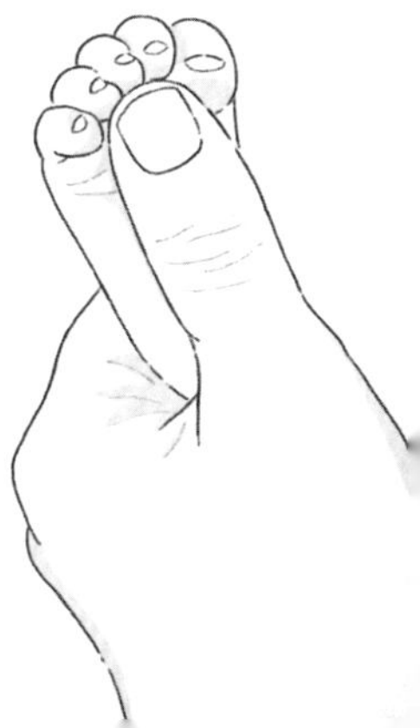

Wenn das Baby den Papa ablehnt

Anders als in früheren Generationen bringen sich Väter heute viel aktiver in die Elternschaft ein. Sie sind nicht mehr nur die »Ernährer«, die arbeiten gehen und das Geld nach Hause bringen, oder der »Spielpartner«, der in der Freizeit Quatsch mit dem Kind macht oder sich und es auf die höchsten Bäume klettern lässt – sondern häufig gleichberechtigter, engagierter Elternteil, der all das, was die Mutter macht, auch tut. Umso gemeiner ist es, wenn ihre Babys dann anfangen zu weinen und zu schreien, wenn sie auf dem väterlichen statt dem mütterlichen Arm sind. Phillip kann ein Lied davon singen:

Ich bin Vater von drei Kindern. Bei jedem der Kinder habe ich ein halbes Jahr Elternzeit genommen, um eine gute Bindung aufzubauen. Trotzdem bin ich »nur« die Nummer 2 in unserem Haushalt. Ich weiß nicht, vielleicht ist das das Los von uns Vätern, aber es ist schon echt hart. Ich bin genauso nachts aufgestanden, ich habe sie genauso mit der Flasche gefüttert, ich habe mich ebenso viel mit den Kindern beschäftigt wie meine Frau. Gut, ich habe keine Brüste, aus denen Milch fließt – das war vielleicht der entscheidende Punkt. Ich muss sagen, es pikst mich immer ein bisschen, wenn unsere Kinder meine Frau bevorzugen. Ich habe eine Weile gebraucht, um das nicht als Ablehnung mir gegenüber zu verstehen.

Besonders meine mittlere Tochter Sophia hat, als sie klein

war, sehr an meiner Frau gehangen. Als sie vier Jahre alt war, hatten wir eine wirklich lange, unschöne Phase morgens. Meine Frau musste zur Arbeit und verließ um 6.00 Uhr das Haus, während ich mit der Kleinsten, Josefine (6 Monate), in Elternzeit zu Hause war. So konnte ich unseren ältesten Sohn Aaron (5) und Sophia gut für die Kita fertig machen. Doch Sophia weinte jeden Morgen untröstlich nach ihrer Mama. Sie wachte auf, sah mich und fing an zu weinen. Sie war beim Aufwachen nicht allein – ich war da, ihre Baby-Schwester und ihr Bruder waren da. Sie liebt uns alle, sie hat eine gute Bindung zu uns allen – und doch musste sie weinen. Jeden. Verdammten. Morgen. Das machte mich so wütend! Warum nahm sie uns denn nicht an? Warum musste sie weinen, wenn doch der Rest ihrer Familie da war?

Zunächst versuchte ich, es ihr rational zu erklären. Sie ist ein sehr kluges, verständiges Kind. Dass Mama eben arbeiten muss, damit wir genügend Geld haben, um hier zu wohnen und das Essen und die Kleidung zu bezahlen. Das half nicht, sie weinte weiter. Irgendwann versuchte ich zu argumentieren, dass Mami sie doch dafür am Nachmittag vom Kindergarten abholen würde. Das war ihr natürlich auch egal. Ich wurde immer wütender und sagte: »Aber *ich* bin doch da! Ich habe dich doch lieb!« Als sie weiterweinte, kam ich zu dem Schluss, dass es vielleicht besser wäre, ihr Weinen zu ignorieren. Ich kümmerte mich also um die anderen beiden, während sie im Bett saß und weinte. Das machte es eher noch schlimmer. Über Wochen probierte ich verschiedene Strategien am Morgen aus, um das Weinen abzustellen. Es stresste uns alle, Sophia mit einbegriffen. Ich wurde keinem gerecht. Der große Bruder musste sich allein anziehen und fertig machen, das Baby musste abwarten, weil ich bei Sophia sitzen musste. Nichts half. Bis ich endlich auf die Idee kam, sie in ihrer Trauer zu begleiten und zu verbalisieren, was sie gerade fühlte. Ich machte dieses Verbalisieren ja regelmäßig, wenn meine Kinder wütend waren – hallo Trotzphase! Meine Frau nannte das »Spiegeln«, und sie hatte mir das für Wutanfälle bei den Kindern beigebracht. Aber bei diesem Nummer-1-Bindungsherzschmerz war ich selbst zu emotional betroffen – also eifersüchtig – und kam deshalb lange nicht auf die Idee, es auch hier zu tun. Doch endlich fiel der Groschen bei mir: Trauer begleiten. Ich versuchte ab da, die Tränen meiner Tochter nicht persönlich zu nehmen. Ich begann, nicht mehr gegen ihre Trauer über die Abwesenheit von ihrer Mama zu kämpfen, sondern diese anzunehmen und anzusprechen. Ich saß also neben ihr und übersetzte ihr Weinen mit mitfühlender Stimme: »Du bist so traurig. Du wünschst dir, Mami wäre jetzt hier und könnte dich in den Arm nehmen. Du willst Mami! Mami! Mami soll bei dir sein und nicht zur Arbeit gehen. Du wünschst dir, dass Wochenende wäre und Mami bei uns sein könnte …« – Das half nicht sofort, aber immerhin wurde sie nach einer Weile ruhiger, und ich musste sie nicht verheult im Kindergarten abgeben wie sonst immer. Whohoo. Dieser kleine Erfolg ermutigte mich, so weiterzumachen. Und es wurde tatsächlich langsam besser. Mit jedem Morgen, an dem ich sie tröstete und zeigte, dass ich ihren Schmerz verstehen konnte und nicht beleidigt darüber war, dass ich ihr in diesem Moment nicht genug war, wurde es besser. Sie weinte kürzer. Dann nicht mehr jeden Morgen. Manchmal wachte sie nun sogar lachend auf. Nicht immer – nach Wochenenden oder Urlauben wurde es wieder schlimmer, aber nach ein paar Tagen hatten wir unseren Rhythmus wieder.

Ich hatte verstanden. Sie liebte mich. An zweiter Stelle, ja, aber hey – sie liebte mich. Und das Wichtigste (das wurde mir aber erst später klar): Ich bin der Mann, der ihr Bild von einem guten Mann prägt. Mein Verhalten ihr gegenüber wird ihre Blaupause für spätere Beziehungen. Will ich, dass sie sich in je-

manden verliebt, der sich beleidigt zurückzieht, wenn sie ihm nicht genügend Aufmerksamkeit gibt? Hell, no! Ich will, dass sie sich einen Mann sucht, der emotional erwachsen ist, der ihr zuhört und der nicht gleich ausrastet, wenn sein Ego irgendwie angekratzt wird. Ich glaube, dass ich in dieser Hinsicht ein gutes Vorbild bin, und tatsächlich hat diese Zeit damals mit Sophia den Ausschlag dafür gegeben. Sie hat mich zu einem besseren Papa gemacht, auch wenn die Lektion ziemlich hart war.

Leider brüllen Kleinkinder oft wie um ihr Leben, wenn sie von ihrem Papa ins Bett gebracht werden sollen oder, wie in Phillips Fall, wenn die Mutter morgens zur Arbeit geht und der Vater das Kind versorgen soll. So ein Verhalten ist natürlich extrem verletzend für den abgelehnten elterlichen Part – dieser fühlt sich ungeliebt und zurückgewiesen. Manchmal geht das so weit, dass sich der entsprechende Elternteil – größtenteils ist es der Vater – vom Baby oder Kleinkind seinerseits zurückzieht. Das geschieht meist nicht aus Ärger, sondern eher aus Unsicherheit. Denn wenn das Baby einen so vehement ablehnt, sollte man sich ihm weiterhin aufdrängen?

Warum trifft es mich so, wenn mein Baby mich ablehnt?

Ich weiß, wie schwer es ist, nicht sauer zu werden, wenn das eigene Kind nicht zu dir will: Ich bin bei einer meiner Töchter, Helene, Nummer 2. Meine Frau und ich waren gleichzeitig schwanger. Carlotta und Helene wurden mit nur wenigen Wochen Abstand zueinander geboren – Carlotta im Sommer, Helene im Herbst. Weil wir zwei Babys zu versorgen hatten, teilten wir uns natürlich viel auf, so wie das bei Zwillingseltern häufiger vorkommt. Nun sind unsere Töchter keine »echten« Zwillinge, aber sie wuchsen zumindest so auf. So kam es, dass ich Bindungsperson Nummer 2 für Helene wurde und meine Frau Bindungsperson Nummer 2 für Carlotta. Ich weiß also aus eigenem Erleben, wie verdammt weh es tut und wie mächtig es das Ego kränkt, vom eigenen Baby scheinbar nicht geliebt zu werden. Mein Impuls war, mich beleidigt zurückzuziehen und das Kind in Ruhe zu lassen, weil es das ja offenbar so wollte. Helenes lautstarke Ablehnung machte mich richtiggehend sauer, und es kostete mich einiges an Kraft, mich darauf zu besinnen, dass das, was ich an Verletzung im Inneren spürte, zwar von ihr ausgelöst wurde, aber nicht von ihr verursacht war.

Lassen Sie uns das kurz erklären: In den vergangenen Generationen herrschte bei der Erziehung von Kindern noch die Auffassung, dass man diese von Anfang an in die richtige Richtung »formen« müsse. »Schlechte« Verhaltensweisen wurden demnach entweder bestraft oder ignoriert, »gute« Verhaltensweisen wurden verstärkt, indem ihnen Aufmerksamkeit gegeben wurde. Heute weiß man es besser, aber damals war das eben der neuste Stand der Wissenschaft. Dementsprechend sind wir fast alle, die wir heute erwachsen sind, so aufgewachsen, dass wir nicht bedingungslos in unserer ganzen Vitalität und mit unseren gesamten Charaktereigenschaften angenommen wurden. Wenn jedoch Eltern ihre Kinder nicht bedingungslos lieben, dann verbiegen Babys und Kinder ihr originales Ich, um möglichst nah an das von den Eltern gewünschte Ich heranzukommen. Die Teile des Kindes, die bei den Eltern nicht auf positive Resonanz stoßen, werden im Inneren weggeschlossen und nicht ausgelebt, sodass nicht mehr das originale Ich weiterwächst, sondern ein verbogenes, an die unbewussten Wünsche der Eltern angepasstes Ich. Das macht das Kind natürlich nicht absichtlich – es ist eine Überlebensstrategie der eigenen Psyche. Wir sind so hilflos die ersten Jahre nach der Geburt, dass wir alles dafür tun müssen, um von unseren Bindungspersonen geliebt zu werden. Das Problem an dieser Strategie ist jedoch, dass mit den nicht ausgelebten Teilen unserer Persönlichkeit gleichzeitig eine starke narzisstische Kränkung einhergeht, die ebenfalls in unserem Inneren gespeichert wird.

Ebenso wenig, wie wir normalerweise von den nicht ausgelebten Teilen unserer Persönlichkeit wissen, wissen wir, dass da eine tiefe Kränkung in uns schlummert. Werden wir jedoch in späteren Jahren von jemandem – wenn auch nur scheinbar – abgelehnt, dann kratzt das an dieser frühen Kränkung durch unsere Eltern, und wir reagieren besonders heftig. Da wir diesen Schmerz nicht noch einmal durchleben wollen, ziehen wir uns zurück von demjenigen, der uns offenbar nicht mag. Das ist verständlich und im Falle von Kolleg*innen oder anderen erwachsenen Personen auch nicht weiter problematisch. Schlimm ist diese Rückzugstaktik jedoch dann, wenn es sich um das eigene Kind handelt. Denn je mehr wir uns zurückziehen, desto weiter werden wir uns von unseren Kindern emotional entfernen und unsere Kinder sich von uns.[50]

Ich machte mir, wenn meine Tochter weinte, weil ich sie zum Beispiel ins Bett brachte, immer wieder bewusst, dass sie mich nicht verletzen wollte. Meine Tochter folgte nur ihrem Instinkt, die für ihr Überleben am besten geeignete Person auszusuchen. Sie handelte aus ihrem Bauchgefühl heraus, ohne Hintergedanken. Hätte ich sie deshalb mit Nichtbeachtung bestraft, wäre das nicht nur absolut unfair von mir gewesen, ich hätte mich auch ins eigene Fleisch geschnitten. Denn je stärker ich mich in solchen Momenten von ihr zurückgezogen hätte, desto dünner wäre das Eis unserer Beziehung geworden. Hätte ich es nicht geschafft, meine eigene Kränkung zu überwinden, dann hätte ich ihr immer wieder das Signal »Ich liebe dich nur, wenn du mich liebst. Ich liebe dich also nicht bedingungslos« gesendet. Da es aber mehrere andere Personen in ihrem Leben gab und gibt, die sie eben doch bedingungslos lieben, hätten diese irgendwann meinen Platz in der Bindungshierarchie eingenommen. Dann wäre ich nicht mehr nur Nummer 2, sondern vielleicht nur Nummer 3 oder 4 … Ich selbst hatte es also in der Hand, wie nah ich emotional meinen Kindern kommen konnte – und das haben Sie bei Ihren Kindern auch.

Was tun, wenn mein Baby mich ablehnt?

Es ist keine Schande, wenn Sie Nummer 2 für Ihr Baby sind – es bedeutet einfach, dass eine andere Person, die das Baby betreut, ein winziges bisschen feinfühliger war als Sie. Oder aus dieser anderen Person fließt warme, süße Milch – damit können Sie leider nicht so richtig mithalten. Um nicht den Kontakt zu Ihrem Kind gänzlich zu verlieren, ist es wichtig, dass Sie sich auf keinen Fall gekränkt zurückziehen, wenn Ihr Baby Sie vehement wegschiebt oder Sie anbrüllt. Es liebt Sie trotzdem! Es ist wirklich wichtig, am Ball zu bleiben und sich um das Kind zu bemühen, auch wenn man scheinbar abgelehnt wird. Gerade dann sollten Sie sich Ihrem Kind zuwenden und geduldig herausfinden, was genau es gerade braucht. Wie oben geschildert, baut sich Bindung über verschiedene Wege auf, und da liegt Ihre Chance. Wir haben beschrieben, mit welchen Punkten man eine gute Bindung unterstützt. Schauen Sie sich diese noch einmal an, denn das ist der Weg, den Sie gehen können und sollten: Blickkontakt aufnehmen, körperliche Signale entschlüsseln, spielen, sprechen, trösten, tragen und dem Baby keine schlechten Motive für sein Verhalten unterstellen. Phillip aus unserem Beispiel am Anfang dieses Abschnittes zum Beispiel hat die scheinbare Ablehnung seiner Tochter Sophia nach einigen Fehlversuchen richtig gedeutet: als Trauer. Sophia war traurig, dass ihre Mami zur Arbeit musste. Als Phillip nun die Trauer seiner Tochter verbalisierte und ihr rückmeldete, dass er sehen und verstehen konnte, wie betrübt sie darüber war, dass ihre Bindungsperson Nummer 1 morgens beim Aufwachen nicht anwesend war, konnte die Vierjährige diesen Kummer mithilfe der Begleitung durch den Papa nach und nach überwinden und in ihren Emotionskanon aufnehmen. So verinnerlichte sie das Wissen, dass Trauer und Verlustempfinden Gefühle sind, die ausgehalten werden können und die man nicht wegschieben muss. Das ist eine wichtige Lektion im Leben. Gleichzeitig näherte sie sich dem Papa an, denn jede überwundene Krise schweißt das Bindungspaar zusammen.

Nora Imlau schreibt in ihrem Buch *In guten Händen*: »Eine sichere Bindung aufzubauen, ist im Grunde kein Hexenwerk. Es passiert nahezu von selbst, wenn man einigermaßen liebevoll und feinfühlig mit seinen Kindern umgeht – mit Betonung auf einigermaßen. Denn eine sichere Bindung erfordert keine perfekten Bindungspersonen. Sie speist sich aus der Fülle alltäglicher Erfahrungen, verzeiht dabei aber auch ziemlich viele Fehler. Entscheidend ist die Grundhaltung: Du wirst geliebt, und ich bin für dich da, wenn du mich brauchst. Ich reagiere auf dich, wenn du mich rufst, und erfülle dir dein Bedürfnis nach Nähe und Rückversicherung ebenso wie das nach Selbstwirksamkeit und Autonomie.«[51] Erst einmal können Sie sich also erleichtert zurücklehnen und zuversichtlich sein, dass Sie das mit der sicheren Bindung zwischen Ihnen und Ihrem Kind schon schaffen werden. Vielleicht stehen Sie nicht an erster Stelle – aber das kann durchaus auch Vorteile haben.

Es hat auch Vorteile, nicht Bindungsperson Nummer 1 zu sein

Es ist Ihnen vielleicht auch schon aufgefallen: Sie sind als Bindungsperson Nummer 2 mit Ihren Kindern zu Hause, spielen alle harmonisch, fröhlich und ruhig. Sobald aber Nummer 1 nach Hause kommt, ändert sich urplötzlich die Stimmung. Das Baby wird weinerlich, quengelt plötzlich viel, und die größeren Kinder brechen sofort mit einem Wutanfall zusammen. Nummer 1 hat kaum einen Schritt in Ihr Heim getan, schon wird sie von fordernden Kindern überfallen. Sie zucken verwundert mit den Schultern und sagen:

»Echt, sie waren den ganzen Tag toll drauf. Ich weiß gar nicht, was jetzt los ist …« Ganz klar – Nummer 1 zu sein, hat nicht nur Vorteile. Denn dann ist man zwar der emotionale Hafen des eigenen Kindes, aber man muss es eben auch aushalten, dass es bei einem all seine angestauten Gefühle rauslässt, wenn der innere Stress zu groß wird. Innerer Stress bildet sich auch dann, wenn es in der Zeit, in der Nummer 1 nicht da ist, von Nummer 2 oder 3 betreut wird. Das bedeutet nicht, dass das *schlechter* Stress ist. Es bedeutet, dass das Kind in dieser Zeit nicht völlig es selbst ist, sondern in gewisser Weise »funktioniert«. Im Kindergarten oder der Krippe zum Beispiel, wenn es dort die Regeln der Gruppe befolgt. Wird es dann am Ende eines Kindergartentages von Nummer 1 abgeholt, dann bricht aus dem Kind meist schon in der Garderobe alles heraus, was es bis dahin (unbewusst) unterdrückt hat.

Als Nummer 2 wird Ihnen ein solch großer Zusammenbruch in den meisten Fällen erspart bleiben. Klar, auch bei Ihnen kann es sein, dass Ihr Baby weint oder Ihr Kind einen Wutanfall bekommt. In der Regel jedoch ist das Abholen durch Sie sehr viel entspannter. In unserem Fall war es so, dass Helene in der Kindergartenzeit sogar ihren Kindertanzkurs abbrechen wollte, weil sie sich auf dem Weg dorthin nach der Kita mit ihrer Mami immer stritt. Denn sie musste den Stress des Tages einfach loswerden und motzte und trotzte so vor sich hin. Dadurch kamen die beiden immer zu spät und waren beide völlig fertig. Nachdem wir herausgefunden hatten, dass sie zwar eigentlich weiterhin tanzen, aber nicht mehr streiten wollte, übernahm ich das Abholen und Hinbringen zum Tanzen. Das klappte wunderbar. Meine Tochter hüpfte in der Kita auf meinen Arm, erzählte mir auf dem Weg kichernd von ihrem Tag und zog sich, dort angekommen, fröhlich ihre Tanzsachen an. Es war komplett harmonisch. Wir hatten exklusive Mama-Tochter-Zeit, die unserer Bindung förderlich war. Eine eindeutige Win-win-Situation. Ihre Mami sah sie dann nach dem Tanzkurs zu Hause wieder, und fast immer hatte sie den Stress vom Kitatag bis dahin durch das Tanzen abgebaut, sodass ihr Zusammenbruch beim Anblick von Mami weitaus geringer ausfiel oder direkt ausblieb. Also auch ein Gewinn für Nummer 1!

Mein Rat von Nummer 2 zu Nummer 2

Nutzen Sie Ihren Vorteil als Nummer 2, entlasten Sie die Nummer 1 in Ihrem Haushalt und fördern Sie gleichzeitig die Bindung zu Ihrem Kind. Glauben Sie mir, es ist unheimlich schlauchend, die Nummer 1 für ein Baby zu sein und 24 Stunden gebraucht zu werden. Übernehmen Sie zum Beispiel die Krankentage Ihres Kindes. Ich verspreche Ihnen: Sie werden den ganzen Tag entspannt mit Ihrem Kind verbringen, und auch der Besuch bei der Kinderärztin wird kein Problem sein, weil Ihr Kind sich bei Ihnen, ohne zu murren, an- und ausziehen lassen wird. Bleibt dagegen Nummer 1 mit dem kranken Kind zu Hause, wird sie zu nichts kommen, weil das Kind wie eine Klette an ihr hängen wird. Übernehmen Sie die Eingewöhnung in die Krippe und das Abholen am Nachmittag – das klappt mit Bindungspersonen, die nicht Nummer 1 sind, viel entspannter. Gehen Sie mit Ihrem Kind zu Babykursen und genießen Sie die Zeit miteinander.

Auch wenn Bindungsperson Nummer 1 anwesend ist, können Sie sich einbringen. Ist das Baby gerade gut gelaunt, können Bindungspersonen Nummer 2 (3, 4, 5 …) sich gut mit ihm beschäftigen. Gerade ritualisierte Abläufe helfen dabei. Sie können zum Beispiel das Kind immer wickeln oder mit ihm das Abendprogramm (Waschen, Zähne putzen, Windel wechseln …) durchführen. Wenn Sie besonders gut spielen oder vorlesen können, dann machen Sie das zu Ihrer (fast) exklusiven Aufgabe. Je mehr Sie sich einbringen und je älter Ihr Kind wird, desto wichtiger wird Ihre Rolle werden. Das klappt aber nur, wenn Sie sich nicht eingeschnappt zurückziehen, weil Sie denken, das Baby mag Sie nicht. Es liebt Sie. Wirklich.

Stillen

Bedürfnisorientiert füttern

Immer wieder hört oder liest man: »Ich konnte nicht stillen«, sodass sich viele Mütter beim ersten Kind Gedanken machen, ob sie wohl zu diesem Klub dazugehören werden. Zugegeben – beim Stillen kommt es immer mal wieder zu Problemen. Diese führen dann leider auch recht häufig zum Abstillen, obwohl die meisten dieser Probleme mit fachlich fundierter Hilfe behoben werden könnten. Es gibt nur sehr wenige Frauen, die rein körperlich tatsächlich nicht in der Lage sind zu stillen. Doch die Wahrheit ist: Stillen ist erst einmal schwer. Anstrengend. Auslaugend. Am Anfang manchmal auch schmerzhaft. Stillen kann aber auch das Schönste werden, das Sie je gemacht haben. Es ist es wert, *gelernt* zu werden. Unser Baby mag instinktiv wissen, was zu tun ist, aber *wir* wissen meist nicht instinktiv, wie wir es richtig anlegen. Das ist etwas, das uns jemand zeigen muss und das wir üben müssen, viele Male. Unser Baby und wir selbst, wir müssen zunächst ein Stillteam werden und zueinanderfinden. Dann wird Stillen leicht und bequem und hilft zusätzlich auch noch beim Aufbau einer sicheren Bindung.

Katja erinnert sich noch gut an die schwierige erste Zeit:

Ich hätte beim ersten Kind beinahe schon im Krankenhaus nach nur drei Tagen abgestillt, weil ich solche Höllenschmerzen hatte, dass ich bei jedem Mal Stillen weinte. Ich kannte die Stillpositionen nicht richtig – und hatte naiverweise erwartet, dass ich

schon wissen würde, wie es geht. Wusste ich aber nicht. Dass ich andere Frauen im Film oder in der Realität schon einmal stillen gesehen hatte, half mir nicht. Und dann wuselte meine Tochter auch so rum! Sie hatte ihren geöffneten Mund direkt vor der Brustwarze, aber statt sofort anzudocken und loszusaugen, warf sie ihren Kopf hin und her, leckte mit der Zunge, aber sie nahm die Brustwarze nicht in den Mund. Das machte mich wahnsinnig nervös. Herrgott, Kind, fass doch zu, du hast doch Hunger! Was ich nicht wusste: Sie konnte noch nicht. Das sofortige Andocken ist ein Entwicklungssprung, der erst nach der fünften Lebenswoche kommt. Vorher brauchen unsere Neugeborenen ein bisschen Zeit und Ruhe, um die Brustwarze zu finden. Mit dem Lecken der Warze mit der Zunge stimulieren sie diese auch – es hat also durchaus Sinn, was unsere Kinder da machen. Aber woher sollte ich das wissen? Ich war zum ersten Mal Mama, ich stillte zum ersten Mal …

Damit Sie einen entspannteren Start in die Stillbeziehung mit Ihrem Baby haben, finden Sie in diesem Kapitel viele grundlegende Informationen, Tipps und Hinweise. Wir werden unter anderem auf die verschiedenen Stillpositionen eingehen, auf die optimale Andockstellung des Mundes, darauf, woran Sie erkennen, dass Ihr Stillbaby genügend Milch bekommt, und wann es Zeit ist, mit Beikost zu beginnen.

Ein PS wollen wir aber unbedingt noch an den Anfang dieses Kapitels stellen: Heutzutage wird frischgebackenen Müttern von allen Seiten zum Stillen geraten, denn Muttermilch hat viele fantastische Eigenschaften. Doch keine Frau ist verpflichtet, zu stillen oder das Stillen überhaupt auch nur zu probieren. Wenn Sie sich dagegen entscheiden: prima. Dann gibt es großartige, über Jahrzehnte in der Zusammenstellung optimierte Ersatzmilch, mit der Kinder gut groß werden. Wir sind alle frei, individuell zu entscheiden, was für uns als Familie am besten passt. Die Frage, ob die Person neben uns auf der Parkbank ihre Brust oder eine Flasche auspackt, sollte uns nicht interessieren. Jeder Mensch kennt heute die vielen Vorteile von Muttermilch. Entscheidet sich also eine Frau bewusst gegen das Stillen oder kommt über einen schwierigen Stillstart trotz bester Hilfe nicht hinweg und stillt deshalb früh ab, ist das eine Entscheidung, die niemand anderes etwas angeht als ebendiese Frau und ihr Baby. Der Kinderarzt Remo H. Largo schreibt zu dieser Problematik in seinem Buch:

»Stillen ist für Kind und Mutter erstrebenswert, ist aber nicht die einzige Möglichkeit, einen Säugling zu ernähren. Ein Kind kann mit der Milchflasche vollwertig ernährt werden. Zwischen Mutter und Kind kann eine genauso tiefe Beziehung entstehen wie beim Stillen. Es gibt keine Studie, die überzeugend belegen würde, dass Kinder, die mit der Flasche ernährt werden, sich in ihrem Wachstum und in ihrer Beziehungsfähigkeit von gestillten Kindern unterscheiden.«[1]

Stillen oder nicht stillen ist eine persönliche Entscheidung, für die sich niemand rechtfertigen muss. Überblättern Sie bitte einfach die Seiten in diesem Kapitel, die für Sie nicht relevant sind, und starten Sie an der Stelle wieder, an der die Informationen für Sie wieder interessant werden.

Vom Kolostrum bis zum Milcheinschuss

In der Schwangerschaft und den ersten Stunden und Tagen nach der Geburt produziert die Brust zunächst das Kolostrum – die »Vormilch«. Die Flüssigkeit ist zäh, gelblich und fließt eher spärlich. Sie enthält alles, was das Baby benötigt – Vitamine, Mineralstoffe und verschiedene Proteine –, und gibt ihm eine große Portion Antikörper mit auf den Weg. Das Kolostrum hilft außerdem dabei, das Kindspech, den ersten zähen, schwarzen Stuhl, auszuscheiden, und es überdeckt die Schleimhäute von Magen und Darm mit einem schützenden Film. Nach der Geburt ist der Magen des Babys gerade mal so groß wie eine Murmel und dafür ausgelegt, winzige Mengen des Kolostrums zu verarbeiten. Wegen des kleinen Magenvolumens saugt das Baby sehr häufig, was die Milchbildung und den Milcheinschuss anregt.

Der Milcheinschuss findet erst zwei bis sieben Tage nach der Geburt statt. Die nun produzierte Übergangsmilch ist eher bläulichweiß und wesentlich wässriger als die Anfangsmilch. Sie enthält weniger Eiweiß, dafür mehr Zucker und Fett und ist damit perfekt geeignet für das jetzt einsetzende schnelle Wachstum der Kinder. Einschuss ist im Grunde genau das richtige Wort für den Vorgang – die meisten Frauen empfinden den Moment, wo der Körper dann »richtige« Milch zur Verfügung stellt, als unangenehm. Plötzlich sind die Brüste heiß, prall und geschwollen, und oft tropft unkontrolliert Milch heraus. Keine Sorge – das Angebot wird sich mit der Zeit einpegeln. Unser Körper arbeitet hier zunächst nach dem Maximalprinzip – er produziert, so viel er kann, und reguliert die Milchmenge dann abhängig von der Nachfrage herunter. Deshalb sprudelt die Milch in den ersten Tagen ziemlich reichhaltig, denn es könnte ja sein, dass wir Zwillinge, Drillinge oder Vierlinge zu versorgen haben. Bei einigen Frauen ist es auch andersherum – da wird zunächst nur zaghaft produziert und durch häufiges Anlegen die Menge der Milch schrittweise erhöht. In diesen Fällen merken die Mütter meist nicht, wie die Milch einschießt. Aber auch hier wird die Nachfrage das Angebot letztendlich regeln.

Ist der Milcheinschuss schmerzhaft, lindert Wärme vor dem Stillen; danach tut den Brüsten Kühlen gut. Ein beliebtes Hausmittel sind gekühlte Kohlblätter. Lassen Sie Ihren Partner oder Ihre Partnerin einen ganzen Kohlkopf kaufen und in den Kühlschrank legen. Bei Schmerzen stopfen Sie dann jeweils ein großes Kohlblatt pro Seite in Ihren Still-BH, sodass es sich um Ihre Brust legt. Es eignen sich aber auch Mullwindeln oder Erbsen (natürlich in der Verpackung) aus dem Tiefkühlschrank. Legen Sie aber ein dünnes Tuch drum herum, damit es sich nicht unangenehm auf der Haut anfühlt. Auch kalte Quarkwickel haben sich bewährt. Der Milcheinschuss dauert häufig nur ein paar Stunden. Werden Ihre Brüste zu prall, können Sie vorsichtig etwas Milch ausstreichen. Bitte nicht mit einer Milchpumpe abpumpen, das regt die Milchproduktion noch mehr an.

Nach etwa einem Monat ändert sich die Zusammensetzung der Milch ein letztes Mal. Nun wird reife Muttermilch gebildet. Sie ist ebenfalls bläulich-weiß oder einfach weiß und enthält zu 90 Prozent Wasser. Dieser Umstand hat in der Vergangenheit dazu geführt, dass Expert*innen behaupteten, Muttermilch allein würde nicht ausreichen, ein Baby, das älter als vier Monate ist, zu ernähren. Ist ja quasi nur noch Wasser! Heute weiß man: Das ist Quatsch. Die restlichen 10 Prozent der Zusammensetzung der Muttermilch haben es nämlich echt in sich: Eiweiße, ungesättigte Fette, Vitamine, Folsäure und Hormone. Sie reichen absolut aus, ein Baby zu ernähren. Schon seit Jahrtausenden! Die Zusammensetzung dieser

Inhaltsstoffe bleibt ab jetzt in etwa gleich, wobei sich die Muttermilch trotzdem an die Bedürfnisse des Babys anpasst: Wenn unser Baby krank wird, dann werden zum Beispiel die entsprechenden Antikörper in der Muttermilch gebildet, um seinem Immunsystem zu helfen, die Krankheit zu bekämpfen. Je älter unser Kind wird, desto weniger Protein enthält unsere Muttermilch, da das Kind nicht mehr so schnell wächst und dementsprechend weniger Eiweiß benötigt. Außerdem verändert sich die Zusammensetzung der Milch auch im Laufe einer einzigen Stillmahlzeit: Anfangs enthält die Milch relativ viel Wasser, um den Durst unserer Kinder zu stillen. Im Laufe der Stillmahlzeit steigt der Fettgehalt, die Milch wird also sättigender. Muttermilch ist also jederzeit perfekt abgestimmt auf die jeweiligen Bedürfnisse unserer Kinder. Absolut genial.

Woran erkenne ich, dass mein Baby hungrig ist?

Viele frischgebackene Eltern denken, ein Baby würde seinen Hunger durch Schreien signalisieren -- wir gehörten damals auch dazu. Die Wahrheit ist aber: Bevor ein Kind nach der Brust weint, signalisiert es mindestens schon 30 Minuten lang andere, weniger brachiale Hungerzeichen, und es schont aller Nerven, wenn Eltern lernen, diese zu erkennen.

Frühe Hungerzeichen

Frühe Hungerzeichen sind leicht saugende Bewegungen der Lippen, Lecken über die Lippen, Schmatzen, unbewusste Mundbewegungen und eine leicht herausgestreckte Zunge. Diese frühen Hungerzeichen sind sowohl im wachen als auch im schlafenden Zustand zu beobachten. Eltern können sie als Signal nehmen, sich alles griffbereit zu legen, was man während des Stillens brauchen wird: auf jeden Fall etwas zu trinken und zu essen, wahrscheinlich das Stillkissen, vielleicht auch andere Kissen für den Rücken, eine Decke, das Smartphone und ein Buch. Bevor Sie sich jetzt eine bequeme Stillposition suchen, gehen Sie am besten noch einmal auf die Toilette. Ihre Hände sollten gut gewaschen sein, weil Sie vielleicht in den Mund Ihres Kindes fassen müssen. Wir erklären das gleich im Abschnitt »Wie lege ich mein Kind richtig an?« genauer. Wenn Sie gut vorbereitet sind, können Sie auch bereits bei den ganz frühen Hungerzeichen anlegen. Es gibt keinen Grund, das Baby auf seine Mahlzeit warten zu lassen, es sei denn, Ihre eigenen Grundbedürfnisse oder die älterer Geschwister stehen dem im Weg. Gerade in der Nacht ist es günstig, die frühen Hungerzeichen zu erkennen und zu beantworten, denn dann können Eltern und Kind schneller weiterschlafen, ohne wirklich wach zu werden.

Aktive Hungerzeichen

Die zweite Eskalationsstufe des Babys sind aktive Hungerzeichen. Es beginnt, sich stärker zu bewegen, zeigt eine allgemeine Unruhe und bewegt die Ärmchen und Beinchen. Oft nimmt es nun auch die Hand oder Finger in den Mund und saugt daran. Es wimmert oder quietscht leise, manche Babys quengeln nörgelnd. Es bewegt den Kopf hin und her, als würde es die Brustwarze suchen. Auch diese Hungerzeichen können schlafend oder wach gezeigt werden, wobei schlafende Babys während des Zeigens dieser Hungersignale meist aufwachen. Legen Sie Ihr Kind spätestens jetzt an.

Späte Hungerzeichen

Wenn Eltern die frühen und aktiven Hungerzeichen nicht erkannt, verpasst oder bewusst ignoriert haben, muss sich das Baby seines finalen Hungerzeichens bedienen: schreien. Es erhöht dabei seine Körperspannung, seine Atemfrequenz und ist, vor allem, wenn es dann nicht sofort angelegt wird, völlig außer sich. Die Hände hat es nun zu Fäustchen geballt. Manche Kinder sind bei den späten Hungerzeichen schon so aufgebracht und hektisch, dass es ihnen nicht mehr gelingt, sich aufs Andocken an die Brustwarze zu konzentrieren. Dann müssen die Eltern es erst einmal durch Kuscheln und Schuckeln so weit herunterregulieren, dass das wieder möglich wird. Dadurch verstreicht aber natürlich noch mehr Zeit, sodass das Baby noch hungriger wird. Es ist zwar nicht besonders dramatisch oder schädigend, ein Baby immer erst bei späten Hungerzeichen zu stillen, aber es ist unnötig stressig auf beiden Seiten und erschwert den Alltag und den Aufbau einer guten Eltern-Kind-Bindung.

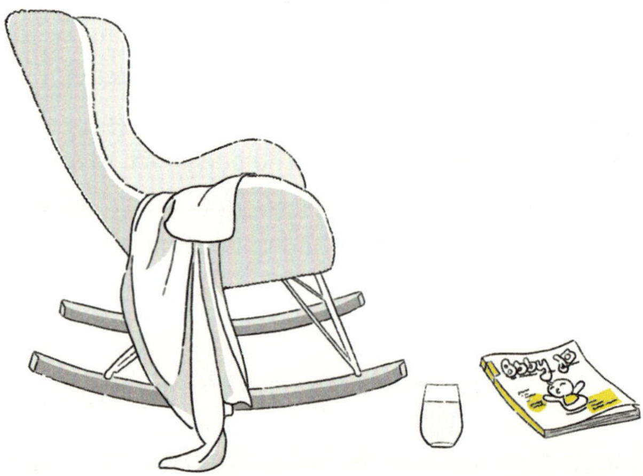

Wie oft sollte ich mein Kind anlegen oder füttern?

Sooft es möchte. Achten Sie auf seine Hungerzeichen, und geben Sie die Brust oder Flasche, wann immer Ihr Kind signalisiert, dass es hungrig ist. Das kann nach zehn Minuten sein, nach … keine Ahnung … 56 Minuten, nach 107 Minuten … Es kann auch sein, dass Ihr Kind erst wieder nach vier Stunden Hunger hat. Das ist von Kind zu Kind verschieden und auch von Tag zu Tag oder Stunde zu Stunde. Es kommt darauf an, wie warm oder kalt es ist, wie aktiv das Kind in der Zwischenzeit ist, ob es einen Wachstumsschub hat usw. Dieses Vorgehen nennt man »Stillen nach Bedarf«, und es ist die finale Antwort der Wissenschaft darauf, welche Trinkabstände Babys haben sollten. Es ist ja auch leicht verständlich: Auch wir Erwachsenen haben nicht immer zur gleichen Zeit Hunger und auch nicht immer gleich viel, warum sollte das bei unseren Kindern anders sein? Dr. Herbert Renz-Polster schreibt in seinem Buch *Kinder verstehen: Born to be wild*: »Vergleicht man die Kulturen dieser Erde, so schwankt die Häufigkeit, wie oft Kinder gestillt werden, durchschnittlich zwischen alle 15 Minuten und alle sechs Stunden. […] Es gibt jedoch Hinweise, dass kleinere, häufigere Mengen auch hierzulande Vorteile haben. So zeigen wissenschaftliche Beobachtungen, dass Säuglinge seltener unter Koliken leiden, wenn sie insgesamt öfter gestillt werden.«[2]

Wenn man sich die ungefähre Magengröße von Babys anschaut, ist leicht verständlich, warum sie »wenig, dafür öfter« bevorzugen: Bei der Geburt ist der Magen eines Neugeborenen so winzig wie eine kleine Murmel, und es passen 5 bis 7 ml hinein. Das ist auch gut so, denn die Brust kann nur winzige Mengen Kolostrum produzieren, etwa 50 bis 70 ml in 24 Stunden. Da Neugeborene zwischen 8- und 12-mal in 24 Stunden angelegt werden wollen, kommt das mit dem Angebot und der Nachfrage perfekt hin. Die Natur ist schon genial, oder? Mit jedem Tag dehnt sich der Magen des Neugeborenen ein kleines bisschen weiter aus. Drei Tage nach der Geburt kann er etwa 22 bis 27 ml aufnehmen, am Tag 10 etwa 45 bis 60 ml. Mit einem Monat ist der Magen eines Babys in etwa so groß wie ein kleines Hühnerei, und es kann 80 bis 150 ml trinken.

Den Generationen unserer Eltern und Großeltern wurde übrigens noch beigebracht, dass man bestimmte Stillabstände (z. B. alle vier Stunden) unbedingt einhalten müsse, weil Babys Bauchschmerzen oder gar Koliken bekämen, wenn frische Milch im Magen auf alte, halb verdaute Milch träfe. Dieses Ammenmärchen sollte heute keinen Elternteil mehr verunsichern, und es darf gern vergessen werden.

Auch verwöhnen oder überfüttern kann man ein Baby mit Mutter- oder Pre-Milch nicht. Es wird mit einem natürlichen Hungergefühl geboren, welches es davon abhält, zu viel zu trinken. Aber auch da müssen wir Erwachsenen feinfühlig sein – wir sollten es nicht drängen, noch den letzten Schluck aus der Flasche zu trinken oder noch die zweite Brust zu nehmen. Wenn es fertig ist, ist es fertig. Vertrauen wir ihm.

Tee, Wasser oder Gemüsesäfte werden heutzutage nicht mehr zusätzlich gegeben. An besonders heißen Tagen, wenn die Kleinen berechtigt mehr Durst haben, werden sie einfach öfter angelegt. Sie trinken dann die anfänglich fließende durstlöschende Milch mit hohem Wassergehalt und hören auf, wenn die Milch fetthaltiger wird. Sie sind ja durstig, nicht hungrig. Das erklärt auch, warum sie bei Wärme häufiger trinken – sie wollen einfach wieder wässrigere Milch. Unsere kleinen Wunder wissen, was sie tun. Sie holen sich tatsächlich genau das, was sie brauchen – sofern man sie lässt.

Wie lege ich mein Kind richtig an?

Das richtige Anlegen ist die halbe »Stillmiete« – die meisten Probleme entstehen, weil das Baby die Brustwarze und den Warzenhof nicht richtig im Mund hat. Positionieren Sie Ihr Baby so, dass sein Köpfchen auf Ihrem Arm auf jener Seite der Brust liegt, aus der es trinken soll. Wir raten Ihnen dazu, bei den ersten Stillversuchen Haut an Haut mit Ihrem Baby zu sein, weil das die Hormone anfeuert, die für den Milchfluss verantwortlich sind. Ihr Baby liegt auf Ihrem Arm und ist so zu Ihnen gedreht, dass es an Bauch und Oberschenkeln Hautkontakt zu Ihnen hat. Meist sind seine Arme ganz natürlich so angewinkelt, dass es Ihre Brust umfasst und vielleicht sogar knetet oder sanft boxt. Die Brustwarze liegt dabei genau unter seiner Nase, Kinn und Unterlippe versinken ein bisschen in der Brust. In dieser Position kann Ihr Kind wunderbar von allein andocken. Streicheln Sie es über die Wange, um die natürliche Suchreaktion auszulösen. Ihr Kind nimmt den Kopf leicht in den Nacken und macht den Mund weit auf. Der Kopf wird am Anfang noch ein bisschen hin- und herpendeln, sodass der Mund immer wieder an der Brustwarze vorbeistreicht. Das muss Sie nicht nervös machen, Ihr Kind wird gleich andocken. Geben Sie ihm Zeit, es ist kompetent. Wenn es die Brustwarze gefunden hat, nimmt es sie inklusive Warzenhof in den Mund und fängt an zu saugen. Wenn es richtig angelegt ist, ist der Mund etwa 160 Grad offen, und die Unterlippe ist zum Kinn hin ausgestülpt. Meist kräuselt sich auch die Oberlippe nach außen, aber sie kann auch nach innen gestülpt sein, das ist nicht schlimm. Wichtig ist die nach außen gestülpte Unterlippe. Das Kinn liegt auf Ihrer Brust auf und massiert sie beim

Trinken. Beim Saugen entsteht ein Vakuum, das das Brustgewebe (Brustwarze und Warzenhof) immer tiefer in den Mund hineinsaugt, bis es die richtige Position erreicht. Nun liegt die Brust in der sogenannten »Komfort-Zone«, das heißt beim Übergang zwischen hartem und weichem Gaumen, und ist vor Reibung im Mund des Kindes geschützt. Die Zunge drückt dabei die Brustwarze beim Schlucken rhythmisch an den Gaumen. Im Prinzip saugt ein Baby also nicht an der Brust, sondern melkt sie.

Die Nase sollte beim richtigen Anlegen frei sein, sodass das Kind gut atmen kann. Sie liegt aber dennoch sehr nah an der Brust. Stillexpert*innen behaupten, dass man die Brust nicht von der Nase wegdrücken muss, weil das Baby gut Luft bekommt – wir haben aber ehrlicherweise beide immer mit dem Zeigefinger eine kleine Kuhle in die Brust gedrückt, wo die Nase unseres Kindes war. So weit ging unser Vertrauen in die Expert*innen dann doch nicht. Ey, unsere Brüste waren größer als die Köpfe unserer Babys!

Ist Ihr Baby mit der Zeit ein wenig stillerfahrener, wird es in allen möglichen Stillpositionen problemlos andocken können. Wichtig ist immer ein enger, paralleler Kontakt zwischen den Oberkörpern des Babys und der Stillenden. Wenn Schmerzen zu spüren sind, dann ist das Kind nicht richtig angelegt. Bei den ersten Stillzügen darf es kurz unangenehm sein, aber nicht doll schmerzen. Es bringt bei Schmerzen nichts, die Zähne zusammenzubeißen und dem Kind zuliebe irgendwie durchzuhalten. Brustwarzen sind empfindlich und können durch falsches Saugen Schaden nehmen. Auch wenn unser Baby vor Hunger noch so ungeduldig ist – es muss einfach richtig angelegt werden, um effektiv saugen zu können. Lieber eine ungeduldige Minute des Hungers ertragen, als tagelang schmerzende Brustwarzen zu riskieren.

Im Notfall muss das Kind abgelöst und neu angelegt werden. Das macht man, indem man den sauberen elterlichen kleinen Finger in den Mundwinkel des saugenden Babys schiebt und so das

Vakuum löst. Danach legen Sie noch einmal an und achten darauf, dass der Mund Ihres Kindes schön weit offen ist. Streicheln Sie, wenn nötig, seine Wange, dadurch öffnet es meist den Mund automatisch, weil das den Suchreflex auslöst. Schieben Sie nun die Brust weit in den Mund Ihres Kindes. Wenn es jetzt andockt, sollte es nicht mehr schmerzen. Geschafft! Ab jetzt wird es von Ma(h)l zu Ma(h)l einfacher, versprochen.

Das »Anlegen« mit der Flasche

Auch beim Füttern mit der Flasche gibt es beim »Anlegen« ein paar Dinge zu beachten. Stellen Sie sicher, dass die Milch nicht zu heiß ist. Ideal sind 37 Grad Trinktemperatur. Man überprüft dies am schnellsten, indem man ein paar Tropfen Milch auf die Innenseite des eigenen Handgelenks tropfen lässt. Dort ist unsere Haut besonders empfindlich. Ist Ihnen die Milch nicht zu heiß oder zu kalt, sondern angenehm warm, hat sie eine gute Trinktemperatur. Stecken Sie den Sauger Ihrem Baby anschließend nicht einfach so in den Mund, sondern streichen Sie zunächst damit zärtlich über die Wange Ihres Kindes. So wird der Suchreflex ausgelöst, mit dem das Baby normalerweise die Brust findet. Ist Ihr Baby hungrig, wird es nun seinen Kopf hin- und herbewegen, um den Sauger zu finden. Sie können ihn nun vorsichtig an die Lippen Ihres Kindes führen und kurz warten. Es öffnet automatisch weit seinen Mund – schieben Sie den Sauger des Fläschchens nun langsam, aber relativ weit in den Mund hinein. Die Zunge Ihres Babys befindet sich unterhalb des Saugers, die Lippen umschließen den breiten Teil und liegen idealerweise nah am Verschlussring. Wie beim Stillen auch, umschließt der Mund des Babys also einen ziemlich großen Teil des Saugers. So werden die natürlichen Bewegungen von Kiefer und Zunge genau wie beim Stillen stimuliert, und Ihr Baby wird die

Milch gut heraussaugen können. Halten Sie das Fläschchen beim Füttern immer so, dass der komplette Sauger mit Milch gefüllt ist, um zu verhindern, dass Ihr Baby Luft schluckt und Bauchweh bekommt.

Wichtig ist übrigens auch die richtige Lochgröße beim Sauger. Es gibt die Lochgrößen S, M und L. Am Anfang wird Ihrem Baby die Größe S reichen. Ist das Loch zu groß, kommt zu viel Milch beim Saugen, und das Baby ist überfordert und verschluckt sich. Nehmen Sie dann sofort die Flasche aus dem Mund. Ist das Loch zu klein, muss sich das Baby wahnsinnig anstrengen beim Saugen und wird unruhig und meckerig, weil es hungrig bleibt. Am einfachsten ist es, den Sauger vorher zu überprüfen: Drehen Sie die Flasche auf den Kopf: Tropft es circa ein bis zwei Mal pro Sekunde, haben Sie die richtige Lochgröße gefunden.

Stillpositionen

Katja erzählt von ihren ersten Erfahrungen mit dem Stillen:

Als ich schwanger war, freute ich mich sehr auf das Stillen. Meine eigene Mama hatte mich nur acht Wochen gestillt, weil das damals in den 1970er-Jahren in der DDR so üblich war. Ich wollte das auf jeden Fall anders machen und mindestens sechs Monate stillen. Ich bereitete mich nicht darauf vor, sondern vertraute darauf, dass meine Tochter und ich schon wissen würden, was zu tun sei. Als sie dann da war, wurde sie mir gleich innerhalb der ersten Stunde im Kreißsaal an die Brust gelegt. Eine freundliche Hebamme half mir dabei, denn meine Tochter war von der Geburt noch etwas groggy und schaffte es nicht, allein anzudocken. Als ihr aber meine Brustwarze in den Mund geschoben wurde, saugte sie los wie ein kleiner Profi. Sie wusste, was sie tat. So ganz optimal war dieses erste Andocken jedoch nicht gewesen: Nach der ersten Stillmahlzeit hatte ich an beiden Brustwarzen kleine Blutblasen. Nun ja. Da ich auf der Wochenbettstation niemandem zur Last fallen wollte, wurschtelte ich mich so durch, legte sie irgendwie an, ließ sie ausgiebig an der Brust liegen, und sie saugte fröhlich vor sich hin. Ich hatte auch wirklich sehr schnell einen grandiosen Milcheinschuss und sah vorübergehend aus wie Dolly Buster. Das machte das Stillen nicht einfacher, denn nun waren meine Brüste so prall, dass

meine Tochter beim Andocken immer wieder abrutschte und ich in leichte Panik verfiel, dass wir das mit dem Stillen doch nicht hinbekommen.

Hinzu kam, dass mein Kind eine leichte Gelbsucht entwickelte und relativ viel schlief. Wurde sie wach, war sie eigentlich zu matt, um zu trinken. Also musste ich sie an den Füßchen wach kitzeln. Entspannt war das Stillen ganz und gar nicht, zumal ich auch keinerlei Stillpositionen kannte und mir das Kind einfach nach Gutdünken an die Brust legte. Nach zwei Tagen schmerzten meine Brustwarzen so höllisch, dass ich bei jedem Anlegen und durch den ganzen Stillprozess hindurch weinte. Meine Kleine trank gut und gedieh, das war kein Problem, aber diese Schmerzen! Ich hielt sie wirklich kaum aus und fragte mich verzweifelt, wie meine Mutter es überhaupt geschafft hatte, mich ACHT LANGE WOCHEN zu stillen? Ich war bereits nach drei Tagen so weit, das Handtuch zu werfen. In meiner Verzweiflung klingelte ich endlich nach den Schwestern, auch wenn ich mir irgendwie doof vorkam. Es erschien ein Engel – Schwester Kathi, die Laktationsberaterin meines Krankenhauses. Sie guckte sich meine Brustwarzen an, nickte verständig und schmierte etwas Wollfett darauf. Dann legte sie mir meine Tochter bequem in den Arm, rückte hier ein bisschen, da ein bisschen, und dann kam das Andocken. In Erwartung des üblichen Schmerzes schloss ich die Augen … und öffnete sie überrascht. Kein Schmerz, trotz wunder, blutender Brustwarzen. Allein die richtige Stillposition hatte Abhilfe verschafft! Wow.

Es gibt etwa drei klassische Stillpositionen, die Sie garantiert schon einmal irgendwo gesehen haben: die Wiegehaltung, der Fußballgriff und das Stillen im Liegen. Darüber hinaus gibt es noch andere

Stillhaltungen, die situationsbedingt besser passen können. Schauen wir uns zunächst die Klassiker an:

Wiegehaltung

Bei der Wiegehaltung sitzt die Stillende aufrecht und hält das Baby waagerecht liegend im Arm. Der Kopf des Babys liegt in der Armbeuge und wird so gestützt. Der Rest des Armes der Mutter stützt den Rücken des Babys, es ruht also im Prinzip auf ihrem Unterarm. Nun wird das Baby sanft zur Brust geführt, sodass seine Nase in Höhe der Brustwarze liegt. Je nach Anatomie der Brust muss diese dafür leicht mit dem C-Griff (Daumen oben, Finger unten, Hand ergibt so ein C) angehoben und festgehalten werden. In der modifizierten Wiegehaltung ist die Armstellung der Stillenden ein bisschen abgewandelt: Sie hält das Baby mit dem anderen Arm, sodass sein Köpfchen in ihrer Hand aufliegt. Angeblich kann man das Baby so besser zur Brust führen. Probieren Sie einfach aus, welcher Arm Ihnen besser liegt. Für erfahrene Still-Teams ist die Wiegehaltung total praktisch, sodass sie gern und oft genutzt wird, vor allem auch unterwegs. Einmal Baby in den Arm, Still-T-Shirt hoch, schwups angedockt. Stillneulinge empfinden diese Position aber oft erst einmal als anstrengend, weil anfangs so viele Kissenstützen gebraucht werden: im Rücken der Mutter, unter ihrem Arm als Stütze – Babys werden nach einer Weile echt schwer – und oft auch an den Seiten, um die Beine des Babys ablegen zu können. Damit die Stillende nicht verkrampft, müssen die Kissen so positioniert werden, dass sie ihre Arme, Schultern und ihren Rücken entspannen kann. Jedes Mal muss also ein kleines Still-Fort gebaut werden, bevor die Mahlzeit beginnen kann. Gerade in der Nacht nervt das sehr. Es ist deshalb günstig, das Stillen im Liegen zu erlernen.

Stillen im Liegen

Beim Stillen im Liegen liegt das Still-Team zusammen im Bett oder auf einer Matratze. Sie liegen jeweils auf der Seite, sind einander zugewandt. Sie liegen relativ eng Bauch an Bauch, wobei das Köpfchen des Kindes auf Höhe der Brust liegt, sodass es problemlos an die Brustwarze kommen kann. Ein Arm der Mutter liegt meist unter ihrem eigenen Kopf, damit sie bequem liegt. Ihr anderer Arm stützt ihr Baby im Rücken. Oft winkelt die Mutter unbewusst auch ihre Beine an, sodass sie einen schützenden Halbkreis um ihr Baby bildet. Am Anfang ist Stillen im Liegen eine kleine Herausforderung, weil man das Baby schlechter zur Brust führen kann und sein kleiner Mund schlechter zu sehen und zu positionieren ist. Manchmal machen Mütter dann den Fehler, ins Hohlkreuz zu gehen, damit die Brust das Kind erreicht. Das geht … ist aber unbequem. Versuchen Sie, die Stillmaxime »Baby zur Brust, nicht Brust zum Baby« auch im Liegen zu beachten. Hat das Baby eine Brust leer getrunken, dreht sich die Mama auf die andere Seite. Am Anfang werden Sie wahrscheinlich leicht aufstehen, das Baby vorsichtig auf die andere Seite betten und sich dann wieder dazulegen. Bei etwas erfahreneren Still-Teams drückt die Mama das Baby sanft an ihren Bauch und dreht sich dann mit ihm zusammen langsam über ihren Rücken auf die andere Seite. Bitte dabei das Köpfchen stützen. Ist das Baby etwas älter und erfahren im Andocken, braucht man sich eigentlich überhaupt nicht mehr zu drehen: Dann wird erst wie üblich die untere Brust angeboten, und wenn diese leer ist, dreht sich die Mutter ein wenig mehr zum Kind und bietet ihm die obere Brust auch noch an. Gerade bei großen Brüsten klappt das ziemlich gut und erspart das Rumgewurschtel im Halbschlaf. Insgesamt ist das Stillen im Liegen – einmal gelernt – die beste Position zum Ausruhen und für die Nacht. Es ist übrigens von der Natur so gewollt, dass Mutter und Kind beim Stillen im Liegen eindösen oder sogar einschlafen. Das ist nicht gefährlich, wenn Ihre Bettumgebung dahingehend angepasst ist. Wir gehen darauf noch einmal ausführlich am Ende dieses Kapitels ein. Tatsächlich ist es gut und erholsam, wenn Sie während des Stillens schlafen können. Nichts ist schlimmer, als mitten in der Nacht im Wohnzimmer auf der Couch eine Kissenburg aufbauen zu müssen, um das Baby in Wiegehaltung stillen zu können, und sich dann auch noch wach halten zu müssen, damit man es nicht aus Versehen fallen lässt. So mancher Elternteil hat bei diesem Szenario schon weinend dagesessen und sich verzweifelt gefragt, wie er das schaffen soll. Üben Sie das Stillen im Liegen, es lohnt sich.

Football-Haltung

Bei dieser etwas seltsam anmutenden Stillhaltung liegt das Baby seitlich an der Mutter auf einem Stillkissen. Die Füße zeigen nach hinten zur Lehne des Sessels. Das Köpfchen wird von der Hand der Mutter gehalten und zur Brustwarze geführt. Wird an der linken Brust gestillt, ist es die linke Hand, bei der rechten Brust die rechte Hand. Das klingt kompliziert, ist es aber nicht. Ihren Namen erhielt diese Stillposition durch den Fakt, dass die Mutter ihr Baby quasi so im Arm hält wie ein Footballspieler seinen Ball, wenn er damit durch die gegnerischen Linien prescht. Ich fand die Football-Haltung zunächst so komisch, dass ich sie gar nicht erst lernen wollte. Tatsächlich stellte sie sich aber schnell auf der Wochenbettstation als meine Lieblingsposition heraus, weil meine Tochter mir nicht so schwer auf dem Arm lag und ich ihren Mund beim Anlegen besser sehen konnte. Geben Sie dieser Stillhaltung ruhig eine Chance. Sie wird auch wichtig, wenn Sie einen Milchstau im äußeren Segment Ihrer Brust haben. Hatten Sie einen Kaiserschnitt, liegt das Baby Ihnen beim Football-Griff auch nicht auf der Narbe.

Das waren die drei klassischen Stillhaltungen. Es gibt allerdings noch ein paar mehr, und einige davon lohnen sich richtig. Allen voran das Stillen in der Trage:

Stillen im Tragetuch oder in der Babytrage

Ich habe das Stillen in der Trage erst bei meinem dritten Kind Josua gelernt und ärgere mich noch heute darüber, dass das erst so spät war. Was ist diese Stillhaltung nämlich für eine Erleichterung im Alltag! Ich wusste, dass andere Frauen in der Trage stillen, aber ich musste es erst bei einer befreundeten Mutter sehen, bis ich tatsächlich kapierte, wie das praktisch funktioniert. Das Baby sitzt dabei in der Trage oder im Tuch und ist ja eigentlich so hochgebunden, dass man es auf den Kopf küssen kann, es sitzt also mit seinem Mund nicht auf Höhe der Brustwarzen. Außerdem hat man noch T-Shirt, Still-BH und gegebenenfalls auch noch einen Pullover an. Wie soll man denn dann stillen, he? Ganz einfach: Man braucht T-Shirt und Pullover mit großem Ausschnitt, außerdem einen Still-BH, bei dem man die Brust nach oben herausheben kann. Man fasst dementsprechend von oben in den eigenen Ausschnitt und hebt die Brust, mit der man stillen will, aus allen Lagen heraus. Am besten hat man ein Stilltuch oder einfach einen Schal über Schulter und Brust, dann können unbeteiligte Mitmenschen nicht aus Versehen nackte Tatsachen sehen. Je nachdem wie groß die Brust ist, hebt man sie nun entweder zum Mund des Kindes hoch, oder man lockert die Trage oder das Tragetuch so, dass das Baby ein wenig nach unten zur Brustwarze rutscht und andocken kann. Et voilà, schon stillen Sie in der Trage. Die meisten Tragen haben eine Kopfstütze, die man hochklappen und anknüpfen kann, so kann das Baby auch ohne Schal in aller Ruhe und unbeobachtet trinken. Achten Sie allerdings darauf, Ihre Brust wieder einzupacken, wenn es eingeschlafen ist. Ich wurde einmal von einer sehr netten jungen Frau im Café darauf angesprochen, dass meine Brustwarze an der offenen Seite der Trage zu sehen sei. Mein Baby war (vor Stunden!) eingeschlafen, die Brust war (vor Stunden!) aus seinem Mund herausgeflutscht und … na ja. Gott sei Dank wohne ich in Berlin. Hier sehen die Menschen täglich viel aufregendere Sachen.

Hoppe-Reiter-Stillhaltung

Das ist eher eine Haltung für ältere Babys, aber mit der richtigen Unterstützung können auch schon Neugeborene so trinken. Die Kinder sitzen dabei auf dem Schoß der Stillenden, Bauch an Bauch, meist mit zum M angewinkelten Beinen wie im Tragetuch. Eine Hand der Mutter ruht zwischen Hinterkopf und Nacken und stützt so das Köpfchen. Die zweite Hand stützt die Wirbelsäule. Das ist vor allem bei sehr jungen Babys wichtig. Es kann hilfreich sein, sich als Mutter etwas zurückzulehnen, vielleicht in einen bequemen Sessel, sodass junge Babys eher auf dem Bauch liegen und nicht ganz so aufrecht sitzen. Ältere Stillkinder können sich dann schon selbstständig aufrecht hinsetzen. Im Prinzip sitzen die Kinder dabei wie beim Stillen in der Trage. Durch die aufrechte Position trinken Babys, die sonst dazu neigen, beim Stillen einzuschlafen, tendenziell länger an der Brust. Auch Kinder, die unter einem Reflux, also dem Aufsteigen von Magensäure in die Speiseröhre, leiden, bevorzugen diese aufrechte Stillposition. Wichtig ist, wie beim Stillen im Tragetuch, dass der Abstand zwischen Brustwarze und Schoß so angepasst ist, dass das Kind entspannt beim Trinken sitzen kann. Weder darf es sich zu stark nach oben strecken müssen, noch darf es zusammensacken, um an die Brustwarze zu kommen. Die Stillende kann den Abstand ändern, indem sie den Oberkörper nach vorn oder nach hinten lehnt. Dabei sollte sie idealerweise aber auch entspannt sitzen können. Diese Stillposition benötigt am Anfang also etwas Übung, ist aber insgesamt ganz nützlich.

Apropos Zurücklehnen …

Zurückgelehnte Stillhaltung

Stellen Sie sich vor, Sie liegen mit nacktem Oberkörper im Bett. Sie lehnen sich entspannt an einen kleinen Berg Kopfkissen, sodass Sie nicht ganz flach liegen. Bei den meisten Frauen fallen die Brüste jetzt nach rechts und links zur Seite. Nun legen Sie sich ihr kleines, nur mit Windel bedecktes Neugeborenes auf den Bauch, mit dem Mund in Höhe der Brüste. Da sein Köpfchen so schwer ist, wird dieses ebenfalls zur Seite kippen und mit dem Hinterkopf wahrscheinlich auf Ihren Oberarmmuskeln oder der Ellenbogenbeuge zum Halt kommen. Magischerweise! Denn nun liegen Babymund und Brustwarze so nah beieinander, dass das Kind keine Schwierigkeiten hat anzudocken. Diese Haltung nennt sich »Zurückgelehnte Stillposition« oder »Laid-back-Nursing« und ist wahrscheinlich zusammen mit dem Stillen im Tragetuch die Ur-Stillhaltung von uns Menschen. Für Neugeborene ist das Laid-back-Nursing ideal, weil noch keinerlei Körperspannung benötigt wird und trotzdem ein korrektes, schmerzfreies Anlegen möglich ist. Für Stillende ist es ideal, weil diese Haltung nicht erlernt werden muss, sondern die Schwerkraft Brüste und Baby in die beste Position rückt. Man muss nicht viel tun, was gerade nach der Geburt wunderbar entspannend ist. Oft schieben sich Babys, denen die Gelegenheit gegeben wird, nach der Geburt vom Bauch aus von ganz allein in diese Stillhaltung (breast-crawl). Damit dem Still-Team nicht kalt wird, kann eine leichte Decke oder ein angewärmtes großes Handtuch über sie gelegt werden. Wenn Sie mehr über das »Laid-back-Nursing« erfahren wollen, empfehlen wir Ihnen das Buch der Hebamme Regine Gresens *Intuitives Stillen: Einfach und entspannt. Dem eigenen Gefühl vertrauen – Die Beziehung zum Baby stärken.*

Vierfüßler-Haltung

Die Vierfüßler-Haltung ist die umständlichste Stillhaltung überhaupt, und die Chancen stehen gut, dass Sie sie nie ausprobieren werden. Ihr Baby liegt dabei auf dem Rücken im Bett, und Sie positionieren sich im Vierfüßlerstand so über ihm, dass Ihre Brust und Brustwarze von oben direkt in sein Gesicht hängen. Wie im Schlaraffenland braucht es nun nur noch den Mund zu öffnen, zu saugen, und schon fließt die süße, warme Milch in seinen Mund. Genutzt wird diese Position vor allem zum Auflösen eines schmerzhaften Milchstaus. Die Erdanziehung hilft dabei ein wenig mit, den Milchfluss anzuregen, das Kinn des Babys, das in Richtung der schmerzenden Stelle zeigt und diese beim Trinken massiert, schafft den Rest.

Nach dem ersten Kontakt mit meiner Stillberaterin ging es bei mir und meiner Tochter übrigens bergauf. Das Stillen war zwar immer noch nicht leicht (das wurde es erst nach ein paar Monaten), und wir fanden ab und zu nicht richtig zueinander. Aber ich musste nie wieder solche Schmerzen erleiden. Die Stillberaterin zeigte mir ein paar Stillpositionen, die ich unter ihrer Aufsicht und Anleitung ausprobierte. Einige lagen mir, andere fand ich zu unbequem, aber das war alles okay. Ich durfte das annehmen, was ich wollte, und anderes verwerfen. Bestens mit Informationen gerüstet, verließ ich das Krankenhaus und stillte am Ende volle zwei Jahre. Hätte ich das in der Schwangerschaft gedacht? Nein, auf keinen Fall. Frauen, die schon laufende und mit Zähnen ausgestattete Kinder stillten, waren mir echt ein kleines bisschen suspekt. Mit meinen eigenen Kindern war das dann aber die natürlichste Sache der Welt. Wie das eben so ist.

Fütterpositionen mit der Flasche

Hier lernen Sie die wichtigsten Fütterpositionen mit der Flasche und können ausprobieren, welche Ihnen und Ihrem Kind am meisten liegt.

Wiegegriff

Wie beim Stillen auch, ist beim Füttern mit der Flasche der Wiegegriff ebenfalls die klassische Halteposition. Der Kopf des Babys liegt dabei in der Armbeuge, der Bauch des Babys zeigt leicht in Richtung Bauch des oder der Fütternden. Es liegt aber nicht ganz so stark auf der Seite wie beim Stillen, da ja die Flasche noch zwischen Kind und Elternteil passen muss. Damit es gut trinken kann, ist wichtig, dass das Kinn des Babys nicht zu seiner eigenen Brust geneigt ist, sondern es stattdessen den Kopf ein wenig nach hinten in den Nacken neigt. Die fütternden Eltern können sich in der Position total entspannt zurücklehnen. Oft wird nur ein Stillkissen auf dem Schoß benötigt, um den Arm des Erwachsenen zu stützen, aber insgesamt ist wenig Vorbereitung nötig. Man kann sofort und überall die Flasche im Wiegegriff geben, wenn man einen Arm, ein Baby und ein Milchfläschchen hat. Wechseln Sie gern auch immer mal den Arm beim Füttern mit der Flasche, so wie Sie es beim Stillen auch tun würden. Dann lernt Ihr Kind Ihr Gesicht aus unterschiedlichen Positionen kennen, und Sie können besser erkennen, ob es vielleicht eine Seite beim Liegen favorisiert. Ist das der Fall, sprechen Sie am besten Ihre*n Kinderärzt*in zeitnah darauf an, um ein Abflachen des Hinterkopfes auf der favorisierten Seite zu vermeiden.

Hoppe-Reiter – zurückgelehnt

Setzen Sie sich angelehnt so auf den Boden oder die Couch, dass Sie Ihre Beine im 45-Grad-Winkel aufstellen können. Jetzt setzen Sie Ihr Kind so auf Ihren Schoß wie beim Hoppe-Reiter-Spiel beziehungsweise beim Sitz in der Trage und lehnen es dann nach hinten an Ihre Beine. Sie schauen sich jetzt direkt ins Gesicht. Wunderbar! Das ist auch eine tolle En-face-Position, um sich mit Ihrem Baby zu unterhalten. Sitzen Sie beide entspannt, können Sie Ihrem Kind nun den Sauger der Flasche anbieten.

Es ist möglich, dass Sie Ihr Kind andersherum auf Ihren Schoß setzen, sodass es sich mit dem Rücken an Ihren Bauch lehnt. In dieser Position ist es für den Erwachsenen leichter, die Flasche zu halten, allerdings fällt der Blickkontakt dabei weg. Durch die aufrechte Position eignet sich diese Fütterhaltung gut für Kinder mit Reflux.

Füttern im Liegen

Sie sollten eine Flasche nicht im Liegen füttern, da die Milch aus der Flasche leichter und schneller fließt und sich das Baby eventuell verschlucken kann, da es den Milchfluss schlechter selbst regulieren kann. Nehmen Sie Ihr Kind also lieber, während Sie selbst auf der Seite liegen, so in Ihren Arm, dass sein Köpfchen ein wenig erhöht liegt. Im Prinzip wie bei der Wiegehaltung, nur eben, dass Sie beide dabei liegen. Wir wissen allerdings aus den Gesprächen mit Tausenden von Eltern, dass es viele Familien gibt, in denen die Babys in der Nacht trotzdem liegend auf dem Rücken gefüttert werden, da es funktioniert und die Nacht sonst für alle zu stressig wird. Wir wollen Ihnen nicht dazu raten, wissen aber, dass Pragmatismus in der Nacht immer gewinnt.

Wozu wir Ihnen aber raten können, ist, die Nahrung für die Nacht schon vor dem Schlafengehen vorzubereiten. Sie brauchen sterilisierte Fläschchen (eine mehr, als Ihr Kind Trinkphasen hat), eine Thermoskanne mit heißem Wasser, eine Thermoskanne mit abgekochtem, erkaltetem Wasser und mehrere Milchpulver-Portionierer mit der korrekt abgemessenen Menge an Milchpulver für jeweils eine Flasche. Zeigt Ihr Baby die ersten Hungerzeichen, können Sie nun 1/3 heißes und 2/3 abgekochtes, kaltes Wasser zusammen mit einer Portion Milchpulver in einer der sterilisierten Flaschen vermengen. Schütteln Sie bitte nicht, da dabei zu viele Luftbläschen entstehen, sondern schwenken Sie die Flasche lieber. Die richtige Technik hat man nach einer Weile raus. Prüfen Sie nun die Temperatur an Ihrem inneren Handgelenk. Ist die Milch nicht zu heiß, können Sie mit dem Füttern beginnen. Kinder, die mit der Flasche gefüttert werden, schlucken oftmals mehr Luft beim Trinken als Stillkinder, sodass es nach der Mahlzeit nötig sein kann, Ihr Kind ein Bäuerchen machen zu lassen. Legen Sie am besten ein Tuch unter, da oft ein Schwall Milch mit rauskommt.

Halten Sie in allen Fütterpositionen bitte die Flasche durchgängig fest, auch wenn Ihr Baby seine Hände an die Flasche legt. Kinder können überraschend früh das Fläschchen selbst halten, aber im Sinne der Bindung zwischen Ihnen sollten Sie diesen Reflex nicht ausnutzen und es sich selbst füttern lassen, während Sie andere Dinge tun. Auch wenn es verlockend ist. Fütterzeit ist Bindungs- und Kuschelzeit.

Häufige Fragen zum Füttern

Im Folgenden haben wir einige Fragen aus dem Forum für Sie versammelt.

Saugt mein Baby richtig?

Beim Füttern mit der Flasche kann man anhand des Füllstandes eindeutig erkennen, ob das Baby gut saugt oder nicht. In eine Brust kann man aber leider nicht hineinschauen. Es ist daher sinnvoll, erkennen zu lernen, ob der eigene Nachwuchs so an der Brust saugt, dass die Milch gut fließt und er satt wird oder nicht. Schauen wir uns also einmal an, was beim Saugen passiert und welche Hinweise wir aufnehmen können. Hat das Baby die Brustwarze und den Warzenhof im Mund, beginnt es zunächst, etwa zweimal pro Sekunde kräftig zu saugen. Dabei fließt noch keine Milch! Dieses non-nutritive Saugen sorgt erst einmal dafür, den Milchspendereflex der Brust auszulösen. Die Mutter spürt das durch ein leichtes Ziehen an der Seite der Brust, manche empfinden das sogar kurzzeitig als unangenehm. Die Muskelzellen an den Milchbläschen ziehen sich in diesem Moment zusammen, um die Milch über die Milchkanäle nach vorn zur Brustwarze zu transportieren. Wird der Milchspendereflex ausgelöst, saugt das Kind effektiv. Manche Frauen spüren das Einsetzen des Reflexes aber nicht, daher gibt es noch andere Anzeichen dafür, ob das Kind richtig trinkt. Nach Auslösen des Milchspendereflexes beginnt das nutritive Saugen, also das Saugen, das unser Kind mit Milch versorgt. Das Baby saugt dabei etwa einmal pro Sekunde und macht regelmäßig Pausen, um die Mich zu schlucken. Dieses Schlucken kann die Mutter beobachten und oft auch hören. Die Saugbewegungen lassen sich sehr gut am Unterkiefer erkennen. Es sieht aus, als würde das Baby die Brust mit seinem Kinn massieren. Die Ohren bewegen sich leicht mit. Ein weiteres Indiz für effektives Saugen kann das plötzliche Gefühl von Durst bei der Mutter sein. Haben Sie am besten immer eine Flasche Wasser neben sich stehen, wenn Sie stillen. Nach dem Stillen ist die Brust viel weicher als vorher. Sie fühlt sich »geleert« an. Das Baby ist ruhig und zufrieden, vielleicht ist es sogar eingeschlafen. Seine Fäustchen sind jetzt offen. Aus seinem Mund fließen ein paar Resttropfen Milch, manche Babys spucken auch einen ganzen Schwall Milch wieder aus. Nimmt Ihr Baby gut zu und hat regelmäßig nasse Windeln, können Sie davon ausgehen, dass es effektiv saugt. Doch wird es auch satt? Ja. Na klar. Aber schauen wir uns ruhig noch die Sättigungszeichen bei Babys an.

Wird mein Kind von der Milch satt?

Zeigt Ihr Kind keine Hungerzeichen nach dem Stillen, ist es sehr wahrscheinlich satt geworden. Es ist ruhig, entspannt, seine Hände sind locker und nicht zu Fäustchen geballt. Vielleicht ist es eingeschlafen. Relativ sicher davon ausgehen, dass Ihr Neugeborenes ausreichend Nahrung bekommt, können Sie, wenn Folgendes zutrifft:

- Ab dem dritten Lebenstag bis zur vierten bis sechsten Lebenswoche hat Ihr Kind mehrmals täglich (mindestens dreimal) Stuhlgang,
- ab dem dritten Lebenstag hat das Kind täglich etwa vier bis sechs nasse Windeln – nass meint dabei, dass sie ca. 50 bis 75 ml Urin

enthalten, also insgesamt ca. 300 ml am Tag (wenn Sie sehr unsicher sind, können Sie die volle Windel wiegen und mit dem Gewicht einer leeren vergleichen), und
- spätestens am 14. Tag nach der Geburt ist das Geburtsgewicht wieder erreicht.

Das heißt jedoch nicht zwangsläufig, dass Ihr Baby hungert, wenn es weniger oft Stuhlgang hat oder seltener nasse Windeln. In den ersten 48 Stunden nach der Geburt wird Ihr Kind womöglich kaum nasse Windeln haben, es besteht kein Grund zur Sorge. Außerdem dürfen Stillkinder bis zu zehn Tage ohne Stuhlgang sein.

Dass sich Ihr Baby weiterhin gut entwickelt, erkennen Sie daran, dass

- sich Ihr Kind entlang seiner Perzentilkurve entwickelt,
- es vier bis sechs nasse Windeln am Tag hat,
- seine Haut rosig ist,
- es zufrieden wirkt und die Umgebung aufmerksam betrachtet,
- es nach dem Stillen Sättigungszeichen wie Loslassen der Brust, körperliche Entspannung und zufriedenes Einschlafen zeigt.

Zeichen, dass die Nahrung nicht ausreichend sein *könnte*, sind:

- Ihr Kind nimmt wenig, unregelmäßig oder gar nicht zu,
- die Augen sind eingesunken,
- die Schleimhäute sind trocken,
- Hautfalten bleiben stehen,
- das Baby ballt die Fäuste,
- es ist dauerhaft unzufrieden,
- es schläft sehr viel,
- es wirkt apathisch, bewegt sich wenig,

- seltener Stuhlgang,
- der Haut fehlt Spannung, sie ist blass, und
- der Urin ist nicht blass- oder leicht gelb, sondern dunkelgelb bis orange und riecht stark.

Alle diese Zeichen *können* darauf hindeuten, dass Ihr Kind nicht satt wird – jedes einzelne kann jedoch auch harmlos sein: Es gibt auch Kinder, die erst einmal durch die Perzentilkurve rutschen. Danielles Sohn war so ein Fall. Er wurde mit properen 4 370 g geboren und in den ersten Lebensmonaten voll gestillt. Innerhalb einer Woche nach der Geburt nahm er sogar noch 570 Gramm zu. Als er das nächste Mal elf Wochen später gewogen wurde, war das Ergebnis, dass er bis dahin gerade mal 87 g pro Woche zugenommen hatte. Die Zunahme blieb danach auch weiter über lange Zeit so – er war dabei aber nie unzufrieden, sondern eher ein fröhliches, aufgeschlossenes, aktives Baby. Er war also schlicht ein Langsamzunehmer. Für Danielle beunruhigend war, dass er in den ersten vier Monaten durch die Perzentilkurven wanderte. In den ersten zwei Wochen lag er noch auf der 90er-Perzentile und rutschte dann nach und nach auf die 40er-Perzentile. Dort blieb er dann aber dauerhaft. Solch ein Rutschen durch die Perzentilkurve kann also normal sein – allerdings sollte es trotzdem von Kinderarzt oder -ärztin begleitet werden, um eine Gedeihstörung auszuschließen. Die Perzentilkurven in den U-Heften sind übrigens auf Basis von flaschenernährten Kindern erstellt – bei Stillkindern ist es häufig so, dass diese anfangs sehr schnell zunehmen und die Zunahme im Verlauf des ersten Lebensjahres abflacht.

Habe ich genug Milch?

Hat Ihr Baby regelmäßig nasse Windeln, nimmt es ausreichend zu und hat fröhliche, ruhige und ausgeglichene Phasen am Tag, dann haben Sie genug Milch. Gelegentlich glauben Mütter, dass ihre Milch nicht ausreicht, wenn die Babys wenige Tage nach der Geburt besonders in den Abendstunden zum Teil ununterbrochen für zwei bis drei Stunden an der Brust trinken. Sie scheinen dann nicht wirklich satt und zufrieden zu sein, schlummern ständig ein und wachen dann wegen Hungers wieder auf. Dieses Trinkverhalten ist normal – man nennt es »Clusterfeeding«. Das Clusterfeeding tritt vor allem in den ersten Tagen nach der Geburt und während der Wachstums- beziehungsweise Entwicklungssprünge auf.

Anfangs ist der Magen des Babys noch sehr klein. Sein Energieverbrauch ist jedoch enorm hoch und das Saugen sehr anstrengend, daher ist das Stillen von vielen kleinen Pausen begleitet, in denen sich das Kind ausruht. Häufiges An- und Abdocken fördert die Ausschüttung des Hormones Prolaktin, das die Milchproduktion anregt. Das Prolaktin wird zwar bereits nach fünf Minuten Stillen ausgeschüttet, die höchsten Werte werden jedoch erst nach 20 bis 30 Minuten erreicht, daher ist es sinnvoll, wenn Ihr Kind mindestens so lange saugt. Die volle Wirkung entfaltet sich erst 8 bis 16 Stunden später – mit den abendlichen Stillmarathons regt das Baby also die Langzeitproduktion der Milch an und sorgt für reichlich Nachschub am nächsten Tag. Daher sollte dieser komplexe Vorgang nicht durch Zufüttern gestört werden. Clusterfeeding ist notwendig, um die Produktionsmenge der Milch zu regulieren – es heißt nicht, dass das Baby zu wenig Milch bekommt! Das lange Saugen beim Clusterfeeding verursacht beim Kind die Ausschüttung von Cholezystokinin – ein Hormon, das ein Sättigungsgefühl auslöst, auch wenn die Milchmenge im Magen dazu eigentlich nicht ausreicht. Nach 10 bis 20 Minuten fällt der Hormonspiegel wieder – das Kind realisiert, dass es eigentlich noch gar nicht satt war, und trinkt wieder weiter.[3] Dieser Vorgang wiederholt sich so lange, bis der Magen ausreichend gefüllt ist und das Baby in eine längere Schlafperiode fallen kann.

In Clusterfeeding-Zeiten sollten Sie sich möglichst entspannt zurücklehnen und versuchen, die innige Zeit zu genießen – bald schon wird sich Ihr Baby in 5 bis 10 Minuten satt trinken, und die ausgedehnten Stillperioden werden deutlich seltener. Wenn Ihnen die Zeit zu lang wird, spricht auch nichts dagegen, sich in dieser Zeit einem guten Buch zu widmen oder das Handy zur Hand zu nehmen. Vertrauen Sie darauf, dass das, was gerade geschieht, wichtig und notwendig ist und keinesfalls bedeutet, dass die Milch nicht ausreicht. Selbst *wenn* die Milch vorübergehend tatsächlich zu wenig sein sollte – das häufige Saugen des Babys wird die Produktion anregen.

Was hilft in Stillkrisen?

Am stärksten ist das Clusterfeeding in den Wachstumsschüben um die fünfte Woche und um den vierten Monat herum zu beobachten. Wären wir damals nicht darauf vorbereitet gewesen, dass es in diesen beiden Zeiträumen eine sogenannte Stillkrise gibt, hätten wir wohl aus Unwissenheit abgestillt. Unsere Kinder waren beim Trinken sehr unruhig, oft haben sie die Brustwarze in den Mund genommen und angefangen zu trinken, dann aber keine Minute später losgelassen, um den Kopf irgendwohin zu drehen und zu gucken. Sie waren super leicht ablenkbar und konnten sich gar nicht richtig aufs Trinken konzentrieren. Sie hatten aber weiterhin Hunger und wurden immer unruhiger und nöliger, versuchten wieder anzudocken, aber in ihrer Hast gelang es nicht. Puh! Abhilfe schaffte das Stillen im Liegen in einem abgedunkelten Raum beziehungsweise, wenn wir unterwegs waren, ein Tuch über Schulter und Kopf, sodass sie visuell nicht so abgelenkt waren.

Zum Problem des Abgelenktseins kam hinzu, dass wir, wie fast alle Frauen in dieser Zeit, ein paar Tage lang zu wenig Milch hatten, da sich durch die schnelle körperliche und kognitive Entwicklung des Kindes der Milchbedarf sprunghaft erhöht. So kommt die Brust erst einmal nicht mit der Produktion hinterher. Häufigeres Anlegen und Ruhebewahren helfen aber dabei, diesen kurzfristigen Milchmangel zu überwinden, nach spätestens drei Tagen hat sich das Angebot dem Bedarf wieder angepasst. Sie brauchen nicht mit der Flasche zuzufüttern. Ihr Baby muss nicht hungern, versprochen. Wenn Sie nach Bedarf beidseitig anlegen, kommt genug Milch heraus – später entwickeln sich wieder ganz natürlich etwas längere Stillpausen.

Wie lange dauert eine Stillmahlzeit denn so?

Leider kann man keine allgemeingültigen Angaben machen, wie lange eine Stillmahlzeit dauern sollte. Das ist so unterschiedlich, wie unsere Kinder individuell sind. Es gibt Kinder, die saugen innerhalb von fünf Minuten beide Brüste leer, andere lassen sich Zeit und bleiben 40 Minuten an der Brust. Letzteres ist für junge Eltern nicht immer einfach auszuhalten. Denn wenn man die Hungerzeichen des Kindes richtig deutet und jede Stunde anlegt, das Kind dann aber 40 Minuten dauernuckelt, bleibt nicht viel übrig vom Tag. Es kann sein, dass sich die Eltern eingesperrt und fremdbestimmt fühlen. Lassen Sie in einem solchen Fall bitte eine Stillberaterin schauen, ob Ihr Kind effektiv saugt.

Mit der Zeit werden die Mahlzeiten auch kürzer werden: Größere Babys brauchen in der Regel nicht mehr als 10 Minuten für eine Stillmahlzeit. Früher wurde den Eltern gesagt, sie dürften ihre

Kinder nur exakt 20 Minuten trinken lassen. Alles andere sei schlechte Erziehung. Babys würden sich so daran gewöhnen, nur zu lutschen, ohne zu saugen. Sie würden so zum »Bummeln« erzogen.[4] Das ist natürlich Unsinn. Heute dürfen und sollten Babys selbst bestimmen, wann sie satt sind. Das werden Sie daran merken, dass Ihr Baby nicht mehr regelmäßig und effektiv saugt und seltener schluckt. Es wird schläfriger, seine Fäustchen öffnen sich entspannt. Normalerweise lässt der Mund dann auch die Brustwarze los, weil sich alle Muskeln seines kleinen Körpers entspannen. Lässt es Ihre Brustwarze nicht los, und das Nuckeln im Schlaf tut Ihnen weh, können Sie das Vakuum mit Ihrem sauberen kleinen Finger auflösen. Ihr Baby ist nun satt und glücklich. Es braucht übrigens kein Bäuerchen zu machen, Stillkinder schlucken normalerweise keine Luft beim Trinken.

Wie lange dauert eine Flaschenmahlzeit?

Auch Pre-Milch wird nach Bedarf gefüttert, das heißt, Ihr Baby bestimmt nicht nur die Zeiten, zu denen es trinken möchte, sondern auch die Dauer des Trinkens. Lassen Sie die Mengenangaben auf der Milchpulververpackung bitte wirklich nur eine grobe Richtlinie sein. Ihr Kind muss nicht trinken, was da unter seinem Lebensmonat angegeben wird. Manche Eltern packen die Flasche sogar in eine Socke, um nicht unbewusst auf den Füllstand zu schielen, sondern sich ganz auf die Sättigungszeichen des Babys konzentrieren zu können. Anders ist das mit den Packungshinweisen zur Zubereitung der Nahrung. Diesen sollten Sie bitte immer aufs Gramm genau folgen. Ihr Baby wird, wenn es satt ist, das Köpfchen so wegdrehen oder mit der Zunge so dagegendrücken, dass der Sauger aus seinem Mund flutscht. Ihr Kind ist nun satt. Überreden Sie es bitte nicht, noch den Rest der Milch auszutrinken, sondern entsorgen Sie den übrig gebliebenen Flascheninhalt. In bereits zubereiteter Milch entwickeln sich sehr schnell Keime und Bakterien, die Ihr Kind krank machen können. Man darf demnach übrig gebliebene Milch nicht aufheben und noch einmal verfüttern und auch nicht zu einem späteren Zeitpunkt mit frischer Milch vermischen.

Da Ihr Baby beim Trinken aus der Flasche wahrscheinlich etwas Luft mitgeschluckt hat, ist ein Bäuerchen am Ende der Mahlzeit wichtig. Sonst drohen Bauchschmerzen und Blähungen. Nehmen Sie Ihr Kind deshalb aufrecht in den Arm, legen Sie es ganz klassisch so, dass es über Ihre Schulter gucken kann. Legen Sie unbedingt ein Tuch über Ihre Schulter und unter das Kind, es kommt meist nicht nur Luft nach oben, sondern auch Milch. Streichen Sie Ihrem Kind mit der Hand den Rücken entlang, vom Po anfangend bis hoch zu seinen Schultern. Viele Eltern klopfen dabei auch leicht. Das hilft der verschluckten Luft, nach oben aufzusteigen. Sie wird hörbar als Bäuerchen durch den Mund entweichen.

@ophiasia Protipp: Wenn du das Baby nach dem Essen hochnimmst, es nach einem riesigen Rülpser klingt, du aber nichts siehst: Wäge dich nicht in Sicherheit, schau lieber in deiner Kapuze nach. Für dich getestet.

Einige Fläschcheneltern sagten uns, dass ihr Kind nach Mahlzeiten nicht aufstoßen muss, sodass es in der Nacht beispielsweise einfach beim Trinken einschlafen kann, wie ein Stillkind auch. Schauen Sie einfach, wie das bei Ihrem Kind ist. Schläft es unruhig und wimmernd, hat es wahrscheinlich Bauchschmerzen, und ein Aufstoßenlassen ist notwendig, schläft es ruhig und entspannt, dann nicht.

Wo bekomme ich Unterstützung bei Stillschwierigkeiten?

Es gibt beim Stillen einige Schwierigkeiten, die auftreten können: zu viel Milch, zu wenig Milch, Schlupfwarzen, Hohlwarzen, wunde Brustwarzen, Milchstau usw. Ihr erster Anlaufpunkt darf gern immer erst einmal das Internet sein. Dort gibt es mittlerweile eine Menge an fundierten Informationen, die auf die Schnelle Abhilfe schaffen können. Wir empfehlen Ihnen zum Beispiel das Stilllexikon (www.still-lexikon.de) und die Internetseite der La Leche Liga (www.lalecheliga.de). Dort finden Sie wirklich zu jedem erdenklichen Stillproblem und zu jeder Stillfrage schnell eine gute Antwort.

Der zweite Anlaufpunkt darf dann gleich eine ausgebildete Person im echten Leben sein. Glücklicherweise ist das Netz der Stillberaterinnen in Deutschland sehr eng geflochten, und man kann leicht eine Beraterin in Wohnortnähe finden. Die meisten Krankenhäuser und auch viele Geburtshäuser bieten außerdem wöchentlich Stillcafés an. Lassen Sie sich nicht vom Namen verwirren. Es ist kein echtes Café, sondern meist eine lockere Zusammenkunft in einem Zimmer, in dem viele Stillende auf dem Boden sitzen, Kekse essen und sich unterhalten, während eine Laktationsberaterin herumgeht und gegebenenfalls Fragen beantwortet. Ich fand das Stillcafé von Schwester Kathi so toll, dass es ein fester Bestandteil meiner Woche wurde. Auch zum Beikoststart konnte ich dort Fragen stellen, da die Expertise von Stillberaterinnen auch das Zufüttern im ersten Jahr miteinschließt. Womit wir bei der letzten Frage des Stillkapitels angekommen wären:

Wie lange soll ein Baby Milch bekommen?

Milch sollte im ersten Lebensjahr Hauptnahrung Ihres Kindes sein. Ob Muttermilch oder Pre-Milch, bleibt Ihnen überlassen. Die Nationale Stillkommission schreibt: »Stillen ist die beste Ernährung für Säuglinge. Es besteht Einigkeit darüber, dass Säuglinge gestillt werden sollten. Ausschließliches Stillen in den ersten sechs Monaten ist für die Mehrzahl der Säuglinge die ausreichende Ernährung. Beikost sollte – in Abhängigkeit vom Gedeihen und der Essfähigkeit des Kindes – nicht später als zu Beginn des siebten Lebensmonats und keinesfalls vor dem Beginn des fünften Monats gegeben werden. Beikosteinführung bedeutet nicht Abstillen, sondern die Ergänzung des Stillens durch angemessene feste Nahrung bis zum Ende des ersten Lebensjahres und darüber hinaus.«[5]

Sie können Ihr Kind so lange stillen, wie Sie und Ihr Kind damit glücklich sind. Niemand darf und sollte Ihnen in diese Entscheidung hereinreden. Die weltweite durchschnittliche Stilldauer beträgt 30 Monate, und laut WHO erhält ungefähr die Hälfte aller Zweijährigen noch Muttermilch. Die Nationale Stillkommission gibt keine ausdrückliche Empfehlung, wann endgültig abgestillt werden sollte, weil sich für Deutschland hierzu keine wissenschaftlich begründete Basis finden lässt. Der endgültige Zeitpunkt zum Abstillen sollte nach Auffassung der Kommission eine individuelle Entscheidung sein, die gemeinsam von Mutter und Kind getroffen wird.[6]

Bei Flaschenmilch ergibt sich eine leichte Einschränkung bei der Dauer der Gabe, zumindest für die Nacht. Die meisten Kinder bekommen nachts auch noch nach dem ersten oder zweiten Geburtstag eine Flasche mit Milch. Manche dieser älteren Kinder fordern sie auch zum Einschlafen ein. Der einzige Punkt, weswegen das problematisch ist, ist die Zahnhygiene. Anders als beim Stillen, wo die Milch durch die Anatomie der Brust beim Einsaugen in den

Mund die Zähne eigentlich nicht berührt, sondern direkt in den Rachen gesaugt wird, kann Flaschenmilch beim Trinken die Zähne umspülen. Bei ungünstiger Veranlagung kann dies zu Karies führen, da natürlich nach Gabe der Flasche die Zähne in der Nacht nicht erneut geputzt werden. Deshalb ist es ratsam, so bald wie möglich nach dem ersten Geburtstag auf die Einschlafflasche und/oder Nachtflasche zu verzichten.

Für das Stillen in der Nacht gilt das nicht. Der Laktosegehalt von Muttermilch ist nachweislich kein Risikofaktor für Early Childhood Caries. Funde von menschlichen Schädeln aus der Steinzeit ergaben keine Hinweise auf Karies bei Kindern, und auch von anderen Säugetieren sind kariöse Befunde nicht bekannt, obwohl diese natürlich teilweise auch noch stillen, wenn der Nachwuchs bereits Zähne hat.[7]

Beikost einführen

Neben der Milchnahrung

Katja erzählt, wie viel Respekt sie vor der Einführung der Beikost hatte.

Mir kam der Schritt vom Stillen zum Breifüttern vor wie ein Übergang von der Grundschule zur Universität. Hatte bisher mein Körper alles Lebensnotwendige übernommen und meine Kinder ernährt, musste ich nun plötzlich darüber nachdenken, was ich wann und wie koche. Ich kaufte extra einen Dampfgarer und wollte natürlich nur die besten Bio-Zutaten nutzen. Meine Wahl für den allerersten Brei fiel auf Pastinake. Ich liebe Pastinake! So lecker! Könnte ich echt jeden Tag essen. Ich dünstete und pürierte sie, legte die Kamera bereit, um das große Ereignis für die Nachwelt festzuhalten, band dem Kind ein Lätzchen um, nahm ein Löffelchen Brei, führte diesen zum Mund meiner Tochter und … sie machte den Mund nicht auf. Gar nicht. Sie presste ihre Lippen zusammen, als fürchtete sie, ich wolle sie vergiften. Nicht einmal lecken wollte sie. Sie drehte ihren Kopf zur Seite und blieb dabei. Keine Pastinake für Carlotta. Tsss. Dabei hatte ich mir solche Mühe gegeben!

Die Beikosteinführung ist für die meisten Eltern ein spannender Moment – ist es doch der erste Schritt in Richtung »Mein Baby wird groß«. Zudem liegen einem Verwandschaft und Bekanntschaft auch gerne mal mit der Frage im Ohr »Kriegt er/

sie denn schon was Vernünftiges?«. Entsprechend machen sich viele Eltern umfangreiche Gedanken, wie sie das Thema angehen – auch weil sie befürchten, etwas falsch zu machen.

Das ging mir nicht anders. Wenn ich mit erfahrenen Eltern sprach, winkten die immer entspannt ab und sagten, ich solle einfach Kartoffeln, Möhre und ein bisschen Fleisch zusammenwerfen, dünsten und zu Brei pürieren, das würde schon passen. Ja, Mann. Aber wie viele Kartoffeln denn? Wie viel Möhre, wie viel Fleisch? Was war die perfekte Menge? Mich machte es wuschig, dass niemand mir Grammzahlen verraten wollte. Hallo? Ich konnte nicht kochen! Und jetzt sollte ich für mein kostbares Kind einen nahrhaften Brei herstellen? Hilfe! Aber auch hier half mir meine Stillberaterin Schwester Kathi, indem sie mir im Stillcafé ein Blatt mit einfachen Breirezepten in die Hand drückte. Puh!

Bei meinem dritten Kind lief die Beikosteinführung folgendermaßen ab. Ich saß mit Josua in einem Spielcafé und aß eine Zucchiniquiche. Mein Sohn trank gerade an meiner Brust. Er dockte ab, grapschte sich eine Faust voll Quiche und schob sie sich selbst in den Mund. Dann grinste er mich schelmisch an und dockte wieder an die Brust an. Okay. Beikosteinführung geglückt. Ab dem Zeitpunkt bekam er immer wieder ein wenig von dem, was wir gerade aßen. Natürlich achteten wir Eltern darauf, keine zu scharfen oder zu stark gewürzten Dinge zu essen, und gegen Nüsse war ich sowieso allergisch, aber ansonsten gab es bei ihm kein großes Tamtam um die Beikost. Er aß, was wir aßen.

Beikost heißt deshalb **Bei**kost, weil sie zur Milchnahrung neben**bei** angeboten werden sollte – sonst hieße sie nämlich **Anstatt**kost. Aus England kenne ich den Spruch »Food before one ist just for fun«, was in etwa so viel bedeutet, dass Kinder unter einem Jahr Lebensmittel nicht essen, um sich ernsthaft zu sättigen, sondern eben, um »Spaß« am Essen zu entwickeln. Auch Allergieprävention ist ein echtes Argument für das frühe Einführen winziger Mengen verschiedener Nahrungsmittel. Man kann Beikost klassisch mit Brei einführen oder mit gedünsteten, zu »Pommes« geschnittenen Gemüsesticks, die das Kind selbst greift und zum Mund führt. Letzteres nennt sich BLW (**B**aby-**L**ed **W**eaning, was übersetzt so viel heißt wie babygeführtes Abstillen) beziehungsweise BLISS (**B**aby-**L**ed **I**ntroduction to **S**olid**S** – das babygeführte Einführen von festem Essen) und ist einfach ein Alternativweg zum klassischen Brei. Bei dieser Methode der Beikosteinführung wird auf Babybrei verzichtet, stattdessen werden verschiedene Lebensmittel angeboten, die in handgerechte Stücke geschnitten und zum Teil weich gedünstet werden (Fingerfood). Im Vordergrund stehen dabei der Spaß und die Neugier. Ziel ist *nicht*, das Kind möglichst schnell an feste Kost zu gewöhnen, sondern es zwanglos an die verschiedenen Lebensmittel heranzuführen und die Freude am Essen zu wecken. Das Baby entscheidet dabei allein, was es isst und wie viel davon. Hauptnahrungsquelle bleibt – solange es das Baby möchte, da ja »babygesteuert«, Milch.

Leider ist die veraltete Annahme hierzulande immer noch weit verbreitet, dass die Beikost dazu dient, möglichst schnell die Milchnahrung zu ersetzen. Dem ist jedoch nicht so – Hauptnahrungsquelle eines Babys sollte im ersten Lebensjahr nach wie vor Mutter- oder Pre-Milch sein. Dennoch fragen sich immer wieder besorgte Mütter: »Isst mein Kind auch genug?«, oder: »Warum schafft mein Kind es nicht, eine komplette Portion zu essen?«, oder sie denken: »Mit neun Monaten müsste ich doch schon mehr Mahlzeiten ersetzt haben!« Danielle, mit ihrem Wenigesser-Baby Richard, war in Krabbelgruppen immer sehr erstaunt, wenn andere Mütter erzählten, dass ihre Babys mittags ein komplettes 190-g-Glas und ein halbes Obstglas zum Nachtisch verdrückten. Richard aß nämlich in den ersten Beikostmonaten widerwillig etwa 40 g Brei pro Mahlzeit und steigerte sich danach auf gigantische 50 g (also ein Viertel einer vermeintlichen Standardmahlzeit). Ob man will oder nicht – so ein Verhalten abseits der vermeintlichen Beikostnorm kann einen wirklich verunsichern. Deshalb schauen wir uns in diesem Kapitel ganz genau an, was rund um die Essenseinführung bei Babys wichtig ist und was nicht.

Anatomische Voraussetzungen für den Beikostbeginn

In den ersten Monaten seines Lebens ist der Mund eines Säuglings ausgefüllt mit Zunge und Saugpolstern der Wangen – es ist dem Kind in dieser Zeit körperlich ziemlich unmöglich, Beikost zu sich zu nehmen. Die anatomischen Voraussetzungen fehlen noch. Bis zum dritten bis vierten Monat ist die Saugreaktion vorherrschend, und Kiefer- und Zungenbewegung finden gleichzeitig statt. Erst ab diesem Zeitpunkt geht die unbewusste Saugreaktion in ein willentlich gesteuertes Saugen über.[1] Erkennbar ist dieser Übergang meist an einer kurzzeitigen Stillkrise, die meist im Alter von etwa sechs Monaten stattfindet.

Ab dem vierten Monat beginnen Kinder vermehrt, die eigenen Hände zum Mund zu bringen und darauf herumzulutschen. Auch Spielzeug wird ab diesem Alter zum Mund geführt und oral untersucht. Durch diese regelmäßigen Reize verlagert sich die sogenannte Würgereaktion, die nach der Geburt und in den ersten Monaten an den Lippen lokalisiert ist, immer weiter nach hinten in den Mundraum und macht so den Verzehr von fester Nahrung erst möglich. Kinder, die wenig an ihren Händen oder Spielzeug lutschen, haben meist große Schwierigkeiten, einen Löffel im Mund zu tolerieren, da bei ihnen der Würgereiz durch die fehlende Desensibilisierung weiterhin zu weit vorn lokalisiert ist und deshalb sehr schnell ausgelöst wird.[2] Auch Babys, die würgen müssen, wenn ihnen ein Nuckel in den Mund gesteckt wird, sind aus denselben Gründen einfach noch nicht so weit. Hier heißt es für die Eltern schlicht und ergreifend: abwarten und das Kind dazu ermuntern, immer wieder Dinge in den Mund zu stecken und mit der Zunge zu untersuchen. Bei uns Erwachsenen ist der Würgereiz übrigens ganz am Ende des Rachens lokalisiert, sodass wir uns den Finger schon sehr weit in den Mund stecken müssen, um ihn auszulösen.

Nach und nach werden die Saugpolster nun kleiner, und der Raum in der Mundhöhle nimmt zu. Mit circa sechs Monaten sind Kinder so weit entwickelt, dass sich Zunge, Kiefer und Lippen unabhängig voneinander bewegen können.[3] Um den siebten Monat herum drehen sich die meisten Kinder vom Bauch auf den Rücken. Diese Drehbewegung findet sich in den Zungenbewegungen wieder.[4] Zu diesem Zeitpunkt wird auch die Zungenprotrusion (das Vor-und-Zurückbewegen der Zunge mit gleichzeitigem Rausschieben des Essens) abgebaut – die physiologischen Voraussetzungen für die Einführung von Beikost sind gegeben. Das heißt aber nicht zwingend, dass ein Kind nun auch Interesse daran entwickelt – manche Kinder bevorzugen lange Zeit Milch, was vollkommen unproblematisch ist.

Ein weiteres körperliches Zeichen ist der Speichelfluss – viele beobachten schon ab dem dritten Monat ein verstärktes Sabbern und deuten dies meist fälschlich als Zahnungssymptome – der erste Zahn lässt dann jedoch noch Monate auf sich warten. Wozu also dient das Sabbern? Dr. Herbert Renz-Polster schreibt in seinem Buch *Kinder verstehen: Born to be wild*, dass dieser Speichel reichlich Amylase enthält – ein Enzym, das Stärke abbaut. Nur enthält Muttermilch gar keine Stärke – wozu also produziert der Körper so viel Amylase, wenn damit gar nichts zerlegt werden soll? Nicht nur Speichel enthält Amylase – auch die Muttermilch selbst. Sogar so viel, dass mit 100 ml Muttermilch 20 g Stärke verdaut werden könnten. Auch da fragt man sich doch erstaunt: Wozu? Nach etwa vier Monaten nimmt die Bauchspeicheldrüse die Amylase-Produktion auf – etwa ab dem Zeitpunkt sinkt der Amylasegehalt der Muttermilch. Die Natur scheint es also so eingerichtet zu haben, dass Babys auch vor dem Alter von vier Monaten stärkehaltige Lebensmittel verdauen können.[5] Mit etwa sechs Monaten wachsen die Schneidezähne – auch das könnte ein Hinweis darauf sein, wann ein guter Zeitpunkt für die Einführung von Beikost möglich ist. Denn die Zähne wachsen wahrscheinlich eher nicht, um Mama gut in die Brust beißen zu können, sondern um erste leckere weiche Stücke abzubeißen.

Beim Baby-Led Weaning (BLW) ist der stärkste Indikator für den richtigen Zeitpunkt für den Start der Beikost das selbstständige aufrechte Sitzen. Bei vielen Kindern ist das mit sechs Monaten gegeben. Wichtig: Das Kind muss aufrecht sitzen, es darf weder liegen noch halb aufrecht in einer Wippe sitzen. Auf dem Schoß eines Elternteils, angelehnt an dessen Bauch, ist möglich, wichtig ist dabei aber, dass es auch dort nicht nach hinten gelehnt sitzt. Das Kind wird Nahrung, die es nicht zerkleinern kann oder essen will, nämlich ausspucken, und das ist ausschließlich im Sitzen möglich. Es versteht sich von selbst, dass ein Baby niemals beim Essen allein gelassen werden sollte!

Beim Baby-Led Weaning isst das Kind ausschließlich das, was es schafft, sich selbst in den Mund zu stecken – die Eltern bleiben dabei (fast) unbeteiligt. Dementsprechend ist eine weitere Voraussetzung zur Beikosteinführung mit BLISS oder BLW, dass das Kind Dinge selbstständig greifen, in der Faust halten und sie selbstständig zum Mund führen kann.

Gemeinhin gelten folgende Anzeichen als Signal, dass das Baby »beikostreif« ist:

- Das Baby zeigt Interesse an Nahrung und kann diese selbstständig in den Mund stecken.
- Das Baby kann stabil – mit leichter Unterstützung am unteren Rücken (beispielsweise auf dem Schoß) – aufrecht sitzen.
- Der Zungenstreckreflex (mit dem die Zunge automatisch Nahrung wieder aus dem Mund schiebt) ist schwächer geworden.
- Es ist eine Bereitschaft zum Kauen vorhanden.

Das Lutschen an den eigenen Händen ist kein eindeutiges Zeichen dafür, dass das Baby nun Beikost möchte. Auch das »Interesse« an unserer Nahrung ist kein alleiniges Beikostreifezeichen. Kinder wollen von Natur aus ausprobieren, was die Menschen in ihrer Umgebung tun, deshalb starren sie uns schon lange, lange bevor sie selbst essen wollen, auf den Mund und unser Essen. Dieses Interesse gilt erst einmal nur dem Vorgang und nicht der Nahrung selbst. Erst, wenn alle vier Beikostreifezeichen vorhanden sind, können Eltern versuchen, mit der Beikostgabe zu beginnen.

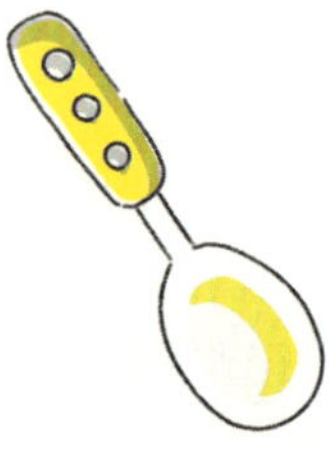

Wie wird Beikost eingeführt?

Unsere Vorfahren, und zum Teil sogar noch einige Völker in der heutigen Zeit, nutzten den Fütterkuss, um Babys von Milch auf festere Nahrung umzustellen. Dabei nimmt die Mutter, wenn ihr Kind etwa drei oder vier Monate alt ist, feste Nahrung in den Mund und kaut so lange darauf herum, bis diese ganz dünnflüssig und weich geworden ist. Nun küsst sie ihr Baby und schiebt ihm leicht ihre Zunge in den Mund. Daraufhin öffnet das Baby seine Lippen, es beginnt zu saugen und das zerkaute Essen aufzunehmen. Seine Entwöhnung hat begonnen, wobei Fütterkuss und Stillen noch über Monate parallel laufen.[6] Die meisten Babys heutzutage kommen aber eher nicht mehr durch den Fütterkuss in Berührung mit anderer Nahrung als Muttermilch, sondern mit dem Löffel oder der Hand.

Betrachtet man andere Länder, fällt auf, dass die Gepflogenheiten zur Beikosteinführung zum Teil sehr unterschiedlich sind: In Malaysia werden Babys ab der Geburt geringe Mengen eines Breis aus gekochten Bananen oder gekochtem Reis mit Zucker angeboten. In Nigeria gibt es bereits im zweiten Lebensmonat einen Maisbrei. In Indien beginnt man mit Reisbrei und Joghurt, in Italien wird mit Obst begonnen, in China mit Reisbrei mit Eigelb. In Frankreich werden grüne Bohnen als ideales Einsteigergemüse betrachtet. Nicht eine Studie konnte bisher belegen, dass sich der Zeitpunkt oder die Vorgehensweise einer bestimmten Beikosteinführung langfristig auf die Gesundheit auswirkte. Man kann also guten Gewissens den Schluss ziehen, dass es keinen großen Unterschied macht, wann und wie Beikost eingeführt wird, Hauptsache, das Kind zeigt Beikostreifezeichen.

@Puddingklecks_ »Das Baby isst vegan und zuckerfrei.«
»Es isst Pommes!«
»VEGAN UND ZUCKERFREI!«

In Deutschland gibt es immer noch sehr schematische Empfehlungen zur Beikost. Erst die stufenweise Einführung des Gemüse-Kartoffel-Fleischbreis im sechsten Monat, ab dem siebten Monat die Gabe eines Getreide-Obst-Breis und anschließend im achten Monat die Ergänzung um einen abendlichen Getreide-Milch-Brei. Sie finden solche Pläne zuhauf im Internet, wenn Sie, wie wir damals, eine klare Anleitung brauchen, mit der andere Babys gut überlebt haben. Es ist kein Problem, sich danach zu richten. Bedenken Sie aber, dass solche Pläne sehr oft von Babybrei-Herstellern aufgestellt werden, die natürlich ihre eigene Agenda, sprich: den Verkauf von Breigläschen, haben. Fast immer werden in solchen Plänen Stillmahlzeiten durch Breimahlzeiten ersetzt. So kommt es, dass manche sechs Monate alten Babys schon drei Mahlzeiten komplett essen und manchmal nur noch eine Flasche Milch am Tag bekommen. Wenn das Kind begeistert isst, ist das kein Problem. Normalerweise wollen Babys jedoch gar nicht so schnell ihrer Milch entsagen. Sie essen wenig und verunsichern ihre Eltern damit leider. Denn irgendwie haben viele von uns den Gedanken, dass Babys ab dem sechsten Monat sukzessive von Milch entwöhnt werden müssten. Das stimmt jedoch gar nicht. Die optimale Babynahrung im ersten Jahr ist und bleibt Milch – hatten wir das schon erwähnt? Es ist uns wichtig.

Dass wir immer noch denken, wir müssten spätestens ab dem sechsten Monat Milch durch Brei ersetzen, liegt wahrscheinlich an den Empfehlungen zur Beikosteinführung in den Generationen unserer Großeltern und Eltern. Von fast allen Expert*innen der damaligen Zeit wurde die Mär propagiert, dass Muttermilch in ihrer Zusammensetzung nicht ausreiche, um ein Kind zu ernähren. Für die damalige Ersatzmilch mag das tatsächlich zutreffend gewesen sein – Muttermilch hingegen hat jahrtausendelang Kinder problemlos ernährt, sonst wären wir als Spezies bereits ausgestorben. Trotzdem stecken die alten Empfehlungen als Warnung in unseren Köpfen – unsere Eltern und Großeltern haben echte Angst um das Wohlergehen unserer Kinder, wenn sie uns bitten, dem Kind doch etwas »Richtiges« zu füttern. Es zeigt, dass sie ihre Enkel sehr lieben. Das ist doch etwas Schönes.

Halten wir also fest: Sie *müssen* keine Mahlzeiten ersetzen. Ihr Kind soll Nahrungsmittel und Geschmäcker einfach nur kennenlernen. Bieten Sie ihm also immer mal wieder zwischendurch ein wenig Gemüse oder Obst an. Als Brei oder als weich gedünstete Schnitze. Es darf selbst bestimmen, wie viel es davon essen will. Wenn Sie aber abstillen wollen und das Ersetzen durch andere Nahrung bei Ihrem Kind gut funktioniert, *können* Sie den Beikoststart selbstverständlich dafür nutzen, Mahlzeiten zu ersetzen. Sie und Ihr Kind sind die Einzigen, die das zu bestimmen haben.

Welche Lebensmittel sind geeignet?

Wenn wir Brei oder weich gekochte Gemüsesticks wie beim BLW anbieten wollen, dann stellt sich die Frage: Welche genau? Ehrlich gesagt: ziemlich egal. Im Grunde kann es sich die menschliche Spezies gar nicht leisten, sonderlich wählerisch in Bezug auf die Nahrung zu sein. In den letzten Jahrtausenden war es einfach so, dass Winterbabys Wintergemüse angeboten wurde, ein Sommerbaby erhielt Sommerobst und -gemüse. Unsere Urahnen standen nicht im Supermarkt vor einer reichhaltigen Auswahl an allen möglichen (exotischen) Gemüsen und führten nicht aus Allergieprophylaxegründen alle Lebensmittel schrittweise ein – sie mussten nehmen, was gerade auf dem Feld wuchs und verfügbar war. Als Beikost – nicht als Anstattkost. Denn Milch bekamen die Kinder auch in der Vergangenheit weiter lange.

Wenn man es sich, wie wir heute, aussuchen kann, dann sind sicherlich süße Gemüsesorten wie Kürbis, Karotte, Pastinake und die etwas geschmacksneutralere Zucchini, Kohlrabi oder Fenchel ein guter Anfang, weil der Übergang von süßer Muttermilch zu Brei für unsere Kinder geschmackstechnisch sowieso schon eine Herausforderung ist. Einige Babys verweigern Gemüse zunächst auch komplett, sodass diese Eltern mit Obstbreien beginnen. Aber im Prinzip ist egal, was wir anbieten, solange es gesund ist. Was sie wollen, füttern wir, was sie verweigern, lassen wir erst einmal weg und bieten es später noch einmal an. Eine Zugabe von Zucker, Salz und Gewürzen sollte weder im Brei noch bei BLW erfolgen. Ziel ist es, dass Ihr Kind spielerisch den unverfälschten Geschmack der Lebensmittel kennenlernt. Erst wenn Ihr Kind später vom Familientisch mitisst, kann das Essen leicht gesalzen oder gewürzt werden.

Bei BLW und BLISS können Sie bei Ihrem mindestens sechs Monate alten Kind mit einer Vielzahl an Lebensmitteln beginnen: ein paar weich gekochte Nudeln, etwas Brot, weiches Obst (Banane, weiche Birne, Pfirsich ohne Haut, Apfel gedünstet) und verschiedene gedünstete Gemüse wie Süßkartoffel, Kartoffel, Zucchini, Karotte, Kürbis, Kohlrabi, Pastinake – all das und mehr kann angeboten werden. Idealerweise bekommt das Baby je Mahlzeit eine Auswahl an verschiedenen Nahrungsmitteln, damit es frei wählen kann. Am Anfang sind ein bis zwei Stücke ausreichend. Das Gemüse wird klein geschnitten und gedünstet. Die Stücke sollten gut zu greifen sein, daher sollen sie nicht mundgerecht geschnitten werden, sondern in »Pommes«-Form. Wichtigstes Maß ist die

Faust des Babys – dort sollten die Stücke herausragen und noch genug Fläche zum Abbeißen bieten. Daher eignet sich besonders die Form von Schnitzen. Brokkoliröschen können beispielsweise ganz gelassen werden – das Kind hält den Stiel und beißt vom Röschen ab. Ihr Kind ist in dem Alter motorisch noch nicht in der Lage, das Gemüsestück so loszulassen, dass es das Stück in der Faust auch essen kann. Es wird dementsprechend immer nur das Stück annagen, das herausragt. Dann greift es nach einem neuen Stück und lässt dabei das kleine Stück, das in der Faust war, los. Dieses fällt meist auf den Boden. Der unbestreitbare Nachteil von BLW ist, dass das Verhältnis zwischen gegessenen und in den Abfall gewanderten Lebensmitteln anfangs vergleichsweise schlecht ist. Man bekommt jedoch sehr schnell ein Gefühl dafür, welche Mengen das Kind isst.

@Chaosundich Natürlich wird das Baby von uns
im ersten Lebensjahr zuckerfrei ernährt!
Nur von seinen Geschwistern halt nicht …

In Bezug auf Beikost gibt es außerdem ein paar No-Gos, die Sie kennen sollten, weil sie im ersten Lebensjahr (und teilweise darüber hinaus) aus gesundheitlichen Gründen nicht Bestandteil von Babys Nahrung sein sollten:

- Rohe Eier und Rohmilch (Salmonellengefahr).
- Honig (kann Botulinumbakterien enthalten – die sind für Babys tödlich!).
- Nüsse (es besteht Erstickungsgefahr).
- Kuhmilch (zu viel nierenbelastendes Eiweiß).
- Salz (belastet die Nieren).
- Quark (enthält zu viel nierenbelastendes Eiweiß).

- Künstliche Süßstoffe.
- Kalt gepresstes Öl.
- Roher Fisch oder rohes Fleisch.
- Blattsalate (können nur unzureichend gekaut werden).
- Pilze (reichern Schadstoffe an und sind schwer verdaulich).

Okay, okay, aber kriegen wir jetzt noch ein Breirezept?

Wir haben Ihnen nun ausführlich erzählt, dass es ziemlich egal ist, wie Sie die Beikosteinführung handhaben, aber Sie hätten trotzdem gern eine handfeste Empfehlung? Kein Problem. Genau so ging es uns damals als Neueltern auch. Die Unsicherheit verschwindet schneller, wenn man einen Weg gehen kann, den andere Eltern auch schon gegangen sind. Deshalb hier ein Grundrezept mit Kürbis. Wenn Sie Kürbis nicht mögen, gilt dieses Grundrezept auch für andere Gemüsesorten, ein Austauschen ist gar kein Problem.

Sie brauchen: einen kleinen Hokkaido-Kürbis (ca. 1 000 g), Wasser, Rapsöl. Waschen Sie den Kürbis und schälen Sie ihn. Streng genommen muss man ihn nicht schälen, weil die Schale beim Kochen ganz weich wird, aber wir haben das vorsichtshalber trotzdem immer gemacht. Entfernen Sie die Kerne und schneiden Sie nun den Kürbis in kleine Würfel. Legen Sie die Kürbiswürfel in einen Topf und bedecken Sie sie gerade so mit Wasser. Kochen Sie sie circa 10 Minuten mit Deckel, bis alles weich ist. Kein Salz hinzugeben! Wenn Sie einen Dampfgarer besitzen, packen Sie die Kürbiswürfel dort hinein. Das Wasser kommt für circa 15 Minuten hinten in den Dampfbehälter. Checken Sie noch mal die Garzeiten Ihres Gerätes für Kürbis. Ist alles weich, pürieren Sie den Kürbis mit dem Kochwasser beziehungsweise dem Garwasser zusammen, bis alles ganz fein ist. Jetzt können Sie den Brei (möglichst schnell) abkühlen lassen und in Eiswürfelbehälter abfüllen. Im Eisfach hält sich der Brei bei -18 Grad etwa zwei Monate.

Beachten Sie: Nitratreiche Gemüsesorten wie Rote Bete, Fenchel oder Spinat sollten nicht eingefroren und wieder aufgetaut werden, sondern immer frisch zubereitet. Für eine Mahlzeit tauen Sie etwa ein bis zwei Kürbisbreiwürfel auf, das reicht locker für den Anfang. Hat Ihr Kind sehr viel Freude am Essen, darf es natürlich auch mehr sein. Sie können dem Brei nun ein paar Tropfen Rapsöl zufügen.

Dieses Grundrezept können Sie dann erweitern. Kochen Sie täglich frisch eine kleine Kartoffel und pürieren Sie sie zu Kartoffelbrei. Kartoffelbrei lässt sich zwar einfrieren, schmeckt aber nach dem Auftauen komisch, sodass wir Ihnen raten würden, ihn lieber frisch zuzubereiten. Wie das Mengenverhältnis von Kürbis zu Kartoffel täglich ausfällt, ist tatsächlich egal; es hat keinen Einfluss auf das Wohlbefinden Ihres Babys, sondern ändert nur den Geschmack ein wenig. Und das ist etwas Gutes.

Rindfleisch kann man wunderbar im Dampfgarer zubereiten und dann gleich inklusive Garwasser, aber natürlich ohne Salz, pürieren, bis eine feine Masse entsteht. Achtung: Diese Masse sieht etwas eklig aus und riecht auch nicht besonders appetitlich. Füllen Sie sie ebenfalls in Eiswürfelbehälter und frieren Sie sie ein. Ist Ihr Kind beim Gemüse-Kartoffel-Fleisch-Brei angelangt, tauen Sie täglich ein Würfelchen Fleisch auf und fügen das dem Kürbis-Kartoffel-Brei hinzu. Es ist aber auch möglich, Kinder vegetarisch zu ernähren, Sie müssen dann nur die Nährstoffe, die sonst durch das Fleisch gegeben werden, durch pflanzliche Alternativen ersetzen. Das ist aber machbar, wenn man sich mit vegetarischer Ernährung auskennt. Hafer und Hirse enthalten viel Eisen sowie Folsäure, Zink, Phosphor und Jod. Mandelmus enthält viel Eiweiß, Magnesium, Kalium und Eisen. Weil Eisen in pflanzlicher Form schlechter resorbiert wird, sollte es idealerweise mit Vitamin-C-haltigen Lebensmitteln wie Orangensaft kombiniert werden.

Sie können den Brei im Topf auftauen, im Wasserbad eines Babykostwärmers oder in der Mikrowelle, falls Sie eine haben. Achten Sie bei Letzterer aber akribisch darauf, den Brei hinterher gut umzurühren, da der Brei in der Mikrowelle unregelmäßig erhitzt wird und Verbrennungsgefahr für den kleinen Babymund besteht.

Für weitere Rezepte, auch für BLW, empfehlen wir Ihnen die Internetseite www.breirezept.de.

@Schmaggi_Laubi Wenn ich mir das Baby, den Kinderstuhl und 10 Meter Umkreis so ansehe, kann ich nicht verstehen, weshalb noch niemand farblosen Babybrei erfunden hat.

Wenn es bei der Einführung von Beikost Probleme gibt

Nicht selten gibt es bei der Einführung von Brei oder beim Baby-Led Weaning Probleme. Das Baby macht zum Beispiel den Mund nicht auf, oder es drückt die Nahrung mit der Zunge postwendend wieder heraus. Es kann passieren, dass es sich verschluckt oder mit Würgereiz reagiert. Woran kann das liegen? Nun, die Bewegungsmuster, die für einen Transport der Nahrung nötig sind, unterscheiden sich entschieden von denen des Milchtrinkens und müssen daher erst nach und nach erlernt werden. Vielen Kindern gelingt dies problemlos, bei anderen jedoch zeigen sich Schwierigkeiten beim Essen vom Löffel oder aus der Hand.

Ist das Kind eindeutig beikostreif und zeigt starkes Interesse an der Nahrung, tut sich aber auch nach acht bis neun Wochen sehr schwer mit der Nahrungsaufnahme, kann eine ärztliche Abklärung und eine logopädische Begleitung des Kindes angedacht werden.[7] Logopäd*innen können Eltern gezielt beraten und anleiten, damit sich Schwierigkeiten nicht verfestigen und den Familienalltag belasten.[8] Die meisten Probleme bei der Beikosteinführung entstehen allerdings, weil das Kind einfach noch nicht beikostreif ist. In diesen Fällen ist es wichtig, Geduld zu bewahren. Jedes Kind is(s)t unterschiedlich.

Mund bleibt zu

Lässt das Baby den Mund zu, wenn der Löffel kommt, hat es entweder keinen Hunger oder keine Lust auf das Essen. Man sollte das akzeptieren und erst später wieder etwas anbieten. Jedes Kind hat sein eigenes Tempo, und jedes Kind entwickelt über kurz oder lang Interesse an fester Nahrung. Haben die Eltern das Gefühl, das Kind weiß vielleicht nur noch gar nichts mit dem Löffel anzufangen, können sie spielerisch etwas Nahrung an die Lippen schmieren, um zu gucken, ob das Kind sie ableckt. Darf das Kind selbst mit den Fingern matschen, erhöht sich die Wahrscheinlichkeit, dass etwas davon im Mund landet und das Kind ein Gefühl dafür bekommt, dass es sich um ein Nahrungsmittel handelt, für das es sich lohnt, den Mund zu öffnen. Keinesfalls dürfen die Eltern dem Kind den Löffel oder Nahrungsstücke in den Mund zwingen.

Die Nahrung wird mit der Zunge rausgedrückt

Drückt das Kind die Nahrung mit der Zunge postwendend wieder raus, ist der Zungenstreckreflex noch zu stark und das Kind nicht beikostreif. Die Eltern sollten die Einführung von Beikost um ein paar Wochen nach hinten verlagern.

Lutschen/Saugen vom Löffel

Lutschen oder saugen Kinder Brei vom Löffel, kann es sein, dass die ab Geburt bestehende Saugreaktion noch zu dominant ist. Ist das Kind noch sehr jung (z. B. vier Monate) und saugt den Brei vom Löffel, ist die Beikosteinführung für dieses Kind noch zu früh und sollte auf den sechsten Monat verschoben werden.[9] Es ist auch möglich, dass das Kind am Löffel lutscht, weil die Eltern diesen zu lange im Mund des Säuglings lassen. Es ist wichtig, den Löffel nur kurz im Mund auf der Zunge verweilen zu lassen und ihn dann gerade wieder herauszuziehen.[10]

Brei läuft aus dem Mund aus

Manche Kinder sind nicht in der Lage, den Brei im Mund nach hinten zu transportieren – er läuft zum größten Teil wieder aus dem Mund heraus, obwohl der Zungenstreckreflex nicht mehr dominiert. Häufig ist diese Art Problem bei Kindern mit Bewegungsstörungen zu sehen.[11] Gemeint ist übrigens nicht das übliche Sabbern Brei essender Kinder. Bei echten Transportproblemen kommt wirklich nur ein geringer Teil des Breis im Magen an, das Füttern gestaltet sich langwierig und ist sehr anstrengend für Eltern und Kind.[12] Es ist hier besonders wichtig, auf die richtige Sitzhaltung zu achten: Das Baby sollte stabil und sicher sitzen, die Füße sollten Kontakt zum Boden oder einer Fußstütze haben, keinesfalls dürfen sie in der Luft schweben. Der Nacken sollte aufgerichtet sein.[13] Kann das Kind noch nicht allein stabil sitzen, ist ein Füttern gestützt auf dem elterlichen Schoß optimal. Hilft die optimierte Sitzhaltung nicht, das Transportproblem erheblich zu verbessern, und haben Sie das Gefühl, dass die Situation alle Beteiligten belastet, ist möglicherweise eine Vorstellung des Kindes bei einer Logopädin oder einem Logopäden angezeigt.

Verschlucken

Beim Breiessen verschlucken sich die meisten Kinder deshalb, weil ihre Eltern den Brei an ihrer Oberlippe abstreichen. Dabei fällt der Brei meist als ganzer Block auf die Zunge herab, und das Kind erschreckt sich durch den plötzlichen starken Reiz im (sehr sensiblen) Mund. Erschrickt es und atmet deshalb ein, kommt es zum Verschlucken. Eltern sollten daher darauf achten, den Löffel gerade in den Mund einzuführen, ihn kurz auf der Zunge liegen zu lassen und gleich wieder gerade herauszunehmen.[14] Das Kind sollte in der

Lage sein, die Oberlippe nach unten und vorn zu bewegen, um den Brei vom Löffel abzunehmen, und die Unterlippe beim Herausziehen des Löffels einzuziehen, um den Brei im Mund zu halten.[15] Anfänglich gelingt das noch nicht gut, wird aber von den meisten Kindern schnell erlernt.

Studien haben gezeigt, dass Kinder, die eine Beikosteinführung nach BLW oder BLISS erhalten, kein erhöhtes Erstickungsrisiko haben, obwohl es so aussieht, als würden sie sich im Alltag öfter verschlucken. Tatsächlich würgen, husten und spucken Kinder bei BLW/BLISS zunächst sehr viel, was in uns Eltern und oft auch in den Großeltern die Angst hervorruft, sie könnten ersticken. Husten und Würgen sind jedoch natürliche Reflexe, die vor Verschlucken und Ersticken schützen! Es ist also gut, wenn Ihr Kind diese anwendet und übt.[16]

Sollte es trotz korrekter Fütterungstechnik zum ständigen Husten oder Verschlucken kommen, ist eine ärztliche Abklärung notwendig. Eine endoskopische oder radiologische Schluckdiagnostik kann durchgeführt werden.[17] Seltenes Verschlucken ist dagegen normal, da unsere Kinder die Koordination von Essenstransport und Schlucken erst erlernen müssen.

Würgen bei Stückchen im Brei

Einige Kinder können Stückchen in der Nahrung nicht tolerieren und würgen oder erbrechen, wenn sie solche vorgesetzt bekommen. Es ist wichtig zu wissen, dass es für das Essenlernen *nicht* notwendig ist, diesen Zwischenschritt bis zur Einführung von Familienkost zu gehen. Kein Kind muss stückigen Brei essen.[18] Eltern, deren Kinder partout keinen stückigen Brei essen wollen, können neben fein püriertem Brei Fingerfood wie Bananen, Brötchen oder Dinkelstangen einführen oder BLW probieren, damit die Kaubewegung angeregt wird. Erfahrungsgemäß verliert sich die »Stückchenabneigung« ab dem 8. Monat allmählich. Andere Maßnahmen sind nicht erforderlich.

Erbrechen

Kinder erbrechen Nahrung, wenn sie sich verschluckt haben, der Würgereiz ausgelöst wurde oder eine Fütterinteraktionsstörung mit den Eltern vorliegt, zum Beispiel wenn das Kind zum Essen gezwungen wurde. Selten können Kinder wegen einer Ösophagustenose (Engstelle in der Speiseröhre) erbrechen. Dann ist das Weiterleiten von Flüssigkeit (Milch und Wasser) zwar möglich, nicht jedoch von festerer Kost. Letztere wird wieder ausgebrochen. Mit der videofluoroskopischen Schluckstudie (VFSS) kann diese Engstelle erkannt werden. Erbricht das Kind ständig und liegt ein entsprechender Befund vor, muss sie operativ geweitet werden.[19] Dazu kommt es jedoch nur in extrem seltenen Fällen.

Die Angst vor dem Ersticken

Machen wir uns nichts vor: Wir haben wahrscheinlich alle Angst, unsere Kinder könnten ersticken. Um dieser Angst Herr zu werden, schauen wir uns deshalb genauer an, was Ersticken ist, wie es passiert und was man dagegen tun kann.

Zum Ersticken kommt es, wenn Lebensmittel oder andere kleine Fremdkörper am Würge- und Hustenreiz vorbei in die Luftröhre geraten und diese aufgrund ihrer Größe und ihrer Form teilweise oder ganz blockieren, sodass keine Luft mehr durchkommt. Mediziner*innen nennen den Vorgang des Eindringens von Fremdkörpern in die Lunge »aspirieren«. Ein Mensch, der tatsächlich zu ersticken droht, kann den Fremdkörper nicht abhusten. Er oder sie ist dann darauf angewiesen, dass jemand anderes geeignete Erste-Hilfe-Maßnahmen einleitet, die den Fremdkörper entfernen. Wir raten deshalb allen Eltern dazu, einen speziellen Erste-Hilfe-Kurs für Babys und Kleinkinder zu besuchen. Ernsthaft. Buchen Sie ihn jetzt.

Die folgenden Handgriffe werden erst bei drohendem Ersticken angewendet. Wenn Ihr Kind noch laut hustet, vor dem Husten Luft holen kann, weint, ansprechbar ist und vielleicht sogar spricht, dann ist noch kein Eingreifen nötig! Das eigene Husten ist effektiver als alle anderen Maßnahmen. Halten Sie Ihr Kind bei vornübergebeugtem Oberkörper und ermuntern Sie es zu weiterem Husten.

Hat Ihr Kind dagegen keine Stimme, hustet es leise, seine Haut verfärbt sich blau und es verliert sein Bewusstsein, ist schnelles Handeln angezeigt:

Kinder unter einem Jahr

- Legen Sie Ihr Kind bäuchlings auf Ihren Unterarm. Der Kopf zeigt nach unten, um die Schwerkraft auszunutzen. Ihre Hand hält den Kieferwinkel Ihres Babys, um den Kopf zu stützen. Achten Sie darauf, dabei nicht auf den Hals zu drücken, das würde die Atmung noch mehr behindern.
- Schlagen Sie mit dem Handballen einmal kräftig auf die Mitte des Rückens zwischen die Schulterblätter. Prüfen Sie sofort, ob der verschluckte Bissen sich gelöst hat. Wenn nicht, schlagen Sie wieder kräftig mit dem Handballen. Sie können bis zu fünf Schläge verabreichen, aber prüfen Sie nach jedem Schlag, ob es funktioniert hat. Normalerweise reichen die Rückenschläge schon aus, um die Verlegung zu lösen. Ihr Kind wird tief einatmen und weinen, wenn das der Fall ist.
- Lösen die Rückenschläge die Verlegung nicht, muss eine Thoraxkompression durchgeführt werden.
- Drehen Sie dafür Ihr Kind auf den Rücken, es liegt dabei weiterhin auf Ihrem Arm, Ihre Hand stützt den unteren Hinterkopf Ihres Kindes. Ihr Arm ist wieder so geneigt, dass der Kopf in Richtung Boden zeigt.
- Drücken Sie wie bei einer Herzdruckmassage mit Ihren drei mittleren Fingern auf die Mitte des Brustbeines Ihres Kindes. Drücken Sie fünf Mal kräftig und langsam. Der entstehende Druck sollte den Fremdkörper lösen.
- Stellen Sie Ihr Kind hinterher unbedingt einem Arzt oder einer Ärztin vor.[20]

Kinder über einem Jahr

- Legen Sie Ihr Kind so über Ihr Knie, dass sein Oberkörper in Richtung Boden zeigt. Halten Sie es mit einer Hand am Kieferwinkel fest. Schlagen Sie nun kräftig fünf Mal mit dem Handballen zwischen die Schulterblätter. Prüfen Sie nach jedem Schlag, ob sich der Gegenstand gelöst hat.
- Wenn es nicht möglich ist, die Verlegung durch die Rückenschläge zu lösen, müssen Sie den Heimlich-Griff anwenden. Achtung: Das geht wirklich nur bei Kindern über einem Jahr! Bei kleineren Kindern ist die Verletzungsgefahr zu groß.
- Knien oder stehen Sie hinter Ihrem Kind, und beugen Sie den Oberkörper Ihres Kindes nach vorn, sodass der Fremdkörper gut herausfallen kann.
- Bilden Sie mit der Hand eine Faust, platzieren Sie die Faust zwischen Bauchnabel und Brustbein (unterhalb dort, wo die Rippen sich in der Mitte treffen).
- Umfassen Sie Ihre Faust mit der anderen Hand und ziehen Sie ruckartig kräftig nach innen oben. Prüfen Sie, ob der Fremdkörper sich gelöst hat. Wiederholen Sie dies, wenn nötig, bis zu fünf Mal.
- Stellen Sie Ihr Kind hinterher unbedingt einem Arzt oder einer Ärztin vor.[21]
- Insgesamt gilt: Haben Sie keine Angst, etwas falsch zu machen! Besser eine gebrochene Rippe riskieren, als gar nichts zu tun.

Damit es möglichst gar nicht erst zur Aspiration kommt, ist es wichtig, kleine, runde Nahrungsmittel nie im ganzen Stück anzubieten. Insbesondere kleine Weintrauben, Blaubeeren, Johannisbeeren oder auch Erbsen oder Nüsse können in die Luftröhre gelangen. Wegen ihrer glatten Oberfläche können diese nicht abgehustet werden und dadurch zum Ersticken führen. Auch Würstchen, Bonbons, Gummibärchen oder abgebissene Stücke von roher Möhre passen hervorragend in die Luftröhre. Achten Sie also darauf, dass die Oberfläche kantig ist, indem Sie die Lebensmittel vierteln, halbieren oder plattdrücken. So können verschluckte Dinge besser wieder hochgehustet werden oder blockieren die Luftzufuhr zumindest nicht gänzlich. Nüsse sind nicht für Kinder in den ersten sechs Lebensjahren geeignet. Das mag ein bisschen paranoid klingen, und hey, wir sind doch auch mit Nüssen und ungeschnittenen Weintrauben groß geworden, nicht? Mag sein. Aber wir sind auch noch unangeschnallt und ohne Autositz hinten im Trabbi gefahren worden, während unsere Eltern vorn Zigaretten rauchten. Zeiten ändern sich, das Bewusstsein für Gefahren auch. Die Zahl der Unfälle mit Todesfolge ist in den letzten Jahrzehnten daher auch um 80 bis 90 Prozent gesunken. Die Ärzt*innen in den Rettungsstellen werden Ihnen danken, wenn Sie es bei Ihrem Kind nicht drauf ankommen lassen.

Wenn Sie mehr zum Thema wissen wollen, empfehlen wir das Buch der Notfallsanitäterin Larissa Meier: *Erste Hilfe für dein Kind. Verletzungen, Unfälle, akute Krankheiten: Vorbeugen und richtig handeln.*

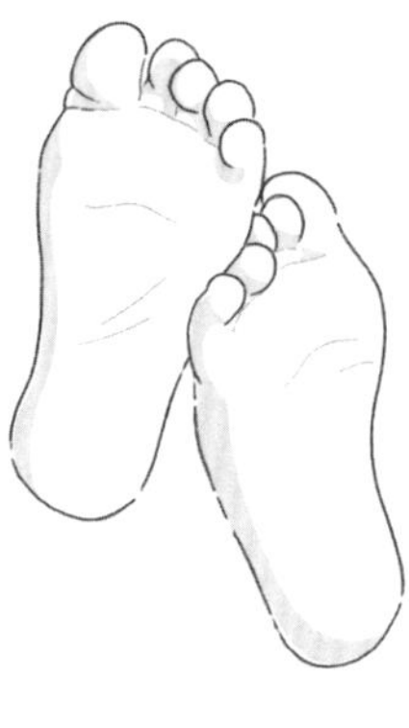

Darf ein Kind mit Essen spielen?

Die meisten jungen Eltern sehen es nicht gern, wenn ihre Kinder beim Essen herummatschen, mit dem Essen spielen oder anderen Quatsch veranstalten. Das können wir gut nachvollziehen: Es macht viel Arbeit und sieht auch nicht besonders ansprechend aus, vor allem, wenn man als Erwachsener danebensitzt und auch essen möchte. Außerdem wird dabei ja auch Essen vergeudet. Angesichts der Hungersnot auf der Welt – sollte man seinen Kindern da nicht von Anfang an beibringen, wie wertvoll Nahrung ist? Absolut. Bieten Sie deshalb immer erst einmal nur sehr wenig an, damit am Ende nicht zu viel Essen weggeworfen werden muss. Es gibt trotzdem Argumente, die dafürsprechen, Kinder zunächst mit ihrem Essen spielen zu lassen. Der Kinderarzt Dr. Rüdiger Posth schreibt zum Beispiel in seinem Buch *Gewaltfrei durch die Erziehung*, die Trennung von Essen und Spiel sei seines Erachtens ein rein theoretisches pädagogisches Konstrukt konventionell autoritärer Erziehungsauffassung ohne Beachtung der spontanen kindlichen Bedürfnisse. Spielen sei die Art und Weise des Kindes, sich neue Fähigkeiten anzueignen, und das gelte auch für das Spielen beim Essen. Gerade auch zur Verhinderung von sich entwickelnden Essstörungen habe sich die Verbindung von Spiel und Essen bewährt.[22]

Posth meint dabei natürlich nicht, dass Kinder neben dem Essen mit Spielzeugauto oder Tablet abgelenkt werden sollten. Das ist nicht das Spielen, von dem er spricht, und würde genau das Gegenteil von dem bewirken, was er an positiven Aspekten anspricht. Ablenkung beim Essen durch Monitore oder anderes Spielzeug ist schädlich! Füttern Sie Ihr Kind nicht, wenn es abgelenkt von Spielzeug oder einem Film ist. Es merkt dann nicht, was und wie viel es isst. Posth meint mit »Spielen« das Grapschen in den Brei, das Schmieren auf den Tisch, das Ablecken der breiigen Finger, das Stapeln von weich gekochten Möhrenscheiben, das Sortieren von Erbsen der Größe nach, das Aufteilen von Gemüsesorten nach Farben oder was unseren Kindern noch so einfällt. Kinder müssen ihr Essen im wahrsten Sinne des Wortes *be*greifen. So fördern sie spielerisch ihre Feinmotorik und lernen die Konsistenz der Nahrungsmittel besser kennen. Die Fähigkeit, »ordentlich« zu essen, entwickelt sich dann nach und nach von selbst, zeitgleich mit der Fähigkeit, gesellschaftliche und soziale Konventionen zu erkennen und einzuhalten.

Eine wirklich gute, entspannende Lektüre zum Thema Essen ist *Mein Kind will nicht essen* von Carlos Gonzales. Wenn Sie sich auch nach dem Lesen dieses Kapitels Sorgen machen, weil Sie das Gefühl haben, Ihr Kind nimmt zu wenig feste Nahrung zu sich, lesen Sie am besten dieses Buch. Sie können auch mit Ihrem Kinderarzt oder Ihrer Kinderärztin darüber sprechen – dafür sind die U-Untersuchungen unter anderem da.

Weinen und schreien

Babys schreien nicht ohne Grund

Sie schreien nicht, um uns Erwachsene zu manipulieren. Sie schreien, um uns etwas Wichtiges mitzuteilen – denn sie können sich natürlich noch nicht mit Worten verständigen. Was sie uns sagen wollen, müssen wir erst lernen zu entschlüsseln. Nifa erzählt, wie es bei ihr und ihrem Mann war:

Ich habe das Weinen meiner Tochter ganz lange nicht verstehen können. Ich wusste einfach nicht, was sie von mir will. Als sie eineinhalb Monate alt war, hat sie ab 19 Uhr immer gebrüllt. Ich wusste echt nicht mehr, was ich machen sollte. Einerseits war sie das Beste, das mir je passiert ist. Ich wollte sie auch in schweren Zeiten begleiten, immer für sie da sein. Aber ihr Weinen in den ersten Monaten wurde mir fast zu viel. Ich wollte, dass es endlich aufhört. Ich habe mit niemandem von »außen« darüber geredet, weil ich dachte, das wäre voll schlimm, und man würde mich dafür verurteilen, dass ich vom Geschrei meines eigenen Wunschkindes genervt war. Tagsüber und in der Nacht hat man sie kaum gemerkt, so lieb war sie. Aber nicht am Abend, da stand sie extrem unter Spannung. Mein Mann und ich haben dann Taktiken entwickelt, die uns geholfen haben. Ich habe zum Beispiel gezählt. Wenn ich die Kleine gewickelt habe und sie schrie und schrie, dann habe ich laut gezählt und mich sehr auf das Zählen konzentriert. Als ob es megawichtig wäre, ganz

konzentriert bis 50 zu zählen. Und wenn ich sie gehalten habe beim abendlichen Schreien, dann habe ich auch versucht, mich abzulenken. Ich habe zum Beispiel versucht, alle Titel meiner Lieblingsbücher aufzuzählen, oder habe in der Küche mit dem Baby gestanden und laut gesagt, was ich demnächst einkaufen muss. Das hat meine Konzentration so gebündelt, dass ich das Schreien weniger wahrgenommen habe, und ich fand, sie ist dann auch ruhiger geworden.

Und wenn gar nichts mehr ging, hatten mein Mann und ich ein »Codewort«. Wenn wir kurz vorm Durchdrehen waren, haben wir das gesagt, und der andere übernahm ohne Wenn und Aber. Sofort. Ansonsten haben wir uns immer wieder klargemacht, dass sie das nicht mit Absicht macht. Sie wollte uns irgendwas sagen und war vielleicht selbst verzweifelt, weil wir so unwissende Newbies waren. Wir haben uns, wenn sie so weinte, bei ihr entschuldigt und gesagt, dass wir das mit dem Elternsein noch üben, dass wir aber unser Bestes geben und sie uns noch nicht aufgeben soll, wir kriegen das schon hin. Na ja, und so war es auch. Mit der Zeit lernt man dann tatsächlich herauszuhören, welche Art des Weinens es ist, und kann schneller und besser reagieren. Aber die erste Zeit, die ist hart: wie in einem Job, bei dem man noch nicht weiß, wie es läuft, und wo man krampfhaft versucht, nicht aufzufallen, keine groben Fehler zu fabrizieren, und die ganze Zeit tierisch Schiss hat, es zu vermasseln.

Schreien ist nicht die bevorzugte Kommunikationsmethode unserer Babys, da diese sehr viel Energie verbraucht. Sie nutzen sie nur im Notfall, wenn alle anderen Versuche, uns subtil mitzuteilen, was sie wollen und brauchen, gescheitert sind. Schreien ist von Natur aus ein Fernsignal – die letzte Eskalationsstufe.

Nahsignale

Um mit uns im Alltag zu kommunizieren und uns ihren Gemütszustand und ihre Bedürfnisse mitzuteilen, nutzen Babys eine Vielzahl von Nahsignalen. Nahsignale sind solche, die ausgesendet werden, wenn das Baby davon ausgeht, dass seine Bindungspersonen in der Nähe sind und diese leisen Signale sehen und entschlüsseln können. Nahsignale lassen sich je nach Gefühlszustand des Kindes kategorisieren in »Annäherungssignale«, »Erregungssignale« und »Unruhesignale«. Schauen wir uns diese genauer an.

Annäherungssignale

Annäherungssignale zeigt Ihr Baby immer dann, wenn es entspannt und wach ist. In dieser Verfassung kann Ihr Baby gut lernen und optimal auf Zuwendung und Angebote seiner Liebsten reagieren. Wahrscheinlich ist es gerade aus einem erholsamen Schlaf aufgewacht, es wurde von Ihnen gestillt und Sie haben ihm eine neue Windel umgebunden. Es liegt zufrieden lächelnd auf der Decke, es atmet ruhig und gleichmäßig, hat einen entspannten, weichen Gesichtsausdruck mit offenen, glänzenden Augen. Es stellt Blickkontakt mit Ihnen her, seine Pupillen weiten sich, es gurrt leise und lächelt.[1] Die geweiteten Pupillen sind übrigens ein genialer Schachzug der Natur: Normalerweise weiten und schließen sich Pupillen auf der Grundlage der Stärke des Lichteinfalls. Doch auch Emotionen können die Pupillengröße beeinflussen: Sehen wir mit den Augen etwas Schönes, weiten sich unsere Pupillen unwillkürlich etwas. Gefällt uns das, was wir sehen, nicht, ziehen sie sich ein wenig zusammen. Erblicken die Augen unseres Kindes nun uns Eltern, weiten sich seine Pupillen – und erzählen unserem Gehirn damit, wie wunderbar es uns findet und wie sehr es sich freut, uns zu sehen. Unser Gehirn reagiert darauf mit der Ausschüttung von verstärkten Zärtlichkeitsgefühlen.[2] Wir könnten unser Kind fast auffressen vor Liebe, wenn es uns so anguckt! Natürlich nehmen wir es dann hoch und beschäftigen uns mehr mit ihm – seine Annäherungssignale haben funktioniert.

Im weiteren Verlauf der Interaktion plappert, lallt, imitiert und kichert es im Dialog. Seine Haut ist rosig, sein Mund ist leicht geöffnet, es hebt die Augenbrauen. Wenn ein Spielzeug in der Nähe ist, guckt es konzentriert, aber entspannt darauf. Vielleicht versucht es, danach zu greifen oder es sogar in den Mund zu stecken. Manchmal ist es so fasziniert von seiner Umwelt, dass es die Augen erstaunt aufreißt, die Augenbrauen hebt und den Mund zu einem kleinen »O« formt. In dieser Situation können Sie davon ausgehen, dass es sich gerade im beglückenden Zustand des »Flows« befindet, sprich: Es lernt gerade etwas Neues und ist davon ganz und gar begeistert. Im Alter von etwa drei Wochen können Neugeborene diesen intensiven Aufmerksamkeitsmodus höchstens 20 Minuten aufrechterhalten, mit zunehmendem Alter sukzessive länger. Er ist Voraussetzung für die Interaktion mit der Umwelt, für die Informationsaufnahme und -verarbeitung und ganz besonders auch für den Bindungsaufbau.[3]

Erregungssignale

Hat sich Ihr Kind eine Weile aufmerksam mit Ihnen oder seinem Spielzeug beschäftigt, wird sein Gehirn langsam müde. Es hat bereits viele neue Reize aufgenommen und möchte diese eigentlich gern verarbeiten und ordnen. Ihr Baby wird nun Erregungssignale aussenden. Der Übergang von den Annäherungssignalen ist fließend und schwer zu erkennen: Ihr Baby wird, wenn es beispielsweise auf einer Decke liegt, seinen Körper nun aufgeregt und kraftvoll bewegen. Es wird strampeln, seine Ärmchen auf- und abrudern oder eine oder beide Hände vor sein Gesicht nehmen. Für das ungeschulte Auge sieht es so aus, als würde sich das Baby über etwas freuen – tatsächlich signalisiert es mit den starken Bewegungen eher, dass es nun genug Reize aufgenommen hat und versucht, sich selbst in Balance zu halten. Dieser Zustand ist nicht optimal fürs Lernen. Ihr Baby erhält dabei viele zusätzliche Reize aus seinen eigenen Muskelbewegungen und kann sich nicht mehr auf die Interaktion mit Ihnen oder das Spielen mit seinem Spielzeug fokussieren.[4] Außerdem ist sein Gehirn sowieso schon »voll« mit neuen Reizen aus der vorhergehenden Phase, sodass die Gefahr einer Reizüberflutung besteht. Noch kann sich Ihr Kind aber kompetent selbst regulieren. Es versucht, sich selbst zu beruhigen und sein Nervensystem ins Gleichgewicht zu bringen, indem es beispielsweise an seinen Daumen lutscht oder seine Hände und/ oder Füße in der Mitte seines Körpers zusammenführt.

Erregungs- und Regulationssignale sind oft gleichzeitig zu beobachten. So kann Ihr Kind mit seinem Gesichtchen noch Offenheit und Zuwendung zeigen, während seine Finger, Arme und Beine schon angespannt oder sogar über seiner Körpermitte zusammengeführt sind. Diese regulierenden Verhaltensweisen helfen Ihrem Kind, in der Situation seine innere Balance noch beizubehalten.[5] Es ist sehr kompetent, wie gut es sein Erregungsniveau schon selbst balancieren kann! Seine Laune wird jedoch bald kippen. Greifen die Erwachsenen jetzt nicht ein, werden sich die Erregungssignale des Kindes steigern: Es beginnt, leise zu nörgeln, es gähnt und seufzt. Es zeigt ein Schmollgesicht – zusammengepresste Augen, Stirnrunzeln, leicht vorgeschobene Lippe. Insgesamt guckt es nun ernster. Es hat leicht marmorierte Haut und zieht gegebenenfalls seine Schultern nach oben. Es streckt seine Beine und versteift seinen Körper, als versuche es, sich selbst den Reizen zu entziehen.[6]

Unruhesignale

Auch der Übergang von Erregungssignalen zu Unruhesignalen ist fließend. Ist das Baby von den vielen Anregungen seiner Umgebung gestresst, wird aber nicht aus der Situation genommen, kommt es in seinem Gehirn zu einer Reizüberflutung. Es ist nun kaum noch in der Lage, sich selbst zu beruhigen, seine Regulationskompetenzen sind überfordert. Noch weint es aber nicht. Einige Kinder ningeln und nörgeln jedoch in dieser Situation etwas lauter. Hat Ihr Baby bisher Sie oder ein Spielzeug angeschaut, wendet es nun seinen Blick ab, indem es den Kopf zur Seite dreht. Sein Blick wird leer und »träumend«, es ist kurz nicht ansprechbar und reagiert nicht auf Sie.[7] Das macht einigen Eltern solche Angst, dass sie versuchen, ihr Kind aus dieser »Starre« herauszuholen, indem sie es leicht schütteln oder vor seinem Gesicht schnipsen. Tun Sie das bitte nicht. Diese Auszeit des Gehirns ist nichts, wovor Sie sich fürchten müssen. Es ist die letzte Stufe der Eigenregulation Ihres Kindes, eine Art kurzes »Auf-die-Pausetaste-Drücken« des Gehirns, in der es einen Moment der Ruhe und Entspannung herstellen kann. Ihr Kind bemüht sich eigeninitiativ, die überfordernde Situation zu balancieren. Sein Verhalten ist immer auf die Aufrechterhaltung oder Wiederherstellung seines inneren Gleichgewichts ausgerichtet.[8] Warten Sie kurz ab, bis es aus seiner kurzen Starre von selbst wieder auftaucht. Es dauert oft nicht mehr als 15 Sekunden.

Weitere Unruhesignale sind gespreizte Finger, oft abwehrend vor das Gesicht gehalten, Grimassieren, Zunge herausstrecken, lautes Schniefen, Schluckauf sowie leichte Zuckungen, wie beispielsweise das Zittern des Kinns. Auch seine Hautfarbe verändert sich. Es wird blasser, sodass Flecken und Röte stärker zu erkennen sind. Seine Bewegungen werden noch hektischer und unkoordinierter, sie sehen abgebrochen aus und sind nicht mehr weich und fließend. Es windet und krümmt sich in Ihren Armen, überstreckt den Rücken und Hals, als würde es sich von Ihnen wegdrücken wollen. Liegt es auf einer Decke, stützt es oft einen Fuß auf den Boden und drückt damit die gegenüberliegende Schulter und die Hüfte von der Unterlage ab. Die Zehen des anderen Fußes sind dabei oft stark gekrümmt, seine Füße können sich schwitzig anfühlen.[9] In diesem Zustand der Überreizung können nur noch Bindungspersonen Abhilfe durch Co-Regulation schaffen. Das Baby zeigt das manchmal, indem es einen Finger seiner Eltern umfasst und sie zu sich heranzieht. Sind keine Erwachsenen in der Nähe, hält sich das Baby an Übergangsobjekten wie Schnuller, Schmusetuch oder Kuscheltier fest oder greift in den Stoff der Kleidung auf seiner Brust. Auch ungeübte Eltern erkennen die Unruhesignale ihres Babys und reagieren meist intuitiv richtig, indem sie es in den Arm nehmen und von Reizen abschirmen. Leider kann das schon zu spät sein: Die Überreizung ist zu groß, sodass es doch anschließend zum Schreien kommt.

Fernsignale

Weil wir Erwachsenen in der heutigen Zeit oft nur wenig Kontakt zu Babys und Kleinkindern haben, bevor wir unsere eigenen bekommen, sind wir zunächst einmal nicht besonders geübt darin, diese Nahsignale zu sehen oder zu entschlüsseln. Wir sehen zwar zum Beispiel das Zappeln der Ärmchen und Beinchen, wenn unser Sohn unter dem Spielbogen liegt, interpretieren sein körperliches Signal aber positiver, als es ist: »Oh guck, wie er sich freut!« Dabei sagen seine Signale bereits: »Hui, Papa, bis eben war es echt schön hier, aber jetzt wird es mir langsam zu viel. Wenn ich mich doch nur wegbewegen könnte!« Würden wir noch in Großfamilien unter einem Dach zusammenleben, hätten wir schon als Kinder und Jugendliche viele Interaktionen mit unseren kleineren Geschwistern oder den Babys unserer größeren Geschwister gehabt, hätten Säuglinge viele Male quietschen, schnaufen, nörgeln, quengeln, weinen gehört und auch gesehen, wie Erwachsene darauf reagieren. Da wir aber in einer anderen Zeit groß werden, müssen wir jetzt, da wir unser eigenes Baby in den Händen halten, schnell einen Baby-Signal-Crashkurs absolvieren. Das ist nicht schlimm. Wir hatten schon im Bindungskapitel geschrieben, dass es einfach Zeit braucht, bis das Familien-Team die subtile Körpersprache und Mimik der jeweils anderen lesen lernt, und bis dahin verzeihen wir uns einfach gegenseitig unsere Fehler auf dem Weg.

Wenn wir also, ungeübt, wie wir sind, die verschiedenen Nahsignale unseres Babys übersehen oder falsch interpretieren, dann wird es nach einer Weile anfangen zu schreien. Schreien ist ein Fernsignal. Das bedeutet, es ist darauf angelegt, jemanden zu Hilfe zu rufen, der sich vielleicht viele Meter vom Baby entfernt aufhält. Dementsprechend brüllen Babys sofort in voller Lautstärke los. Das ist nicht schwer zu verstehen: Wurden seine Nahsignale nicht beantwortet, muss es (unbewusst) davon ausgehen, allein zu sein. Sonst hätte sich doch jemand schon gekümmert, nicht? Da sein Gehirn noch urzeitlich geprägt ist, muss es annehmen, in Lebensgefahr zu sein, so ganz ohne Menschen um es herum. Wenn es jetzt nicht vom Wolf gefressen werden will, muss es schnellstmöglich seine Sippe zurückrufen. Das Schreien an sich ist für das Baby ein Risiko – es kann Fressfeinden anzeigen, wo es liegt. Deshalb würden zum Beispiel Tierjunge, die in ihrem Bau zurückgelassen werden, niemals einen Piep von sich geben. Sie warten mucksmäuschenstill ab, bis das Muttertier zurück ist. Schreien ist für ein Baby auch extrem energieintensiv. Es kostet Unmengen an Kalorien – diese bräuchte der kleine Körper eigentlich viel dringender zum Wachsen. Klar ist also: Ein Baby kann es sich nicht leisten, »zum Spaß« zu schreien. Es ist vielmehr seine letzte Möglichkeit, sich selbst zu retten, indem es seine Eltern ruft. Weil es nicht weiß, ob wir nur fünf Meter oder fünf Kilometer weit weg sind, geht es sofort »all in«. Leise schreien? Pfff, nicht mit unseren Babys. Sie können eine Schallstärke von sage und schreibe 82 Dezibel erreichen![10]

Es gibt ungefähr elf grundlegende Ursachen, die Babys zum Weinen und Schreien bringen: Schmerzen, Angst, Unwohlsein, Überreizung, Müdigkeit, Hunger, Einsamkeit, Langeweile, Frustration, Stress und Resonanz. Nicht alle davon haben Nahsignale, die vorher beobachtet werden können. Manches Schreien tritt also auch spontan auf, wenn ein Reiz sehr schnell überwältigend wirkt. Schauen wir uns die Gründe, warum Babys weinen und schreien, genauer an.

Weinen aus Überreizung

Wir haben gerade schon geschrieben, dass das kindliche Gehirn gerade im ersten Jahr von der Flut der Reize und Informationen, die aus der Umwelt auf es einströmen, noch schnell überfordert ist und Babys eine wache Aufmerksamkeit nur etwa 20 Minuten aufrechterhalten können. Danach ist ihr Gehirn müde, alle Reize werden zu viel. Ob Babys dann sofort anfangen zu weinen oder ob sie sich noch für eine Weile selbst in Balance halten können, ob sie leise vor sich hin jammern oder einfach einschlafen, hängt nun von ihren individuellen Persönlichkeiten, Voraussetzungen und Fähigkeiten ab – das erklären wir gleich genauer. Auch die abendliche Schreistunde zählen wir zum Überreizungsschreien. Wir gehen darauf aber gesondert und ausführlich im Unterpunkt »Abendliches Schreien« ein.

Weinen aus Überreizung – Zurückhaltende Babys

Zurückhaltende Babys brauchen immer erst einmal ein wenig Zeit, um sich auf neue Anregungen und Aufgaben einzustellen. Daher mögen sie keine Phasenübergänge: Aus einer alten Situation herausgerissen und in eine neue Situation gebracht zu werden, finden sie zum Schreien doof. Das geht ihnen oft zu schnell, zu abrupt. Aus dem Bett gehoben zu werden, um im Bad eine neue Windel angezogen zu bekommen, kann ihnen schon zu viel sein – dann beginnen sie zu weinen. Den warmen Schlafanzug ausgezogen zu bekommen, um in einen frischen Body gesteckt zu werden, empfinden sie als echte Zumutung. Sie mögen Routinen, Berechenbarkeit und Wiederholungen. Ihnen wird ein Spielzeug nicht schnell langweilig, sie ziehen eher Kraft daraus, dass es bekannt und vertraut ist. Hat sich ein zurückhaltendes Baby auf eine neue Situation eingestellt, ist es ruhig und aufmerksam, nimmt neue Informationen gut auf, es wird allerdings von den neuen Reizen schnell müde. Dann braucht es

Rituale, um gut in den Schlaf zu finden. Wacht es einige Zeit später auf, ist es oft leise und ruft nicht sofort nach seinen Eltern. Es schaut sich erst einmal in Ruhe um. Zurückhaltende Babys sind also eher in Situationen, die ihnen zu schnell gehen, überreizt, können sich bei ruhigen, bekannten Anregungen aber lange in Balance halten.

Weinen aus Überreizung – Anregungshungrige Babys

Anregungshungrige Babys lieben neue Sinnesanregungen und Kontakt mit anderen. Sie bleiben länger als andere Babys im aufmerksamen Wachzustand, deshalb sind zum Beispiel Babykurse gar kein Problem für sie – sie sind dort zufrieden und entspannt. Am liebsten würden sie jeden Tag in einem anderen Kurs verbringen, weil es dort andere Babys und aufregendes neues Spielzeug gibt. Phasenübergänge stellen kein Problem dar, sie können problemlos von einer Situation in die nächste wechseln, weil es dann Neues zu sehen, zu spüren, zu riechen und zu schmecken gibt. Sie langweilen sich schnell in einem Umfeld, das bereits bekannt ist. Dann weinen sie nicht aus Überreizung, sondern weil sie sich neue Anregung wünschen. Irgendwann hat aber auch ihr Gehirn genug, und sie sollten schlafen, um die Reize verarbeiten zu können. Sie wollen allerdings nicht schlafen. Schlafen ist langweilig! Sie kämpfen richtiggehend dagegen an. Das ist oft mit Schreien verbunden. Sie brauchen starke Co-Regulation, um runterzukommen. Meist schlafen sie auch nur kurz. Nach spätestens 20 Minuten sind sie wieder aufgeladen. Wachen sie auf, rufen sie sofort nach ihren Eltern, weil sie sich Kontakt wünschen. Kommen die Eltern, ist die schlechte Laune schnell verflogen, und sie werden angestrahlt von ihrem kleinen Sonnenschein.

Weinen aus Überreizung – Ausgeglichene Babys

Ausgeglichene Babys werden mit einer hohen Selbstberuhigungskompetenz und oft auch einer hohen Reizschwelle geboren. Sie ruhen in sich selbst, wie ein kleiner Buddha. Sie können den aufmerksamen Wachzustand lange aufrechterhalten, da sie sich dabei immer wieder selbst regulieren. Sie spielen aufmerksam mit Spielzeugen und untersuchen sie entspannt. Ob das neue oder bekannte Spielzeuge sind, ist ihnen eigentlich egal. Es gibt immer etwas zu erforschen. Sie sind auch in ihrem Tagesrhythmus eher flexibel: Ob sie ein bisschen länger wach bleiben müssen, weil beispielsweise erst das ältere Geschwisterkind versorgt werden muss, ist ihnen ziemlich egal. So finden sie auch leicht in Strukturen hinein, wie zum Beispiel in einer Kita oder einem Babykurs. Wenn ihnen die Anregungen und Reize zu viel werden, weinen sie selten. Sie schlafen einfach ein. Leise. Von selbst. Überall! Wachen sie nach einer Weile wieder auf, rufen sie nicht sofort ihre Eltern, sondern liegen entspannt und glücklich im Bettchen, glucksen vor sich hin oder brabbeln ihr Kuscheltier voll. »Anfängerbabys« werden diese regulationsstarken Kinder oft genannt.

Weinen aus Überreizung – Sensible Babys

Sensible Babys sind einerseits sehr »wach«, das heißt, sie nehmen die Umgebung intensiv und interessiert wahr, saugen quasi mit allen Sinnen neue Informationen auf, können aber andererseits nur wenige Reize aufnehmen, bevor ihr Gehirn »zu viel« meldet. Ihnen ist die Welt häufig zu hektisch, zu laut, zu kalt, zu warm, zu intensiv. Dementsprechend schreien sie sehr viel und brauchen viel Co-Regulation, weil ihre Selbstregulationskompetenzen noch überfordert sind. Sie profitieren davon, viel getragen zu werden, da sie über den Körperkontakt permanent co-reguliert werden. Wenn sie mit dem

Gesicht nach vorn getragen oder im Kinderwagen nach vorn gerichtet gefahren werden, sind sie besonders schnell überreizt und weinen, weil sie sich dem Informationsfluss nicht entziehen können. Sensible Babys brauchen besonders aufmerksame Bindungspersonen, die die Überforderung des Gehirns rechtzeitig erkennen. Am besten läuft es, wenn sie schon beim Zeigen von Erregungssignalen aus der entsprechenden Situation genommen und in eine reizarme Umwelt, wie zum Beispiel ein Tragetuch, genommen werden. In diesem Fall schlafen sie schnell und problemlos ein. Werden diese Nahsignale verpasst, kann es sein, dass sie Schwierigkeiten mit dem Einschlafen haben und den Stress erst einmal durch Weinen abbauen müssen, bevor sie zur Ruhe kommen. Kurse sind für sensible Babys zunächst zu viel – sie genießen eher kurze Einzelkontakte mit bekannten Personen oder Spaziergänge in ruhiger Umgebung. Manche Expert*innen sprechen bei besonders sensiblen Babys auch von einer »Regulationsstörung«. In diesem Fall weinen die Kinder exzessiv, schlafen schlecht, und auch die Stillbeziehung kann durch Weinen gestört sein. Die Eltern befinden sich häufig in einem chronischen Erschöpfungszustand und können die erste Zeit mit ihrem Kind nicht genießen. Wir kommen darauf im Abschnitt »Schreibabys« noch ausführlicher zu sprechen.[11]

Es versteht sich von selbst, dass Babys von Geburt an Individuen sind und sich nicht problemlos in die oben genannten Kategorien pressen lassen. Babys sind nicht *nur* »sensibel«, nicht *nur* »ausgeglichen« etc., sondern zeigen eine Bandbreite an Persönlichkeitsmerkmalen, die je nach Situation, Tageszeit, Entwicklungsstufe, anwesender Bindungsperson usw. variieren kann.

Möglicherweise übersehene Nahsignale

Dass Ihr Kind gerade überreizt und aus der inneren Balance geraten ist, können Sie daran erkennen, dass es immer mehr verspannt. Es zieht seine Schultern nach oben, zeigt weniger Mimik und hat seinen Mund geschlossen oder es grimassiert. Seine Hände hält es entweder abwehrend vor das Gesicht (wobei die Handfläche meist nach außen zeigt) oder ballt sie verkrampft zur Faust. Es windet seinen Körper, bewegt sich hektischer, wendet seinen Blick ab und starrt vor sich hin. Es kann sein, dass es seine Füße zusammenführt, um sich zu stabilisieren, und die Zehen spreizt oder stark beugt. Je nach Kind sind selbstverständlich auch andere Nahsignale möglich – das Repertoire der individuellen Abwehrsignale ist umfangreich.

Reize wie Wärme oder Kälte können ebenfalls zum Weinen führen. Sie können die Temperatur Ihres Babys am besten überprüfen, indem Sie ihm eine Hand in den Nacken legen. Fühlt sich die Haut dort warm und verschwitzt an, ist Ihrem Baby zu heiß, fühlt sie sich übermäßig kühl an, ist ihm zu kalt. Achtung: Die Hände und Füße des Säuglings anzufassen, reicht nicht aus, um seine Körpertemperatur zu kontrollieren. Sie sind meist kalt.

Mögliche Reaktionsweisen bei Überreizung

Überreizte Kinder gehören in eine reizarme Umwelt: Wenn Ihr Baby den Kinderwagen mag, legen Sie es dort hinein, und legen Sie ein leichtes Tuch über das Verdeck, um die Sicht einzuschränken. Achten Sie aber insbesondere im Sommer auf eine gute Luftzirkulation. Auch im Tragetuch oder einer Trage kann das Baby gut vor Reizen abgeschirmt werden. Zu Hause können Sie mit Ihrem Kind in einen abgedunkelten Raum oder ins Bett gehen und es durch Stillen und/oder den Nuckel gegebenenfalls zum Schlafen bringen. Überreizte Kinder schlafen oft ein, aber nicht immer. Es geht bei Ihrer Reaktion vor allem darum, dem kindlichen Gehirn eine Auszeit zur Erholung zu geben.

Ist Ihr Kind häufig wegen zu viel Wärme oder zu viel Kälte überreizt, ziehen Sie es am besten in Lagen an, die Sie leicht an- und wieder ausziehen können. Neueltern tendieren am Anfang dazu, ihr Kind zu warm anzuziehen, weil sie wissen, dass Kinder ihre Körpertemperatur nicht gut selbst halten können. Am besten klappt Wärmeregulation aber tatsächlich am Körper der Erwachsenen, deshalb ist Tragen und enges Nebeneinanderschlafen von Vorteil.

Weinen vor Müdigkeit

Mit jeder Minute, die wir Menschen wach sind, baut sich Schlafdruck in unserem Gehirn auf. Bei uns Erwachsenen ist der Schlafdruck erst nach 12 bis 16 Stunden so hoch, dass uns die Augen vor Müdigkeit zufallen, bei Babys passiert das nach etwa ein bis zwei Stunden. Doch nicht immer können wir sofort einschlafen. Uns Große halten vielleicht Gedankenkarussell, Existenzängste oder unser Nachwuchs wach, bei Babys wissen wir es leider nicht genau. Schlaflosigkeit ist körperlich und psychisch so anstrengend, dass Schlafentzug sogar als Foltermethode genutzt wird. Kein Wunder, dass Babys und übermüdete Eltern irgendwann weinen.

Möglicherweise übersehene Nahsignale

Die meisten Erwachsenen können die Nahsignale von Müdigkeit richtig deuten. Unsere Kinder bekommen kleine Augen, einen glasigen Blick und reiben sich gegebenenfalls sogar mit den Händen über die Augen. Sie fassen sich vermehrt an die Ohren oder drehen ihre Haare ein. Manchmal bekommen sie ganz rote Wangen. Bei vielen Babys sind die Augenbrauen auffallend gerötet. Die meisten Babys beginnen bei Müdigkeit, leise, aber lang gezogen zu quengeln und zu nörgeln. Wird das nicht verstanden, steigert sich die Lautstärke zunehmend. Kinder, die sich schon selbst fortbewegen können, krabbeln häufig zu ihren Bindungspersonen. Sie nehmen ihre Ärmchen hoch und signalisieren, dass sie auf den Arm genommen werden wollen. Dort kuscheln sie sich an die Brust ihrer Bindungsperson und wollen gegebenenfalls gestillt werden. Denken Sie daran, dass Neugeborene schon nach 30 bis 90 Minuten müde werden, Sie werden die Müdigkeitsnahsignale Ihres Babys also ziemlich oft sehen.

Mögliche Reaktionsweisen auf Müdigkeit

Wir werden uns dem Schlafen noch in einem ganzen Kapitel widmen, da es gar nicht so einfach ist, ein Baby zum Schlafen zu bringen. Als kinderloses Paar denkt man ja noch, man legt ein Kind einfach ins Bettchen, und dort schläft es friedlich ein. Hahaha, nein. Leider nein. Wenn Sie aber die Nahzeichen Ihres Kindes richtig erkennen, es zu diesem günstigen Zeitpunkt eng an Ihren Körper nehmen (entweder in der Trage oder im Bett) und sein Saugbedürfnis durch Milch oder Schnuller befriedigen, stehen die Chancen nicht schlecht, dass es doch einschläft. Lesen Sie gern im Kapitel »Schlafen«, was Sie sonst noch tun können.

Hungerweinen

Hunger als körperliches Signal kennen alle Menschen – verspüren wir es, heißt das, dass unser Körper Energie braucht. Ist unser Blutzuckerspiegel zu niedrig, melden die Rezeptoren in Leber und Magen dies an das »Hungerzentrum« unseres Gehirns, den Hypothalamus. Dieser schüttet die Hungerhormone Neuropeptid Y, Agouti Related Peptide (AGRP) und Melanin Concentrating Hormone (MCH) sowie Endocannaboide aus und veranlasst damit den Impuls zur Nahrungsaufnahme.[12] Manche Menschen – inklusive Kleinkinder – können das Hungergefühl bei sich aber überraschend schlecht deuten. So kann es vorkommen, dass sie »hangry«, also grantig wegen Hunger, werden. Gibt man ihnen schnell einen Snack, werden sie wieder ausgeglichener, und der Ärger verfliegt. Babys stehen allerdings normalerweise noch sehr gut in Kontakt mit ihrem Körper und zeigen eindeutige Hungerzeichen.

Möglicherweise übersehene Nahsignale

Das Baby schmatzt, streckt die Zunge vor oder leckt sich über die Lippen. Es hat die Hände zu Fäustchen verkrampft und lutscht intensiv daran. Streicht man ihm mit dem Finger über die Wange, löst das den Rootingreflex aus, und das Köpfchen wird zur entsprechenden Seite gedreht in der Erwartung, dort eine Nahrungsquelle wie Brust oder Flasche zu finden. Werden diese ersten Nahsignale übersehen, beginnt das Baby, leise zu meckern und körperlich unruhiger zu werden. Es strampelt aufgeregt und dreht sein Köpfchen suchend hin und her. Ausführlich gehen wir auf die Hunger-Nahsignale im Kapitel »Stillen« ein.

Reaktion auf Hungerweinen

Es ist klar, dass ein vor Hunger schreiendes Baby unverzüglich gefüttert werden muss. Wenn Ihr Baby aber schon weint, kann es sein, dass der Andockprozess beim Stillen gestört ist, da es zu aufgeregt ist, um die Brustwarze oder den Flaschensauger in den Mund zu nehmen. Dann müssen Sie es zunächst in den Arm nehmen, seine wedelnden Arme und Beine vorsichtig eingrenzen und ihm beruhigend zureden, während sie mit der Brust oder der Flasche leicht über seine Oberlippe streichen. Ist das Baby zu aufgeregt, um die Brustwarze zu fassen, kann etwas Muttermilch per Hand ausgestrichen und mit einem Löffelchen oder durch den in Milch getunkten kleinen Finger angeboten werden. So beruhigt es sich normalerweise so weit, dass der Andockprozess doch noch klappt.

Resonanzweinen

Resonanzweinen passiert, wenn ein Baby ein anderes Baby oder Kind schreien hört. Dieses Mitweinen wird als erste Stufe der Empathieentwicklung gesehen. Es kommt dabei zu einer undifferenzierten Fusion der eigenen Gefühle mit denen des anderen. Das mitweinende Baby fühlt sich also genauso schlecht wie das weinende, obwohl es ursprünglich keinen Grund zum Weinen hatte. Manchmal passiert Resonanzweinen auch, wenn die Eltern sich nicht gut fühlen, gestresst sind oder selbst vor Erschöpfung und Müdigkeit weinen. Diese Gefühle kann ein Baby aufnehmen, es kann mitschwingen und dann ebenfalls mit Schreien reagieren.

Möglicherweise übersehene Nahsignale

Beim Resonanzweinen gibt es keine Nahsignale, die Sie übersehen haben könnten, da Ihr Baby sich nicht unwohl fühlt, bevor es das andere Kind weinen hört. Was Eltern allerdings manchmal übersehen, sind Ihre eigenen schwierigen Gefühlslagen. Möglicherweise schwingt Ihr Kind mit Ihren Gefühlen oder mit Ihrem Ärger und Stress mit. Es ist deshalb auch wichtig, Nahsignale bei sich selbst zu erkennen und rechtzeitig gegenzusteuern.

Mögliche Reaktion auf Resonanzweinen

Erst einmal dürfen Sie sich darüber freuen, wie empathisch Ihr Baby schon ist. Es kann auf andere Menschen reagieren und sich einfühlen, auch wenn das noch auf unbewusster Ebene passiert. Großartig ist es trotzdem. Nehmen Sie Ihr Kind in den Arm, schauen Sie ihm in die Augen und erklären Sie, was passiert ist. Dass da ein anderes Baby schreit und dieses Baby vielleicht müde ist, sich wehgetan hat oder hungrig ist und dass es wahrscheinlich deshalb weint. Und dass das, was Ihr Baby gerade fühlt, Mitgefühl heißt. Natürlich versteht es Ihre Worte noch nicht, aber Ihre ungeteilte Zuwendung und Ihre sanfte, erklärende Stimme hilft ihm bei der Regulation. Später, wenn es Worte besser decodieren kann, helfen Ihre Erklärungen, seine Gefühle besser zu verstehen und Worte dafür abzuspeichern.

Weint Ihr Kind in Resonanz zu Ihren Emotionen, kann es wichtig sein, dass Sie erst einmal Ihre eigene innere Ruhe wiederfinden. Wir wissen, dass das nicht in allen Lebenslagen möglich ist, aber vielleicht können Sie Großeltern, Freund*innen, Nachbar*innen oder andere Eltern dafür gewinnen, Ihnen eine Auszeit zu geben. Als Akuthilfe kann bewusstes Atmen, barfuß im Raum umherlaufen und eine Verlangsamung der eigenen Tätigkeiten (Hektik rausnehmen) helfen, um Ihre Mitte wiederzufinden. Selbstanbindung und Empathie sich selbst gegenüber sind hier die Schlagworte. Langfristig Hilfe finden Sie bei Anlaufstellen, die Emotionelle Erste Hilfe anbieten. Falls Sie mehr darüber lesen möchten, empfehlen wir *Emotionelle Erste Hilfe: Bindungsförderung – Krisenintervention – Eltern-Baby-Therapie* von Thomas Harms und *Die Kraft des Selbstmitgefühls: Wie wir unseren inneren Garten pflegen und zum Erblühen bringen können* von Lienhard Valentin.

Zur Beruhigung Ihres Babys in dieser Situation schlägt Thomas Harms in seinem Buch übrigens Folgendes vor: Legen Sie einen Kreis aus Kissen (oder anderen Dingen) in einem Ihrer Zimmer aus. Gehen Sie mit Ihrem Baby im Arm barfuß um diese Kissen herum. Werden Sie immer ein bisschen schneller, aber achten Sie darauf, die Kissen niemals zu berühren. Sie sollen nicht rennen – Sicherheit geht vor! –, aber schon so schnell gehen, dass Sie sich gut auf das Auftreten Ihrer Füße konzentrieren müssen. Durch diese Übung werden diejenigen Gehirnareale aktiv, die für Koordination und Organisation der komplexen Bewegungsabfolge zuständig sind, und sie entzieht den Hirnarealen Energie, die dem Schreien

Ihres Kindes Aufmerksamkeit geben würden. Durch die Fokusänderung kann sich Ihr Kind beruhigen, da es ja ursprünglich wegen Ihrer eigenen Unruhe weint.[13] Nifa, aus unserem Beispiel am Anfang des Kapitels, hat zusammen mit ihrem Mann eine ähnliche Technik entwickelt, um sich selbst in Ruhe zu bringen: Sie konzentrieren sich auf das Zählen bis 50, zählen ihre Lieblingsromane auf oder denken laut über ihre Einkaufsliste nach. Damit schaffen die beiden es, sich weniger auf das Weinen ihrer Tochter zu fokussieren und selbst ruhiger zu werden. Wie Nifa bemerkte, wurde dadurch ihre Tochter ebenfalls ruhiger.

Weinen zum Stressabbau

Normale Tränenflüssigkeit in unseren Augen dient der Feuchthaltung und Reinigung. Doch in Momenten emotionaler Aufgewühltheit produzieren menschliche Augen plötzlich ein Surplus an Tränenflüssigkeit, welches übertritt und unsere Wangen hinabfließt. Der Biochemiker William Frey untersuchte die Zusammensetzung dieser emotionalen Tränen und fand überraschenderweise heraus, dass diese andere Inhaltsstoffe haben als normale Tränenflüssigkeit. Sie enthalten unter anderem einen Überschuss an Neurotransmittern wie ACTH und Enkephaline, ein Schmerzmittel, das der Körper in Stresssituationen auf natürliche Weise produziert. ACTH wiederum stimuliert die Produktion des Stresshormons Cortisol. Freys Theorie ist, dass mit dem Ausschwemmen dieser Stoffe durch die Tränen der erhöhte Cortisolspiegel gesenkt wird und wir uns beruhigen und in biochemische Balance zurückkommen können: Wir weinen also zum Stressabbau.[14]

Babys weinen zum Stressabbau beim sogenannten Erinnerungsweinen. Babys kommen mit einem erhöhten Cortisolspiegel auf die Welt, welcher sich in den ersten sechs Monaten nach und nach abbaut.[15] Es wird davon ausgegangen, dass es Stressoren während der Schwangerschaft und der Geburt gibt, die unsere Kinder nicht allein regulieren können und die deshalb erst einmal im Körpergedächtnis abgespeichert werden. Um diese alten Wunden loszuwerden, weinen Babys manchmal wie aus heiterem Himmel los. Meist gibt es einen Auslöser, wie ein harmloses Geräusch oder eine unerwartete Lageveränderung des Babys, der das Kind an die alte Stresserfahrung erinnert, aber diese Umstände sind für uns Erwachsene so banal, dass wir sie nicht als Trigger erkennen können.[16] Manche Expert*innen zählen die abendlichen Schreistunden von 19 bis 22 Uhr zum Erinnerungsweinen und stellen die These auf, dass in dieser Zeit die Geburtstraumata intensiv bearbeitet werden.

Auch abends im Bett, beim sogenannten Einschlafschreien, weinen Babys, um Stress loszuwerden – den Stress, der sich im Laufe des Tages angesammelt hat. Davon gibt es ziemlich viel, denn für unsere Kinder ist alles noch neu, aufregend und potenziell überfordernd. Nicht alle Kinder weinen vor dem Einschlafen, aber die, die diese Entspannungsmethode nutzen, tun das häufig bis in die Grundschulzeit. Wichtig zu wissen: Diese Babys und Kinder weinen *in den Armen ihrer Eltern* und nicht, weil sie beim Einschlafen allein gelassen werden. Letzteres fällt eher unter die Kategorien »Weinen wegen Bindungsverlangen und Angst«. Das Weinen in den Armen der Eltern zum Stressabbau tut den Kindern dagegen gut und sollte nicht unterbunden werden.

Möglicherweise übersehene Nahsignale

Der Stress, der beim Erinnerungsweinen abgebaut wird, ist prä- und perinatal entstanden. Es gibt im Alltag keine Nahsignale, die wir übersehen könnten. Tatsächlich ist ein Hinweis auf Erinnerungsweinen der Umstand, dass es wie aus dem Nichts auftritt und meistens sogar dann, wenn wir unser Baby im Arm halten. Es ist, als würde das Baby spüren, dass wir gerade emotional verfügbar sind, um mit ihm gemeinsam an seinem alten Stress arbeiten zu können.

Beim Einschlafschreien entlädt sich der gesammelte Stress des ganzen Tages. Sie können nicht jeden Stress von Ihrem Kind fernhalten, ganz besonders nicht, wenn es schon ältere Geschwister hat und es sich in den Familienalltag einpassen muss. Sie können aber versuchen, im Laufe des Tages die Stresssignale Ihres Kindes feinfühlig zu erkennen, und es bereits beim Zeigen seiner Erregungssignale aus den entsprechenden Situationen nehmen: Wenn es hektisch mit Armen und Beinen strampelt, ein ernstes Gesicht mit gerunzelter Stirn und Schmollmund zeigt oder seine Hände und Füße über seiner Körpermitte zusammenpresst, nehmen Sie es auf den Arm, und geben Sie ihm eine Auszeit in einer reizarmen Umgebung, beispielsweise im Tragetuch.

Mögliche Reaktion auf Stressabbauweinen

Es ist wichtig, dass Sie zunächst für sich abklären, ob das Schreien vielleicht körperliche Ursachen haben könnte, also ob Ihr Kind Schmerzen, Hunger oder Fieber hat. Ist das nicht der Fall, möchte Ihr Kind wahrscheinlich alten oder neuen Stress abbauen. Nehmen Sie es auf den Arm, wenn möglich, mit viel Hautkontakt, und halten Sie es so, dass sein Bauch Ihren Oberkörper berührt. Sie können dabei liegen, wenn Sie wollen, oder auch umherlaufen. Das Köpfchen Ihres Kindes liegt in der Mulde unter Ihrer linken Schulter, normalerweise ist sein Gesicht Ihnen zugewandt. Mit dem linken Arm halten Sie seinen Rücken, sein rechtes Bein befindet sich zwischen Ihrem Ellenbogen und Ihrem Oberkörper. Mit Ihrem anderen Arm stabilisieren Sie sein Köpfchen und pressen sein linkes ruderndes Ärmchen leicht an Ihre Brust. So geben Sie Ihrem Baby den körperlichen Halt, den es gerade braucht.[17] Sie müssen nichts weiter tun, seine Probleme nicht lösen, keine Positionen wechseln, kein Bäuchlein streicheln, sondern es einfach nur im Arm halten und ihm zuhören. Das ist leichter gesagt als getan. Das Schreien wird höchstwahrscheinlich Ihre Amygdala in Unruhe versetzen und bei Ihnen den Kampf- oder Fluchtmodus auslösen. Vielleicht macht Sie das Schreien richtiggehend aggressiv. Versuchen Sie, diese Reaktionen zu überwinden und innerlich »weich« zu werden. Machen Sie sich klar, wie anstrengend die Welt für Ihr kleines Würmchen ist, wie viele Reize in jeder Minute auf es einprasseln und wie hilflos es dem noch ausgesetzt ist. Fühlen Sie sich in Ihr Mitgefühl und Ihre Liebe für Ihr Kind ein, und lassen Sie beides durch Ihren Blick auf Ihr Kind nach außen fließen. Flüstern Sie ihm »Ich höre dich!« oder »Du machst das prima, lass es raus!« zu, wenn Sie sprechen möchten. Ihr Kind bringt gerade seine eigene Innenwelt ins Gleichgewicht. Sein Schreien richtet sich überhaupt nicht gegen Sie. Im Gegenteil: Es weint, weil es eine sichere Verbindung zu Ihnen spürt, die ihm ermöglicht, sich selbst zu heilen.

Um das noch einmal klarzumachen: Es geht bei der Begleitung dieser Art des Weinens nicht darum, es »auszuhalten« oder Ihr Kind einfach stur festzuhalten, damit es sich ausweinen kann. Es geht vor allem darum, ihm gut zuzuhören und bei seinen schmerzlichen Erfahrungen emotional mitzuschwingen, ohne selbst vor Mitleid zu zerfließen. Dementsprechend ist es möglich, dass Sie das Stressabbauschreien Ihres Babys nicht in seiner Gänze allein begleiten können. Es ist nämlich unheimlich auslaugend, den Stress und die Emotionen eines anderen Menschen zu begleiten, wenn man selbst als Baby nicht begleitet wurde und demnach noch eigene unterdrückte Stresserlebnisse im Körpergedächtnis hat. Sie brauchen Back-up! Spüren Sie, während Sie Ihr Baby halten, auch immer in sich selbst hinein. Erkennen Sie Ihre eigenen Frühwarnzeichen der Überforderung. Vielleicht pressen Sie Ihre Lippen oder Zähne zusammen, Ihnen wird plötzlich ganz heiß, Ihre Ohren klingeln oder Sie spüren eine Enge im Hals oder eine

Schwere im Bauch. Einige Eltern berichten, dass sie plötzlich das Gefühl haben, bedrängt zu werden und flüchten zu wollen. Manche Menschen spüren regelrecht, wie sie innerlich hart und kalt werden und die Verbindung zum Kind verlieren. Geben Sie Ihr Kind dann am besten dem zweiten Elternteil. Nifa und ihr Mann aus unserem Beispiel haben für diesen speziellen Moment untereinander ein Codewort ausgemacht, damit der andere sofort weiß, wie ernst es ist. Sind Sie allein, legen Sie Ihr Kind ab, bevor Sie die Kontrolle verlieren, und gehen Sie aus dem Zimmer. Es gibt Techniken, die Sie erlernen können, um nicht überwältigt zu werden und die Verbindung zu Ihrem Kind aufrechterhalten zu können. Diese Techniken können Sie bei qualifizierten Emotionelle-Erste-Hilfe-Berater*innen erlernen.

Schmerzweinen

Dass Babys vor Schmerzen weinen, ist sicherlich jedem klar. Manchmal kratzen sich Babys aus Versehen selbst, oder sie ziehen sich selbst an den Haaren, können aber ihre Faust noch nicht wieder lösen und verursachen so einen permanenten Schmerzreiz. Sie fallen oft hin, sie stoßen sich den Kopf. Sie können Blähungen haben oder einen wunden Po. **Bauchschmerzen** waren in der Vergangenheit die am häufigsten bemühte Erklärung für das abendliche Schreien in den ersten drei Monaten, sodass diese Phase »Dreimonatskoliken« genannt wurde. Mittlerweile weiß man, dass dieses Schreien eher durch Überreizung hervorgerufen wird. Wenn Babys in diesen Schreiphasen Bauchschmerzen haben, dann weil sie durch das Schreien zu viel Luft geschluckt haben. Die Bauchschmerzen sind also Folge des Schreiens, nicht Ursache. Leider hat die Übernutzung der Diagnose »Bauchschmerzen« dazu geführt, dass heute fast kein Kinderarzt mehr an Blähungen glaubt, wenn

verzweifelte Eltern von viel weinenden Babys bei ihm in der Praxis auftauchen. Tatsache ist jedoch: Es gibt durchaus Babys mit Bauchschmerzen! Bei einigen von ihnen klappt die Besiedlung der Darmflora nicht ganz so optimal, und nach dem Stillen verspüren sie Schmerzen. Langsames Trinken an der Brust oder Flasche kann Blähungen lindern. Manche Kinderärzte empfehlen auch Kümmel- oder Fencheltee. Es gibt einzelne Ansätze, wie die zusätzliche Gabe von Probiotika, die bei der Entwicklung der Darmmikrobiota zu helfen scheinen. Aber die Studien dazu sind widersprüchlich, und der Nutzen der Probiotika ist bislang nicht überzeugend belegt. Trotzdem ist es zumindest nicht schädlich, einem Baby, das offenbar an Blähungen leidet, Probiotika zu geben. Diskutieren Sie das mit Ihrer Kinderärztin! Falls alles nichts hilft, sollte abgeklärt werden, ob eine Nahrungsmittelunverträglichkeit, etwa von Kuhmilcheiweiß, vorliegt. In der Vergangenheit wurde behauptet, blähende Nahrungsmittel, die die Mutter isst, würden über die Muttermilch zu Bauchschmerzen beim Baby führen. Diese These ist jedoch mittlerweile widerlegt.

Auch eine **Harnwegsentzündung** kann Schmerzweinen verursachen. Meist weint das Kind direkt beim Urinieren auf. Leider erkennen wir Eltern den direkten Zusammenhang wegen der Windel oft nicht. Hellhörig sollten wir werden, wenn regelmäßig kurz, schrill aufgeschrien wird. Der Urin riecht dann auch manchmal ungewöhnlich. Fieber ist bei Neugeborenen und in den ersten Monaten sehr ungewöhnlich – ab 38 °C sollte man daher immer Arzt oder Ärztin konsultieren. Die Diagnose erfolgt durch eine Urinprobe, die Behandlung durch ein Antibiotikum.

Auch **Ohrenschmerzen** durch eine Mittelohrentzündung kommen bei Babys vor. Sie beginnt mit einem meist schmerzfreien Druckgefühl im Ohr. Nachts treten dann stechende, pulsierende Schmerzen auf, weswegen Babys oft in der Nacht aufwachen und schrill weinen. Fieber kann hinzukommen. Die Schmerzen kommen in Wellen, sodass es auch schmerzfreie Zeiten gibt, in denen das Baby nicht weinen muss. Im Mittelohr sammelt sich Flüssigkeit, die auf das Trommelfell drückt und Hörstörungen und Schmerzen verursacht.

Etwa ab dem vierten Lebensmonat können auch **Zahnungsschmerzen** die Ursache für Weinen oder Schreien sein. Normalerweise brechen die Zähne paarweise durch: als Erstes oft die beiden mittleren unteren Schneidezähne, dann die mittleren oberen Schneidezähne. Auch wenn es keinen festen Zeitplan für das Zahnen gibt, so haben fast alle Kinder bis zum dritten Lebensjahr ein vollständiges Milchzahngebiss mit 20 Zähnen. Ob das Zahnen Schmerzen verursacht, ist individuell verschieden. Manche Kinder spüren nichts, und die Eltern entdecken verwundert eines Morgens die durchgebrochenen Zähne. Andere Kinder leiden doll unter Zahnungsschmerzen und sind wochenlang unleidlich.

Möglicherweise übersehene Nahsignale

Der Durchbruch der ersten **Milchzähne** kündigt sich durch Nahsignale wie Herumkauen auf Dingen, starker Speichelfluss, geschwollenes, gerötetes Zahnfleisch, Gereiztheit, nächtliches Wimmern mit häufigerem Aufwachen und Weinen, Verweigerung des Zähneputzens, weniger Appetit auf feste Nahrung, gegebenenfalls leichtes Fieber und grünlicher, schleimig-dünnflüssiger Durchfall an. Obwohl viele Eltern diesen Zahnungsdurchfall beobachten, wird der Durchfall nicht durch die Zähne an sich verursacht. Aber da die Zähne sich durch das Zahnfleisch bohren, entsteht eine Wunde im Mund, in die Bakterien und Viren leicht eindringen können. Dann bekommen Babys zeitgleich zum Durchbruch der Zähne eine leichte Infektion, die den Durchfall und das leichte Fieber verursacht.

@Apfelhimbeer Zähne bekommen ist so kacke.
Gerade völlig fertig, nass geweint und nass
geschwitzt eingeschlafen.
Was das Baby macht, weiß ich nicht.

Ohrenschmerzen kündigen sich in der Regel nicht durch Nahsignale an, weil der Beginn relativ schmerzfrei ist. Allenfalls fassen sich die Kinder häufiger ans Ohr als sonst. Sie können von Laien auch nicht diagnostiziert werden. Dazu muss sich die Kinderärztin mit dem Otoskop das Trommelfell anschauen. Schmerzensschreie, die durch Mittelohrentzündung verursacht werden, sind aber sehr schrill – kommt Ihnen also das Weinen Ihres Kindes anders vor als sonst, sollten Sie Ohrenschmerzen in Betracht ziehen und die Kinderarztpraxis oder eine Hals-Nasen-Ohren-Arztpraxis aufsuchen.

Bauchschmerzen sind ebenfalls schwer zu erkennen, weil Babys auch in anderen Situationen die Beine zum Bauch anziehen oder einen harten Bauch haben. Bei echten Bauchschmerzen quietscht Ihr Kind ab und zu laut auf, pupst und schreckt im Schlaf hoch. Es trinkt erst normal an der Brust, nach ein paar Minuten wird es aber nervöser, dockt immer wieder ab, obwohl es noch hungrig ist.

Bei einer **Harnwegsinfektion** weint Ihr Baby beim Wasserlassen.

Mögliche Reaktion auf Schmerzweinen

Nehmen Sie Ihr Kind in den Arm, wenn es Schmerzen hat und weint. Bei Ohrenschmerzen beziehungsweise Mittelohrentzündung können Sie in Absprache mit Ihrer Kinderärztin einen Schmerzsaft oder ein Zäpfchen geben. Heute wird in so einem Fall in der Regel nicht mehr mit Antibiotika reagiert. Zahnungsschmerzen können mit kühlen Beißringen oder einem feuchten, kühlen Waschlappen zum Draufkauen gelindert werden. Manchmal empfehlen Hebammen und Kinderärzt*innen homöopathische Mittel gegen Schmerz. Die Krankenkassen bezahlen diese mittlerweile sogar. Wir wollen Ihnen nicht verheimlichen, dass wir als Ersteltern ebenfalls Homöopathie genutzt haben. Mir wurden schon unter der Geburt im Krankenhaus Globuli in den Mund geschoben, unsere an sich wirklich tolle und kompetente Hebamme erklärte uns im Wochenbett ausführlich ihre »Wirkweise«, und alle jungen Eltern, die ich in Babykursen traf, schworen darauf. Also kauften wir das Zeug ebenfalls. Heute wissen wir: Homöopathie wirkt nicht über den Placeboeffekt hinaus. Das ist eindeutig und unmissverständlich nachgewiesen. Homöopathische Mittel haben keine wirksamen Inhaltsstoffe, da diese so weit verdünnt werden, dass sie nicht mehr nachweisbar sind. Trägerstoff und durch die hohe Verdünnung meist die einzige Substanz in homöopathischen Globuli ist demnach Saccharose (Haushaltszucker), manchmal auch der Zuckeraustauschstoff Xylit. Psychologisch gesehen ist es gar nicht mal so unproblematisch, einem Kind immer, wenn es sich wehgetan hat oder sich anderweitig schlecht fühlt, süße Kügelchen zu geben. Überreizt? Hier, Zucker. Zahnungsschmerzen? Hier, Zucker. Müde, aber nicht in der Lage einzuschlafen? Hier, Zucker. Hingefallen? Hier, Zucker. Wütend? Hier, Zucker. Wir denken, Sie stimmen uns zu, dass das ungute Assoziationen im Gehirn verankern kann. Lassen wir das also lieber. Trösten wir ohne Zuckerkügelchen.

Achtung: Ab und zu haben Eltern den Impuls, innerlich zu evaluieren, ob der Schmerz ihres Kindes es »wert« ist, so laut zu weinen, und ihr Trösten daran anzupassen. Getröstet wird nur, wenn der oder die Erwachsene einschätzt, dass es wirklich wehtut. Dieser Impuls stammt meist aus den eigenen Erziehungserfahrungen. Früher wurde Kindern häufig erklärt, dass sie gar keinen Grund zum Weinen hätten, weil das, was passiert wäre, nicht schlimm sei. Es stimmt schon, Babys und Kleinkinder können noch nicht unterscheiden, ob ihre Wunde lebensbedrohlich oder klitzeklein ist, sie brüllen erst einmal in voller Lautstärke los, weil der Schmerzreiz ihr Gehirn ganz plötzlich erreicht. Sie als Erwachsene können vielleicht vermuten, dass die Verletzung »nicht schlimm« ist, aber Sie können nicht wirklich wissen, was Ihr Kind tatsächlich fühlt und wie groß sein Schmerzempfinden wirklich ist, denn Sie stecken ja nicht in seinem Körper. Versuchen Sie also, Sätze wie »Alles gut« oder »Nichts passiert!« zu unterdrücken und Ihr Kind stattdessen zu kuscheln und zu streicheln. Durch den Körperkontakt wird stresshemmendes Oxytocin im Gehirn ausgeschüttet. Dieses Hormon dient unter anderem als Andockstelle für das stressbedingt ausgeschüttete Cortisol und »bindet« es sozusagen – Ihr Baby kann sich beruhigen. Wenn Sie auch verbal trösten wollen, dann können Sie mit ruhigen Worten erklären, was gerade passiert ist, damit Ihr Baby Worte dafür bekommt, was es gerade empfindet: »Du bist aus dem Sitzen nach hinten umgekippt und hast dir den Kopf gestoßen. Bestimmt hast du dich erst erschreckt und nun tut dir der Kopf weh. Komm, ich schaue mir deine Beule mal an und mache ein Küsschen drauf.« Sie sollen mitfühlend, aber nicht übertrieben reagieren. Mit der Zeit lernt Ihr Kind, selbst einzuschätzen, was ihm stark und was weniger stark wehtut, und wird die Lautstärke seiner Reaktion daran anpassen.

Weinen aus Unwohlsein

Wenn die Windel eines Babys voll ist, wenn es einen Entwicklungssprung durchmacht, krank ist, Fieber hat oder mit dem Auto fahren muss, kann das bei ihm ein unbestimmtes Unwohlsein auslösen, das es zum Weinen oder Schreien bringt.

Entwicklungssprünge sind Zeiten, in denen sich im Gehirn ein neuer Meilenstein anbahnt. In dieser Zeit werden verstärkt neuronale Prozesse angeregt, die unsere Kinder über Tage und manchmal sogar Wochen unruhig machen und stressen können. Die Entwicklungspsycholog*innen Dr. Hetty van de Rijt und Dr. Frans X. Plooij, Autor*innen des Buches *Oje, ich wachse!,* wollen bestimmte Zeiten ausgemacht haben, in denen Kinder sogenannte »Entwicklungsschübe« durchmachen: In der fünften Lebenswoche, mit 9 Wochen, 12 Wochen, 19 Wochen, 26 Wochen, 27 Wochen, 36 Wochen und 55 Wochen lässt sich nach van de Rijt und Plooij verstärktes Weinen aus Unwohlsein durch Entwicklungssprünge beobachten. Die Theorie der zeitlich festgelegten Schübe von van de Rijt und Plooij ist nicht wissenschaftlich belegt, aber dass das Gehirn sich entwickelt und manche Kinder darauf mit Weinen reagieren, ist unbestritten.[18] Es gibt Kinder, die in den Zeiten dieser Neuverdrahtung im Gehirn wirklich völlig neben sich stehen und von morgens bis abends unleidlich sind, aber auch Kinder, denen man das überhaupt nicht anmerkt. Allen gemeinsam ist aber, dass sie nach einem Entwicklungssprung ihres Gehirns plötzlich neue Fähigkeiten zeigen, viel entspannter sind und freudig ihre neuen Kompetenzen ausprobieren und verfeinern.

Erstaunlich viele Babys hassen **Autofahren**. Normalerweise denkt man, alle Babys schlafen friedlich in der Babyschale ein, sie lieben das Geschuckeltwerden beim Fahren, das gleichmäßige Motorengeräusch, die Wärme, aber das gilt nicht für alle. Warum Babys Autofahren nicht mögen, ist unterschiedlich. Manchmal ist eine bestimmte Marke eines Autositzes für den Körper eines Babys unbequem, manche Babys können es nicht leiden, rückwärtsgerichtet zu sein, manche hassen es, angeschnallt in einer Position verharren zu müssen, manche empört es, nicht ganz nah bei ihrer Bindungsperson sein zu dürfen, manchen ist ganz einfach zu heiß. Manchen wird beim Autofahren übel, manche sehen aus dem Sitz heraus zu wenig und langweilen sich, manche sehen zu viel, und die schnell vorüberziehenden visuellen Reize hinter dem

Autofenster überfordern ihr Gehirn. Was auch immer der Grund ist, diese Babys schreien sich die Seele aus dem Leib, wenn sie Auto fahren müssen.

Fieber ist die Erhöhung der Körperkerntemperatur zur Abwehr von eingedrungenen Fremdorganismen. Ab 37,5 °C spricht man von »erhöhter Temperatur«, ab 38,5 °C von »Fieber«, ab 39,8 °C von »hohem Fieber«. Die Körpertemperatur steigt übrigens im Tagesverlauf an – es ist daher durchaus normal, dass Säuglinge nachmittags oder abends eine Temperatur von bis zu 37,8 °C haben, ohne dass es sich um Fieber handelt. Sobald die weißen Blutkörperchen Viren, Bakterien oder Pilze entdecken, senden sie ein Signal an das Gehirn, dass die Körpertemperatur erhöht werden soll. Fieber ist im Prinzip nicht die Ursache für das Unwohlsein und Weinen unserer Kinder, sondern eine effektive Abwehrmaßnahme des Körpers. Weil unsere Kinder sich aber so schlapp und schlecht fühlen, neigen wir Eltern dazu, ihnen fiebersenkende Mittel zu geben, damit sie nicht so leiden müssen. Total verständlich! Aber kontraproduktiv. Die erhöhte Körpertemperatur bekämpft wirksam Viren und Bakterien – senkt man das Fieber vorschnell, wird dieser Prozess unterbrochen, und die Krankheitserreger können sich weiter vermehren. Insbesondere am Anfang einer Erkrankung – also in der Phase, in der sich die Erreger explosionsartig vermehren – sollte das Fieber daher nicht gesenkt werden, wenn der Allgemeinzustand des Kindes sonst gut ist. Schon ab 38,5 °C ist das Bakterienwachstum stark gehemmt. Eine hohe Temperatur aktiviert auch die Leukozyten, wodurch die Vernichtung und der Abtransport der Erreger deutlich schneller erfolgt. Untersuchungen haben auch gezeigt, dass der Körper genau die Temperatur annimmt, die erforderlich ist, um die Erreger zu zerstören.

Möglicherweise übersehene Nahsignale

Nasse Windeln: Nasse Windeln können Babys unangenehm sein, sodass es durchaus sinnvoll sein kann, ihre Nahsignale im Hinblick auf Ausscheidungen erkennen zu lernen. Eltern, die ihre Kinder windelfrei aufwachsen lassen, berichten immer wieder von ganz individuellen Feinzeichen, doch es scheint auch allgemeine Signale zu geben: Wenn das Baby ganz plötzlich zappelt, wenn es kurzzeitig einen glasigen, nach innen gerichteten Blick bekommt, wenn ihm ein Schauer über den Rücken läuft, es kurz meckert, an der Brust immer wieder abdockt und diese anmotzt oder aus der Trage herausgehoben werden will, kann es sein, dass es vielleicht urinieren muss. Bei Stuhlgang sind allgemeine Nahsignale ein O-Mund, Pupsen und hörbares Drücken. All diese Feinzeichen zeigen sich allerdings in den ersten Monaten quasi erst Sekunden vor dem tatsächlichen Absetzen von Urin und Stuhl, sodass Eltern extrem schnell reagieren müssen. Wird aber auf diese Feinzeichen eingegangen, können Babys schon bald ein paar Minuten abwarten, bis ihnen die Windel abgenommen wird und sie über der Toilette abgehalten werden. Diese Art des Lesens der Ausscheidungs-Nahsignale nennt man Elimination Communication, und es braucht einige Zeit, bis man die individuellen Zeichen seines Kindes »enttarnt«. Machen Sie sich also keine Sorgen, wenn Sie diese partout nicht sehen. Wirklich nötig ist das Erkennen der Nahzeichen nur, wenn Sie Ihr Kind windelfrei aufwachsen lassen wollen – oder eben, wenn Ihr Kind signalisiert, dass es nasse Windeln unangenehm findet.

Entwicklungssprung: Kurz vor der Neuverdrahtung im kindlichen Gehirn können wir Eltern beobachten, dass unsere Babys unleidlich werden und viel schreien. Sie sind unruhig, quengeln den ganzen Tag, möchten ununterbrochen getragen werden, schlafen nur bei engstem Körperkontakt und/oder Schaukeln im

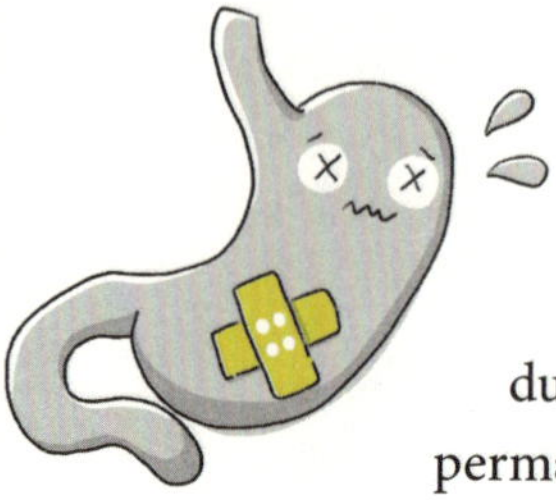

Tragetuch oder in der Federwiege, wollen vermehrt gestillt oder gefüttert werden und sind durch und durch schlecht zu beruhigen. Es scheint, als wollen sie permanent an uns kleben oder am liebsten sogar in den Bauch zurück. Einige Babys fremdeln stark und schreien, wenn sich ihnen jemand anderes als ihre Eltern nähert. Wer ein Schreikind hat, wird jetzt nahezu ununterbrochen angebrüllt, Eltern von normalerweise ruhigeren Kindern sind ebenfalls verzweifelt, weil sie es nicht gewohnt sind, wenn das Baby den ganzen Tag ningelt oder sogar untröstlich schreit.

Krankheit: Nicht jede Krankheit kündigt sich durch klare Krankheitszeichen, zum Beispiel hohes Fieber oder Husten, an. Die Nahsignale sind leider eher diffus: Ihr Baby ist einfach »anders als sonst«, es schläft vielleicht mehr als sonst, aber unruhiger, weint oft oder quengelt, es verhält sich lustlos oder sogar apathisch, vielleicht sieht es in Ihren Augen auch einfach »schlecht« aus. Meist ist ein anderes Trinkverhalten der erste Hinweis auf eine beginnende Erkrankung. Beobachten Sie Ihr Kind eine Weile.

Fieber: Eine beginnende Fieberkurve erkennt man daran, dass das Kind friert, es kalte Hände und Füße hat, gegebenenfalls ist das Gesicht ein bisschen warm. Die Haut kann marmoriert und schlecht durchblutet sein (wird kurz mit dem Daumen auf ein Areal gedrückt, bleibt der Bereich zwei bis drei Sekunden weißlich). Sobald Schüttelfrost hinzukommt, kann man sich sicher sein: Das Kind hat Fieber.

Autofahren: Ihr Kind fängt schon beim Anblick der Autoschale an zu protestieren.

Mögliche Reaktion auf Weinen wegen Unwohlseins

Krankheit: Wenn Sie das Gefühl haben, Ihr Kind ist krank, gehen Sie zu Ihrer Kinderärztin. Auch wenn sich herausstellt, dass das vielleicht unnötig war, ist es besser, es abklären zu lassen. Sie werden mit den Jahren souveräner und kompetenter im Erkennen und der Behandlung kleinerer Krankheiten – aber jetzt sind Sie noch im Lernprozess und dürfen unsicher sein.

Fieber: Da Fieber ein wichtiger Teil des körpereigenen Heilungsprozesses ist, sollte man ein Kind erst einmal fiebern lassen. Es gibt altersabhängige Regeln: Für Kinder, die jünger als drei Monate sind, ist Fieber bereits ab 37,8 °C bedenklich. Das Baby muss sofort zum Arzt, damit eine Sepsis ausgeschlossen werden kann. Zwischen drei und sechs Monaten sollte ab 38,2 °C ein Arzt aufgesucht werden, ab 6 Monaten ab 39,2 °C. Wenn das Kind apathisch ist, weint und wimmert, kaum reagiert und Flüssigkeiten verweigert, sollte das Fieber gesenkt werden. Bessert sich der Zustand nicht oder leidet das Kind zusätzlich an Erbrechen, Durchfall, Atemnot oder starken Kopf-/Bauchschmerzen, sollte umgehend ein Arzt aufgesucht werden. Ab 41,5 °C wird Fieber gefährlich – es ist nach Ansicht von Medizinern theoretisch ausreichend, wenn mit einer Senkung ab 41,0 °C begonnen wird. Ein Anstieg über 41 °C ist im Übrigen sehr selten und bedarf einer sofortigen ärztlichen Behandlung.

Ab sechs Monaten gilt: Fühlt sich das Kind gut (und das kann tatsächlich auch mit 39,5 °C der Fall sein), ist es nicht erforderlich, das Fieber zu senken. Dies erfordert aber zugegebenermaßen starke Nerven – aus eigener Erfahrung wissen wir, dass man es selten schafft, Fieber mit einem »guten Gefühl« einfach inaktiv zu begleiten. Es gibt zwar Kinder, denen man 40 °C Fieber kaum ansieht, meist aber werden die Kleinen bei höheren Temperaturen apathisch, schläfrig und quengelig. Das hat biologisch durchaus Sinn – ein krankes Kind, dessen Körper mit der Bekämpfung von Krankheitserregern beschäftigt ist, braucht Ruhe. Mit hohem Fieber haben die wenigsten Kinder Lust, aktiv zu sein. Lieber liegen sie im Bett und schlafen. Wichtig ist: möglichst viel trinken lassen. Meist haben Kinder ohnehin ein ausgeprägtes Durstgefühl. Wenn man zu fiebersenkenden Mitteln greift, kann man beobachten, dass das eben noch schlapp und wimmernd in Mamas Arm liegende Kind nach 30 Minuten plötzlich wieder fröhlich durchs Wohnzimmer tanzt. Dem Kind geht es scheinbar besser. Man hat das Gefühl, etwas Gutes, Helfendes getan zu haben, das Übel quasi beseitigt zu haben, doch eigentlich hat man die Selbstheilung des Körpers unterbrochen, und er wird zusätzlich belastet.

Ausnahmen: Wenn ein Kind zusätzlich auch über Schmerzen klagt, ist es besser, ihm das Schmerzmittel zu geben, auch, wenn das gleichzeitig das Fieber senkt. Außerdem kann es bei Kindern, die zu Fieberkrämpfen neigen, ebenfalls angebracht sein, frühzeitig fiebersenkende Mittel zu verabreichen. Das besprechen Sie bitte mit Ihrer Kinderärztin. Auch vor dem Schlafengehen kann man abwägen, ob man ein fiebersenkendes Medikament gibt – viele Kinder schlafen nach der Gabe eines Fiebermittels wesentlich ruhiger, und ein entspannter Schlaf ist für die Heilung natürlich besser als stundenlanges Herumwälzen. Wichtig ist auch, dass Sie selbst Ruhe bewahren. Wenn ein Kind die Angst und Unruhe der Eltern spürt, überträgt sich das. Daher ist Ruhe und Entspannung mit das Wichtigste für schnelle Genesung.

Entwicklungssprung: Weinen und jammern Babys während der Zeiten der Entwicklungssprünge, kann man als Eltern eigentlich nichts weiter tun, als ihnen Nähe zu geben. Wir müssen ihre schlechte Laune aushalten – sie können nichts dafür, alles in ihrem

Inneren fühlt sich einfach komisch an, und sie stehen komplett neben sich, bis der neuronale Umbau fertig ist. Spazieren gehen mit Kind in der Trage, stillen und ein Kinderlied nach dem anderen singen waren unsere Überlebensstrategien in diesen anstrengenden Wochen.

Autofahren: Wenn Ihr Kind immer beim Autofahren weint, müssen Sie versuchen herauszufinden, was das Problem ist, und dieses möglichst verändern. Bei einigen Kindern reicht schon der Wechsel auf einen bequemeren Kindersitz, manche Kinder sind zufriedener, wenn Mama oder Papa hinten neben ihnen sitzen und Händchen halten, bei einigen reicht sogar ein Spiegel, der so angebracht wird, dass sie das Gesicht des Fahrers sehen können. Die meisten Familien mit Babys, die beim Autofahren weinen, vermeiden Fahrten, so gut es geht, bis das Kind älter wird. Bei vielen wächst sich das Problem aus.

Weinen aus Langeweile

»Langeweile ist das unangenehme Gefühl, eine zufriedenstellende Aktivität ausführen zu wollen, aber nicht zu können.« Diese Definition von Dr. John Eastwood, Associate Professor im Department of Psychology der York University in Toronto, Kanada, wird momentan am häufigsten in der Wissenschaft verwendet. Langeweile ist also eine unangenehme innere Verfassung, die nicht automatisch entsteht, wenn äußere Reize fehlen, sondern eher dann, wenn man sich auf diese Reize nicht konzentrieren kann oder will. Bei Babys passiert Langeweile eher selten, weil für sie die Umwelt neu und spannend ist und selbst ein zusammengeknülltes Stück Backpapier neue Lerninhalte bieten kann. Sind sie aber beispielsweise den Großteil der Zeit in einem Laufstall mit den immer gleichen

Spielzeugen, dann werden im Gehirn beim Anschauen und Anfassen dieser Spielzeuge bereits bekannte Erinnerungsmuster aktiviert, und es entsteht kein Glücksgefühl. Zu wenig angeregte Babys können in diesem Fall aus Langeweile zu weinen anfangen.

Möglicherweise übersehene Nahsignale

Gelangweilte Babys quengeln zunächst leise. Sie blicken weniger als drei Sekunden auf Spielzeuge oder Dinge, greifen nicht danach oder lassen sie schnell fallen, wenn sie ihnen in die Hand gegeben werden.

Mögliche Reaktion auf Weinen wegen Langeweile

Laufställe sind für kurze Momente, in denen ein Baby sicher aufgehoben sein muss, weil die Eltern kochen wollen oder auf Toilette müssen, super. Sie bieten einen sicheren Raum und für kurze Zeit auch eine angemessene Lernumgebung. Insgesamt sollten aber Säuglinge, die sich bereits robbend, krabbelnd oder laufend fortbewegen können, die Möglichkeit erhalten, sich unter Aufsicht frei in der Wohnung zu bewegen. Dann können sie in ihrem eigenen Tempo ihre Umgebung erforschen und sich Lernimpulse holen, und ein Weinen aus Langeweile wird wahrscheinlich nicht mehr vorkommen. Kann Ihr Kind sich noch nicht selbstständig fortbewegen, kann es nötig sein, dass Sie eine angemessen reizvolle Umgebung herstellen. Sie darf nicht zu laut, zu bunt, zu intensiv sein, sollte aber Elemente enthalten, die Ihr Kind erforschen kann. Am einfachsten ist es, mit dem Kind auf dem Arm durch die Wohnung zu gehen und ihm Dinge zu zeigen, Sie können aber auch Kniereiterspiele mit ihm spielen oder ihm Alltagsgegenstände in die Hand drücken. Ein sauberer Honiglöffel aus Holz beispielsweise kann wunderbar mit dem Mund untersucht werden. Viele Eltern füllen Reis, Nudeln oder Linsen in leere Flaschen mit Deckel und bieten diese ihrem

Kind zum Rasseln an. Mein Sohn Josua war sehr fasziniert von einem Camping-Metallteller, den er immer wieder leise scheppern und drehen ließ. Im Kapitel »Spielen, Motorik und kognitive Entwicklung« gehen wir näher auf altersentsprechendes Spielzeug ein. Wenn Sie Ihr Kind nicht durch die Wohnung robben lassen wollen und auch keine Zeit für Spiele haben, nehmen Sie es gern auch in der Wohnung in die Trage vor Ihren Bauch oder auf Ihren Rücken, und lassen Sie es so an Ihren Tätigkeiten teilhaben. Bei besonders anregungshungrigen Kindern halten wir es sogar für vertretbar, das Baby in der Wohnung (und bitte nur dort!) in eine nach vorn gerichtete Trage zu setzen, wenn diese für die Hüftentwicklung geeignet ist. So kann Ihr Kind genau beobachten, was Sie tun. Achten Sie aber besonders gut auf Erregungssignale, um Ihr Kind nicht mit der Flut an neuen Informationen zu überfordern. Sonst weint es am Ende nicht wegen Langeweile, sondern wegen Überreizung.

Weinen aus Frustration

Weinen aus Frustration passiert entweder, wenn ein Kind etwas nicht schafft, etwas nicht darf oder wenn etwas passiert, was es nicht wollte.

Manchmal schaffen Babys bestimmte Herausforderungen nicht, weil diese knapp über ihrer motorischen oder kognitiven Kompetenz liegen. Liegt das Baby beispielsweise auf dem Bauch und möchte ein Spielzeug erreichen, das sich weiter weg als eine Armlänge befindet, versucht es zunächst, sich so lange zu strecken oder mit den Füßen abzustoßen, bis es sich zum Spielzeug hingewurschtelt hat. Manchmal klappt das aber noch nicht: Die Muskeln sind nicht entwickelt genug, der Kopf ist nach einer Weile zu schwer, und überhaupt wirkt die Schwerkraft ganz schön heftig … und das Baby erreicht sein Ziel nicht. Oder das Baby hat es geschafft, sich vom Bauch auf den Rücken zu drehen, und will sich nun wieder zurückdrehen, weiß aber nicht, wie. Dann fängt es an, zu ningeln und zu nörgeln und nach einer Weile auch zu weinen.

Mit etwa zwölf Monaten kommt eine Phase, in der kleinere »Schicksalsschläge«, wie das Zerbrechen einer Banane oder eines Kekses beim Auspacken, unsere Kinder unheimlich aus der Bahn werfen, weil diese von dem inneren Plan abweichen, den sie im Kopf hatten. Dieses spontane Abweichen von einem einmal gefassten Plan ist eine kognitive Leistung, die erst nach und nach und mit viel Mühe erlernt wird. Die meisten Kinder sind etwa vier Jahre, wenn sie diesen Meilenstein erreichen, doch es gibt zum Beispiel auch noch Erwachsene, die ausrasten, wenn etwas nicht nach ihrem inneren Plan läuft. Die Kleinen werden wütend und weinen aus Frustration, weil sie gern eine *ganze* Banane oder einen *ganzen* Keks essen wollten und (noch) nicht verstehen, dass nicht alle Dinge, die kaputtgehen, auch wieder ganz gemacht werden können. Auch Luftballons, die zerplatzen oder wegfliegen, gehören in diese Kategorie von Schicksalsschlägen, und solche Situationen enden ebenfalls oft in Weinen aus Frustration.

Zu guter Letzt gibt es auch noch das Weinen aus Frustration, weil das Kind etwas Bestimmtes *nicht darf* – dieses Schreien bringt uns schon in Richtung Autonomiephase.

Möglicherweise übersehene Nahsignale

Die Nahsignale ergeben sich aus der Gesamtsituation. Liegt Ihr Baby auf dem Bauch und rackert sich wahnsinnig ab, kommt aber nicht vorwärts, wird es je nach Temperament früher oder später vor Frust aufweinen. Fliegt sein schöner Luftballon davon, weint es. Sagen wir Nein zum dritten Eis des Tages, weint es. Spannenderweise ist es beim Weinen aus Frust wichtig, manchmal nicht sofort auf die Nahsignale einzugehen, weil eine gewisse Portion davon richtig und wichtig ist, um sich weiterentwickeln zu können. Wir erklären das gleich genauer.

Mögliche Reaktionsweisen bei Weinen aus Frustration

Jedes Kind kommt mit einem angeborenen Drang, sich weiterzuentwickeln und zu lernen, auf die Welt. Unser Gehirn hat ein fantastisches Programm zur Eigenmotivation, welches uns Menschen dann besonders glücklich sein lässt, wenn wir *eigenständig* etwas Neues geschafft oder gelernt haben. Dann wird ein Hormonfeuerwerk freigesetzt, das uns in einen kurzen Rausch versetzt (ähnlich wie bei Drogen) und eine Welle von wohliger Entspanntheit durch den Körper strömen lässt. Dieser Zustand ist für uns Menschen so angenehm, dass wir gern mehr davon haben möchten: Deshalb streben wir danach, Neues zu lernen und Dinge zu meistern, und wir nehmen dafür gern eine gewisse Anstrengung und körperliches Unwohlsein in Kauf. Oft merken wir dabei nicht einmal, wie anstrengend es für uns ist! Man nennt es innere Motivation. Allerdings: Dieses Hormonfeuerwerk wird vornehmlich dann ausgeschüttet, wenn der Mensch etwas ohne Hilfe bewerkstelligt hat. Babys, die sich von selbst in den Sitz drücken oder sich nach vorn schieben und robben, erleben dieses Hochgefühl und sind motiviert, trotz Anstrengung weiter zu üben. Ihr Gehirn hat gelernt, dass sich die Anstrengung am Ende lohnt, dass es also gut war durchzuhalten. Sie nehmen diese Erfahrung mit in ihr späteres Leben und werden mit hoher Wahrscheinlichkeit eher an Herausforderungen mit positiven Emotionen herangehen als Babys, die diese Erfahrung der Selbstwirksamkeit nicht machen konnten, weil die Eltern aus Mitleid alle Frustrationen aus dem Weg geräumt haben. Dementsprechend ist es wichtig, Quengeln aus Frustration als Eltern erst einmal auszuhalten. Diese Mini-Frustrationen sind

wichtig! Ein Kind, dem von den Eltern im frühen Alter abtrainiert wurde, Dinge selbst zu probieren, auch bei Rückschlägen dranzubleiben, gewissen Frust auszuhalten und als Sprungbrett für Ehrgeiz zu nehmen, könnte auch im Kindergarten oder in der Schule vor neuen Herausforderungen zurückschrecken beziehungsweise allzu leicht aufgeben. Selbstbewusstsein baut sich unter anderem aus vielen kleinen selbst gemeisterten Mini-Frustrationen auf. Lassen wir unsere Kinder also ruhig ein wenig quengeln. Sobald sie richtig weinen, nehmen wir sie aber aus der Situation, nehmen sie auf den Arm, reden liebevoll mit ihnen und trösten sie.

Auch bei einem zerbrochenen Keks, einer zerquetschten Banane oder ähnlichen kleinen Schicksalsschlägen ist es ungünstig, aus Mitleid den Frust vom Kind fernzuhalten. Es ist ungünstig, eine neue Banane anzubieten oder einen neuen Luftballon zu kaufen. Damit erklärt man nämlich dem Teil des kindlichen Gehirns, der dafür verantwortlich ist, dass man unvorhergesehene Vorkommnisse, die Wut und Trauer verursachen, nicht aushalten muss, sondern dass es besser ist, sich davon abzulenken. Das schwächt jedoch die Resilienz der Kinder! Besser ist es, die Kinder in diesem Moment in ihrer Trauer zu begleiten. Da zu sein für ihre Tränen und ihnen eine Schulter zum Ausweinen anzubieten. Denn neben der Wut über das Unabänderliche ist es vor allem Trauer, die da zutage kommt. Trauer um den schönen ganzen Keks oder den schönen verlorenen Luftballon. Lernen Kinder mit unserer Hilfe, diese Trauer und den dazugehörigen Schmerz auszuhalten, ist ihr Gehirn besser auf andere Schicksalsschläge vorbereitet und kann diese besser aushalten und überwinden.

Das Gleiche gilt für Frust wegen etwas, was wir den Kindern nicht erlaubt haben: Wir bleiben bei unserem Nein, trösten aber gleichzeitig unsere Kinder. Wir können ihre Trauer und ihre Verzweiflung darüber, etwas Bestimmtes nicht zu dürfen, ja durchaus verstehen! Deshalb dürfen und sollten wir sie in diesem Moment trösten. Wichtig ist jedoch, sich ein Nein, eine Grenze vorher gut zu überlegen und, wenn diese gerechtfertigt ist, bei diesem Nein dann auch zu bleiben.

Weinen aus Angst

Weinen aus Angst kann ein Teil der Fremdelphase sein, durch ein plötzliches Geräusch wie einen Knall ausgelöst werden, archaisch in unserem Gehirn verankert sein, wie beispielsweise die Angst vor Hunden, oder als Teil des Bindungsgeschehens auftreten, zum Beispiel wenn Eltern das Kind bei einer anderen Bindungsperson lassen wollen.

Fremdeln: In den ersten Lebensmonaten sind Babys relativ flexibel, wenn es darum geht, in wessen Armen sie liegen. Sie lassen sich von fast allen Personen füttern, wickeln und trösten. Erst im Alter von etwa vier bis fünf Monaten beginnen die Kinder, unruhig zu werden, wenn fremde Menschen sie in den Arm nehmen. Das Baby hat gelernt, zwischen »vertraut« und »fremd« zu unterscheiden – ein wichtiger Entwicklungsschritt! Ab etwa sechs Monaten reicht oft schon ein intensiverer Blick fremder Menschen aus, dass Babys ängstlich Schutz bei den vertrauten Eltern suchen. Der Höhepunkt des Fremdelns ist im achten Monat (weswegen es auch als »Achtmonatsangst« bezeichnet wird) – ganz sensible Babys lassen sich nunmehr ausschließlich von Mama oder Papa betreuen und brechen zum Teil regelrecht in Panik aus, wenn andere Personen mit ihnen in Kontakt treten. Zeitlich fällt die Fremdelphase meist ungefähr mit dem Zeitpunkt der ersten motorischen Fortbewegungsversuche zusammen, also wenn die Kinder sich aus dem Sicherheitskreis ihrer Eltern kurzzeitig wegbewegen. Untersuchungen haben gezeigt, dass Männer am heftigsten angefremdelt werden (bärtige Männer stärker als rasierte), Frauen lösen weniger heftige Reaktionen aus, und gegenüber Kindern bleiben die meisten Babys gelassen. Es wird daher vermutet, dass Fremdeln auch eine evolutionäre Schutzreaktion vor dem Infantizid, also der Tötung von Kindern, ist. Dieser ist bei den meisten Primaten weit verbreitet – kommen neue männliche Tiere ins Rudel, ist es nicht selten so, dass bis zu 40 Prozent der noch gesäugten Nachkommen getötet werden, um in Hinblick auf knappe Ressourcen die Überlebenschancen des eigenen Nachwuchses zu erhöhen.

Archaische Ängste: Mit etwa acht Monaten setzt der Explorationsdrang ein, das Kind will die Umwelt erforschen, den Raum erkunden und muss sich dafür naturgemäß weiter von den Eltern wegbewegen als je zuvor. Dadurch begibt es sich jedoch in Gefahr, es muss also über Schutzmechanismen verfügen, die es davor bewahren, sich ernsthaft zu verletzen. Wir Menschen verfügen daher über eine Reihe von natürlichen Ängsten: etwa die vor Hunden (also wilden Tieren, die uns fressen könnten), vor Feuer, Dunkelheit und Abgründen. Wie Sie vielleicht erkennen, sind diese Ängste archaisch. Leider sind im kindlichen Gehirn keine Ängste vor Autos, Herdplatten oder Steckdosen einprogrammiert. Sie werden dementsprechend nicht spontan als Gefahr erkannt. So kann es kommen, dass ein Kind aus Angst vor einem harmlosen Hund auf eine viel befahrene Straße rennt. Dementsprechend müssen wir unseren Kindern viele echte Gefahren der heutigen Gesellschaft erst erklären.

Erschrecken: Unerwartete Dinge wie ein lauter Knall, ein Hund, der plötzlich um die Ecke gesprintet kommt, oder eine plötzliche Berührung werden im menschlichen Gehirn vom Thalamus und Hypothalamus in Angst übersetzt und an die Hirnanhangsdrüse weitergegeben. Diese aktiviert die Nebennierenrinde, die das Stresshormon Adrenalin ausschüttet. Das Adrenalin bewirkt, dass unsere Atemfrequenz sich erhöht, unser Herz schneller schlägt, die Pupillen sich erweitern, damit wir besser sehen können, unsere

Aufmerksamkeit erhöht ist, mehr Zucker in die Blutbahn gepumpt wird und noch einiges mehr. Auch das Zusammenzucken gehört zu diesen Reaktionen: Dabei werden schlagartig alle Muskelgruppen angespannt und Botenstoffe im Nervensystem ausgeschüttet. Diese bewirken, dass mehr Blut zu den Muskelgruppen gepumpt wird. Unser Gehirn versetzt uns also in den Kampf- oder Fluchtmodus. Unser Körper wäre jetzt bereit, vor einer etwaigen Gefahr wegzurennen oder den Kampf mit einem Ungeheuer aufzunehmen. Können wir das nicht, müssen wir die entstandenen Stresshormone ausweinen, um uns selbst wieder in einen ruhigeren Zustand zu versetzen. Das machen selbst wir Erwachsenen noch – werden wir beispielsweise von unserem Chef laut angeschnauzt, kann es sein, dass wir kurz danach in unserem Büro in Tränen ausbrechen.

Verlassenwerden: Zu guter Letzt schreien Kinder auch aus Angst, wenn ihre Bindungspersonen weggehen. Das noch urzeitlich geprägte Gehirn unserer Kinder schätzt es einfach für gefährlich ein, von den nahen Bindungspersonen verlassen zu werden. Für diejenigen, die unsere vor Angst weinenden Kinder dann beruhigen müssen, ist das natürlich eine extrem unschöne Situation. Oft kommen Eltern deshalb auf die Idee, sich »wegzuschleichen«, um den Kindern vermeintlich den Abschiedsschmerz zu erleichtern und den verbleibenden Erwachsenen die Aufgabe, auf sie aufzupassen, zu erleichtern. Das ist keine gute Idee, wir erklären gleich, warum.

Möglicherweise übersehene Nahsignale

Nahsignale beim Fremdeln können sehr subtil sein. Die Muskeln der Kinder spannen sich etwas an, manche Kinder »erstarren« regelrecht und bewegen sich keinen Millimeter, wenn ihnen ein ungewohnter Mensch zu nah kommt. Besser zu erkennen ist das Hinwenden zu den Eltern, das schnelle Zu-den-Eltern-Krabbeln, das Ärmchenheben, um auf den Schoß genommen zu werden, das Vergraben des kleinen Gesichtes in der Brust der Eltern.

Haben Kinder Angst vor Tieren oder anderen »alten« Gefahren, merkt man ihnen das meist schnell an, sodass fast alle Eltern diese Nahsignale entschlüsseln können. Die Kinder verkrampfen, bleiben plötzlich stehen, atmen viel flacher, um nicht bemerkt zu werden, haben einen schnelleren Herzschlag und schwitzige Hände, oder sie wenden sich sofort ihren Bindungspersonen zu, um auf den Arm genommen zu werden.

Es gibt Kinder, die nicht weinen, wenn sie bemerken, dass sich ihre Bindungspersonen davongeschlichen haben. Ihnen sieht man ihre Angst oft auch nur an, wenn man sehr genau hinschaut: Sie spielen weniger frei und ungezwungen und scheinen sich in einer Art Stand-by-Modus zu befinden, bis die Eltern wieder auftauchen. Auch sind sie in der nächsten Zeit, wenn die Eltern wieder da sind, sehr anhänglich. Sie klammern sich förmlich an die Eltern und weinen schon los, wenn diese nur mal auf die Toilette wollen.

Bei Angst aus unerwarteten Schreckmomenten gibt es natürlich keine Nahsignale, da alles so schnell geht, dass die Kinder fast augenblicklich zu weinen beginnen. Allerdings schreien Kinder immer erst nach einer sogenannten Schrecksekunde. Als Faustregel gilt: Je länger die Pause vor dem Schrei dauert, desto stärker war der Schreckimpuls.

Mögliche Reaktionen auf Weinen aus Angst

Weinen unsere Kinder aus Angst, ist die Reaktion ganz einfach: Wir nehmen sie zu uns in den Arm und bekuscheln sie, bis die Angst verflogen ist. Wir sind ihr sicherer Hafen. Wenn nötig, beschützen wir ihre körperlichen Grenzen.

Keinesfalls sollte man als Konfrontationstherapie aus der Motivation heraus, »dem Kind zu zeigen, dass nichts Schlimmes passiert«, das Baby einfach anderen Menschen in den Arm drücken oder zu einem Hund tragen. Es ist wichtig, Angstreaktionen als körperliches Nein unseres Kindes zu verstehen und danach zu handeln. Wenn möglich, sollte auch darauf verzichtet werden, dass derjenige, der angefremdelt wurde, immer wieder Kontakt suchend auf das Baby zugeht. Das Baby wird, wenn es bereit ist, selbst die Initiative ergreifen. Ihr Baby darf auf Ihrem Schoß die Zeit bekommen, sich an die fremde Person zu gewöhnen. Oft reicht eine kurze Phase des Beschnupperns aus, damit es Vertrauen fasst und im Laufe des Tages doch noch glücklich glucksend auf dem Schoß der Oma oder des Onkels sitzt. Setzen Sie, wenn nötig, für Ihr Kind die Grenze den anderen gegenüber. In jedem Fall sollte dem angefremdelten Erwachsenen erklärt werden, dass das Baby gerade eine normale, altersgerechte zurückhaltende Phase hat, und darum gebeten werden, darauf Rücksicht zu nehmen. Man kann deutlich sagen, dass das Fremdeln keine Ablehnung ist, sondern eine nicht auf die Person, sondern die Situation bezogene Angstreaktion. Schon in dieser frühen Lebensphase ist das grundsätzliche Respektieren der körperlichen Grenzen sinnvoll – schließlich möchte man den Grundstein für ein gesundes Selbstbewusstsein legen und die Fähigkeit fördern, dass Kinder in der Lage sind, andere zur Einhaltung ihrer körperlichen Grenzen aufzufordern.

Die Sicherheitssignal-Hypothese macht eindeutige Aussagen in Bezug auf das Wegschleichen von Bindungspersonen, um das Weinen von kleinen Kindern zu umgehen: Bitte nicht! Die plötzliche Abwesenheit der geliebten Eltern ist eine Art Schock für das Kind. Es sieht von seinem schönen Spiel auf und stellt mit Schrecken fest, dass seine Bindungspersonen wie vom Erdboden verschluckt sind. Das ist nicht nur unheimlich, sondern wirkt sich verheerend auf das zukünftige Sicherheitsgefühl des Kindes aus. Es lernt nämlich daraus, dass es scheinbar *immer und jederzeit* möglich ist, dass die Eltern (und damit sein sicherer Hafen) verschwinden. Damit bleibt seine eigene Sicherheit unvorhersehbar, so, wie das Verschwinden der Eltern unvorhersehbar ist. Das Kind lebt in chronischer Furcht, dass »es« wieder passieren könnte, und tut sein Bestmögliches, das zu verhindern. Es klammert, bleibt immer in der Nähe der Eltern und schreit, wenn es sicher gebunden ist, laut los, sobald es das Gefühl hat, die Eltern gehen weg. Führt man jedoch ein eindeutiges Warnsignal wie zum Beispiel eine Verabschiedung ein, dann protestiert das Kind zwar in diesem Moment gegen den Weggang der Eltern, es kann aber bei Abwesenheit dieses Warnsignales entspannen. Solange seine Eltern nicht »Tschüss« sagen, weiß es, dass sie es nicht alleinlassen werden.[19] Die allgemeine innere Anspannung und Furcht lösen sich auf, weil der Weggang der Eltern nicht mehr unberechenbar ist. Es kann also, solange seine Eltern nicht »Tschüss« sagen, fröhlich spielen und entdecken, weil sein Gehirn entspannt genug ist. Natürlich weint das Kind, wenn seine Bindungspersonen sich verabschieden und gehen – aber um es zu trösten, ist ja dann mindestens eine sekundäre Bindungsperson anwesend. Die kriegt das hin! Insgesamt gibt es im Leben von Kindern viele Situationen, in denen sie kurz Angst haben oder ihnen kurzzeitig wehgetan wird, beispielsweise wenn sie geimpft werden, beim Zahnarzt gebohrt werden muss oder die Eltern auf Dienstreise fahren. Viele dieser Dinge sind unumgänglich. Erfolgen sie nun auch noch unangekündigt und heimlich, um den Protest und das Weinen des Kindes zu umgehen, kann es sein, dass die Kinder übermäßige innere Ängste entwickeln, weil sie nicht wissen, wann sie sicher sind.

Werden diese Ereignisse jedoch von den Erwachsenen angekündigt (»Die Spritze tut kurz weh. Danach ist es gleich besser«), müssen sie zwar ihre Angst in diesem Moment aushalten und überwinden, sie werden aber lernen, dass sie sicher sind, wenn die Mutter sagt »Das tut nicht weh« oder »Das wird nicht so schlimm«. Ja, die Ankündigung »Das tut jetzt gleich weh« macht die Sache in dem Moment eher schwieriger, zugegeben. Aber das Sicherheitsgefühl, das sich wegen der Ankündigung im Gehirn der Kinder verankert, ist langfristig gesehen viel wichtiger als die Vermeidung des akuten Konfliktes.

Weinen aus Einsamkeit

Selbstverständlich weinen Babys auch aus Einsamkeit beziehungsweise entweder aus Bindungsverlangen oder aus fehlender Verbundenheit. Das menschliche Bindungsverlangen haben wir ja schon im Kapitel »Bindung« ausführlich erklärt. Unser Kind ist mit uns verbunden. Sind wir nicht in seiner Nähe, dann wird irgendwann sein Bindungssystem aktiviert, und es weint, um uns zu sich zu rufen. Wenn es sich schon selbst fortbewegen kann, geht es auf die Suche nach uns. Das erklärt übrigens auch, warum kleine Kinder abends aus ihrem Zimmer kommen, obwohl sie eigentlich schlafen sollten. Ihr Bindungsbedürfnis ist aktiviert, sie sind gestresst und brauchen Entspannung durch Körperkontakt.

Weinen aus Einsamkeit wegen fehlender Verbundenheit ist ein etwas schwierigeres Thema. Manchmal sind wir Erwachsenen zu stark mit unseren eigenen Problemen beschäftigt. Eine Depression kann der Grund sein, ein unverarbeiteter Verlust, wie der Tod von Partner*in oder Kind, aber auch Probleme in der Partnerschaft, Probleme mit Kolleg*innen, Geldprobleme etc. Dann können wir uns nicht ausreichend gut auf unser Kind und dessen Bedürfnisse einlassen. Babys können verflixt gut erspüren, ob die Erwachsenen in ihrem Umfeld emotional verfügbar und sicher sind. Ist das nicht der Fall, weinen sie häufig anhaltend. Ihr autonomes Nervensystem ist auf die Stufe »Existenzbedrohung« gesprungen, schließlich ist ihre physische und psychische Versorgung gefährdet.[20] Wir gehen darauf noch einmal ausführlicher im Unterpunkt »Schreibabys« ein. Es gibt aber auch die gegenteilige Reaktion: Diese Kinder werden dann besonders leise, »brav« und machen sich nur selten bemerkbar, um die gestressten Erwachsenen nicht noch zusätzlich zu belasten.[21]

Möglicherweise übersehene Nahsignale

Die Nahsignale für den Wunsch nach Zweisamkeit sind: Die Augen des Kindes suchen Blickkontakt mit den Bindungspersonen, sein Mund ist leicht geöffnet, die Mundwinkel sind nach oben gezogen – es lächelt uns an. Seine Pupillen sind geweitet, seine Augenbrauen angehoben. Alles an seiner Mimik und Gestik wirkt einladend und offen und löst in Erwachsenen den Wunsch aus, es hochzunehmen und mit ihm zu schäkern.

Die Nahsignale für fehlende Verbundenheit sind zunächst denen des Wunsches nach Zweisamkeit ähnlich. Das Kind lädt den Erwachsenen ein, mit ihm in Kontakt zu treten und seine Sorgen zu vergessen. Klappt das nicht im erwünschten Maße, kann es sein, dass es überproportional viel und laut jammert oder passiv und apathisch in seinem Bettchen abwartet und viel schläft. Es macht sich nicht mehr ausreichend bemerkbar, zieht sich emotional in sich selbst zurück und schaut nur noch kurz in Gesichter oder auf Spielzeuge. Nicht verwechselt werden darf dieses Verhalten mit dem von zurückhaltenden oder ausgeglichenen Babys, welche ebenfalls leise und entspannt in ihrer Wiege liegen, aber freudig Kontakt aufnehmen, sobald ein Gesicht über ihnen auftaucht.

Mögliche Reaktionen auf Weinen aus Einsamkeit

Gehen Sie zu Ihrem Kind, nehmen Sie es hoch, beschäftigen Sie sich und spielen Sie mit ihm. Sollten Sie spüren, dass Ihnen das nicht so einfach möglich ist, weil Sie eine innere Sperre verspüren, Wut auf Ihr Baby oder andere Gefühle haben, die es Ihnen im Moment unmöglich machen, sich auf Ihr Kind gut einzulassen, sprechen Sie mit Ihrer Hebamme oder Ihrer Hausärztin. Es sollte abgeklärt werden, ob Sie möglicherweise in eine postpartale Depression gerutscht sind. Das passiert gar nicht so selten, lässt sich aber gut beheben. Zu Ihrer Unterstützung können Sie »Frühe Hilfen« beim Jugendamt beantragen oder bei Wellcome eine ehrenamtliche Hilfsperson finden. Ebenfalls hilfreich kann eine Begleitung im ersten Jahr durch einen SAFE-Kurs sein oder die Verbesserung der Eltern-Kind-Bindung mithilfe der Programme »Kreis der Sicherheit« oder »Marte Meo«. Lesen Sie gern auch den Abschnitt »Ich würde dich so gern lieben« über postpartale Depression in diesem Buch.

Beim Lesen dieses Kapitels ist Ihnen sicherlich aufgefallen, dass die Nahsignale, die Kinder zeigen, nicht wirklich klar abgegrenzt nur zu einem einzigen emotionalen Zustand gehören. Ein zum O geöffneter Mund kann beispielsweise einerseits auf Erstaunen und Neugierde hinweisen, andererseits auch auf Stuhldrang. Es ist unmöglich, die Nahsignale eines Babys wie einen Computer-Code zu lesen und zu beantworten. /If(Baby.isFussy() parents.giveBottleTo(baby)();}/ mag für JAVA stimmen, für BABY leider nur bedingt. Sie als Eltern müssen die Nah- und Fernsignale Ihres Kindes daher immer in einen sinnvollen Zusammenhang bringen. Kein Ratschlag aus einem Buch kann so gut sein wie Ihre eigenen Beobachtungen und Erfahrungen mit Ihrem Baby. Nehmen Sie sich Zeit, es mit all seinen individuellen Eigenheiten kennenzulernen. Mit der Zeit wird es Ihnen immer leichter fallen zu erkennen, was Ihr Baby Ihnen sagen möchte.

Abendliches Schreien

In den ersten zwei Lebenswochen schreien Neugeborene zunächst vergleichsweise wenig, da sie die meiste Zeit schlafen. Ich weiß noch, dass ich in diesen ersten Wochen einen Anruf meines Bruders erhielt, der fragte, wie es mit seiner winzigen Nichte Carlotta so liefe. »Total easy!«, antwortete ich selbstbewusst. »Im Prinzip muss man sie nur stillen, und dann schläft sie sofort wieder ein.« Ich dachte natürlich, das läge an mir. Ich hatte es einfach drauf mit dem Babyberuhigen! *Hust* Dieses Selbstbewusstsein wurde mir bald genommen. Denn zwischen der zweiten und sechsten Lebenswoche beginnen Babys in der Regel, in den Abendstunden zunehmend unruhiger zu werden. Sie schreien und weinen und scheinen von Blähungen und Bauchschmerzen geplagt zu werden, da sie sich beim Weinen zusammenkrümmen und die Bauchdecke stark angespannt ist. Die Schreidauer nimmt bei fast allen Kindern bis zur sechsten Lebenswoche stetig zu, so auch bei meinem gewünschtesten Wunschkind. Bis zu drei Stunden pro Tag schreien Babys im Durchschnitt, den Großteil davon ab etwa 17 Uhr. Das ist für uns Eltern extrem aufreibend. Weil scheinbar nichts dagegen hilft, kann einen dieses Weinen schnell an den Rand der Verzweiflung bringen. Ich habe damals mit meiner Tochter mitgeweint, ich war erschöpft und verzweifelt, ich bin sauer auf sie geworden, ich habe wieder geweint, hatte Schweißausbrüche und habe immer verzweifelter versucht, Lösungen für mein Baby zu finden. Denn irgendwas musste sie doch haben? Sie weinte und weinte, und alle meine Versuche, sie zu trösten und zu beruhigen, scheiterten. Es ging so weit, dass wir Eltern uns vor den frühen Abendstunden zu fürchten begannen. Wir wussten nicht, ob unsere Nervenkostüme das durchstehen würden.

So geht es vielen jungen Eltern. Die meisten Schütteltraumata und -tode von Säuglingen geschehen, weil die Eltern das abendliche ununterbrochene, scheinbar grundlose Schreien ihres Babys nicht mehr aushalten können. Die Wut, die Eltern in diesen Momenten überkommt, hat eine ungeheure Wucht und ist meist durch die eigenen Kindheitserfahrungen ausgelöst. Sie schütteln das schreiende Baby nicht, weil sie ihm wehtun möchten, sondern weil sie wollen, dass es endlich aufhört mit dem Weinen. Sollten Sie diese hochkochende plötzliche Wut auch verspüren, legen Sie Ihr Baby sofort auf den Boden, und verlassen Sie den Raum. Wenn es eine andere Person gibt, die die Situation übernehmen kann, wechseln Sie sich mit dieser ab. Klingeln Sie bei einem Nachbarn oder einer Nachbarin, damit diese nach dem Baby sehen können. Atmen Sie tief durch, setzen Sie sich Noisecancelling-Kopfhörer auf. Wenn es ganz schlimm ist, gehen Sie raus, nehmen Sie sich irgendetwas, was Sie zerstören können, ohne Unheil anzurichten. Bauen Sie die angestaute Wut sicher ab, beruhigen Sie sich, bevor Sie zurückgehen. Ihr Baby kann für Ihre Gefühle nichts. Es ist höchstens der Auslöser, aber niemals der Grund. Der Grund für diese Ohnmachtsgefühle liegt oftmals in unserer eigenen Kindheit verborgen, und es lohnt sich, mit professioneller Hilfe einmal einen Blick darauf zu werfen, wenn es zeitlich besser passt. Denken Sie daran: Jede und jeder kann von dieser speziellen Wut übermannt werden, wenn das eigene Baby so untröstlich weint. Das macht Sie nicht zu einem schlechten Menschen. Es ist jedoch wichtig, die eigenen Impulse rechtzeitig zu erkennen und Sicherheitsstrategien zu entwickeln. Seien Sie nicht mutlos: Diese intensive Schreizeit dauert nicht ewig, schon bald haben Sie sie als Familie durchgestanden. Auch wenn es viele Eltern zunächst nicht bemerken, wird ab der siebten Lebenswoche die Schreidauer langsam wieder weniger. Nach 12 bis 14 Lebenswochen ist die Phase bei den meisten Kindern vorbei. Hurra!

Warum schreit mein Baby zwischen 17 und 22 Uhr?

2009 veröffentlichte Entwicklungspädiater Dr. Oskar Jenni von der Universitätsklinik Zürich einen Artikel in der Monatszeitschrift *Kinderheilkunde*, in dem er das abendliche Schreien mit der noch unausgereiften Schlaf-Wach-Regulation von Neugeborenen in Verbindung brachte.[22] Nach Jenni kann der abendliche Schreihöhepunkt mit dem zirkadianen Rhythmus, also unserem inneren 24-Stunden-Rhythmus, erklärt werden, der am frühen Abend eine besondere Wachheit und Offenheit für Reize vorsieht (»forbidden zone for sleep«). Unsere Kinder sind in dieser Zeit motorisch aktiver, ihre Herzschlagrate ist im Vergleich zum Morgen deutlich erhöht, sie sind wach und aufmerksam und fordern Unterhaltung von uns ein. Leider führt dieser intensive Wachzustand (»hyperalertness«) zur Überforderung des kindlichen Gehirns. Zu viele visuelle und auditive Reize werden aufgenommen und können nicht schnell genug verarbeitet werden. Auf diese Überforderung reagieren unsere Babys mit Schreien.

Erst mit dem Einsetzen der Schlafhomöostase (dem Schlafdruck) etwa im Alter von 8 Wochen gibt es im kindlichen Gehirn einen Gegenspieler zur zirkadianen »verbotenen Zone des Schlafs« am frühen Abend: Unsere Babys werden etwa ab dem zweiten Lebensmonat abends müde, weil sie, wie wir Erwachsenen auch, einen inneren Schlafdruck aufbauen. Es ist nicht verwunderlich, dass ab diesem Zeitpunkt die abendliche Schreidauer wieder abnimmt. Es dauert aber noch ein paar Wochen, bis sich die innere Uhr und der Schlafdruck so weit aufeinander abgestimmt haben, dass die abendliche Reizüberflutung durch intensive Wachheit ganz aufhört. Da dieser Entwicklungsprozess natürlich individuell abläuft, kann sich der Zeitpunkt des Endes des Schreiens von Kind zu Kind unterscheiden. In etwa ist das bei einem Großteil aller Babys aber zum Ende des dritten Monats gegeben.[23]

Die häufigste Ursache für abendliches Schreien ist also eine Reizüberflutung durch die noch unausgereifte Schlaf-Wach-Regulation im kindlichen Gehirn. Da einem das eigene Baby nicht richtig erklären kann, was sein Problem ist, neigen frischgebackene Ersteltern oft dazu, die Schreiursache durch das Ausschlussverfahren zu ergründen. Es werden also Windeln gewechselt, das Kind wird bespaßt, getröstet, abgelenkt, umhergetragen, besungen, abgelegt, angelegt, gewippt, geschaukelt. Doch mit jeder neuen Aktion entstehen neue Reize, die es für das Baby noch schwerer machen, zur Ruhe zu finden, denn das Gehirn ist ja bereits überfordert.

Wie lässt sich mein Baby trösten?

Bei unserem ersten Baby fürchteten wir Eltern die Schreistunden am Abend. Wir wussten nicht, wie wir unserer Tochter helfen konnten, und probierten eine Möglichkeit nach der anderen, um sie zu beruhigen. Uns stresste ihr Weinen enorm. Am besten klappte es, wenn wir Carlotta im Arm hielten, durch die Wohnung tigerten und ihr stundenlang »Auf der Mauer, auf der Lauer« vorsangen. Nach drei Monaten war der Spuk vorbei, und wir dankten dem Universum auf Knien für die ruhigeren Abende. Bei unserer zweiten Tochter hatte ich gerade gelesen, dass Babys abends vom Tag erzählen und durch das Schreien ihren Stress abbauen. Dementsprechend fanden wir Eltern es wichtig, Helene die Gelegenheit zum Weinen zu geben. Wir hielten sie im Arm und hörten ihr zu.

Interessanterweise half uns das andere Framing, nicht von ihrem Weinen gestresst zu werden. Es war eher so, dass dieser Blickwechsel auf das »Gute« des Weinens uns half, unsere Empathie zu stärken. Plötzlich erkannten wir, wie laut, grell und duftintensiv die Großstadt, in der wir leben, ist. Kein Wunder, dass sie da abends weinen musste. Wir legten uns abwechselnd mit ihr im Arm ins abgedunkelte Schlafzimmer und flüsterten ihr zu, dass wir sie hören und gut verstehen konnten. Die abendlichen Schreistunden verloren ihren Schrecken. Sie waren immer noch intensiv, aber irgendwie auch befriedigend. Wir fühlten uns nützlich.

Vier Jahre später, beim dritten Kind, wusste ich endlich, dass es durch die intensive Wachheit am frühen Abend zu einer Reizüberflutung des Gehirns kommt. Also nahmen wir Josua gleich beim ersten leisen abendlichen Quäken kurz vor 17 Uhr ins Tragetuch, setzten uns auf- und abwippend auf den Pezziball vor die angeschaltete Dunstabzugshaube in der Küche, bis er schlief. Die Idee dazu hatten wir aus dem Buch *Das glücklichste Baby der Welt* von Dr. Harvey Karp. Er schreibt, dass es einen Beruhigungsreflex bei Kindern, die jünger als drei Monate sind, gibt. Diesen kann man mit fünf einfachen Handgriffen (die 5 S) auslösen, denn sie erinnern unsere Neugeborenen an die Zeit im Mutterleib:

1. **S**traffes Einwickeln (Pucken oder Tragetuch).
2. **S**eitenlage (auf Ihrem Arm).
3. **S**chuckeln (weiterhin auf dem Arm, darauf achten, das Köpfchen gut zu halten).
4. **S**augen (Nuckel, Finger etc.).
5. **S**hhhhh-Geräusch.

Ganz sklavisch hielten wir uns nicht an Karps Rat, denn die Seitenlage ließen wir weg. Bei uns wurde der Beruhigungsreflex durch die Enge im Tragetuch ausgelöst, das Wippen auf dem Ball und das

Rauschen durch die Dunstabzugshaube. Da Josua keinen Nuckel nahm, versuchten wir es mit unserem (sauberen) kleinen Finger als Nuckelersatz, aber wir stellten bald fest, dass er den auch nicht brauchte. Also 3 S statt 5 S. So umgingen wir die Schreistunde, da wir ihm aktiv in den Schlaf halfen, *bevor* er in der »forbidden zone for sleep« zu viele Reize aufnahm. Er schlief dann also einen sehr späten Nachmittagsschlaf, der uns Eltern erlaubte, das Abendbrot und die Zubettgehzeit mit seinen größeren Schwestern entspannter zu gestalten. Wir hatten aber auch Glück mit Josua, denn wenn er gegen 20 Uhr wieder aufwachte, war er nur für die nächsten zwei Stunden munter und schlief, ohne zu murren, um 22 Uhr mit uns Eltern zusammen wieder ein.

Es kann sein, dass diese Art des Umgehens der Schreistunde für Sie und Ihr Baby nicht gut funktioniert, weil es dann am Abend zu lange wach ist. Probieren Sie aus, was in Ihrer Familie am besten klappt. In einigen Familien kommt abends in der Schreistunde eine Federwiege zum Einsatz, in der das Baby geschaukelt wird, bis es ruhiger wird oder schläft. Bei anderen nimmt der Vater oder die Co-Mutter das schreiende Baby in die Trage und geht draußen spazieren, bis es sich beruhigt und einschläft. In manchen Familien wird musiziert, sobald das Baby abends weint, andere machen alles aus und legen sich mit dem Kind in ein abgedunkeltes Zimmer. Egal, was Sie tun, denken Sie daran, Ihr Kind nicht zu vielen neuen Reizen auszusetzen, weil die verschiedenen Bemühungen, es zu beruhigen, schnell zu noch stärkerer Überreizung führen. Am wichtigsten ist, Ihrem Baby Nähe zu geben beim abendlichen Schreien. Das ist der einzige Punkt, der bei allen Familien gleich sein sollte.

Schreibabys

Babys schreien, wenn wir ihre Nahsignale übersehen, das haben wir in den vorangegangenen Abschnitten ausführlich dargestellt. Doch wurde unter anderen in der Mannheimer Längsschnittuntersuchung aus dem Jahr 1992 festgestellt, dass ungefähr 10 bis 15 Prozent der untersuchten Neugeborenen auffällig viel und scheinbar ohne Grund schrien.[24] Sie waren »Schreibabys«. Schreibabys weinen häufig, schreien sehr laut und sind schlecht mit herkömmlichen Methoden zu beruhigen. Ein Baby wird als »Schreibaby« klassifiziert, wenn folgende Kriterien erfüllt sind (auch »Dreier-Regel« genannt):

- Es schreit mehr als 3 Wochen
- an mindestens 3 Tagen in der Woche
- mehr als 3 Stunden.[25]

Oft ist es so, dass ihre Signale der Befindlichkeit deutlich subtiler sind als bei anderen Babys. Die Übergänge zwischen Annäherungs-, Erregungs- und Unruhesignalen sind kurz, der Wechsel zwischen »Ich fühle mich gut« und »Ich bin überfordert und muss weinen« passiert extrem schnell und scheinbar ohne Vorankündigung. Eltern von Schreibabys berichten, dass diese »urplötzlich« und sofort in voller Lautstärke losbrüllen.[26] Daher ist ein weiteres wichtiges Kriterium, wann ein Kind ein »Schreibaby« ist, auch der Erschöpfungszustand der Eltern. Denn selbst wenn das Kind weniger als nach der Dreier-Regel schreit, kann Hilfe und Unterstützung notwendig sein, wenn Eltern am Ende ihrer Kräfte sind!

Eine anonyme Leserin unseres Blogs erzählt aus der Anfangszeit mit ihrer Tochter:

Ich stellte mir vor, wie es wäre, wenn sie nicht geboren worden wäre. Stellenweise hätte ich alles gerne wieder rückgängig gemacht. Ich wollte nicht Mutter sein, zumindest nicht für dieses Baby. Ich konnte die Anfangszeit nicht genießen und auch keine richtige Beziehung aufbauen. Ich fühlte mich machtlos und überfordert, und manchmal hätte ich sie am liebsten gegen die Wand geworfen. Wenn ich jemandem erzählte, dass sie viel schreit, kam jedes Mal der Satz »Babys schreien eben«. Niemand verstand, was mein Problem war, ist doch alles normal. Ich fragte mich ernsthaft, wie oft ich »Ich kann nicht mehr!« sagen müsse, bis mir jemand mal wirklich echt zuhört. Wenn ich heute an damals zurückdenke, dann waren meine Tochter und ich damals ernsthaft in Gefahr. Ich bin froh, dass ich uns nichts angetan habe. Meine Bitte an alle da draußen ist: Wenn euch Eltern sagen, ihr Baby schreit viel, dann nehmt ihnen das Kind für eine Stunde ab. Eine Stunde Gebrüll aushalten schafft ihr – und für eure Freunde kann das im wahrsten Sinne lebensrettend sein.

Babys schreien. Das stimmt. Doch Babys beruhigen sich eben auch relativ schnell, wenn die Eltern erkannt haben, welches Bedürfnis gerade nicht befriedigt ist. Beim exzessiven Schreien ist das oft nicht der Fall. Einmal angefangen, brüllen die Babys stundenlang durch, bis sie schließlich völlig erschöpft und durchgeschwitzt einschlafen. Es ist nicht ganz leicht zu eruieren, warum manche

Kinder Schreibabys werden, doch einige valide Vermutungen sind bereits aufgestellt worden.

Gründe für exzessives Schreien

Körperliche Ursachen

Derksen und Lohmann geben an, dass etwa 5 Prozent der Schreibabys körperliche Beschwerden oder Krankheiten haben.[27] Das ist relativ wenig, aber vielleicht gehört Ihr Kind dazu. Es ist nicht verkehrt, das abklären zu lassen. Abgesehen von Harnwegsentzündungen, Bauchschmerzen und Mittelohrentzündungen, die wir oben schon genannt haben, könnten es folgende körperlichen Ursachen sein:

Milcheiweiß-Unverträglichkeit: Bei einer Milcheiweißallergie reagiert der Körper auf die Proteine der Kuhmilch in Säuglingsnahrung. Man erkennt eine Unverträglichkeit nicht so einfach, da die Symptome vielfältig sein können. Meist treten dabei Erbrechen und Durchfälle auf. Häufig kommt es zu einer mangelnden Gewichtszunahme. Es können Hautausschläge wie Ekzeme und Rötungen mit Juckreiz auftreten. Auch die Atemwege sind gelegentlich betroffen. Bei einer Milcheiweiß-Unverträglichkeit schreit das Baby viel – vor allem nach den Mahlzeiten. Meist trinken die Kinder auch ungern, weil sie instinktiv spüren, dass die Milch ihnen Unwohlsein verursacht. Das Kind muss in diesem Fall spezielle Babynahrung, die keine Kuhmilchproteine enthält, bekommen. Auch in der Muttermilch sind Kuhmilch-Proteine enthalten, wenn die Mutter diese verzehrt, weswegen auch Stillkinder mit einer Unverträglichkeit reagieren können. Hier schafft der konsequente Verzicht der Mutter auf Milchprodukte rasche Linderung.

Gastroösophagealer Reflux: Ein gar nicht so seltener und häufig nicht erkannter Grund für exzessives Schreien ist der gastroösophageale Reflux (auch GERD genannt). Dabei fließt die gefütterte Milch vom Magen zurück in die Speiseröhre, weil der Schließmuskel noch nicht ausgereift ist. Das untere Ende der Speiseröhre entzündet sich und verursacht Schmerzen – das Baby schreit vor allem nach den Mahlzeiten. Es spuckt außerdem verstärkt oder erbricht schwallartig. Das Spucken kann aber auch fehlen, was die Diagnostik erheblich erschwert. Weitere Symptome sind Husten (vor allem nachts) und krampfartiges Zurückbeugen des Kopfes oder Oberkörpers nach dem Füttern (Überstrecken). Häufig nehmen Kinder auch eher zögerlich zu. Man diagnostiziert die Refluxkrankheit unter anderem mit der 24-Stunden-pH-Metrie. Dabei wird der Säuregehalt (pH-Wert) der unteren Speiseröhre 24 Stunden lang ständig durch Sensoren gemessen, um den Rückfluss von Mageninhalt nachzuweisen. Die Krankheit verwächst sich in der Regel selbst durch die Reifung der Muskulatur des Magenpförtners.

Verstopfung: Anfangs haben Stillbabys mehrmals am Tag eine volle Stuhl-Windel. Das nimmt im Laufe der Zeit ab. Es kann sogar vorkommen, dass Ihr Kind bis zu zehn Tage lang kein großes Geschäft verrichtet. Das heißt nicht zwingend, dass es unter Verstopfung leidet. Solange der Stuhlgang bei der nächsten Ausscheidung weich ist, besteht kein Grund zur Sorge. Sollten Sie jedoch trockenen und harten Stuhlgang, Blähungen und einen vergrößerten Bauch, Appetitlosigkeit, Abgeschlagenheit und/oder Risse an der Haut rund um den After beobachten, könnte es tatsächlich Verstopfung sein. Das erfordert ärztliche Abklärung.

Leistenbruch: Beim Leistenbruch handelt es sich um einen Eingeweidebruch, bei dem Teile des Bauchfells und manchmal auch des Darms durch eine Lücke in den Muskeln der Bauchdecke in den Leistenkanal gelangen. Enthält diese Ausstülpung Darmteile, ist sie äußerst schmerzhaft, sodass betroffene Babys vor Schmerzen weinen. Leistenbrüche können aber auch unbemerkt und schmerzlos sein. Man erkennt einen Leistenbruch an einer Schwellung in der Leistengegend, die manchmal bis in den Hoden- oder Schamlippenbereich reicht. Diese Schwellung kann auch vorübergehend wieder verschwinden und später erneut auftauchen. Sie sollte nie bewegt (»zurückgestopft«) werden, da Organe eingeklemmt werden können. Wenn sich die Geschwulst hart anfühlt oder violett aussieht, sollte man unbedingt sofort zum Arzt gehen.

Hodentorsion: Eine Hodentorsion ist extrem schmerzhaft und sehr schwer zu erkennen. Der Hoden dreht sich dabei um seinen Stiel – das ist der Teil, der den Hodensack mit dem Bauch verbindet. Dabei werden die Blutgefäße abgeklemmt und es kommt zu einer Unterversorgung mit Sauerstoff. Der Hoden ist geschwollen, steht gegebenenfalls ab und ist an der verdrehten Seite gerötet. Eine Torsion kann schon nach wenigen Stunden bleibende Schäden verursachen und muss behandelt werden. Dies ist – je nach Befund – manuell oder operativ möglich.

KISS-Syndrom und Blockaden: KISS ist die Abkürzung für Kopfgelenk-induzierte Symmetrie-Störung und bezeichnet eine Fehlstellung im Bereich der oberen Halswirbelsäule. Diese soll durch traumatische Geburten und eine lange Verweildauer im Geburtskanal verursacht werden. Das Syndrom ist hochumstritten – schulmedizinisch ist es nicht anerkannt, da es nicht nachweisbar ist und auch Studien zur Wirksamkeit der Heilmethoden nicht existieren. Alternativmediziner*innen behandeln das KISS-Syndrom mittels manueller Therapie.

Überreizung und Übermüdung

Die mit Abstand häufigsten Gründe für das »normale« abendliche Schreien, aber eben auch für das exzessive Schreien sind Überreizung und Übermüdung. Die ersten Lebenswochen sind eine riesige Herausforderung für unsere Babys. Durch ihre Geburt werden sie aus ihrer immer gleich warmen, behaglichen Dunkelheit, in der sie durch die mütterlichen Schritte stets sanft gewiegt wurden, herausgerissen in eine kalte, helle Welt, in der es ständig unruhig ist und die Geräusche nicht mehr gedämpft, gleichartig und regelmäßig, sondern schrill und unberechenbar sind. Das ist eine riesige Umstellung und überfordert die meisten Kinder massiv.

Alles, was ein Kind in den ersten Wochen will, sind weiterhin gleichmäßige Bewegungen, Wärme, schlafen, kuscheln, saugen und trinken. Stattdessen wird es ständig an- und ausgezogen, herumgefahren, bestaunt, berührt, bedrängt – fremde Gesichter, fremde Gerüche, Hektik, Lärm. Selbst wenn man nur mit dem Kinderwagen durch den Wald fährt, ist das für ein Neugeborenes Aufregung pur. Alle Eindrücke müssen sortiert und verarbeitet werden – das ist Schwerstarbeit! Um das überhaupt bewerkstelligen zu können, schlafen Neugeborene quasi ständig. Das schützt sie vor Überreizung. Doch mit etwa fünf Wochen werden Kinder sehr viel wacher und beobachten mehr. Dementsprechend muss ihr Gehirn viel mehr Eindrücke verarbeiten. Oft ist das den Eltern zu diesem Zeitpunkt noch nicht bewusst, sie übersehen die Nahsignale des Kindes, es wird noch mehr überreizt und muss dann weinen. So kann es natürlich erst recht nicht einschlafen – ein Teufelskreis. Im Grunde hilft diesen Babys nur eins: Nahsignale frühzeitig erkennen und schnell in eine reizarme Umgebung bringen.

Schwierigkeiten mit der Regulation

Kinder entwickeln sich in unterschiedlichen Gebieten unterschiedlich schnell. Es gibt motorisch fitte Kinder, die schnell krabbeln und laufen lernen. Es gibt sprachlich begabte Kinder, die schon unter einem Jahr ihre ersten Worte sprechen. Dann gibt es Kinder, die schon früh auf dem sozial-emotionalen Gebiet kompetent sind, alle Menschen auf der Straße anlächeln, auf andere Rücksicht nehmen und schnell Freunde finden. Und es gibt Kinder, die besonders gut darin sind, sich selbst zu regulieren und ihre Ruhe nicht zu verlieren, auch wenn um sie herum Chaos herrscht. Vielen Eltern fällt auf, dass ihre Kinder, wenn sie auf einem Gebiet besondere Kompetenzen zeigen, in anderen Bereichen weniger weit entwickelt sind. Früh sprechende Kinder beispielsweise laufen möglicherweise erst später los, früh laufende Kinder dagegen hauen und beißen manchmal in Konflikten, weil ihnen die Worte fehlen. Es ist daher nicht verwunderlich, dass es immer auch Kinder gibt, die am Anfang ihres Lebens erst einmal überfordert davon sind, Reize zu filtern und sich mit kleinen Bewegungen selbst zu zentrieren und zu regulieren, eben weil sie sich auf anderen Gebieten schneller entwickeln.

Sie sind empfindsamer als andere Neugeborene, und so gut wie alle Reize können sie überfordern. Selbst Stillen kann schwierig sein, weil sie dabei Berührungen der Haut und im Mund erfahren und auf den Geruch der Mutter und den Geschmack der Milch reagieren. Auch Pucken scheinen sie nicht zu mögen, offenbar, weil der Druck an der Haut zu hoch ist oder die Kleidung dabei kratzt. Wichtig ist weiche, leichte Kleidung, möglichst ohne Nähte und aus Naturstoffen. Sollte es Etiketten geben, entfernen Sie diese. Vermeiden Sie es, Parfüm zu tragen, und nutzen Sie Duschgel mit wenig oder neutralen Duftstoffen. Waschen Sie Kleidung mit Sensitiv-Waschmitteln ohne Duftstoffe, und vermeiden Sie Weichspüler, die intensiv riechen. Wenn Sie können, vermeiden Sie einen reizintensiven Tagesablauf – uns ist klar, dass das nicht in allen Lebenssituationen möglich ist, aber jeder vermiedene Reiz ist hilfreich. Außerdem kann es helfen, wenn Sie lernen, die Nahsignale Ihres sensiblen Kindes schnell zu erkennen, und es bereits bei Erregungssignalen aus der Situation zu nehmen. Zur Abschirmung und Co-Regulation sind sensible Kinder in den ersten Wochen tagsüber in einem Tragetuch gut aufgehoben – hier herrschen fast die gleichen Bedingungen wie im Uterus: Wärme, Nähe, Herzschlag des Elternteils und das herrliche Geschaukeltwerden. Studien zeigen übrigens, dass Kinder, die häufig am Körper getragen werden, bis zu 43 Prozent weniger schreien.[28]

Auch das Schlafen kann bei sensiblen Kindern schwieriger sein. Da sie sehr wissbegierig und neugierig sind, können schon leichte Geräusche oder Änderungen sie aus dem leichten Schlaf herausbringen. Eltern von Schreikindern berichten, dass diese tagsüber allenfalls in kurzen Blöcken von 30 bis 40 Minuten schlafen. Das ist natürlich ungünstig, weil sich das Gehirn im Schlaf von den aufgenommenen Reizen erholt. Im Kapitel »Schlafen« gehen wir darauf ein, wie man allen Kindern über den Übergang zwischen zwei Schlafepisoden helfen kann, bis sie den Übergang selbst schaffen und durchschlafen.

Gesellschaftlich bedingte fehlende Feinfühligkeit

Im Kapitel »Bindung« haben wir im Abschnitt »Das Elixier der Kindheit« bereits ausführlich über Feinfühligkeit gesprochen – es ist möglich, dass Eltern nicht alle Teilaspekte von Feinfühligkeit erfüllen können, was sich negativ auf die Schreidauer ihres Kindes auswirken kann. Insbesondere das richtige Interpretieren der Äußerungen eines Kindes kann für Erwachsene schwierig sein. Den Elterngenerationen vor uns wurde beigebracht, dass Kinder per se kleine Egoisten sind, die alles für den eigenen Vorteil tun würden und Erwachsene manipulieren, um zu bekommen, was sie wollen. Der Blick unserer Gesellschaft auf Kinder war und ist kein wohlwollender. Deshalb passiert es leider immer wieder, dass wir das Verhalten unseres Babys im negativen Sinne fehlinterpretieren. Wenn es beispielsweise beim Mittagessen ständig den Löffel fallen lässt, denken wir, es wolle uns ärgern – dabei ist es einfach fasziniert von der Schwerkraft und möchte mehr darüber lernen. Wenn es verbotene Dinge tut, obwohl wir laut und deutlich »Nein!« rufen, denken wir, unser Kind wolle seine Grenzen testen, dabei kann es entweder das Wort »Nein« noch nicht korrekt entschlüsseln, oder es weiß schlicht nicht, was es anders machen soll. Grinst es uns dann auch noch an, denken wir, es will uns zusätzlich auch noch verhöhnen, obwohl dieses Grinsen eine alte Beschwichtigungsgeste darstellt. Wir werden wütend auf unser Baby, empfinden es als unseren Feind, dem man zeigen muss, wer der »Herr im Haus« ist, und reagieren nicht mehr zugewandt und liebevoll. Auch unbeabsichtigte Verhaltensweisen des Babys können fehlinterpretiert werden. Eine herausgestreckte Zunge des Neugeborenen wird dann nicht als Hungersignal, sondern als Frechsein fehlgedeutet. Manche Väter fühlen sich durch ein bestimmtes Bindungsverhalten ihres Babys abgelehnt, beispielsweise, wenn es auf ihrem Arm weint und auf den Arm der Mutter möchte, und reagieren ihrerseits ablehnend und kühl auf das Kind.

Ein ganz spezielles Problem in unserer Gesellschaft ist die Angst vor dem Verwöhnen. Sie ist weit verbreitet und führt zu einer unterschwelligen Unsicherheit bei uns Eltern und einem Misstrauen unserem Kind gegenüber, die uns oft nicht bewusst sind. Dabei kümmern wir uns zunächst uneingeschränkt hingebungsvoll um unser Neugeborenes – fragen uns aber nach und nach insgeheim, ob es wirklich gut ist, alle Bedürfnisse sofort zu erfüllen. Wir haben Angst, dass sich unsere Kinder an das Tragen und an das Mit-unsim-Bett-Schlafen gewöhnt – wir fürchten, dass sie nie wieder etwas anderes wollen. Wir haben Angst, dass unsere Kinder zu Tyrannen werden, wenn wir ständig beim ersten Mucks sofort reagieren, dass sie sich angewöhnen, im Mittelpunkt zu stehen, und wir uns am Ende von Bekannten und Verwandten anhören müssen, »was für verwöhnte, verzogene Gören« wir haben. Also fragen wir uns viel zu häufig und viel zu früh, ob es wirklich richtig ist, unser Kind immer sofort hochzunehmen. Es ständig zu tragen und es beim Einschlafen zu begleiten. Manchmal reagieren wir deshalb nicht prompt, weil wir denken: »Ach, das Baby muss auch mal lernen zu warten!« Dann schreit es umso bitterlicher, weil es stärker auf seine Bedürfnisse aufmerksam machen will. Schreien ist seine letzte Eskalationsstufe, sein verzweifeltster Versuch, uns etwas mitzuteilen. Unsere kurze Verunsicherung, unser Zögern, unser Versuch, dem Kind ein Mindestmaß an Geduld beizubringen, verunsichert nun wiederum unser Kind. Es schreit noch mehr und löst in uns weitere Zweifel aus …

Wird das Bedürfnis des Kindes nur mit innerer Zerrissenheit erfüllt, spürt das Kind das und wird seine Bemühungen nach mehr Nähe und Bindung verstärken. Eine ungünstige Kombination. Wenn wir als Erwachsene und als Gesellschaft kindliche Bedürfnisse, Ausdrucksweisen und Bindungssignale fehlinterpretieren, kann es sein, dass die Kinder mit verstärktem, anhaltendem Weinen reagieren, da ihre Bedürfnisse nicht beantwortet werden. Eigentlich ist das ein gutes Zeichen. Die Kinder haben uns noch nicht aufgegeben, sie kämpfen noch darum, von uns gehört zu werden. Wie stark sie sind! Und wie kraftvoll und vital sie für eine gute Verbindung mit uns kämpfen! Wenn Sie mehr über das Thema »Angst vor dem kindlichen Tyrannen« lesen wollen, empfehlen wir das gleichnamige Buch von Miriam Gebhardt.

Psychische Erkrankungen und Traumata

Auch psychische Erkrankungen der Eltern und unbearbeitete Traumata (Tod eines Kindes, Kriegserfahrungen, Missbrauchserfahrungen) können die Feinfühligkeit beeinflussen, beispielsweise, wenn durch eine Depression die Wahrnehmungsschwelle für die kindlichen Signale sehr hoch ist. Ein Kind muss dann sehr laut und lange weinen, bis der Erwachsene es merkt und reagiert. Sind Eltern aufgrund einer psychischen Krise emotional nicht erreichbar für ihre Kinder, reagieren diese erst irritiert, dann mit verstärkten Bindungsbemühungen und später mit Aufgabe und Rückzug.

Das wurde sehr anschaulich beim sogenannten »Still-face«-Experiment von Edvard Tronick der Harvard University gezeigt. Das Experiment wurde so durchgeführt, dass die Mütter zunächst liebevoll und zugewandt mit ihren Einjährigen agierten. Wie beim bindungsstarken Spiel nahmen sie die Äußerungen ihrer Kinder auf und antworteten feinfühlig. Sie schauten ihre Kinder an, berührten sie, schäkerten mit ihnen. Die Babys wiederum reagierten mit positiven Annäherungssignalen und aktiver Aufmerksamkeit: Sie reagierten mit Glucksen, Lallen, Kichern. Im nächsten Schritt des Experiments drehten sich die Mütter kurz von ihren Kindern weg. Wenn sie sich nun wieder ihnen zuwendeten, dann mit versteinertem Gesicht (still-face). Alle Babys reagierten verunsichert und versuchten, ihre Mütter durch verstärkte Bindungssignale dazu zu bringen, wieder zu reagieren. Die Kinder lächelten verstärkt, hoben die Augenbrauen. Als das nichts brachte, zeigten sie auf Dinge und fragten »Da?«, sie berührten das Gesicht ihrer Mütter beziehungsweise versuchten es. Da die Mütter immer noch nicht reagierten, fingen die Kinder an, schrill zu quietschen, als ob sie ihre Mütter mit dem Geräusch aus der Starre herausholen wollten. Doch als auch das nicht funktionierte, stieg der Stress der Kinder sichtbar an: Sie drehten sich mit dem Gesicht weg, um sich wieder ins Gleichgewicht zu bringen, beim erneuten Zuwenden zur Mutter wurden sie motorisch unruhiger und fingen dann erst zu quengeln und dann zu weinen an. Das war der Moment, in dem die Mütter im Experiment wieder reagieren durften, circa zwei Minuten nach Beginn der Still-face-Phase. Sie gaben ihr steinernes Gesicht auf und reagierten wieder normal. Sie sprachen mit ihren Kindern, lächelten und trösteten sie. Sehr schnell beruhigten sich die Einjährigen im Experiment wieder, man sah ihnen an, wie erleichtert sie über die Wiederherstellung der Beziehungs- und Kommunikationsbasis waren.

Bleiben die Erwachsenen jedoch aufgrund einer psychischen Krise oder Erkrankung in diesem reaktionslosen Modus, werden die Versuche der Kinder, auf sich aufmerksam zu machen und eine Beziehung herzustellen, zunächst lauter und verzweifelter. Einige dieser Kinder geben irgendwann resigniert auf und ziehen sich in sich selbst zurück. Sie wirken passiv oder apathisch, vermeiden mitunter Blickkontakt, und es kann sein, dass sie auch in Kontakt mit anderen Bindungspersonen weniger Emotionen und Bedürfnisse zeigen, da sie gelernt haben, dass diese nicht beantwortet werden. Ihre Lautäußerungen können verzögert sein, da sie wenig bis keine spiegelnden Interaktionen mit der depressiv erkrankten Bindungsperson erleben. Manchmal wirken die Kinder sogar selbst depressiv verstimmt. Andere Kinder in gleicher Situation bleiben hartnäckig dabei, besonders laut und anhaltend zu schreien, um zu der erkrankten Bindungsperson durchzudringen. Diese Kinder werden dann als »Schreikinder« diagnostiziert, obwohl ursprünglich keine Regulationsstörung bei ihnen vorlag. Stattdessen ist ihr vermehrtes Schreien eine logisch richtige Reaktion auf ihre Umwelt, da es dazu beiträgt, dass ihre Bedürfnisse, wenn auch verzögert, beantwortet werden.[29]

Die negativen Einflüsse von psychischen Erkrankungen und Traumata auf die Kinder lassen sich gut vermeiden, wenn andere

Bindungspersonen einspringen und sich bindungsstark mit dem Baby beschäftigen. Psychische Krisen sind menschlich und sollten nicht tabuisiert werden. Wichtig ist aber zu wissen, welchen Einfluss sie auf Kinder haben können, und diesem Einfluss entgegenzuwirken. Andere Bindungspersonen können und müssen einen Ausgleich schaffen, und eine professionelle Begleitung der erkrankten Person ist eminent wichtig.

Nicht erkennbare Gründe

Manchmal kann auch kein offensichtlicher Grund gefunden werden. Vielleicht gibt es nicht mal einen. Möglicherweise gibt es Kinder, die einfach vermehrt schreien, egal wie gut und feinfühlig ihre Umgebung ist und wie sehr die Eltern sich bemühen. Wie bei unserer anonymen Leserin, die wir gleich zu Wort kommen lassen wollen. So bitter das ist, aber dann bleibt einem nichts anderes übrig, als die Zeit irgendwie zu überleben.

Ich dachte, wer ein Schreikind habe, sei selbst schuld, und meine Strategie – Familienbett, Tragetuch, Bedürfnisse sofort erfüllen – habe dazu geführt, dass mein erstes Kind so ruhig und zufrieden gewesen ist. Dann kam Kind Nr. 2 – und trieb mich zur Verzweiflung. Ich weinte wochenlang durch, weil mein Baby so sehr und so lange schrie, dass das große Kind verzweifelt weinend mit den Fingern in den Ohren vor mir stand. Ins-Bett-Bringen des großen Kindes – unmöglich! Das Baby brüllt! Dem großen Kind mal was vorlesen – unmöglich! Das Baby brüllt! Ich lief, ich sang, ich machte den Föhn an, ich setzte mich keine Sekunde lang hin und hatte mein großes Kind immer am Rock-

zipfel hinter mir herhängen – irgendwann bitterlich weinend. Mama kann nicht mehr mit dem Kind essen, Mama kann nicht mehr mit dem Kind spielen, Mama kann nicht vorlesen, nicht kuscheln, denn Mama kann keine Sekunde anhalten, sonst wird das Gebrüll ohrenbetäubend. Das Baby kam ins Tragetuch auf meinen Rücken, mit einem Monat, damit ich vorne das andere Kind tragen und ihm Nähe geben konnte, nun wurde ich von vorne und hinten dauerbeschallt, denn das große Kind hielt das Gebrüll des Babys auch nicht mehr aus und weinte trotzdem weiter. Der Beckenboden versagte, der Wochenfluss wollte einfach nicht aufhören, ich rutschte ab in eine Depression.

Die Hebamme versuchte zu retten, was zu retten war, organisierte Hilfsangebote und half mir beim Organisieren, denn sonst war irgendwie keiner da. Entweder arbeiteten meine Freunde oder hatten selbst winzige Kinder und keine Zeit. Ich rannte irgendwann von Hinz zu Kunz, um sicherzugehen, dass es kein organisches Problem ist, bloß nichts übersehen. Die Hebamme versuchte sämtliche Tricks, die sie auf Lager hatte, ich besorgte eine Federwiege zusätzlich zum Tragetuch, ich probierte es gegen meine Überzeugung mit Kinderwagenspaziergängen – nichts, nichts, nichts half! Die Schreiambulanz wollte, dass ich mein Kind schreien lasse – da verzichtete ich auch auf deren Hilfe. Hunger war es nicht, der Kinderarzt ratlos, der Osteopath ratlos, organisch alles toll …

Ein schrecklich schlechtes Gewissen dem großen Kind gegenüber, warum hatte ich nur die dumme Idee gehabt, ihm ein Geschwisterchen schenken zu wollen? Auf Bildern aus dieser Zeit vor zwei Jahren sieht man uns allen die Verzweiflung an. Ich war am Ende meiner Kräfte. Mein Mann verzweifelte, weil er uns so leiden sah und er nicht wirklich helfen konnte, weil das große Kind in seiner Not nur noch fester an mir klebte und das Baby bei ihm noch lauter schrie als bei mir. Ich habe in der Zeit

Teller und Tassen zertrümmert, Dinge zerrissen, zerschlagen, mich selbst verletzt, nur um meinen Kindern nichts zu tun. Nein, manchmal hilft einfach nichts! Auch dann nicht, wenn man schon beim ersten Kind voller Überzeugung alles im Sinne der Bedürfniserfüllung getan hat. Ich weiß bis heute nicht, was der Grund für das Verhalten unseres zweiten Kindes war. Ich habe wirklich alles ausprobiert, was bei Schreikindern geraten wird. Reize reduziert, keinen Schritt mehr aus dem Haus gegangen, das Zimmer abgedunkelt, die Darmflora unterstützt, die Bedürfnisse zu verstehen versucht – bei jedem Punkt kann ich sagen, das habe ich doch alles gemacht, alles. Wäre es eine Liste, sie wäre komplett abgehakt. Trotzdem waren die ersten acht Monate eine Katastrophe, und unsere Familie wäre daran fast zerbrochen. Bis heute fange ich an zu zittern und werde aggressiv, wenn eines der Kinder schrill schreit – oder auch, wenn ein fremdes Baby laut schreit. Ich behaupte von mir, ein Mensch mit einer guten Antenne für die Bedürfnisse anderer zu sein. Seit diesem Kind sind Selbstzweifel da, die bis heute, über zwei Jahre nach seiner Geburt, noch lange nicht wieder abgeklungen sind. Aber manchmal ist es einfach so. Manchmal schreien Babys, obwohl man alle seine Bedürfnisse befriedigt. Und dann fühlt man sich sehr angegriffen, wenn andere einem unterstellen, man habe einfach etwas falsch gemacht.

Maßnahmen, die helfen können

Susanne hat uns von ihrem kleinen Hilfenetz erzählt und wie sie sich Ruheinseln verschafft hat.

Das ist ja auch so eine Sache – keiner will so ein Baby betreuen. Alle haben Angst. Ich habe dann trotzdem meine Mutter dazu verdonnert. Diese eine Stunde würde sie das schon schaffen! Mein Mann nahm den Kleinen nach der Arbeit dann auch, so kam ich dann am Tag auf circa eineinhalb bis zwei Stunden!

Hilfenetz aufbauen

Auch wenn es während des Schreiens schwerfällt zu realisieren – es ist tatsächlich so, dass es vorbeigehen wird. Das sollte man sich immer und immer wieder bewusst machen. Man muss mit seinen Kräften haushalten – schreit das Kind drei Stunden lang, dann ist es wenig sinnvoll, wenn beide Eltern zusammen versuchen, das Kind zu beruhigen. Es ist für beide kraftsparender, wenn »Schichten« übernommen werden. Auch, weil dann immer ein Ende abzusehen ist. Während Mama von 18 bis 19 Uhr beim Kind ist, kann Papa oder Co-Mama das Haus verlassen. Die Aussicht, das Kind um 19 Uhr in jedem Falle abgeben zu können, lässt einen das Geschrei besser ertragen. So kann man sich abwechseln, bis das Baby endlich schläft. Ebenfalls hilfreich kann es sein, auf Menschen außerhalb der Kernfamilie zurückzugreifen, um eine Auszeit zu bekommen: Freund*innen, Verwandte, Leih-Großeltern – bauen Sie sich ein Hilfenetz auf.

Wellcome

Schauen Sie auch, ob in Ihrer Nähe Mitarbeiter*innen von Wellcome zu finden sind. Wellcome ist ein Sozialunternehmen für Familien, das praktische Hilfen nach der Geburt anbietet. In der Regel kommen die Ehrenamtlichen an ein bis zwei Tagen in der Woche für ein paar Stunden und können Sie bei allen anfallenden Tätigkeiten unterstützen. Die Besuche kosten etwa fünf Euro pro Stunde, aber wenn Sie so viel Geld nicht haben, scheitert die Unterstützung nicht daran. Sprechen Sie einfach mit den Mitarbeiter*innen. www.wellcome-online.de

Frühe Hilfen

Die Frühen Hilfen vom Jugendamt dagegen sind kostenlos. Frühe Hilfen sind Angebote verschiedener Art für Eltern mit Kindern bis zu drei Jahren sowie für werdende Eltern. Informieren Sie sich gern im Internet oder beim Jugendamt Ihres Ortes.

Schreiambulanzen

Schreiambulanzen sind speziell für Eltern von Schreibabys geschaffene Orte, an denen sie Hilfe finden können. Man findet sie fast flächendeckend in Deutschland. Leider sind die gebotenen Hilfestellungen in den verschiedenen Schreiambulanzen sehr unterschiedlich. Es gibt solche, die sich intensiv mit Kind und Eltern auseinandersetzen, sie beobachten und auf die individuelle Familie zugeschnittene, hilfreiche Tipps geben. Mitarbeiter*innen einer guten Schreiambulanz nehmen sich Zeit, beobachten die Interaktion von Eltern und Kind und unterstützen gegebenenfalls bei der Erstellung eines festen Tagesplanes, um eine mögliche Überreizung/Übermüdung zu minimieren.

Leider gibt es noch zu viele Schreiambulanzen, in denen das »Problem Schreikind« mit Abwandlungen der Ferber-Methode gelöst werden soll. Dabei wird das Kind ins Bett gelegt, alleine gelassen, und erst nach einem festen Minutenplan dürfen die Eltern wieder zu ihrem Kind gehen. Diese Methode ist höchst umstritten und sollte heute nicht mehr angewendet werden, weil sie das Urvertrauen des Kindes zerstören kann. Trotzdem muss gesagt werden: Besser ein Kind mit angeknackstem Urvertrauen als ein totes Kind durch Schütteltrauma.

Emotionelle Erste Hilfe (EEH)

Einige gute Schreiambulanzen arbeiten auf der Grundlage der EEH. Die Emotionelle Erste Hilfe ist ein körperorientierter Beratungsansatz, der als Hilfe für Eltern von untröstlich schreienden Säuglingen in der ersten Zeit nach der Geburt entwickelt wurde und der die Bildung einer guten Eltern-Kind-Bindung fördert. Den Eltern werden einfache Methoden beigebracht, um sich selbst zu stabilisieren und frühzeitig Auswege aus bedrängenden Krisenzuständen mit ihrem schreienden Baby zu finden. Weitere Informationen und Beratungen in Ihrer Nähe finden Sie unter www.emotionelle-erste-hilfe.org

SAFE Sichere Ausbildung für Eltern

SAFE ist ein Elternkurs, der bereits in der Schwangerschaft beginnt und die Familie im ersten Jahr des Babys begleitet. An vier

Sonntagen vor der Geburt und sechs Sonntagen nach der Geburt werden die Kurse in einer Gruppe mit anderen Eltern und den Kursleiter*innen abgehalten. Dort erfahren die Eltern, wie sie eine sichere Bindung zu ihrem Kind aufbauen können. Sie lernen, die emotionalen Bedürfnisse ihrer Kinder und deren Signale besser wahrzunehmen und durch feinfühliges Verhalten Bindung zu schaffen. Außerdem bauen die Kursteilnehmer*innen untereinander ein festes Hilfenetz auf. Auch die Kursleiter*innen sind telefonisch in Krisen immer erreichbar. Mehr Informationen finden Sie unter https://www.khbrisch.de/safe.html

Kreis der Sicherheit

Der Kreis der Sicherheit ist ein Präventions- und Interventionsprogramm, in welchem Eltern-Kind-Interaktionen auf Video aufgenommen und ausgewertet werden. Darauf aufbauend wird eruiert, was in der Eltern-Kind-Beziehung verändert werden muss, damit eine sichere Bindung entsteht und eine gesunde Entwicklung des Kindes gefördert wird. Das Hauptaugenmerk liegt auf noch zu wenig genutzten Stärken der Eltern, welche erkannt und ausgebaut werden. Die Eltern werden anhand der Videos und der Begleitung durch die Therapeut*innen befähigt, die Funktion des Verhaltens ihres Kindes sowie das Bedürfnis hinter dem Verhalten zu erkennen und zugewandt darauf zu reagieren.[30]

Marte Meo

Marte Meo ist eine videobasierte Methode zur Entwicklungsunterstützung der Beziehung zwischen Eltern und Kind. »Marte meo« bedeutet übersetzt »aus eigener Kraft«. Mithilfe von Videoaufnahmen bekommen Eltern ihre eigenen schon vorhandenen Fähigkeiten im Umgang mit ihrem Kind gezeigt, und es werden

Wege besprochen, diese auszubauen, um im Alltag zu einer bindungsstarken Interaktion zu kommen. Den Eltern werden detaillierte und praktische Informationen zur kindlichen Entwicklung zur Verfügung gestellt, und sie werden Schritt für Schritt befähigt, diese im Alltag in winzigen Momenten zu erkennen und darauf feinfühlig einzugehen.[31]

Tanzen, Boxen, Ohropax

Wichtig ist, seine eigene Wut kontrolliert herauszulassen und das Baby zu schützen. Stundenlanges Schreien macht aggressiv – das hat Danielle, deren erstes Kind ein Schreibaby war, selbst erlebt. Danielle war sehr erschrocken über ihre Gefühle – sie hat ihr brüllendes Kind sekunden-, manchmal auch minutenlang gehasst. Auch andere Mütter von Schreibabys, Simone und Nina, berichten:

Zunehmend stiegen die Wut und die Aggression gegen mein eigenes Kind. Man hat alles durch. Angefangen von Sab-Simplex-Tropfen über Fenchel-Kümmel-Anis-Tee, Bauchmassagen, Kirschkernkissen, Fahrrad fahren mit den Füßchen, Tragen, Fliegergriff, Schuckeln, die 5 S von Karp, Kinderwagen schieben, bis die Beine gefühlt abfallen, wenig Reize, Osteopathen, Kinderarzt, Krankenhaus, bis hin zur Schreiambulanz. Und es hilft einfach nichts! Na ja, ungewöhnliche Situationen erfordern ungewöhnliche Maßnahmen. Ich habe mir ein Wutkissen angeschafft! Es war relativ groß und relativ fest. Immer, wenn ich Wut gegenüber meinem Sohn verspürt habe, habe ich mir das Kissen geschnappt und darauf eingeschlagen, bis zur völligen

Erschöpfung. Man glaubt kaum, wie gut man darüber seine Emotionen abbauen kann. Dann habe ich, wenn mein Mann mit den Kindern aus dem Haus war, richtig harte Musik aufgelegt. Ich habe sie laut aufgedreht und mir eine halbe Stunde die Seele aus dem Leib getanzt und gesungen. *(Simone)*

Ich habe mir Ohropax zugelegt. Ich konnte mein Baby trotzdem schreien hören, es war aber etwas gedämmt. So hat es mich nicht so aggressiv gemacht. *(Nina)*

Es gibt ein Leben nach dem Schreien! Irgendwann kommt der Zeitpunkt, an dem Ihr Baby nicht mehr so viel und untröstlich weint. Bei manchen nach drei Monaten, bei anderen nach einem Jahr, einige wenige Kinder schreien auch noch länger – doch in allen Fällen ist es so, dass mit steigendem Alter des Babys die Intensität und Dauer des Schreiens abnimmt.[32] Vielleicht können Sie das gerade nicht glauben, das wäre verständlich. Vielleicht hilft es Ihnen, von anderen Eltern von Schreibabys zu lesen. Deshalb erhalten diese in diesem Kapitel das letzte Wort:

Mit 14 Wochen zeigte sich dann schnell Besserung, und ich begann, das Muttersein zu genießen. Meine Depression verflog mit jedem Tag. *(Astrid)*

Mit einem Jahr war der Spuk vorbei. Alles war gut. Wir haben ein besonders aufgewecktes, lautstarkes, temperamentvolles, wenig schlaforientiertes, neugieriges, empfindsames (auch sehr empfindliches), liebes, aktives (nicht hyperaktives), willensstarkes Tochterkind, das nie pflegeleicht war, eine starke Trotzphase hatte und das Freiheiten braucht, um die Welt zu entdecken. Aber es sind alle Kinder anders, und es ist ihr Temperament, das kann man nicht ändern. Und eigentlich ist es nicht mal so schlecht, sie ist wirklich sehr aufgeweckt, und wir sind stolz auf sie. *(Mila und Yannik)*

Heute habe ich das Gefühl, dass uns nichts mehr was anhaben kann, wir haben das Schlimmste überstanden und sind gestärkt und gelassen daran gewachsen. *(Tom)*

Heute, 1½ Jahre später, ist unser Sohn ein kleiner Sonnenschein. Ich hätte mir das nicht träumen lassen, dass er mal so entspannt sein kann. Ich möchte die Schreizeit echt nicht zurück, sie war nicht schön. Aber ich bin heute um eine Erkenntnis reicher: Andere hätten es auch nicht besser gekonnt. Das dachte ich aber lange Zeit. Ich habe meinen Sohn dafür bemitleidet, ausgerechnet mich als Mutter zu haben. Ich wollte ihn ihm zuliebe weggeben, habe nach Adoption gegoogelt. Ich habe nie an der Liebe zu meinem Sohn gezweifelt, trotz der Schreizeit, aber ich dachte, bei einer anderen Mutter wäre er vielleicht glücklicher. Heute ist er glücklich – bei mir. *(Theresa)*

Meine Kleine ist inzwischen die zauberhafteste Maus, die man sich vorstellen kann. Sie ist extrem sensibel, reagiert sehr empfindlich auf Geräusche, beobachtet unheimlich intensiv, kann sich schlecht abgrenzen/Reize ausblenden, braucht sehr viel Körperkontakt. Ich sehe darin im Nachhinein die Gründe für das viele Schreien – hohe Sensibilität, verbunden mit der Unfähigkeit, Reize auszublenden, und dadurch totale Übermüdung und die Unmöglichkeit, einzuschlafen. *(Annika)*

Warum wir Babys nicht schreien lassen sollten

Es ist wichtig, dass wir zwischen »Schreien lassen« und »Mein Baby schreit, obwohl ich versuche, ihm zu helfen« unterscheiden. Wenn wir gleich beschreiben, warum es aus unserer Sicht unklug ist, ein Baby schreien zu lassen, meinen wir vorsätzliches Alleinlassen eines weinenden Kindes mit der Absicht, es zu erziehen. Was wir nicht meinen, ist das unstillbare Weinen, das Babys manchmal überfällt und das anhält, obwohl die Eltern es liebevoll im Arm halten. Wir meinen auch nicht das Weinen eines Babys, das gerade abwarten muss, weil die Eltern auf der Toilette sitzen oder verzweifelt versuchen, die älteren Geschwister zu verarzten. Solche Situationen kommen vor. In allen Familien. Schreien kommt vor. Es ist eine natürliche Kommunikationsstrategie unseres Kindes, die wir nicht auf Biegen und Brechen vermeiden müssen. Auch Anja hat das erst einmal begreifen müssen:

Ich habe die Aussage, man solle sein Kind nicht schreien lassen, irgendwie falsch interpretiert als: »Du darfst nicht zulassen, dass dein Kind schreit!«. Das setzte mich beim ersten Kind enorm unter Druck, und ich dachte, ich mache alles falsch. Bis ich endlich verstanden hatte, dass ich nicht dafür sorgen soll, dass mein Kind niemals schreien muss, sondern dass meine Aufgabe ist,

es beim Schreien zu begleiten und da zu sein. Das war so eine Erleichterung.

In der Vergangenheit wurden Kinder oft allein gelassen, wenn sie verzweifelt weinten, um sie zum Alleineschlafen und zur Selbstberuhigung zu zwingen oder ihnen Grenzen zu setzen, damit sie den Erwachsenen nicht »auf der Nase herumtanzten« und keine Tyrannen wurden. Da dieses Schreienlassen ein wichtiger Teil früherer Erziehung war, ist es auch heute noch sehr stark in uns allen als wirksame »Methode« verankert, und nicht wenige Eltern greifen wohlmeinend darauf zurück. Denn wer will nicht seinem Kind beibringen, wie es selbst einschlafen lernt? Lassen Sie uns also genau inspizieren, warum diese Art des Schreienlassens heute in den Augen der Wissenschaft schädlich ist.

Ein Baby kann sich nur bei leichtem Stress selbst beruhigen, das haben wir schon erklärt. Bei stärkerer Erregung ist es dafür zwangsläufig auf die Co-Regulation durch Erwachsene angewiesen. Erst das Trösten, das In-den-Arm-Nehmen, das Streicheln und ruhige Reden sorgen dafür, dass Oxytocin ausgeschüttet wird, welches den Körper beim Abbau der Stresshormone unterstützt. Die beim Schreien ausgeschütteten Hormone Adrenalin und Cortisol können in größeren Mengen toxisch wirken und bestimmte Regionen im Gehirn dauerhaft schädigen. Wird das Kind nicht beruhigt und ist der Cortisolspiegel oft und lange erhöht, kann dies vielfältige und vor allem dauerhafte Auswirkungen haben. So kann beispielsweise das Wachstum des Hippocampus stark eingeschränkt werden. Dieser ist für die Angstregulation verantwortlich. Entwickelt er sich durch dauerhaften Stress nicht ausreichend, können die Babys ihr Leben lang Probleme mit der Verarbeitung von Ängsten haben.[33]

Der durch das absichtliche Ignorieren des kindlichen Schreiens entstandene Stress kann vom kindlichen Gehirn nur durch eine Art Notfallreaktion abgeschaltet werden. Das Gehirn schaltet in diesem Moment die Wahrnehmung von Schmerz, Angst oder Panik aus, es dissoziiert. Die so abgespaltenen Gefühle werden zusammen mit der Erinnerung an die erlebte Situation im limbischen System (Amygdala) gespeichert – Angst, Frustration und Enttäuschung werden dort tief verankert und können unter Umständen sogar noch nach Jahrzehnten getriggert werden. Auch Auswirkungen auf das Nervensystem sind zu befürchten – die Stressschaltkreise könnten auf »überempfindlich« programmiert werden. In späteren Jahren reagiert das Gehirn dann auf Stresssituationen entweder mit einer Überproduktion an Hormonen (ggf. Depressionen, Angststörungen) oder mit einer Unterversorgung (ggf. Gefühlskälte, Aggression). Von außen sieht dieses Notfallprogramm übrigens gar nicht so schlimm aus. Die Kinder werden einfach von jetzt auf gleich leise, nachdem sie minutenlang allein geweint haben. Ihre Muskeln sind entweder angespannt, als ob sie gleich flüchten, oder komplett schlaff, als ob sie sich tot stellen wollen.[34] Viele Kinder schlafen aufgrund der Notfallreaktion des Gehirns tatsächlich ein – weswegen früher eben von Expert*innen behauptet wurde, die Kinder hätten »Schlafen« gelernt. Die Messung des inneren Stresslevels ergab aber: Kinder, die so einschlafen, haben weiterhin einen hohen Cortisolspiegel. Es ist Schlaf, ja, aber kein besonders gesunder.

Die Methode, Kinder zum »Schlafenlernen« einfach schreien zu lassen, wurde Anfang 2012 in einer Studie im Hinblick auf den Cortisolspiegel bei Müttern und Kindern näher unter die Lupe genommen. Die vier bis zehn Monate alten Säuglinge mussten ein fünftägiges Schlaftraining durchlaufen, bei dem sie zum Einschlafen allein schreien gelassen wurden. In den ersten zwei Tagen hatten Mütter und Kinder durch das verzweifelte Weinen der Babys beim Einschlafen gleich hohe Cortisolspiegel, sie waren also alle davon gestresst. Am dritten Abend hörten die Säuglinge jedoch auf, beim Einschlafen nach ihren Eltern zu weinen – genau dieser Punkt wird von Vertreter*innen dieser Methode als Zeichen gewertet, dass sie funktioniert und Kindern hilft, sich selbst zu regulieren und zufrieden einzuschlafen. Doch die gemessenen Zahlen des Stresshormons zeigen ein anderes Bild: Der bei den Babys im Speichel gemessene Cortisolanteil war genauso hoch wie an den Tagen, an denen sie beim Alleineinschlafen geweint hatten. Sie waren also genauso gestresst, zeigten es aber nicht mehr. Was sie gelernt hatten, war nicht Schlafen, sondern Resignation. In ihnen war verankert worden, dass ihr Weinen als Kommunikationsmittel nicht funktioniert – zumindest am Abend nicht. Bei den Müttern jedoch sank nach Tag 3 das Cortisollevel auf ein normales Maß. Da ihre Kinder nicht mehr weinten oder nach außen hin gestresst wirkten, dachten sie, ihren Babys gehe es gut und das Schlafprogramm würde wirken. Sie entspannten sich – ihre Kinder nicht.[35]

Bleibt die Beruhigung beim Schreien absichtlich aus, weil das Kind »erzogen« werden soll, kann das beim Baby zur Resignation und zur Aufgabe von Bemühungen, seine Gefühle auszudrücken und mitteilen zu wollen, sowie möglicherweise sogar zu Ausdruckslosigkeit oder Depression führen.[36] Mit dem Nichtreagieren auf das Weinen als Kommunikationsmittel werden Babys ganz klassisch auf Hilflosigkeit konditioniert. Das Schreien bringt keine Veränderung der unangenehmen Situation. Ihr Rufen wird nicht beantwortet – damit verliert es seine Nützlichkeit als Kommunikationsmittel. Sie stellen es ein. Das mag für Erwachsene angenehm sein, den Kindern wird aber eine Kompetenzerfahrung und Selbstwirksamkeitserwartung verwehrt, was sich auf das Selbstbewusstsein im späteren Leben auswirken kann.

Zusätzlich ist absichtliches Schreienlassen auch schlecht für die Intelligenzentwicklung. Dr. Rao und Kolleg*innen vom Nationalen

Gesundheitsinstitut konnten nachweisen, dass Babys, die in den ersten drei Monaten beim Schreien allein gelassen wurden, mit fünf Jahren durchschnittlich etwa 9 IQ-Punkte weniger erreichten als ihre als Baby getrösteten Peers. Auch ihre sprachlichen Fähigkeiten fielen etwa 6.7 Punkte geringer aus, und sie hatten signifikant schlechtere feinmotorische Fähigkeiten als die Kinder der Kontrollgruppe.[37]

Sie sehen – es spricht sehr viel gegen absichtliches Schreienlassen als Erziehungsmethode. Es ist ein Relikt aus der alten Erziehung und einer Sicht auf das Kind als manipulierenden Egoisten, der durch sein Weinen Vorteile für sich erpressen möchte. Die neusten Erkenntnisse der Hirnforschung, Entwicklungspsychologie und Bindungsforschung stehen diesem Bild diametral entgegen.

Schlafen

Vom Ein- und Durchschlafen

Wenig bewegt Eltern in den ersten beiden Lebensjahren ihres Kindes – und im schlechtesten Falle auch darüber hinaus – so intensiv wie das Thema Schlafen. Oder besser: Nichtschlafen. Celina fasst das Problem gut zusammen:

Dieses Nichtschlafen meines Babys macht mich dermaßen fertig. Nachts bin ich alle ein bis zwei Stunden wach, weil meine Tochter neben mir raschelt und Hunger hat. Ich komme höchstens auf sechs Stunden Schlaf pro Nacht mit drei bis vier Unterbrechungen. Dauerkopfschmerzen, Schwindel und Tinnitus sind meine ständigen Begleiter. Das Einschlafprozedere dauert ein bis vier Stunden: Kaum ist unsere Tochter endlich eingeschlafen, kommt der Hunger schon wieder, und alles beginnt von vorn. Tagsüber schlafend ablegen klappt höchstens fünf Minuten, dann wacht sie auf, und es gibt Geschrei. Geschlafen wird eh nur höchstens 20 Minuten, wenn ich Glück habe. Es sei denn, ich nehme sie in die Trage, aber ich kann ja auch nicht fünf bis sechs Stunden am Tag mit ihr in der Trage rumlaufen?! Das habe ich jetzt aber ein paar Tage gemacht, um mal ein bisschen Ruhe zu haben, jetzt habe ich Rückenschmerzen und meine Beine tun weh. Zeit für mich? Keine Sekunde. Selbst duschen, Zähne putzen und auf die Toilette gehen wird zur großen Herausforderung, weil sie nicht abgelegt werden möchte. Wenn man das

jemandem ohne Kind erzählt, lacht der einen doch aus. Bevor ich ein Baby hatte, hätte ich das ehrlich auch nicht geglaubt. Ich hätte gedacht, die machen irgendwas falsch, und bei mir würde das Baby ganz sicher schlafen: Ins Bett legen und aus dem Raum gehen, zack, schläft es ein. Jetzt weiß ich es besser. Mein Partner kann auch nicht richtig helfen, denn bei ihm schreit sie so schlimm und lange, dass ich es nicht mehr aushalte und sie doch wieder nehme. Ich dachte schon, ich bin vor ein paar Wochen an meine Grenze gekommen, aber dann kommt immer wieder ein neuer Tag, und ich staune, wie weit sich diese Grenze verschieben kann. Mutterliebe ist schon echt krasser Scheiß. Aber wie bekomme ich mein Baby zum Schlafen?

Es gibt sie durchaus, diese Kinder, die problemlos alleine einschlafen und dann auch bald die ganze Nacht durchschlafen. In Krabbelgruppen gibt es immer das ein oder andere Kind, das sich einfach während des Spielens hinlegt und kurz danach selig schlummert. So etwas haben wir immer beeindruckt und etwas neidisch beobachtet. Denn »solche« Babys waren uns leider nicht vergönnt. Unsere Kinder konnten erst einmal nicht alleine einschlafen. Und das hatte nichts mit unserer Erziehungskompetenz oder unserem eigenen Verhalten zu tun. Eltern wird ja gerne mal eingeredet, dass sie sich nur entspannen müssen, dann würden auch ihre Babys entspannt sein. Hahahaha. Nein. Fakt ist aber: Es gibt Babys, die gut alleine in den Schlaf finden. Und dann gibt es solche, die das nicht tun. Punkt. Egal, wie sehr man sein eigenes Verhalten als Eltern optimiert, es wird trotzdem noch einige Zeit dauern, bis ein Baby mit hohem Nähebedürfnis alleine einschlafen lernt. Vielleicht sogar mehrere Jahre. Das ist natürlich anstrengend, aber es ist vollkommen normales Kinderverhalten.

Warum schlafen Menschen?

Jede bislang untersuchte Spezies auf der Erde schläft[1], obwohl sie währenddessen erheblichen Gefahren ausgesetzt ist. Wer schläft, kann von Feinden getötet werden, kann keine Nahrung sammeln, man kann sich nicht fortpflanzen.[2] Schlaf muss demnach für uns alle einen lebenswichtigen Wert haben, sonst hätte die Evolution diesen schon längst abgeschafft. Schlafexperte Dr. Hans-Günther Weeß erklärt in seinem Buch *Schlaf wirkt Wunder*, dass Schlaf das wichtigste Regenerationsinstrument unseres Körpers ist. Nur mit genügend Schlaf sind wir wach und energiegeladen. Er steigert unsere Leistungsfähigkeit, macht uns widerstandsfähiger, stärkt unser Immunsystem und reduziert das Risiko für Depression, Bluthochdruck, Herzinfarkt oder Schlaganfälle. Wir verarbeiten Informationen des Tages im Schlaf und bilden neue neuronale Verbindungen. Schlaf macht uns also schlauer. Dass Schlafmangel auch als Foltermethode genutzt wird, ist hinlänglich bekannt. Es geht sogar so weit, dass wir ohne Schlaf sterben würden![3]

Schlaf ist also unentbehrlich. Sogar im Uterus! Unsere kleinen ungeborenen Kinder schlafen in der gesamten Schwangerschaft fast ununterbrochen. Erst im letzten Schwangerschaftsdrittel sind Föten etwa zwei bis drei Stunden innerhalb von 24 Stunden wach – den Rest der Zeit verbringt das kindliche Gehirn schlafend oder träumend. Der Traumschlaf ist dabei besonders wichtig, denn er stimuliert das Wachstum von Nervenverbindungen im Gehirn. In der Woche vor ihrer Geburt verbringen unsere Kinder ganze neun bis zwölf Stunden am Tag im Traumschlaf, so viel wie nie wieder in ihrem Leben.[4] Den Rest der Zeit braucht ihr Körper für den Tiefschlaf, denn währenddessen wird das für das Körperwachstum notwendige Hormon Somatropin ausgeschüttet. Damit unsere Babys gut gedeihen können, hat die Natur ihnen auch nach der Geburt in den ersten Wochen ihres Lebens ein hohes Schlafbedürfnis in die Wiege gelegt.[5] In dieser Zeit schlafen sie problemlos von selbst ein und werden oft nur durch Hungergefühle etwa alle zwei Stunden geweckt.

@kriegundfreitag Das Kind schläft schon seit 18 Uhr. Freue mich auf das Frühstück um 1 Uhr nachts.

Bei älteren Kindern und Erwachsenen dagegen läuft das Müdewerden und Schlafen etwas anders ab. Ihr Schlafrhythmus wird von zwei voneinander unabhängigen Systemen im Gehirn gesteuert: dem zirkadianen und dem homöostatischen Rhythmus, oder, weniger wissenschaftlich ausgedrückt, unserer inneren Uhr und dem Schlafdruck.

Die Wissenschaft ist sich noch nicht ganz sicher, warum sich Schlafdruck aufbaut. Die einen Expert*innen meinen, dass sich in jeder Minute, die wir wach sind, in unserem Gehirn ein chemischer Stoff namens Adenosin ansammelt.[6] Je mehr Adenosin angehäuft wird, desto müder werden wir. Im Schlaf wird das Adenosin dann wieder abgebaut. Die anderen Expert*innen wiederum vermuten eher, dass sich Schlafdruck aufbaut, weil sich im Wachzustand im Gehirn zu viele neue Synapsen aufgrund von Lernvorgängen aufgebaut haben, sodass es in unserem Gehirn »wuseliger« wird und wir uns schlechter konzentrieren können. Im Schlaf werden diese neuen Verbindungen dann geordnet und teilweise zurechtgestutzt, sodass sie auf ein für das Gehirn energetisch tragbares Niveau herabgesetzt werden und neues Lernen am nächsten Tag möglich ist.[7] Wie auch immer es passiert, ist für uns eigentlich nebensächlich. Fakt ist, nach 12 bis 16 Stunden – bei Babys sogar schon nach ein bis zwei Stunden – Wachsein ist bei den meisten Menschen der Schlafdruck so hoch, dass sie einen unwiderstehlichen Drang spüren, sich hinzulegen und die Augen zu schließen.[8] Geben wir diesem Schlafdruck in diesem Moment nach, schlafen wir schnell und problemlos ein.

Unabhängig vom Schlafdruck läuft unser zirkadianischer Rhythmus, der bei fast allen von uns etwa 24 Stunden beträgt. Unsere neurologische Uhr, die über diesen Rhythmus bestimmt, heißt suprachiasmatischer Nukleus und liegt, wie sein Name uns so schön verrät, oberhalb der Kreuzungsstelle der Sehnerven. Dass er direkt bei den Sehnerven liegt, ist kein Zufall, überprüft und bewertet er doch die Lichtsignale, die durch die Sehnerven ins Gehirn geschickt werden. Unsere innere Uhr ist so eingestellt, dass wir bei Tageslicht aktiv und munter sind und in der Nacht schlafen wollen, und sie bestimmt unter anderem auch, wann wir hungrig werden, wie hoch unsere Körperkerntemperatur ist, wie oft wir auf Toilette müssen und wie gut wir in einem Mathetest abschneiden (nicht besonders gut morgens um 7.45 Uhr, so viel sei gesagt …). Kurz nach Einbruch der Dunkelheit veranlasst unser suprachiasmatischer Nukleus eine Ausschüttung von Melatonin aus der Zirbeldrüse. Das Melatonin signalisiert unserem Körper, dass es dunkel ist und die Schlafenszeit beginnen sollte. Es hat allerdings keinen Einfluss darauf, ob wir tatsächlich einschlafen, es bringt lediglich die entsprechenden Gehirnregionen dazu, sich zum Einschlafen bereit zu machen.[9]

Bei Neugeborenen funktioniert der suprachiasmatische Nukleus noch nicht von Anfang an. Er wurde natürlich bereits vor der Geburt angelegt, und ein Grundstock an Rhythmus erlebt und speichert das kindliche Gehirn auch schon im Uterus, doch ihre innere Uhr muss erst noch ein wenig nachreifen. Ungefähr mit drei oder vier Monaten zeigen Babys die ersten Ansätze eines echten

Tag-Nacht-Rhythmus. Erst nach dieser Zeit hat sich durch wiederkehrende, regelmäßige Signale wie das Tageslicht, Temperaturveränderungen oder andere strukturiert wiederkehrende Tagespunkte (Ernährung, Pflege, Interaktion) ein 24-Stunden-Rhythmus eingestellt. Die alte Ammenweisheit, dass Neugeborene noch nicht zwischen Tag und Nacht unterscheiden können, stimmt also. Dementsprechend schlafen und wachen Neugeborene, wie sie lustig sind. Es dauert noch bis zum ersten Geburtstag, bis sich der Schlaf zunehmend in die Nacht verschiebt.[10]

Kinder, die jünger als ein Jahr sind, schlafen in der Regel polyphasisch, also in mehreren Schlafetappen am Tag. Neugeborene und Babys bis zwei Monate schaffen es nur etwa ein bis zwei Stunden, wach zu sein, bevor sie wieder eine Schlummerpause benötigen. Diese Schlafepisoden können mehrere Stunden dauern, aber auch nur ein paar Minuten. Aus experimentellen Studien wissen wir, dass unsere Kleinen längere Wachzeiten leider noch nicht mit längerem oder tieferem Schlaf kompensieren.[11] Konkret heißt das für Eltern: Es bringt nichts, Babys (bis etwa sechs Monate) vom Einschlafen abzuhalten, in der Hoffnung, dass sie später beim Mittagschlaf oder in der Nacht länger schlafen. Es ist unnötig und schädlich. Der natürliche Reifeprozess des Gehirns, das heißt das Einsetzen der Schlafhomöostase zwischen der sechsten und zwölften Lebenswoche führt automatisch zu längeren Schlafphasen, ohne dass wir das unseren Babys antrainieren müssten.[12]

@Glueckskekse1 Google sagt, das Baby sollte mehrmals am Tag länger als 1,5 Stunden schlafen und seine Schlafzeiten am Stück nachts würden sich jetzt von alleine verlängern.
Hab es dem Baby mal vorgelesen.
Bin gespannt.

Ab dem dritten bis ungefähr zum sechsten Monat schlafen Babys zwei- bis viermal am Tag. In der Nacht schaffen sie Schlafetappen von etwa zwei bis fünf Stunden. Eltern, deren Babys in diesem Alter fünf Stunden pro Nacht durchschlafen, frohlocken oft, weil sie denken, das bedeute, dass ihre Kinder sogenannte »Gutschläfer« sind. Wir wollen Ihnen diese Hoffnung nicht nehmen – es ist durchaus möglich, dass Ihr Kind weiterhin so großartig schläft. Die meisten Kinder entwickeln jedoch in den nächsten Monaten, in denen sie motorisch viel dazulernen, eher einen Nachtrhythmus, in welchem sie alle zwei Stunden trinken wollen. Um den ersten Geburtstag ist die Entwicklung des Kindes so rasant und aufregend, dass viele von ihnen nachts sogar stündlich gestillt werden wollen oder das Fläschchen einfordern. Aber immerhin: Der Tagesschlaf verringert sich ab dem achten Monat von zwei Tagesschläfchen hin zu dem charakteristischen Mittagschlaf, der zwischen eineinhalb und drei Stunden dauert. Mit circa 18 Monaten schlafen die allermeisten Kinder nur noch einmal am Tag und stillen den Rest ihres Schlafbedürfnisses in der Nacht.[13]

Leider schlafen nicht alle Babys einfach ein, wenn sie müde sind und Schlafdruck verspüren. Sie fühlen zwar ein Unwohlsein, schaffen es aber nicht, sich selbst zu regulieren, und brauchen aktive Co-Regulation durch Erwachsene, um in den Schlaf zu finden. Ich weiß noch, wie verwirrt ich als Erstmutter war, als mein Baby Carlotta nach etwa zwei Stunden Wachsein anfing zu jammern. Was hatte sie denn? Hunger konnte es nicht sein, ich hatte sie gerade gestillt. Die Windeln hatte ich auch gewechselt. Nähebedürfnis war ebenfalls unwahrscheinlich, denn sie lag doch direkt auf mir. Und doch jammerte sie und wand sich. Ich klapperte mit einem Rasselring vor ihren Augen. Vielleicht war ihr langweilig? Doch sie drehte ihren Kopf zur Seite und jammerte noch mehr. Plötzlich ging mir ein Licht auf. »Oh! Du bist müde! Das Jammern ist dein Müdesignal!« Dass Babys schon nach so kurzer Zeit einen so hohen

Schlafdruck verspüren, wusste ich damals noch nicht. Dass sie trotz Müdigkeit unsere Hilfe brauchen, um in den Schlaf zu finden, auch nicht. Aber ich lernte Schritt für Schritt, ihre Signale zu entziffern und ihr beim Einschlafen zu helfen.

Co-Regulation und Beruhigungsstrategien

Am sinnvollsten ist es, zum Beruhigen und Schläfrigmachen eines Babys die Bedingungen zu simulieren, die es im Uterus hatte, da das Gehirn an diese Bedingungen gewöhnt ist und sie mit Schlaf assoziiert. Co-Regulationsstrategien sind deshalb Nähe, Schuckeln, White Noise, Einengung und Nuckeln/Stillen. Der Kinderarzt Dr. Karp hat diese fünf Beruhigungsstrategien in seinem Buch *Das glücklichste Baby der Welt* beschrieben.[14] Sie helfen, ein unruhiges, jammerndes oder sogar schreiendes Baby so weit zu co-regulieren, dass es in den Schlaf finden kann.

1. Enge

Das Baby war im Uterus ständiger Enge ausgesetzt. Viele Babys überfordert nach der Geburt die plötzliche Grenzenlosigkeit ihrer Welt. Sie werden ruhiger, wenn man für sie die Enge des Bauches simuliert. Um diesen Zustand nachzubilden, kann man das Baby pucken. Das Kind wird dabei fest mit einem Tuch oder einem speziellen Pucksack eingewickelt, sodass es die Arme (und manchmal auch Beine) nicht mehr bewegen kann. Ihre Hebamme kann Ihnen das Pucken mit einem Tuch beibringen, das Anlegen eines Pucksacks ist meist selbsterklärend. Es gibt einige wenige Kinder, die nicht gepuckt werden möchten. Das sollte natürlich unbedingt respektiert werden. Es ist auch möglich, das Baby im Arm zu halten und dabei sanft seine

Ärmchen und Beinchen festzuhalten, damit diese nicht so stark rudern. Das allein reicht oft schon, um ein Baby zur Ruhe zu bringen.

2. Reizabschirmung

Der Säugling wird in den Arm genommen und auf die Seite gelegt. Dr. Karp, der Erfinder der 5-S-Methode, hält die Seitenlage für besonders wichtig. Wir finden, die Reizabschirmung ist wichtiger. Der Kopf und die Augen des Babys zeigen in Richtung der Person die es hält, da so die meisten Reize Augen und Ohren des Kindes nicht mehr erreichen. Auch tagsüber ist es zumindest in den ersten Lebenswochen sinnvoll, zu viele Reize weitestgehend zu meiden und immer wieder Erholungspausen anzubieten, in denen es nicht viel zu sehen gibt. So ist es empfehlenswert, in einer dunklen, ruhigen Umgebung zu stillen. Denken Sie immer daran: Ihr Kind kennt bisher nur die gedämpften visuellen, auditiven und taktilen Reize aus dem Uterus. Alles auf der Welt ist neu und aufregend, laut, kalt und hell. Um runterzukommen, ist es demnach wichtig, diese laute, grelle Welt zu dämpfen.

3. Nuckeln

Saugen ist ein Grundbedürfnis von Babys – sie tun es bereits im Bauch. Für viele Kinder ist das Saugen am eigenen Daumen die erste selbst erlernte Beruhigungsstrategie. Um einschlafen zu können, hilft Nuckeln ungemein. Von der Natur dafür vorgesehen ist die Brust. Diese steht aber unter Umständen nicht dauerhaft oder gegebenenfalls auch gar nicht zur Verfügung, dementsprechend ist es möglich, das angeborene Saugbedürfnis auch durch einen Schnuller oder eine Milchflasche mit Sauger

zu ersetzen. Achtung: Haben Sie bitte im Hinterkopf, dass es dabei selten zu einer Saugverwirrung kommen kann, weil das Trinken an der Brust und an der Flasche eine andere Technik benötigen.

4. Weißes Rauschen

Im Uterus ist der Fötus neun Monate lang einer Kulisse aus Geräuschen ausgesetzt: Herzschlag, Verdauungsgeräusche und Blutfluss. Letzterer klingt wie ein konstantes Rauschen, daher wirken gleichförmige, rauschende Geräusche enorm beruhigend auf Säuglinge. Wie man das Rauschen hervorbringt, ist nicht wichtig – am einfachsten ist es, lang gezogen »Schhhhhhhhhh« mit dem Mund zu machen. Ebenso eignen sich die Dunstabzugshaube, der Föhn oder der Staubsauger. Umweltfreundlich geht es mit Föhn-Geräusche-Apps, einer MP3-Datei oder einem der etlichen Kuscheltiere auf dem Markt, die weißes Rauschen beziehungsweise Herzschlaggeräusche produzieren. Schauen Sie einfach, worauf Ihr Baby am besten reagiert. Führen Sie das weiße Rauschen am Anfang erst einmal in schönen, ruhigen Situationen ein: Wenn Ihr Baby entspannt ist und an der Brust trinkt: »Schhhh«. Wenn es gerade einschläft: »Schhhh«. Denn dann lernt das Gehirn Ihres Babys, das Geräusch wie im Uterus mit schönen, entspannten, einschläfernden Situationen in Verbindung zu bringen. Dann wirkt das weiße Rauschen hinterher auch in stressigen Situationen beruhigend.

5. Das kurze, schnelle Wiegen/Wippen

Schwangere sind die meiste Zeit des Tages in Bewegung, sodass das Baby im Uterus ebenfalls die meiste Zeit bewegt wird. Daher sind Babys mit kurzen schuckelnden Bewegungen vertraut – sie erinnern sie an die Zeit im Bauch. Diese Vertrautheit hilft entscheidend beim Einschlafen. Bewegen Sie Ihr Baby auf Ihrem Arm sanft, aber durchaus schnell auf und ab. Aber Achtung! Auf keinen Fall sollten Sie Ihr Baby schütteln! Dabei wird oft das Gehirn von Kindern geschädigt, weil der Kopf hin- und herschleudert. Das ist hier definitiv nicht gemeint. Wir reden davon, das Baby sicher im Arm zu halten, das Köpfchen gut gestützt, und den Arm vorsichtig rhythmisch auf- und abzubewegen. Die Spannbreite der Bewegung sollte nicht zu hoch sein – es reicht, das Kind etwa drei bis fünf Zentimeter hoch- und runterzubewegen. Im Internet gibt es etliche Videos, an denen Sie sich orientieren können. Suchen Sie nach »Dr. Harvey Karp, 5S«.[15] Dr. Karp gibt Ihnen auch eine schlagfertige Antwort auf die Frage, ob das Baby durch den ganzen Rummel, den Eltern heute um das Schlafen machen, nicht zu sehr verwöhnt wird? Ach, zu spät! Sehen Sie – all diese Beruhigungsmaßnahmen ist Ihr Baby bereits aus dem Bauch gewohnt. Es wurde schon lange, lange vor seiner Geburt von Ihnen in seiner Bewegung eingeengt, in den Schlaf geschaukelt und mit weißem Rauschen beschallt. Also warum damit jetzt aufhören? Never change a running system.

Haben Sie eins oder mehrere dieser Co-Regulationsstrategien angewandt, sollte sich Ihr Baby so weit beruhigt haben, dass es einschlafen kann. Vielleicht ist es sogar schon weggeschlummert? Wenn nicht, kein Problem. Dann geben wir seinem kleinen Gehirn einfach noch ein paar weitere subtile Hinweise, dass Schlafenszeit ist. Lassen Sie uns die Macht der Rituale nutzen!

Wie kann man das Einschlafen sanft unterstützen?

Dass Babys nicht *ver*wöhnt werden können, weiß heute wohl jeder Elternteil. Das heißt aber nicht, dass sie sich nicht an bestimmte Abläufe und Rituale *ge*wöhnen. Dieser Umstand ist Freud und Leid zugleich. Einerseits hilft uns die Gewöhnung des kindlichen Gehirns an Rituale und Einschlafsignale, das Ein- und Durchschlafen einfacher zu gestalten oder das Kind später an sein eigenes Bett zu gewöhnen. Andererseits schleichen sich manchmal unbewusste Rituale und Einschlafsignale ein, die von den Eltern gar nicht beabsichtigt sind und die das Leben mit Baby anstrengend oder sogar schmerzhaft werden lassen. Im folgenden Abschnitt soll es deshalb um Einschlafsignale und Rituale gehen. Diese sind winzige Rädchen im großen Getriebe des kindlichen Schlafs, und doch kann man, wenn man an ihnen dreht, so einiges zum Positiven wenden.

Was sind Einschlafsignale?

Einschlafsignale sind alle Arten von wiederkehrenden Abläufen, Umständen und Gegenständen, die dem Kind in ihrer Gesamtheit zeigen: Jetzt geht es ins Bett. Wird das Kind ausgezogen, werden seine Zähne geputzt und wird ihm der Schlafanzug angezogen, so wären das drei Signale, die das Gehirn darauf vorbereiten, in den Ruhemodus zu schalten. Einige Einschlafsignale werden von den Eltern bewusst eingeführt (Rituale), andere schleichen sich mit der Zeit einfach ein und können sogar unangenehm werden. Darauf kommen wir im Laufe dieses Kapitels zu sprechen. Allen gemeinsam ist, dass es ein paar Wochen dauert, bis diese Signale tatsächlich müdigkeitsfördernd wirken. Sind sie jedoch einmal etabliert, hält das Gehirn des Kindes stark an ihnen fest, sodass ein Abgewöhnen schwierig ist. Auch darauf werden wir zu sprechen kommen.

Rituale helfen beim Einschlafen

Eine große Hilfe, um dem Gehirn des Babys zu signalisieren, dass nun die Schlafenszeit beginnt, sind Rituale. Sehr wahrscheinlich haben fast alle von Ihnen bereits das eine oder andere eingeführt. Bei unserem Sohn Josua hatten wir folgende Rituale am Abend: Er wurde, nachdem er den Schlafanzug anbekommen hatte, eingepuckt. Er brauchte diese Eingrenzung und freute sich schon, wenn ich ihm das Pucktuch zeigte. Dann legten wir uns gemeinsam ins Familienbett, und er wurde in den Schlaf gestillt, da er keinen Nuckel wollte. An der wiederkehrenden Reihenfolge dieser Schlafsignale erkannte mein Sohn demnach, dass er nun schlafen sollte, und da ich meist den richtigen Zeitpunkt abpasste, zu dem er auch wirklich müde war, wirkten sie in ihrer Gesamtheit einschlaffördernd. Andere bewusst eingeführte, ritualisierte Schlafsignale können sein: Schlafsack anziehen, allen Menschen in der Wohnung einen Gute-Nacht-Kuss geben, Kuscheltier in den Arm nehmen, Nachtlicht anknipsen, Spieluhr aufziehen, Schlaflied singen, die Gardine zuziehen, die Jalousie herunterlassen, ein Buch vorlesen etc.

Unser Ritual für die Tagesschläfchen entwickelte sich bei uns eher unbewusst mit der Zeit. Ich brachte zusammen mit meinem Sohn seine großen Schwestern in den Kindergarten, nahm ihn anschließend in die Trage, wir schauten uns ausgiebig alle Mülleimer auf dem Weg an (fragen Sie nicht …), und dann fuhr ich zu meinem Lieblingscafé, in dem ich am Vormittag unsere Ratgeber schrieb. Da Josua in diesem Alter meist gegen fünf Uhr aufstand, wurde er schon recht müde, wenn ich gegen 8.30 Uhr im Café ankam. Deshalb stellte ich mich dort mit ihm in der Trage vor die Tür, wippte auf und ab und sang dabei ein Schlaflied, was ich schon gesungen hatte, als er noch in meinem Bauch war. Auch das Auf- und Abwippen kannte er noch aus der Zeit aus meinem Bauch. Nach ein paar Minuten schlief er tief und fest. Wie Sie vielleicht bemerkt haben, brauchte er bei diesem Tagesschlafritual das Einschlafstillen nicht – es reichte, wenn die anderen Schlafsignale aktiviert wurden. Dass er das Einschlafstillen nicht brauchte, war ein großer Vorteil – ich werde Ihnen gleich noch erzählen, warum.

Diese Kombination habe ich damals nicht bewusst als Ritual eingeführt, sondern sie ist durch Versuch und Irrtum entstanden. Ich probierte einfach aus, wie er am besten einschlief. Ich versuchte es im Café auf dem Arm, im Kinderwagen vor dem Café usw. und blieb einfach bei den Strategien, die am schnellsten funktionierten. Da ich einen Stehplatz im Café hatte, konnte ich problemlos mit ihm in der Trage unseren Ratgeber schreiben, solange er schlief. Wachte er nach zwei Stunden auf, packte ich meine Sachen zusammen, und wir liefen in Richtung Spielplatz.

Wie Sie sehen – Rituale und Einschlafsignale einzuführen, ist keine Zauberei. Sie haben mit Ihrem Baby ganz sicher auch eine Reihe davon. Aber vielleicht waren das nicht immer bewusst eingeführte Signale. Manchmal schleichen sich auch Rituale ein, ohne dass wir das wollen.

Unbewusst eingeführte Schlafsignale

Als meine Töchter noch klein waren, trug ich sie oft in der Trage, und weil sie dabei neugierig umherguckten, fing ich an, meine Hand auf ihr Ohr zu legen, um sie damit von der lauten Umwelt abzuschirmen und gleichzeitig die Sicht etwas einzuschränken. Dieses Hand-aufs-Ohr-Legen war ihnen so angenehm, dass es schnell zum Einschlafsignal wurde. Leider fingen sie an, dieses Signal auch abends im Bett einzufordern – ich sollte zwischen ihnen liegen und meine Hand jeweils links und rechts neben mir auf die Ohren meiner Töchter legen. Das war logistisch und körperlich für mich natürlich schwer durchführbar und nervte mich irgendwann sehr. Ein zweites unbewusst eingeführtes Signal war bei uns das Ruckeln im Wagen. Neben meinem Lieblingscafé gibt es einen sehr, sehr langen Gehweg, dessen Oberfläche – typisch für Berlin – unglaublich schlecht gewartet ist. Man kann darauf kaum laufen, ohne andauernd über Wurzeln, aufgespaltenen Beton oder lose Steine zu stolpern. Für uns war dieser Gehweg aber ideal, denn der Kinderwagen wackelte darauf so extrem, dass meine Töchter wunderbar in den Schlaf geruckelt wurden. Wir nannten den Weg deswegen sogar »Magic Sidewalk«, da es darauf keine Minute dauerte, bis meine Töchter schliefen – das Schlafsignal »Ruckeln« war etabliert. Leider bedeutete das auch, dass ab diesem Zeitpunkt Wege, die nicht so verfallen und ruckelig waren, nicht mehr so gut funktionierten. Meine Töchter fanden auf ebenen Gehwegen nur sehr, sehr schwer in den Schlaf. Zum Einschlafen fehlte ihnen ein wichtiger Bestandteil: im Kinderwagen liegen, Nuckel im Mund, Schlaflied hören, ruckeln und schuckeln. Ohne das vierte Signal war dem Gehirn meiner Töchter nicht zu 100 Prozent klar, dass Schlaf angesagt war. Nicht selten konnte man mich deshalb damals zur Mittagschlafzeit panisch nach holperigen Rasenflächen oder Pflastersteinwegen suchen sehen. Schnell, wo sind hier die nächsten Gehwegbauarbeiten? Meine Kinder sind müde!

Unangenehme Einschlafsignale

Es gibt Einschlafsignale, die vom Kind selbst eingeführt werden und die von den Erwachsenen eher geduldet werden, weil sie dem Kind offensichtlich helfen, schnell zur Ruhe zu kommen. Diese steigern sich mit der Zeit dann aber oft so sehr, dass sie für die Eltern unangenehm oder sogar schmerzhaft sind. Manche Kinder mögen es zum Beispiel, an der Haut der Eltern zu knibbeln. Oft an der Haut zwischen dem Daumen und dem Zeigefinger, manchmal auch am Ellenbogen oder am Doppelkinn. Beliebt ist auch das Zwirbeln mit den Fingern an der freien Brustwarze während des Stillens. Viele Kinder drehen gern die Haare der Eltern um ihren Finger während des Einschlafens, und wir kennen einige Kinder, die den Finger in den Mund der Erwachsenen stecken, weil sie das nasse, warme Gefühl mögen.

Anfangs sind diese kleinen Macken oft gut auszuhalten, und die Eltern erdulden sie zähneknirschend, weil sie das schnelle Einschlafen des Kindes garantieren. Endlich Feierabend! Leider steigert sich das Ganze oft nach einiger Zeit und ist dann für die Eltern nicht mehr lustig. Denn wenn die Haare so lange gedreht und gezogen werden, dass die Kopfhaut schon wehtut, oder nicht mehr nur ein Finger in den Mund gesteckt wird, sondern die ganze kleine Faust, oder wenn im Mund an den Zähnen gekratzt wird oder die elterliche Zunge untersucht wird, dann ist die Grenze des Aushaltbaren eindeutig überschritten! Relativ häufig tragen Eltern ihr Baby im Arm in den Schlaf. Dieses Tragen funktioniert so gut, dass es zunächst gern beibehalten wird. Werden die Kinder aber größer und erreichen ein gewisses Gewicht, wird das allabendliche Einschlaftragen zur Tortur für Arm und Rücken der Eltern – sie möchten es dann gern wieder abschaffen. Das Problem ist dann aber: Dieser Zustand des Getragenwerdens (oder auch das Knibbeln, Drehen oder Kneifen) ist für das kindliche Gehirn schon als

Einschlafsignal etabliert, das heißt, das Gehirn des Kindes denkt unbewusst, dass es unausweichlich zum Einschlafen dazugehört. Es hat das Gefühl, dass es ohne dieses Signal nicht einschlafen kann, und wird vehement dafür kämpfen, dass es beibehalten wird. Das geschieht nicht aus Boshaftigkeit, sondern weil das Gehirn so sehr an dieses Signal als Bestandteil des Einschlafens gewöhnt ist, dass es in echte Unruhe gerät – in diesem Zustand kann natürlich kein Kind einschlafen.

Einschlafbegleitung als Einschlafsignal: Segen und Fluch

Deshalb hier unsere explizite Warnung an Sie: Überlegen Sie bei jedem Schritt Ihres Einschlafrituals, ob Sie körperlich in der Lage und psychisch gewillt sind, diesen für die nächsten … na, sagen wir: fünf Jahre Abend für Abend durchzuführen. Lautet die Antwort Nein, vermeiden Sie es, diesen Schritt als Einschlafsignal zu etablieren.

Das gilt auch für die Einschlafbegleitung! Dass Babys beim Einschlafen die Nähe und Sicherheit eines Erwachsenen brauchen, ist ein Grundbedürfnis, das wir erfüllen sollten. Welche Bindungsperson diese Einschlafbegleitung jedoch übernimmt, kann sich zu einem unerwünschten Einschlafsignal etablieren. Kaum ein Problem kommt öfter in unseren Beratungen vor als das Phänomen, dass nur ein einziger Elternteil vom Kind als Einschlafbegleitung akzeptiert wird, jahrelang. Wechseln Sie von Anfang an ab! Als erwachsene Person neben dem Baby zu liegen und darüber zu wachen, dass es einschläft, ist wundervoll. Aber jeden Abend für die nächsten fünf Jahre? Als jemand, der insgesamt mehr als zehn Jahre einschlafbegleitet hat, kann ich Ihnen verraten, dass das nicht immer nur Spaß macht. An manchen Tagen war ich schwer davon genervt und sogar wütend. Ich fühlte mich eingesperrt und fremdbestimmt. Verstehen Sie uns an dieser Stelle bitte nicht falsch: Wir sind pro Einschlafbegleitung. Kinder wollen gerne einschlafbegleitet werden, die überwiegende Mehrzahl jedenfalls. Wir raten Ihnen absolut dazu, Ihr Baby beim Einschlafen zu begleiten. Aber: Unbedingt sollten Sie darauf achten, dass das Bedürfnis »Einschlafbegleitung« durch *verschiedene Personen* erfüllt wird und nicht nur durch einen einzigen Elternteil. Wie gesagt: Einmal eingeführt, hält das kindliche Gehirn wie ein kleiner Junkie daran fest, und wenn Mama als Begleitung etabliert wurde, schreit das Kind Zeter und Mordio, wenn es neben Papa einschlafen soll. Investieren Sie deshalb bitte gleich am Anfang Ihrer Eltern-Kind-Beziehung in eine gleichberechtigt aufgeteilte Einschlafbegleitung. Es kann sein, dass Ihr Baby bei einem von Ihnen besser oder schneller einschläft, aber geben Sie dem anderen Elternteil bitte trotzdem die Gelegenheit, eine eigene Einschlafbeziehung mit Ihrem Kind aufzubauen. Wenn nötig, gehen Sie als bevorzugter Elternteil eine Runde draußen spazieren. Ihr Baby ist sehr gut beim zweiten Elternteil aufgehoben, und die beiden finden einen Weg, versprochen. Sie brauchen nur die Chance dazu.

@bandshirtpapa Das Baby in den Schlaf begleiten ist wie ein Videospiel: Irgendwann kommt die Stelle, an der du etwas ausprobieren musst, und wenn es nicht klappt, fängt das Level wieder komplett von vorne an.

Einschlafsignal Nuckel

Fast alle Kinder machen die oben erwähnte Unruhe, die durch das Ausbleiben eines etablierten Einschlafsignals verursacht wird, bei der Schnullerentwöhnung durch. Während das Abgeben des Schnullers tagsüber meist kein Problem darstellt, werden die meisten Kinder fast panisch und weinerlich, wenn sie das erste Mal ohne den Schnuller einschlafen sollen. Ganz klar – dem Gehirn fehlt an diesem Punkt ein wichtiges Schlafsignal (das Schnullern), deshalb dauert es zunächst ein paar Tage viel länger, bis das Kind tatsächlich in den Schlaf findet. An der Schnullerentwöhnung sieht man aber auch, dass es möglich ist, dass ein Kind lernt, ohne ein bestimmtes Schlafsignal einzuschlafen – alle Kinder legen früher oder später ihren Nuckel ab. Das bedeutet, Eltern können und sollten Schlafsignale, die ihnen wehtun oder die sie stark belasten, abschaffen. Es ist möglich, Ersatzobjekte zu geben, diese werden jedoch meist ungern angenommen, sodass überlegt werden kann, ob eine Umgewöhnung auf das Ersatzobjekt für das Kind nicht genauso schwierig ist wie das komplette Abgewöhnen dieses Schlafsignals.

Wie gewöhnt man ein schmerzhaftes Einschlafsignal ab?

Einschlafsignale können behutsam Schritt für Schritt abgeschafft oder ausgetauscht werden, wenn sie für die Eltern unhaltbar geworden sind, oder als radikaler Schritt von heute auf morgen. Ein Zehn-Kilo-Kind für fünf Minuten auf den Armen in den Schlaf zu tragen, mag möglich sein, aber wenn es eine halbe Stunde oder gar eine ganze Stunde dauert, dann werden die Kräfte der Eltern unnötig strapaziert.

Bei der Abgewöhnung ist es wichtig, die anderen Schlafsignale des Rituals beizubehalten. Wollen Sie also das Einschlaf-Tragen abgewöhnen, dann würden vorher alle Signale weiterhin gesendet, beispielsweise Ausziehen, Zähneputzen, Windelwechseln, Schlafanzug-Anziehen, Stillen, Schnuller. Das Gehirn des Kindes würde also Schritt für Schritt darauf vorbereitet werden, dass nun die Schlafphase beginnen soll. Es »wartet« allerdings noch auf das letzte Signal, und es ist ratsam, wenn man einen sanften Wechsel des Schlafsignals anstrebt, zunächst einmal mit dem Tragen zu beginnen. Nach einer Weile, kurz bevor Ihr Kind tatsächlich einschläft, können Sie sich jedoch mit dem Kind im Arm hinsetzen. Das weicht vom normalen Tragen ab, deshalb wird das Kind dagegen protestieren und wieder wacher werden. Also sollten Sie nun wieder aufstehen und es weitertragen – sich jedoch irgendwann, wenn es wieder schläfriger ist, erneut hinsetzen. Nach einigem Hin und Her, also Hinsetzen und Aufstehen, ist das Gehirn Ihres Kindes so müde, dass es nicht mehr protestiert, wenn Sie sitzen. Das Baby schläft ein, obwohl Sie mit ihm nicht hin- und herlaufen.[16] Diese Art der achtsamen Entwöhnung nennt man »sanftes Ablösen«. Dieses abwechselnde Tragen und Hinsetzen müssen Sie ein paar Tage lang durchziehen, bis das Sitzen im Gehirn das Einschlaf-Tragen als Signal abgelöst hat. Der nächste Schritt wäre dann, das Sitzen einzutauschen gegen Liegen. Auch das wird wie oben beschrieben langsam eingeführt. Auf diese Weise kann man, wenn man einen langen Atem hat, unliebsame Schlafsignale feinfühlig austauschen.

Bei unangenehmeren Schlafsignalen kann das Umgewöhnen auch schneller vonstattengehen, wenn das für die Eltern wichtig ist. Denken Sie daran: In einer beziehungs- und bedürfnisorientierten Elternschaft werden alle Bedürfnisse, auch die der Eltern, beachtet. Und manchmal wiegen diese schwerer als die Bedürfnisse der Kinder. Eine meiner Töchter zum Beispiel hatte sich angewöhnt, in der Nacht meinen ausgestreckten Arm als ihr Kopfkissen zu benutzen. Das war erst einmal nicht so schlimm, nach ein paar Nächten in dieser Position fühlte ich mich aber sehr gefangen und wurde richtiggehend wütend. Ich wollte mich gern mal wieder auf die andere Seite drehen. Da sie zu diesem Zeitpunkt schon drei Jahre alt war, konnte ich ihr das Ganze erklären. Sie war jedoch trotzdem unglücklich und mein Arm fehlte ihr in der Nacht. Also suchte ich nach einem Substitut, das ihr ein ähnliches Schlafgefühl geben würde, und wurde fündig in Form eines schmalen Türkissens, welches normalerweise auf den Boden hinter die Tür gelegt wird, um Zugluft zu vermeiden. Immer, wenn sie in der Nacht im Halbschlaf an meinem Arm zerrte, um ihren Kopf darauf betten zu können, entzog ich ihn ihr sanft und legte stattdessen das Kissen in ihren Nacken. Sie merkte das natürlich und fand das bei Weitem nicht so kuschelig, meckerte ein bisschen, arrangierte sich jedoch mit der Alternative und schlief bald darauf genauso gut wie auf meinem Arm.

Versuchen Sie herauszufinden, welches Substitut der kleinen Einschlafmacke Ihres Kindes helfen könnte. Zwickt Ihr Kind zum Einschlafen zum Beispiel Ihre Haut, dann könnte ein Kuscheltier mit weichen Lederohren oder vielleicht einfach das Waschschildchen eines Kuscheltuches ein ähnliches Gefühl verschaffen. Immer, wenn Ihr Kind Ihre Hand nehmen will, um an der Haut zu knibbeln, sollten Sie ihm die Hand sanft entziehen und stattdessen das Lederohr hinhalten. Haben Sie ein Kind, das gern Ihre Haare eindreht, dann könnte eine Echthaarpuppe als Alternative herhalten. Das Zwirbeln an der Brustwarze kann man mit einer sogenannten Stillkette umlenken. Das ist eine Kette mit Perlen, die der stillende Elternteil trägt und an der die kleinen Fingerchen des Kindes dann herumfummeln können. Ihr Kind wird das Ersatzobjekt zunächst nicht mögen und erst einmal dagegen protestieren, vermutlich sogar laut und wütend werden. Tatsächlich ist das Entziehen eines Schlafsignals ein bisschen so als müsse sich das Kind von einer Droge entwöhnen – das Gehirn denkt, es braucht das Hautknibbeln, das Haardrehen, das Zwirbeln zum Einschlafen. Tut es in Wirklichkeit nicht, aber die Not des Kindes in der Nacht, die Sie sehen, ist echt.

Je nachdem, wie groß Ihr Leidensdruck ist, können Sie dem Wunsch des Kindes doch nachgeben und es weiterhin knibbeln oder Haare drehen lassen oder eben dabeibleiben, das Kuscheltier/die Puppe stattdessen anzubieten. Es ist Ihre Entscheidung! Wir möchten nur betonen, dass Sie auch als Eltern an Ihre eigenen Bedürfnisse denken dürfen. Sie müssen sich nicht malträtieren lassen – die meisten Einschlafsignale zählen nicht zu den Bedürfnissen eines Kindes, sondern zu seinen Wünschen. Man kann sie erfüllen, aber es ist nicht zwingend notwendig. Übrigens: Stillen in der Nacht gilt nicht als Einschlafsignal, sondern ist ein echtes Bedürfnis. Man sollte es dementsprechend nicht wegrationalisieren, da der Körper die Kalorien braucht. Das Einschlafstillen dagegen ist ein Einschlafsignal. Das ist eine kleine Schraube, an der man drehen kann, wenn man die Einschlafsituation verändern möchte, weil sie den Erwachsenen nicht guttut. Dann entkoppelt man das Stillen von den Einschlafsignalen, indem man zum Beispiel vorher ausgiebig im Wohnzimmer stillt und danach erst mit den anderen Ritualen beginnt. Das Baby würde dann ohne Brustwarze im Mund einschlafen. Trotzdem wird es weiterhin in der Nacht Hunger bekommen und Milch einfordern, daran sollte man nichts ändern.

Wie wir schon erwähnt haben, ist das Umgewöhnen auf einen Alternativgegenstand für ein Kind fast genauso stressig wie das komplette Abgewöhnen. Wenn Sie also keine Zugluftkissen, Echthaarpuppen, Stillketten und Lederohr-Kuscheltiere anschaffen wollen, dann bleibt immer noch die Möglichkeit des radikalen Entzugs. Sie sprechen mit Ihrem Kind, egal, wie alt es gerade ist, und erklären ihm, dass Sie von nun an nicht mehr möchten, dass es zwirbelt etc., weil Ihnen das wehtut. Halten Sie dann seine Verzweiflung und Wut aus, begleiten Sie diese liebe- und verständnisvoll, aber bleiben Sie bei Ihrer Entscheidung. Wie beim Abgewöhnen des Schnullers auch braucht das kindliche Gehirn ein paar Tage, bis es den Verlust überwunden hat. Ihr Kind wird also ein paar Tage beim Einschlafen wüten und trauern. Es wird mit körperlichen Maßnahmen versuchen, doch noch an die Hautfalte Ihrer Finger, an die Brustwarze oder in Ihren Mund zu kommen, und so verzweifelt weinen, dass Sie das Gefühl haben werden, ihm etwas ganz Schlimmes anzutun. Unser Job als Eltern ist es, diese Trauer auszuhalten und dem Kind zu helfen, diese großen Gefühle mit uns an der Seite ertragen und überwinden zu lernen. Unser Bedürfnis nach körperlicher Unversehrtheit ist valide und elementar, und unsere Kinder lernen in diesem Moment, unsere persönlichen Grenzen einzuhalten. Das wird ihnen schwerfallen, aber sie haben ja uns bei diesem Lernprozess an ihrer Seite. Nach ein paar Tagen ist das abgeschaffte Einschlafsignal nicht mehr notwendiger Teil des Einschlafrituals, und die Kinder schlafen ohne ein.

Zu guter Letzt noch eine kleine Anmerkung: Auch die Zeit bringt eine Veränderung der Einschlafrituale mit sich. Einfach abzuwarten, bis die Kinder bestimmte Einschlafsignale nicht mehr brauchen, ist ein völlig legitimer Weg, solange alle Mitglieder Ihrer Familie mit der Einschlafsituation zufrieden sind und niemand Schmerzen ertragen muss.

Abwechseln von Einschlafsignalen

Einschlafsignale sind eine tolle Sache, wenn man viele verschiedene davon eingeführt hat, denn dann kann man sie abwechseln, wenn mal eins von ihnen nicht funktioniert. Wie ich am Anfang des Kapitels schrieb, wurde mein Sohn lange einschlafgestillt. Eines Nachts wurde er unruhig und fing an, die Milch zu erbrechen. Immer, wenn ich ihn danach wieder in den Schlaf stillen wollte, erbrach er sich im Schwall. Ein Magen-Darm-Virus hatte ihn erwischt. Dieses Schlafsignal konnte ich in dieser Nacht also nicht mehr nutzen. Ich bekam einen leichten Anflug von Panik – wie sollte ich ihn denn sonst zum Schlafen bringen? Ich stand also mit ihm auf, ging leise in ein anderes Zimmer, um den Rest der Familie nicht zu wecken, und begann dort mit unserem Tagesschlafritual: Ich nahm ihn so auf den Arm, wie er normalerweise in seiner Trage saß, wippte auf und ab und sang dabei sein Einschlaflied. Wie ich oben schon erwähnte, brauchte er beim Tagesschlaf das Stillen nicht – und das war in dieser Nacht unsere Rettung. Nach nur ein paar Minuten wirkten die Schlafsignale, er schlief ohne Trinken ein, und ich trug ihn leise zurück ins Bett, wo er einfach weiterschlief.

Wir halten es für alltagserleichternd, sich nicht nur auf eine einzige Reihe von Einschlafsignalen zu verlassen, sondern verschiedene Signale für verschiedene Situationen einzuführen. Achten Sie unbedingt darauf, dass Sie auch Einschlafrituale ohne Stillen/Flasche haben. Möglich wären zum Beispiel:

1. Kind in die Trage oder den Kinderwagen legen, ggf. Nuckel, Schlaflied singen, loslaufen
2. Kind pucken und in die Federwiege legen, ggf. Nuckel, auf- und abwippen
3. Kind ins Familienbett legen, stillen/Flasche, ggf. Nuckel, Schlaflied singen
4. Kind baden, Buch vorlesen, ins Bettchen legen, ggf. Flasche, ggf. Nuckel, Spieluhr an, Händchen halten
5. Kind liegt im Schlafanzug und im Schlafsack im Wohnzimmer auf der Krabbeldecke oder im Stubenwagen, Licht dimmen, Eltern sitzen auf der Couch, Fernsehgeräusche

An manchen Tagen wirkt vielleicht die eine Reihe von Einschlafsignalen nicht einschläfernd genug, dann ist es gut für Ihre Nerven, wenn Sie auf ein anderes Ritual ausweichen können, das dem Gehirn ebenfalls signalisiert: Du sollst schlafen. Als mein Sohn zu Hause noch in der Federwiege gewippt wurde, war ich einmal mit ihm in der Trage unterwegs, und er schlief trotz großer Müdigkeit einfach nicht ein. Das Laufen, die Trage und das Schlaflied wirkten an diesem Tag einfach nicht richtig. Entnervt suchte ich mir nach einer Weile einen Spielplatz mit Trampolin (Danke, Prenzlauer Berg!), stellte mich darauf und wippte schnell auf und ab, wie seine Federwiege. Ich hatte also das Einschlafsignal Laufen ausgetauscht gegen das Signal Wippen. Es wirkte! Im Nu war er im Land der Träume.

Wie Sie an der obigen kleinen Liste vielleicht sehen können, sind Schlafrituale eine individuelle Sache. Sie dürfen alles als Einschlafsignal etablieren, was Ihrer Familie hilft und das »Ins-Bett-bring-Ding« erleichtert. Eine Mutter, die ich in einem Krabbelkurs kennenlernte, nahm ein kleines blaues Strandzelt unten im Kinderwagen mit. Immer, wenn ihr Kind müde wurde, klappte sie es auf und legte ihr Baby darunter. Das Baby hatte somit immer und überall die gleichen Einschlafbedingungen, egal, wo sich die Mutter zu diesem Zeitpunkt aufhielt: ein blaues Dach über und hinter ihm und trotzdem genügend Luftzirkulation. Wie schlau war das denn? Die ganze Welt stand dieser Mutter offen!

Einführen des Einschlafsignals »Bett«

Möchten Sie, dass Ihr Kind lernt, den Mittagschlaf im Kinderwagen oder in seinem Bettchen zu machen, dann können Sie gern die Wirkung von Einschlafsignalen dafür ausnutzen. Wichtig ist, dass Ihr Baby wirklich, wirklich müde ist. Nicht nur normal müde, sondern richtig bettschwer. Beispielsweise funktioniert das Einführen nach einem Schwimmkurs oder auch nach einem PEKiP-Kurs.

Diese sind so körperlich anstrengend für Babys, dass sie danach unweigerlich einschlafen und auch kaum den Elan aufbringen, sich wegen eines neuen Rituals zu beschweren. Ist der Kurs also vorbei, dann ziehen Sie Ihr Kind an, stillen es beziehungsweise geben ihm die Flasche, legen es als ersten Schritt in den Kinderwagen und singen vielleicht ein Lied. Es kann sein, dass Ihr Baby dann meckert, wenn es vorher noch nie im Wagen eingeschlafen ist, sondern immer in der Trage. Umstellungen mag das kindliche Gehirn einfach nicht. Sobald es nicht nur murrt, sondern ernsthaft schreit, nehmen Sie es unbedingt hoch und geben ihm seine gewohnte Schlafumgebung. Versuchen Sie es beim nächsten Mal wieder – eine Einführung neuer Einschlafsignale dauert einfach. Immer wenn Ihr Kind sehr müde und kurz vorm Einschlafen ist, legen Sie es in den Kinderwagen. Weint es, holen Sie es heraus und beruhigen es. Irgendwann ist es zu müde, um zu protestieren, und es schläft doch im Kinderwagen ein.

Für alle, die eigentlich möchten, dass ihr Kind im Bett einschläft, aber deren Weg vom PEKiP-Kurs nach Hause zu weit ist: Führen Sie erst einmal den Kinderwagen als Einschlafsignal ein, aber achten Sie darauf, nicht zu fahren, wenn das Baby einschläft. Denn dann würde das Ruckeln als weiteres Einschlafsignal eingeführt werden. Dieses Ruckeln gibt es im Bett aber normalerweise nicht. Sobald Ihr Baby zuverlässig im stehenden Wagen einschläft, können Sie zu Hause versuchen, das Baby zum Mittagsschlaf auch ins Bettchen zu legen. Wichtig ist, dass die Schlafsignale dabei gleich sind und die Schlafumgebung ähnlich ist. Haben Sie zum Beispiel ein Mobile im Kinderwagen, sollte dieses auch über dem Bettchen hängen, denn vermutlich hat sich der Anblick dieses Mobiles als unbewusstes Schlafsignal beim Baby etabliert. Fast alle Babys lernen so, im eigenen Bettchen einzuschlafen. Wir drücken Ihnen die Daumen!

Wie kann ich meinem Kind helfen durchzuschlafen?

Wenn wir es mithilfe von Einschlafsignalen schaffen, dass unsere Babys zuverlässig in den Schlaf finden, heißt das noch lange nicht, dass wir ab jetzt entspannte Nächte oder Mittagschlafphasen hätten. Kinder neigen dazu, nicht durchzuschlafen. Die Frage ist – warum? Und was können wir tun, damit unser Baby nicht andauernd wieder aufwacht?

Warum wachen Babys immer wieder auf?

Menschenkinder sind Traglinge. Sie sind für eine lange Zeit nach ihrer Geburt hilflos darauf angewiesen, versorgt zu werden. Ohne die Betreuung durch andere Menschen würden sie sterben. Man stelle sich ein zu Urzeiten zurückgelassenes Neugeborenes vor – innerhalb kürzester Zeit wäre es von wilden Tieren gefressen worden oder verdurstet. Daher hat die Natur für kleine Traglinge einen genialen Plan entwickelt, um ihr Überleben zu sichern. Sie binden sich an feinfühlige Menschen in ihrer Umgebung und agieren stets nach dem Motto »Sorge dafür, dass du niemals alleine bist!«. Im wachen Zustand ist das nicht weiter schwer. Babys haben ein breites, von der Natur angelegtes Repertoire, um die Menschen in ihrem Umfeld davon zu überzeugen, sich um sie zu kümmern. Sie nehmen Blickkontakt auf, lächeln uns zuckersüß an, strampeln mit den Ärmchen und Beinchen, und wenn wir darauf nicht reagieren, fangen sie an zu knötern und zu nörgeln. Zack, schon werden sie hochgehoben. Großartig! So soll das auch sein. Im Schlaf wird das Ganze aber ein bisschen schwieriger. Wie kann das kindliche Gehirn im Ruhezustand sicherstellen, dass es nicht alleine ist, sondern geborgen bei seiner Sippe?

Bitte bewegen!

Nun, über Bewegung. Ihnen ist ganz sicher schon aufgefallen, dass Ihr Baby wunderbar schläft, solange Sie mit ihm auf dem Arm oder in der Trage umherlaufen, es im Wagen durch die Gegend schieben oder mit dem Auto fahren. Sobald Sie stehen bleiben oder gar wagen, sich hinzusetzen, wacht Ihr Baby unweigerlich auf. Verdammt! Warum? Es schlief doch tief und fest!

Nun … das menschliche Gehirn hat einen kleinen eingebauten Bewegungsmesser. Das vestibuläre System unseres Körpers verarbeitet Informationen über die Lage unseres Körpers im Raum und die Schnelligkeit der Bewegungen. Das Wort »vestibulär« leitet sich dabei von »vestibulum« ab, was den Vorhof unseres Ohres meint. Im Innenohr beziehungsweise neben den beiden Innenohren liegen beim Menschen die Gleichgewichtsorgane: Bogengänge und Vorhofsäckchen.[17] Die drei Bogengänge in jedem Ohr stehen jeweils senkrecht im 90-Grad-Winkel aufeinander und erfassen so die drei Dimensionen des Raumes. Jeder Bogengang hat eine Sinnesleiste, auf der die Sinneszellen liegen. Diese minikleinen Härchen registrieren jede noch so winzige motorische Veränderung. Im großen und kleinen Vorhofsäckchen wiederum liegen diejenigen Sinnesfelder, die unserem Gehirn Informationen zur Geschwindigkeitswahrnehmung geben. Die feinen Härchen dort ragen in eine gallertartige Masse hinein. Bei linearer Bewegung kommt die Masse in Bewegung und die Härchen werden dadurch verbogen. So stimuliert, leiten sie ihre Informationen über die Bewegung an das Kleinhirn weiter. So weit, so gut. Für das noch urzeitlich geprägte Gehirn unserer Babys ist also Bewegung, die unweigerlich beim Getragen-,

Geschoben- oder Gefahrenwerden entsteht, gleichzusetzen mit der Sicherheit, nah bei einem anderen Menschen zu sein. Jahrtausendelang wurden Babys bei den Wanderungen oder bei der Arbeit auf dem Rücken getragen. Wird das Baby jedoch abgelegt, der Elternteil bleibt stehen oder setzt sich hin, oder der Kinderwagen kommt zum Halten, registriert das Gehirn diese Veränderung sofort. Um sicherzustellen, dass es sich nicht in Gefahr befindet, muss sich das Baby nun selbst aufwecken, um über die anderen Sinnesorgane weitere Informationen zu sammeln: Riechen, Hören, Sehen. Für einen kurzen Augenblick hat man hier die Chance, das Aufwachen zu verhindern, indem man beispielsweise die eigene Hand unter die Nase des Kindes hält, damit es riechen kann, dass wir da sind. Auch unsere leise Stimme kann in dieser Situation helfen. Doch sobald das Baby ein Auge öffnet, um nachzusehen, was eigentlich los ist, haben wir so gut wie verloren – es ist wach und wird nur in den seltensten Fällen wieder einschlafen.

Bitte gib mir Nähe!

Wir haben eben schon angesprochen, dass Babys auch über andere Sinnesorgane im Schlaf prüfen, ob sie noch in der Nähe ihrer Eltern sind. Über die Haut, die Nase und zum Teil auch die Ohren können Kinder erkennen, ob wir da sind. Deshalb wollen viele Kinder ausschließlich an und sogar auf den Eltern einschlafen. Nicht wenige möchten die gesamte Nacht über Körperkontakt. Meine Tochter Carlotta schlief zunächst im Beistellbettchen, doch mit dem Moment, in dem sie ansatzweise Robben gelernt hatte, änderte sie das selbstständig. In dieser Nacht rutschte und wurschtelte sie im Halbschlaf wahnsinnig herum. Es schien, als hätte sie eine Mission. »Wo willst du denn hin?«, flüsterte ich verwundert, denn sie schob sich in ihrem kleinen Schlafsack im Halbschlaf unaufhörlich in meine Richtung. In diesem Moment hatte sie ihr Ziel schon erreicht: Sie legte sich quer über meinen Oberkörper und bettete ihr Köpfchen direkt über mein Herz. »Oh«, sagte ich sanft, und ich verstand. Ich war ihr Ziel. Ab dieser Nacht schlief sie eng bei mir und viel, viel ruhiger.

Halten wir fest: Für Säuglinge ist es ein ganz natürliches Verhalten, die Nacht in der Nähe der Eltern verbringen zu wollen. Es besteht absolut keine Gefahr, ein Baby damit zu verwöhnen. Doch leider gibt es immer noch Verwandte und Bekannte, die kritisch unken, dass das Baby damit konditioniert werde und man es nie aus dem eigenen Bett bekommen werde. Um es ganz deutlich zu sagen: Das ist Unsinn. Mit einem Kind nah beieinanderzuschlafen,ist keine Unsitte, sondern die Erfüllung elementarer Bedürfnisse. Seit Urzeiten sind Babys eng bei ihren Eltern gewesen und sind mit dem seligen Gefühl der Sicherheit eingeschlummert. Und in fast allen Ländern der Erde wird es noch heute genauso gehalten. Nur die Eltern in westlichen Industrieländern haben ihren Elterninstinkt eine Zeit lang von schwarzer Pädagogik verwirren lassen. Glücklicherweise ändert sich das heute wieder.

Manche Verwandte und Bekannte führen den plötzlichen Kindstod an, um gegen das Zusammenschlafen von Eltern und Kind zu argumentieren. Es ist richtig, dass Wissenschaftler*innen in der Vergangenheit Co-Sleeping als ein Risiko für SIDS aufgelistet haben. Dagegen spricht allerdings deutlich, dass es in Ländern, in denen traditionell die Kinder bei den Erwachsenen schlafen, sehr viel weniger bis fast gar keine SIDS-Fälle gibt und dass Babys, die allein in ihrem Bettchen und in ihrem eigenen Zimmer schlafen, ein fast doppelt so hohes Risiko haben, am plötzlichen Kindstod zu sterben, wie Babys, die in der Nähe ihrer Eltern liegen.[18]

Selbstverständlich sollte man aber bestimmte Sicherheitsvorkehrungen treffen, wenn man im Familienbett schlafen möchte. Darauf gehen wir später im Abschnitt »Eine sichere Schlafumgebung schaffen« ein.

In den meisten Fällen hält das Bedürfnis nach Körpernähe etwa sechs bis zwölf Monate an – alle Kinder schlafen über kurz oder lang, auch ohne dass man sie im Arm hält. Selbst wenn sie das nicht freiwillig tun werden: Eine sanfte Gewöhnung an ihr eigenes Bett ist auch später noch ohne Weiteres möglich. Das haben wir beim Thema »Einschlafsignale« schon erklärt. Wir wollen an dieser Stelle wirklich von Herzen empfehlen, Kinder, die nicht alleine ein- und durchschlafen können, zu begleiten, aktiv und passiv – vorzugsweise, solange sie es einfordern. Wie sagt man so schön: Die Tage sind lang, aber die Jahre sind kurz – auch wenn Sie es sich vielleicht jetzt noch nicht vorstellen können: Wenn Ihre Kinder aus dem Schlafkuscheln herausgewachsen sind, werden Sie sich vermutlich danach zurücksehnen.

Schlafzyklen und Übergänge

Wir haben eben schon geschrieben, dass Kinder evolutionär so »programmiert« sind, dass sie stets den Schutz von Erwachsenen suchen. Eine weitere Möglichkeit, auch im Schlaf zu prüfen, ob sie immer noch in Sicherheit sind, ist es, ab und zu kurz aufzuwachen, um zu eruieren, ob sich die Schlafumgebung geändert hat. Das machen selbst wir Erwachsenen nachts noch, auch wenn viele von uns gar nicht merken, dass sie nachts wach werden und gleich wieder einschlafen. Aber machen Sie ruhig einmal ein Experiment mit einer Schlafüberwachungsuhr, wir garantieren Ihnen: Sie schlafen die Nacht nicht durch!

Babys schlafen in Schlafzyklen – diese sind zwischen 20 und 50 Minuten lang. Zwischen den Schlafzyklen wiederum liegen kurze Übergangsphasen. Diese werden uns gleich noch beschäftigen. Doch schauen wir uns zunächst die Schlafphasen und Schlafzyklen an.

In den ersten zwei bis drei Lebensmonaten fallen Neugeborene nach dem Einschlafen zunächst erst einmal in den Traumschlaf (REM-Schlaf). Der Traumschlaf ist extrem wichtig, da wir Menschen währenddessen die Ereignisse und Empfindungen des Tages sortieren, verarbeiten, beurteilen und speichern. Allerdings ist diese Art des Schlafs sehr anfällig für Störungen – das Kind schläft nur leicht und wacht sofort bei Lagerungswechsel oder Geräuschen auf. Versucht man als Elternteil in einer solchen Phase, die Einschlafbegleitung zu beenden, ist dieses Vorhaben unweigerlich zum Scheitern verurteilt. Egal wie leise Sie die knarzenden Stellen Ihres Bodens umschleichen und wie gut geölt die Scharniere Ihrer Tür sind, Ihr Kind wird sofort wieder aufwachen, wenn es Sie nicht mehr riechen oder hören kann. Der REM-Schlaf ist unter anderem an schnellerer Atmung und Augenflattern zu erkennen. Erst nach etwa 20 Minuten fällt das Kind in den Tiefschlaf, es atmet langsam und regelmäßig und bewegt sich kaum noch. Wir kennen unzählige Eltern, die in solchen Tiefschlafphasen panisch prüften, ob ihr Baby noch lebt, weil es nicht einmal laut hupende Autos oder Feuerwerk störten. In so einer Tiefschlafphase kann man die allermeisten Kinder dann auch ablegen, wenn sie zuvor auf dem Arm oder in einer Trage eingeschlafen sind. Normalerweise bemerken Babys es nicht, wenn sie in der Tiefschlafphase umgelagert werden. Ihr Körper ist ganz schwer, die Muskeln sind völlig entspannt, sodass auch der Moro-Reflex nicht ausgelöst wird, wenn Sie es vom Arm auf die Matratze umbetten. Ist die Tiefschlafphase vorbei, taucht das Kind wieder in eine leichtere REM-Schlafphase.

Diese Abfolge von Schlafphasen nennt man Schlafzyklus. Dazu gehören bei älteren Kindern und Erwachsenen normalerweise Einschlafphase, Leichtschlafphase, Tiefschlafphase und Traumphase (REM-Phase). Erwachsene durchlaufen diesen Zyklus in etwa 90 bis 120 Minuten, was ungefähr vier bis fünf Schlafzyklen pro Nacht bedeutet. Der Schlafzyklus von Neugeborenen ist dagegen circa 40

Minuten lang, ab dem dritten Lebensmonat verlängert er sich auf circa 70 Minuten, und bei Kleinkindern liegt er bei circa 90 Minuten. Das heißt, im ersten Lebensjahr durchläuft Ihr Kind pro Nacht etwa sechs bis zwölf Schlafzyklen. Zwischen diesen Schlafzyklen gibt es kurze Übergangsphasen. In diesen wachen Menschen auf, um zu checken, ob die Umwelt noch sicher ist. Für Babys ist diese Übergangsphase zwischen zwei Schlafzyklen sowohl beim Tages- als auch beim Nachtschlaf eine etwas wackelige Sache. Oft wachen sie bei ihrem Sicherheitscheck richtig auf, weil etwas anders ist als zu dem Zeitpunkt, an dem sie eingeschlafen sind. Der Nuckel steckt vielleicht nicht mehr in ihrem Mund, oder sie liegen plötzlich im Bettchen und nicht mehr auf dem Arm. Wenn wir Eltern es schaffen, den Kindern in der Übergangsphase die Sicherheit zu geben, dass alles okay ist, gleiten sie dagegen beruhigt in den nächsten Schlafzyklus.

Veraltete Lehre

In der Vergangenheit wurde Eltern deshalb geraten, das Kind im eigenen Bett und ohne danebenliegenden Erwachsenen einschlafen zu lassen. Das ist an sich kein schlechter Rat: Schläft das Kind allein im Bettchen ein, wird es bei seinen Sicherheitschecks zwischen den Schlafzyklen tatsächlich genau diese Bedingungen vorfinden und wahrscheinlich unproblematisch weiterschlafen. Der Haken an diesem Rat ist, dass die wenigsten Babys ohne Hilfe einschlafen können. Dass man Babys einfach ins Bettchen legen kann und sie schlafen von selbst ein, ist eine absolute Ausnahme. Ein Einhorn-Baby. Ein Lottogewinn mit Superzahl. Haben Sie so ein Baby abbekommen, dürfen Sie sich jeden Tag dankbar schluchzend in den Armen liegen, denn das Glück meinte es gut mit Ihnen. In der Vergangenheit zwang man Babys, die nicht mit der Kompetenz zum Alleineinschlafen geboren wurden, durch unlautere Mittel wie Schreienlassen dazu, es zu »lernen«.

Es ist jedoch, das wurde hinlänglich bewiesen, keine gesunde Art einzuschlafen. Die physiologischen Prozesse, die im Körper von Säugetieren durch Trennung von ihren Bindungsfiguren entstehen, wurden von Wissenschaftler*innen vorwiegend an Ratten und Rhesusäffchen untersucht, aber sie gelten ebenso für menschliche Babys. Von ihrer Mutter getrennte Rhesusäffchen wurden sehr unruhig, schrien intensiv und suchten nach ihr. Am dritten Trennungstag hörten sie jedoch damit auf und wurden passiv, so als ob sie aufgegeben hätten. Gleichzeitig stieg aber in ihrem Inneren das Stresshormon Cortisol stark an, und das Wachstumshormon Somatotropin wurde nur spärlich ausgeschüttet.[19] Nach Reite und Field ist dies ein Notfallprogramm des Körpers, um Energie zu sparen und bis zur Rückkehr der Mutter überleben zu können.[20] Weitere körperliche Begleiterscheinungen waren Herzrhythmusstörungen, längere Schlafphasen, aber verkürzte Phasen des erholsamen REM-Schlafes und veränderte Gehirnstrommuster.[21] Um das noch mal ganz deutlich zu machen: Ja, die Babys schlafen ein und schlafen sogar in längeren Phasen, aber es ist kein guter Schlaf. Ihr Körper kann nicht gut lernen und nicht gut wachsen. Insofern raten wir dringend davon ab, Ihre Kinder Schlaflernprogrammen, die auf Schreienlassen beruhen, auszusetzen. Sie können jedoch, wie wir es bereits beschrieben haben, das sanfte Ablösen praktizieren, um das Einschlafen ohne starke elterliche Begleitung zu üben.

Wenn Sie nachts neben Ihrem Baby schlafen, dann ist oft sowieso nur die Zeit schwierig, in der Ihr Baby schon im Bett, Sie selbst aber noch ein bisschen wach sein wollen. Während dieser »Me-Time« wachen Babys häufiger auf und stören die Entspannungszeit von uns Eltern, indem sie immer wieder einfordern, dass wir neben ihnen liegen. Das ist anstrengend, ja. In der Nacht dagegen liegen wir Eltern sowieso meist neben ihnen. Vielleicht sogar zusammen im Familienbett. Das ist insofern gut, als dass unsere Kinder beim Checken zwischen den Schlafzyklen all das vorfinden, was sie zu ihrer Sicherheit brauchen: uns. Sie können uns fühlen, riechen, schmecken, hören, sehen, und wenn wir uns des Nachts auf die andere Seite drehen, spüren sie auch Bewegung.

Über die Übergänge helfen

Haben Sie kein Einhorn-Baby, dann kann es sein, dass Sie Ihrem Kind bei den Tagesschläfchen und wahrscheinlich auch in den ersten Schlafphasen des Nachtschlafes über die Übergänge zwischen den Schlafzyklen helfen müssen. Man hat sehr schnell ein Gefühl für die Länge der Schlafzyklen des eigenen Kindes. Führen Sie einfach ein paar Tage Protokoll, um das individuelle Schlafmuster Ihres Kindes zu erkennen. Und dann fangen Sie an, ein bisschen zu tricksen. Wir haben schon gesagt, dass das menschliche Gehirn im Schlaf prüft, ob alles okay ist. Man kann also Kindern helfen weiterzuschlafen, indem man die Bedingungen ihres Einschlafens wiederherstellt, wenn man merkt, dass sie im Begriff sind aufzuwachen. Haben Sie beim Einschlafen neben Ihrem Kind gelegen, legen Sie sich noch einmal kurz dazu. Hatte Ihr Kind einen Nuckel im Mund, als es einschlief, stecken Sie ihn jetzt vorsichtig wieder rein. Wurde es einschlafgestillt, bieten Sie die Brust an. Babys können auch im Schlaf an der Brust saugen. War die Spieluhr während des Einschlafprozesses an, ziehen Sie sie nun wieder auf. Sie müssen nur den richtigen Zeitpunkt abwarten. Seien Sie anwesend, wenn sich das Bewusstsein Ihres Kindes mühevoll aus dem Schlaf kämpft. Sie erkennen es an den flatternden Augenlidern, dem Schmatzen der Lippen oder anderen Bewegungen. Ihr Kind sendet also kleine Nahsignale aus. Das ist der Zeitpunkt, zu dem Sie handeln müssen.

Danielles Sohn schlief als Baby tagsüber lange in der Federwiege. Er wurde gepuckt und in den Schlaf gewiegt. Da Danielle wusste, dass er alle 40 Minuten wach wird, konnte sie nach 39 Minuten die Federwiege wieder anstupsen, sich an die gleiche Stelle danebensetzen wie beim Einschlafen, und wenn er die Augen öffnete für seine »Überprüfung«, fand er genau die gleiche Situation vor, die er vom Einschlafen kannte. Prompt schlummerte er weiter.

Mit zunehmender Reife des Gehirns brauchen Kinder irgendwann keine Hilfe mehr bei den Übergängen zwischen den Schlafzyklen. Ihr Gehirn lernt von allein, diese zu meistern. Ihre Co-Regulation wird nur eine kurze Zeit gebraucht, vielleicht sechs Monate, vielleicht ein Jahr. Dann hat Ihr Kind schlafen gelernt. Ohne Anführungsstriche.

Nächtliche Nahrungsaufnahme

Das Gehirnvolumen eines Babys wird im ersten Jahr quasi verdoppelt. Zum Wachstum nutzen Hirnzellen fast ausschließlich Zucker als Energielieferanten, und da, wie wir schon wissen, im Schlaf sehr viel am Gehirn unserer Kinder gebaut wird, braucht es nachts besonders viel Energiezufuhr. Gleichzeitig wird, wie oben schon beschrieben, in den Tiefschlafphasen das für das Körperwachstum notwendige Hormon Somatropin ausgeschüttet – Kinder wachsen also auch noch in der Nacht. Auch dafür braucht der Körper genügend Energie. Das Problem an der Sache: Milchzucker wird sehr schnell ins Blut aufgenommen und verwertet, das heißt, er hält nicht lange vor. Dementsprechend oft müssen Kinder in der Nacht gestillt werden, um genügend Energiezufuhr für ihr Gehirn- und Körperwachstum aufbringen zu können. Den Generationen unserer Eltern und Großeltern wurde eingeredet, dass Babys mit einem halben Jahr nachts keine Milch mehr brauchen und sie dementsprechend abstillen sollten, damit ihre Kinder durchschlafen lernen. Das war kein besonders kluger Rat. Natürlich ist es *möglich*, dass Babys nachts ohne Kalorienzufuhr überleben, das wurde an uns und unseren Eltern bewiesen. Aber man greift mit dieser Vorgabe in das wirklich ausgeklügelte System der Gehirn- und Körperentwicklung unserer Babys ein, welches von Natur aus ein regelmäßiges Zuführen von Milchzucker und Kalorien vorsieht. Nun könnte man behaupten – und etliche Ratgeber tun das auch –, dass man das Durchschlafen dann mit Breien fördern könne. Denn wenn man einem Kind am Anfang der Nacht einen sättigenden Brei gäbe, hätte das Gehirn genügend Energie für alle nötigen Prozesse, und das Baby würde trotzdem durchschlafen. Es wäre schön, wenn das tatsächlich so funktionieren würde ... aber nein, tut uns leid.

Erst einmal: Gemüsebreie haben deutlich weniger Kalorien als Muttermilch. Deshalb essen wir Erwachsenen ja brav mehr Gemüse, wenn wir abnehmen wollen. Es macht satt, hat aber wenig Kalorien. Wahrscheinlich werden deshalb Milchbreie für die Abendmahlzeit vorgeschlagen. Aber da diese meist aus angepasster Kuhmilch bestehen, geht auch diese Rechnung nicht wirklich auf. Kuhmilch enthält 5 Prozent Milchzucker, Muttermilch 7 Prozent. Abendbreie haben zwar meist mehr Kalorien als eine Stillmahlzeit, weil noch Getreide enthalten ist, trotzdem liefern sie leider nicht genügend Energie, um das Gehirn die ganze Nacht zu versorgen. Dazu sind regelmäßige Trinkpausen vonnöten. Möglicherweise verlängern Abendbreie die allererste Schlafphase Ihres Babys ein kleines bisschen, aber sie sind nicht die Antwort auf das erwünschte »Durchschlafen«. Lassen Sie uns noch einmal unterstreichen: Von Natur aus ist ein Durchschlafen ohne nächtliche Nahrungsaufnahme nicht vorgesehen. Müde Erwachsene wünschen sich, dass Babys ohne Stillen durchschlafen, und wir können das gut nachvollziehen, aber sinnvoll ist es für die Entwicklung unserer Kinder nicht.

Wenn Sie sich die nächtliche Nahrungsaufnahme Ihres Kindes so einfach wie möglich machen wollen, sollten Sie über ein Familienbett und Co-Schlafen nachdenken. Stillen Sie, passiert beim Zusammenschlafen nämlich etwas Magisches: Die Schlafzyklen von Ihnen und Ihrem Baby stimmen sich so aufeinander ab, dass Sie nicht aus dem Tiefschlaf gerissen werden, wenn Ihr Baby Hunger hat, sondern immer aus einer Leichtschlafphase. James J. McKenna, biologischer Anthropologe, der das Mutter-Baby-Schlaflabor an der Universität Notre Dame in Indiana, USA, gründete und leitete, hat genau das in einem Experiment gezeigt. Er ließ mehrere Mutter-Kind-Paare im Familienbett, die Kontrollgruppe dagegen in getrennten Betten in verschiedenen Räumen schlafen. Die stillenden Familienbett-Mütter waren morgens erholter und entspannter als die stillenden Mütter der allein schlafenden Babys und erinnerten sich sogar nicht einmal an alle Stillunterbrechungen in der Nacht.[22] In einer anderen Studie stellte McKenna fest, dass die durchschnittlichen Trinkintervalle von Babys, die neben ihrer Mutter schlafen, etwa 1,5 Stunden lang sind. Genauso lang also wie die durchschnittliche Dauer eines Schlafzyklus von Erwachsenen.[23] McKenna schloss daraus, dass ein Zusammenschlafen von Mutter und Kind natürlich und richtig ist. Wenn Sie mehr über sicheren Babyschlaf lesen wollen, empfehlen wir das wirklich tiefgehend recherchierte englische Buch *Safe Infant Sleep* von James McKenna.

Wuselkinder, Lerchen, Eulen – wie unterschiedlich Kinder schlafen

Abgesehen vom ständigen Aufwachen in der Nacht gibt es auch noch andere Phänomene rund um den kindlichen Schlaf, die Eltern verunsichern könnten, weil sie nicht wissen, ob das Verhalten ihres Babys »normal« ist. Werfen wir einen kurzen Blick auf diese.

Geräusche beim Schlafen

Dass Babys unter drei Monaten beim Schlafen neben uns im Bett Geräusche machen wie ein ganzer nächtlicher Zoo, glaubt man auch erst, wenn man es selbst erlebt. Grunzen, Quietschen, Schnorcheln, Schnarchen … fast unglaublich, wie laut so ein Baby in der Nacht ist! Diese Schlafgeräusche von gesunden Neugeborenen werden in Fachkreisen als »Karcheln« bezeichnet. Sie sind völlig normal und stellen kein Problem dar. Meist entstehen sie, wenn Schleim den Kehlkopf bedeckt, welchen das Baby natürlich noch nicht selbst durch Räuspern loswerden kann. Karcheln ist harmlos und verschwindet zwischen dem dritten und dem fünften Monat von selbst.

Wuseln beim Einschlafen

Manche Eltern sind verwundert, wenn ihre Babys beim Einschlafen nicht ruhig im Bettchen liegen, sondern herumwuseln. Sie werfen sich hin und her, setzen sich hin, fummeln mit den Händen an der

Bettwäsche, ziehen selbstständig tausendmal die Spieluhr auf und sind auch beim Vorlesen oder Milchtrinken extrem ruhelos. Wir können Entwarnung geben: Es gibt einfach »Einschlafwusler*innen«, die ihren Stress des Tages durch motorische Unruhe abbauen. Das ist eine großartige Strategie! Lassen Sie das unbedingt zu. Ihr Kind darf später, wenn es größer ist, sogar vor dem Einschlafen toben und hüpfen und Kissen werfen, bis es völlig ausgepowert ist. Die letzte Stunde vor dem Einschlafen muss nicht ruhig sein. Klar, es gibt Kinder, die dann zu sehr aufdrehen und nicht zur Ruhe finden – aber dazu gehören Einschlafwusler*innen nicht. Für sie ist die starke Bewegung der Schlüssel zum Beruhigen.

Schreien beim Einschlafen

So wie es Einschlafwuseln gibt, gibt es auch Einschlafschreien. Kinder, die diese Stressabbau-Strategie nutzen, weinen vor dem Einschlafen oft zehn Minuten oder mehr in den Armen ihrer Eltern. Das ist nicht schädlich, sondern eine Entspannungsmethode. Für die Eltern weniger, für die ist das Einschlafweinen sehr anstrengend. Versuchen Sie trotzdem, für Ihr Kind da zu sein und den Stressabbau durch Weinen gut zu begleiten. Vielleicht nehmen Sie sich Ohropax oder Noisecancelling-Kopfhörer mit zur Einschlafbegleitung.

Spätes Einschlafen im Sommer

Im Sommer schlafen viele Babys und Kleinkinder meist erst gegen 22 bis 23 Uhr ein. Das liegt daran, dass es draußen lange hell ist und dementsprechend kein Melatonin ausgeschüttet wird, welches dem Gehirn signalisiert, dass es Schlafenszeit ist. Umgehen können

Sie dieses Problem, indem Sie Blackout-Vorhänge vor das Fenster hängen. Diese lassen kein Licht durch, das Zimmer wird dunkel, das Gehirn kann in den Ruhemodus schalten.

Nächtliche Wachzeiten

Trotz aller Bemühungen und Tricks gibt es Babys, die nachts aufwachen und über Stunden nicht wieder einschlafen können. Woran könnte das liegen?

@Frau Badbits Was ist eigentlich los mit Babys?
Warum sind die so früh wach?
Haben die irgendwelche Termine, von denen
die Eltern nichts wissen?

Tag-Nacht-Rhythmus

Wie wir am Anfang des Kapitels schon erwähnten, muss sich der 24-Stunden-Rhythmus bei Neugeborenen erst einpendeln. Es dauert ein paar Monate, bis der suprachiasmatische Nukleus seine Arbeit gut genug ausführen kann. Um unseren Babys zu helfen, ihren Schlaf-Wach-Rhythmus dem Tag-Nacht-Rhythmus anzupassen, können wir Eltern über eine Rhythmisierung unseres Alltags nachdenken. Das heißt, wir bieten soziale Kontakte, Spielzeiten, Spaziergänge und Schlafenszeiten in einem so regelmäßigen Turnus an, dass das Gehirn und die innere Uhr unseres Kindes daran die Tageszeit »ablesen« kann. Babys lieben Regelmäßigkeiten! Das heißt aber nicht, dass Sie sich gefangen fühlen müssen in einem Rhythmus, den Ihr Baby vermeintlich vorgibt. Sie sind keine schlechteren Eltern, wenn Sie um 11 Uhr nicht pünktlich wieder zu Hause sind, damit Ihr Kind sein Vormittagsschläfchen im Bett machen kann. Sie dürfen unterwegs sein! Dann schläft Ihr Kind eben in der Trage oder im Wagen, auch das zählt zu »Rhythmus«. In anderen Kulturen schlafen die Kinder einfach abends in der Nähe der Erwachsenen ein, während diese reden, lachen und tanzen. Ganz ohne Bettchen. Passen Sie die Rhythmisierung des Alltags für Ihr Baby Ihrer eigenen Lebenswirklichkeit an, sodass auch Sie sich wohlfühlen.

Wenn das Baby mal muss

Nicht wenige Babys haben etwa um 4 Uhr morgens Harn- und vor allem Stuhldrang. Das ist für junge Eltern, die die Signale ihrer Kinder noch nicht zuverlässig entschlüsseln können, zunächst gar nicht so leicht zu erkennen. Die Babys werden unruhiger im Schlaf, so als ob sie Hunger haben. Doch sie wollen nicht gestillt werden oder trinken nur kurz und docken von selbst wieder ab. Sie winden sich hin und her. Sind sie in einem Pucksack, sieht es so aus, als wollten sie sich daraus befreien. Egal was Eltern zur Beruhigung tun, die Kinder wurschteln weiter. Oft kommt nach einer halben Stunde dann endlich eine Ladung in die Windel. Nun müssen die Eltern sowieso aufstehen, um das Kind zu wickeln. Danach wird das Baby wieder ruhiger und ein erneutes Einschlafen gelingt. Eltern, die diese Verhaltensweisen bei ihrem Baby wiedererkennen, können die Unruhezeit abkürzen, indem sie ihr Kind bei den ersten Anzeichen untenherum frei machen und ohne Windel über die Toilette oder ein Töpfchen abhalten. Durch die Andock-Spreizhaltung über der Toilette können sich die Kleinen schneller erleichtern, und das Bauchdrücken und Herumwurschteln hört auf. Nun muss es nur noch wieder warm eingepackt werden und alle können weiterschlafen.

Nächtliche Entdecker*innen

Manche Kinder sind nachts für ein bis zwei Stunden hellwach und wollen spielen. In der Vergangenheit wurde Eltern geraten, diesem nächtlichen Spieltrieb nicht nachzugeben, sondern alles dunkel zu lassen, mit dem Kind nicht oder zumindest wenig zu sprechen, um ihm zu signalisieren, dass die Nacht zum Schlafen da ist. Das mag nicht falsch sein, ich habe mich bei meinem Sohn aber trotzdem anders entschieden. Josua war zu dem Zeitpunkt seiner nächtlichen Wachphasen etwa ein Jahr alt. Er war nachts super lieb … aber einfach wach. Das war keine böse Absicht, er konnte nichts dafür. Ich habe ausprobiert, wie wir am besten durch seine Wachphasen durchkommen. Wenn ich mit ihm liegen blieb, dann wurschtelte er leise neben mir herum. Er sagte nichts, er versuchte wirklich einzuschlafen, aber es ging nicht. Er warf sich hin und her, er fummelte an seinen Fingern, er fummelte an der Bettdecke, er fummelte an mir. Alles super leise und ganz rücksichtsvoll. Aber ich wurde fast wahnsinnig neben ihm. Nach zwei Stunden schlief er endlich langsam wieder ein. Stand ich aber mit ihm auf, wenn er wach wurde, dann dauerte der ganze Spuk nur eine Stunde! Wir verzogen uns ins Bad, ich machte ein nicht sehr helles Licht an, und er spielte mit Wasser, rollte die Toilettenpapierrolle ab oder ordnete Zahnbürsten auf der Ablage. Ich saß müde bei ihm, schaute ihm zu, bestaunte seine Entwicklung und wartete ab, bis seine Bewegungen unkoordinierter wurden und er sich die Augen rieb. Dann schnappte ich ihn mir, wir gingen zurück ins Bett und schliefen schnell weiter. Für *uns* war dieser Weg der bessere, weil er so schneller wieder müde wurde und ich außerdem das Privileg hatte, mich morgens, wenn ich meine Töchter in die Kita gebracht hatte, mit ihm noch mal hinlegen zu können. Dementsprechend war ich nicht besonders verzweifelt, weil ich wusste: Bald kann ich den Schlaf nachholen. Für Sie und Ihre Familie müssen Sie schauen, was besser läuft. Wichtig ist, dass Sie im Kopf behalten, dass nächtliche Entdecker*innen nicht absichtlich wach sind und niemanden damit ärgern wollen. Wer wach ist, ist wach. Dafür kann niemand etwas.

Nachtschreck

Der Nachtschreck (lat. Pavor nocturnus) ist eine Form der Schlafstörung. Das Kind schreckt plötzlich innerhalb der ersten Tiefschlafphase (ca. 15 bis 60 Minuten nach dem Einschlafen) aus dem Schlaf hoch und fängt an, angstvoll zu schreien. Es ist dabei nicht wirklich wach, sondern »gefangen« in der Übergangsphase zwischen Schlafen und Wachen.

Die Angst des Kindes ist dabei echt – man kann sie messen, und sie zeigt sich auch durch einen erhöhten Puls, Angstschweiß und eine beschleunigte Atmung. Nach 2 bis 40 Minuten ist der Anfall vorbei, und das Kind schläft meist ruhig weiter oder erwacht richtig. Am nächsten Morgen kann es sich nicht an das Schreckenserlebnis der Nacht erinnern. Bis zu 6 Prozent aller Kinder sind vom Nachtschreck betroffen, die Hoch-Zeit liegt zwischen dem 5. und 7. Lebensjahr. Es gibt eine familiäre Disposition dafür.

Was kann ich tun, während mein Kind einen Nachtschreck hat?

Da das Kind nicht wirklich wach wird, kann man es leider auch in keiner Weise beruhigen. Man kann versuchen, leise mit dem Kind zu sprechen und die Sicherheit zu vermitteln, dass alles gut ist. Es ist jedoch unangebracht zu versuchen, das Kind festzuhalten, um es zu beruhigen – normalerweise wird es dadurch nur noch wilder. Aufgabe der Eltern ist, das Kind vor Gefahren zu schützen, im Prinzip wie bei einem Schlafwandler. Sichern Sie spitze Ecken oder scharfe Kanten, legen Sie ein dickes Kissen an das Bettende, damit Ihr Kind nicht mit dem Kopf darauf knallt. Stellen Sie sicher, dass alle Treppen gesichert sind. Kinder mit Nachtschreck laufen gern auch mal in der Wohnung herum und fallen dann über herumliegende Kuscheltiere oder rutschen auf Autos aus. Räumen Sie also den Boden frei. Auch Fenster und Türen sollten abgeschlossen werden. Ist der Nachtschreck vorbei, können Sie wieder ins Bett gehen – einen zweiten Anfall wird es in dieser Nacht nicht mehr geben.

Individueller Schlafbedarf

Wie viele Stunden Kinder schlafen, ist individuell und weist eine große Variabilität innerhalb einer Altersgruppe auf. Es gibt beispielsweise zwei Monate alte Babys, die mit 9,5 Stunden Schlaf auf 24 Stunden auskommen, und solche, die im gleichen Alter 20 von 24 Stunden verschlafen. Oft kommen Wenigschläfer-Babys auch mit kurzen Schlafetappen von 40 Minuten aus, während andere Babys drei Stunden Mittagschlaf machen. Wie lange die anderen Babys aus der Krabbelgruppe schlafen, ist also schnurz – versuchen Sie, sich von den Erzählungen anderer Eltern nicht aus der Ruhe bringen zu lassen. Versuchen Sie stattdessen, den individuellen Schlafbedarf Ihres Kindes zu ermitteln. Dafür schreibt man sich etwa drei bis fünf Tage lang auf, wann und wie lange das eigene Baby schläft. Aus diesen Daten lässt sich ermitteln, wie hoch der Schlafbedarf pro 24 Stunden ist.

Denken Sie daran: Ein Kind kann nur so viel schlafen, wie es seinem Schlafbedarf entspricht. Wird es tagsüber zu oft hingelegt, kann es sein, dass es abends nur schwer in den Schlaf findet, nachts lange wach liegt oder viel zu früh morgens aufwacht. Dann muss der Tagesschlaf besser angepasst werden. Ein Punkt, der ebenfalls oft vergessen wird, ist, dass sich der Schlafbedarf innerhalb des ersten Jahres (und auch später) immer wieder verändert. Von durchschnittlich 19 Stunden kurz nach der Geburt verringert sich der Schlafbedarf mit sechs Monaten auf durchschnittlich 17 Stunden und mit einem Jahr weiter auf circa 15 Stunden.[24] Wenn Ihr Kind also »plötzlich« nicht mehr durchschläft, könnte es sein, dass sich einfach sein Schlafbedarf verändert hat und Sie den Tagesschlaf kürzen müssen.

Lerchen und Eulen

Das Schlafverhalten unserer Kinder ist außerdem abhängig von ihrem Chronotyp. Es gibt, das wissen Sie sicher bereits, »Lerchen« (Morgentypen) und »Eulen« (Abendtypen). Bereits im Kindesalter zeigt sich dieser Chronotyp, und normalerweise bleibt er das ganze Leben lang bestehen. Lerchen sind Frühaufsteher, die morgens auch direkt leistungsfähig sind. Eulen gehen abends sehr spät ins Bett und würden, wenn man sie ließe, bis in den späten Vormittag ausschlafen. Allerdings kollidiert das meist mit Kindergarten- oder Schulbeginn, sodass Kinder mit dem Chronotyp »Eule« oft zu wenig Schlaf bekommen. Kleine Lerchen dagegen lassen oft ihre Eltern verzweifeln, weil sie schon morgens um fünf Uhr ausgeschlafen sind und spielen wollen, während die Eltern eigentlich hofften, noch ein bis zwei Stunden im Bett bleiben zu können. Ändern lässt sich der Chronotyp nicht. Haben Sie ein Lerchen-Baby und sind selbst beide Eulen, hilft nur, sich die Morgenschichten gerecht aufzuteilen. Meine Frau und ich haben es in der Elternzeit so gemacht, dass ich die frühe Schicht von fünf bis acht Uhr übernahm und unsere Töchter im Kinderzimmer bespaßte, dann aber ab acht Uhr noch einmal bis mittags schlafen durfte. Yessss!

Eine sichere Schlafumgebung schaffen

Vor dem plötzlichen Kindstod, auch SIDS (**S**udden **I**nfant **D**eath **S**yndrom) genannt, haben viele Eltern Angst. Als plötzlicher Kindstod werden die Todesfälle bezeichnet, bei denen die Kinder plötzlich und unerwartet versterben und keine Todesursache ermittelt werden kann. Genau genommen ist SIDS also keine Todesart, sondern eine Ausschlussdiagnose. Diese darf eigentlich nur dann gestellt werden, wenn bei einer Obduktion keine andere Ursache für den Tod ermittelt werden konnte.

Es gibt verschiedene Risikofaktoren, die das Auftreten von SIDS begünstigen sollen. Als Risikofaktoren gelten:

- Das Schlafen in Bauchlage.
- Passivrauchen während der Schwangerschaft und nach der Geburt.
- Verzicht auf Stillen.
- Eine Frühgeburt vor der 33. SSW oder ein sehr niedriges Geburtsgewicht.
- Drogenkonsum der Mutter.
- Überwärmung.
- Zudecken des Kopfes oder ungenügende Luftzirkulation.
- Ein Geschwisterkind, das durch den plötzlichen Kindstod starb.

Der Zusammenhang zwischen SIDS und Co-Sleeping wurde ebenfalls diskutiert, doch das Risko erhöht sich nur beim gemeinsamen Schlafen auf einer Couch oder im Wasserbett. Beides ist ein absolutes No-Go.

Eine sichere Schlafumgebung im Familienbett sieht laut James McKenna, Direktor des Mutter-Baby-Schlaf-Labors der Universität zu Notre Dame, so aus:[25]

- Feste, luftdurchlässige Matratze.
- Genügend Platz für alle im Bett.
- Keine Zwischenräume, in die das Baby rollen könnte, beispielsweise zwischen Bett und Wand.
- Leichte Decken für die Erwachsenen.
- Keine extra Kissen, große Kuscheltiere oder andere Dinge, die über das Gesicht des Babys kommen könnten (Erstickungsgefahr).
- Keine Drogen, Alkohol, Zigaretten, Schlaftabletten oder andere Substanzen, die es schwierig machen könnten aufzuwachen oder die das Bewusstsein verändern.
- Keine Erwachsenen im Bett, die zu tief schlafen oder die eine Abneigung gegen Co-Sleeping haben.
- Geschwisterkinder dürfen nicht direkt neben Babys unter einem Jahr liegen.
- Keine Kabel oder anderen langen Schnüre in der Nähe des Bettes (z. B. zum Handyaufladen), da man sich darin verwickeln könnte.
- Kühle Temperatur im Schlafzimmer, da das Zusammenschlafen bereits Wärme erzeugt.
- Keine Haustiere, die in der Nacht ins Bett klettern könnten.
- Das Baby liegt auf dem Rücken zwischen Mutter und gesicherter Bettkante, mit dem Kopf auf der Höhe ihrer Brust.

Die offiziellen Richtlinien zur Vermeidung von SIDS sind in Deutschland:

- Die Rückenlage des Babys beim Schlafen.

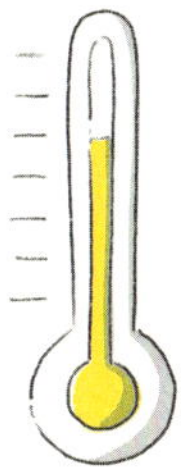

- Mindestens sechs Monate Stillen.
- Eine absolut rauchfreie Umgebung.
- Eine Schlafzimmertemperatur zwischen 16 und 18 °C.
- Eine feste und luftdurchlässige Matratze.
- Verwendung eines passenden Schlafsacks.
- Keine Kopfbedeckung beim Schlafen.
- Keine Decken, Kuscheltiere, Felle, Kissen, Nestchen im Babybett.
- Das Kind schläft bei den Eltern im Zimmer.

Dass das Schlafen im elterlichen Schlafzimmer im ersten Lebensjahr besonders gut schützt, ergab eine neuere Studie. Sie zeigte, dass das Schlafen des Säuglings in einem eigenen Zimmer mit einem fast achtfach erhöhten Risiko für den plötzlichen Kindstod und einem fast 19-fach erhöhten Risiko für einen Erstickungstod einhergeht.[26]

Glücklicherweise nahmen die SIDS-Fälle in den letzten Jahrzehnten kontinuierlich ab. Verstarben im Jahr 1991 in Deutschland noch 1 286 Babys am plötzlichen Kindstod, waren es 2021 nur noch 82, wobei bei 54 von ihnen keine Obduktion gemacht wurde, also gar nicht klar ist, ob es tatsächlich keine Anhaltspunkte für die Todesursache gab. Auch in anderen OECD-Ländern sind die Zahlen um etwa 90 Prozent gesunken. Das sind immer noch zu viele Kinder, die im Schlaf sterben – die Angst von uns Eltern ist real und berechtigt. Und doch muss sie nicht bestimmend sein für unser erstes Jahr mit Kind. Mit dem Beachten der Richtlinien zur sicheren Schlafumgebung können wir das Risiko drastisch minimieren.

Gerechte Nächte

Zu guter Letzt: Viele Mütter sind der Meinung, sie müssten die Nacht- und Morgenversorgung des Babys allein schaffen, weil ihr Mann ja ausgeruht für die Erwerbsarbeit sein müsse. Wir verstehen den Gedankengang dahinter und wollen Ihnen auch gar nicht in Ihren Alltag hineinreden. Aus der Erfahrung unserer Familienberatungen heraus hier trotzdem ein kleiner Gedankenanstoß: Die Versorgung eines Babys ist ebenfalls Arbeit. Harte Arbeit. Ohne echte Pausen, oft ohne Gespräche mit anderen Erwachsenen. Sie sind immer auf Abruf, und wenn der kleine Chef oder die kleine Chefin mal schläft, dann ruft der Haushalt laut. Schlafen Sie tagsüber? Eher nicht. Sitzen Sie entspannt herum und trinken Kaffee? Wohl kaum. Versuchen Sie also, Ihre Arbeit und die Ihres Partners oder Ihrer Partnerin in Ihrem Kopf nicht in »echte« Arbeit und »Baby« zu unterteilen. Sie haben beide einen harten Tagesjob. Teilen Sie sich deshalb die Arbeit in der Nacht und am Morgen gerecht auf. Wenn Sie mehr über das paritätische Aufteilen von Care-Arbeit wissen wollen, empfehlen wir *Raus aus der Mental Load-Falle* von Patricia Cammarata. Nach der Lektüre dieses Buches wissen Sie dann auch, warum Männer, die Mental Load übernehmen, mehr Sex haben … Wenn Sie mehr über das Thema Babyschlaf lesen möchten, empfehlen wir *Schlaf gut, Baby! Der sanfte Weg zu ruhigen Nächten* von Nora Imlau und Herbert Renz-Polster sowie *Ich kann schon schlafen! Entspannte Nächte für dein Kind und dich* von Caroline Bechmann und Dominique Reimer.

Ständiges Schreien und schlechtes Schlafen sind wahrscheinlich die beiden Themenfelder, die jungen Eltern am meisten zu schaffen machen. Wer in der Nacht keine Erholung bekommt und tagsüber ein ununterbrochen weinendes Baby begleiten muss, ist bald am Ende seiner Kräfte und seiner Nerven. Doch es gibt auch andere Schwierigkeiten mit dem eigenen Nachwuchs, die Eltern im ersten Jahr belasten können. Die Elternrolle kann überraschend schwer wiegen. Das wollen wir im folgenden Kapitel besprechen.

@Mottchen20 Warum wird eigentlich immer, wenn ein Update aufs Baby gespielt wird, die ›schlafen.exe‹ gelöscht?

Mit Herausforderungen der Elternrolle umgehen

Gegensätzliche Gefühle

Bevor man Eltern wird, hat man keinen Schimmer davon, was so ein kleines Menschlein plötzlich mit einem macht. Viele junge Eltern sind völlig überwältigt von der plötzlichen Verantwortung und von den Gefühlen, die das Baby mit sich bringt. Selbst wenn Freund*innen und Bekannte in der Schwangerschaft immer wieder sagten, dass sich »mit einem Baby alles ändert«, kommen wir Eltern oft erst dann zum echten Verstehen dieser Aussage, wenn unser neuer Erdenbürger da ist. Denn seien wir ehrlich – natürlich wissen wir alle, dass Babys viel Arbeit machen und völlig von uns abhängig sind. Doch wer von uns konnte die Tragweite dessen erfassen, bevor das eigene Kind da war? Vermutlich die wenigsten. Ich kann mich erinnern, was für komplexe, fast gegensätzliche Gefühle es in mir auslöste, als unser gewünschtestes Wunschkind endlich da war. Einerseits war ich nach vier Jahren Kinderwunschzeit überglücklich, endlich mein sehnlichst erwartetes Baby in den Armen zu halten, andererseits irritierte es mich immens, plötzlich nicht mehr Herrin meines eigenen Körpers zu sein. Ich konnte nicht mehr ungehetzt duschen, nicht mehr sonntags in Ruhe die Zeitung von vorne bis hinten lesen, nicht mehr im Café einen Kaffee trinken oder stundenlang ohne Ziel durch die Stadt flanieren. Immer war da mein Baby, das an mir hängen wollte, mich riechen wollte, aus meinen Brüsten trinken wollte, von mir in den Schlaf geschuckelt werden wollte. Vier Jahre hatte ich auf diesen Moment gewartet, ihn herbeigesehnt und alles Menschenmögliche getan, damit dieses Wunder wahr wird, und nun war es da, das kleine Wunder, in meinen Armen … und ich vermisste meine Autonomie. Das machte mich ehrlich gesagt völlig fertig. Was war denn los mit mir, verdammt?

So wie mir geht es nicht wenigen Neueltern. Sie fühlen sich überraschend erdrückt von der immerwährenden Verantwortung, die ein Neugeborenes mit sich bringt. Dazu kommen Situationen, in denen sie sich überfordert fühlen: wenn ihr Baby schreit, wenn es nicht schläft, wenn es etwas verweigert, von dem sie wissen, dass es wichtig für ihr Kind ist. Häufig verspüren Eltern dann auch Wut auf ihr Kind. Manchmal ist diese Wut sogar unbändig groß. Viel größer, als die Situation eigentlich hergibt. Das fühlt sich seltsam an. Und macht vielleicht sogar Angst. Sind wir mit solchen krassen Gefühlen sicher für unser Kind? Und warum verspüren wir die überhaupt? Diesen Fragen gehen wir nun auf den Grund. Wir schauen uns unsere eigenen Bindungserfahrungen an, Glaubenssätze, postpartale Depressionen, Fluchtgedanken und die Auswirkung, die bestimmte Erziehungsansätze auf das Verhältnis zwischen uns und unseren Kindern haben können. Wir forschen nach Gründen für unsere Wut und suchen nach Wegen, sie zu beherrschen.

»Ich würde dich so gern lieben«

Kurz nach der Geburt erleben etwa 60 bis 80 Prozent der Gebärenden sogenannte Heultage, auch »Babyblues« genannt. Durch die oft überwältigende Geburt und die nachfolgende Hormonumstellung im Körper kann es dazu kommen, dass Gebärende Stimmungsschwankungen erleben. Sie fühlen sich erschöpft, angespannt und unsicher, sind nervös, reizbar und sorgen sich, ob sie den Anforderungen gewachsen sind. Diese Gefühle sind im Rahmen des postpartalen Stimmungstiefs ganz normal, meistens dauern sie nur wenige Tage, gelegentlich bis zu zwei Wochen. Frauen, die darunter leiden, benötigen viel Ruhe und Unterstützung. Normalerweise verschwindet das Gefühlschaos nach ein paar Tagen. Halten die traurigen, niedergeschlagenen Gefühle länger als 14 Tage an, ist es wahrscheinlich, dass sich eine Wochenbettdepression entwickelt hat (etwa in 10 bis 20 Prozent der Fälle). Diese ist deutlich schwerwiegender als der harmlose Babyblues und erfordert im Allgemeinen Unterstützung.

Danielle erzählt von ihrer Erfahrung mit einer Wochenbettdepression:

Mein erstes Kind wurde nach einer langen Kinderwunschzeit nach künstlicher Befruchtung geboren. Nach der Geburt war ich kurzzeitig sehr glücklich. Doch bald empfand ich meine Tochter Sophie als schwieriges Baby. Statt stolz, glücklich und zufrieden den Kinderwagen durch den Ort zu schieben, traute ich mich kaum raus, weil sie ständig schrie. Sie schlief schlecht

ein, wachte schnell wieder auf und ließ sich kaum ablegen – das war unglaublich anstrengend. Die Dreimonatskoliken hielten bis zum fünften Monat an – danach ging sie zu permanenter Meckerei über und war chronisch unzufrieden. Sie wollte immer mehr, als sie konnte. Zwar war sie motorisch durchaus fit, aber es reichte ihr nie. Ich kam tagsüber quasi nie zur Ruhe. War sie endlich zum Mittagschlaf eingeschlafen, gab es eine ellenlange Liste von Erledigungen – auch Toilettengänge und Müllrausbringen füllten das Zeitfenster, denn das war mit ihr zusammen kaum möglich. Abends drückte ich sie dem Papa in den Arm, der etwas verwundert war, dass man nach einem Tag daheim »nur mit Kind« so erschöpft sein kann. Ich war angestrengt. Genervt. Traurig. Ein süßes Baby? Endlich Mutter? Ich fühlte mich leer, kraftlos, ausgelaugt. Ich hatte sehr hohe Ansprüche an mich – nachdem ich so lange gewartet hatte, sollte alles perfekt sein. Ich wollte alles perfekt machen. Und ich gab mir solche Mühe! Und was war das Ergebnis? Ein schlecht gelauntes, meckerndes Kind.

Die Situation spitzte sich zu – das Kind unzufrieden, ich unzufrieden. Ich kam noch immer kaum raus, weil ich mich wegen des nörgelnden Kindes schämte. Ich entwickelte Aggressionen. Auch Sophie gegenüber. Ich habe ihr niemals weh getan, doch aggressive Gedanken waren da. Das hätte ich niemals für möglich gehalten. Dazu kam, dass meine Tochter Kuscheleinheiten wenig abgewinnen konnte. Sie wollte lieber die Welt entdecken. Ich kann mich noch erinnern, wie ich irgendwann wütend erklärte: »Dieses Kind nimmt immer nur – es kommt rein gar nichts zurück!« Mein Gefühlsleben verschlimmerte sich schleichend. Und ja – dafür schäme ich mich heute noch –, ich hatte auch das Gefühl, mein Kind nicht vollständig annehmen zu können. Diese unglaubliche Liebe, die einen nach der Geburt angeblich sofort ergreifen sollte, blieb bei mir (zunächst) aus.

Ich hatte ein Kind, um das ich mich gekümmert habe, das ich durchaus gernhatte, aber die grenzenlose Mutterliebe, von der gefühlt alle schwärmten, fehlte.

Als meine Tochter etwa acht Monate alt war, realisierte ich, dass das kein normaler Zustand sein kann. Ich empfand keine Freude, kein Glück, war gestresst und leer. So konnte das nicht weitergehen. Ich begann, Ursachenforschung zu betreiben. Relativ schnell ging mir auf, dass mein Perfektionswille mich am meisten stresste. Ich wollte immer stark erscheinen, so als ob ich alles im Griff hätte. Vor allem auch gegenüber meinen Eltern – sobald ich über irgendetwas auch nur ansatzweise klagte, hieß es »Du hast es doch so gewollt«. Ja – ein Kind habe ich gewollt – aber nicht eine solche Situation! Meine Mutter behauptete, bei ihr wäre damals immer alles gut und unkompliziert gewesen, die Kindererziehung lief vollkommen problemlos. Ich hatte das Gefühl, dass das auch von mir erwartet wurde. Aber ich schaffte es nicht, diese Ansprüche zu erfüllen. Dank Dr. Internet kam ich auf den Gedanken, dass es sich um eine postpartale Depression handeln könnte. Bei meiner Hausärztin fragte ich bei einem Besuch nebenbei, ob eine Wochenbettdepression auch noch so spät auftreten könne, was sie bejahte. Ich erinnere mich, wie ich vor ihr saß und bittere Tränen weinte – das Eingeständnis, dass eben nicht alles toll und perfekt ist, fiel mir so schwer, aber gleichzeitig war es eine enorme Befreiung. Das war der Anfang einer massiven Besserung. Ich setzte mich intensiv mit meinen Gefühlen und Gedanken auseinander, redete mit meinem Mann und änderte meine Einstellung grundlegend. Ich machte mir bewusst, dass auch 80 Prozent reichen und es nicht immer 110 Prozent sein müssen. Außerdem begann Sophie zu dieser Zeit mit dem Krabbeln. Sie wurde wegen der neu gewonnenen Mobilität deutlich zufriedener. Mit ihrer Zufriedenheit stieg meine Zufriedenheit. Zusätzlich begann ich,

zwei Tage in der Woche zu arbeiten. Dadurch kam ich raus, unter Menschen und hatte auch wieder andere Themen im Kopf, als ausschließlich Mutter sein. So schaffte ich es nach und nach, selbst diese Krise zu überwinden.

Die Symptome einer Wochenbettdepression

Es gibt eine Vielzahl an Symptomen, die auf eine ernst zu nehmende postpartale Depression hinweisen können, aber nicht alle gleichzeitig vorhanden sein müssen:

- Es herrscht das Grundgefühl »Es geht mir nicht gut« vor, welches sich morgens und abends verstärkt.
- Es herrschen starke Lustlosigkeit und Antriebslosigkeit.
- Entscheidungen zu treffen, fällt ungewöhnlich schwer, es herrscht Desinteresse, innere Leere oder eine sonst nicht vorhandene Gefühlstaubheit.
- Man hat das Gefühl, dass das Leben keinen Sinn (mehr) hat.
- Man empfindet kaum noch Spaß oder Freude, kann kaum noch lachen.
- Das Baby fühlt sich »fremd« an.
- Man möchte das Baby gern lieben, aber das Gefühl stellt sich nicht ein.
- Man fühlt sich schuldig, weil man so empfindet.
- Man ist nah am Wasser gebaut – die nichtigsten Anlässe führen zu Tränenbächen.
- Schlaflosigkeit trotz absoluter Erschöpfung.
- Man fühlt sich gereizt und aggressiv.
- Es fällt einem schwer, sich zu konzentrieren.

- Das Gefühl der Überforderung begleitet einen ständig.
- Panikattacken treten auf.
- Destruktive Gedanken (man stellt sich beispielsweise vor, wie man sein Baby schlägt oder dass es für das Kind besser wäre, man wäre tot, dann könnte es eine bessere Mutter bekommen).
- Man entwickelt hypochondrische Züge in Bezug auf das Baby und sich selbst.
- Man leidet unter Kopfschmerzen, Schwindel, Übelkeit und ähnlichen psychosomatischen Beschwerden.
- Nahrung wird kaum oder im Übermaß zu sich genommen.

Die Ausprägung kann sehr unterschiedlich stark sein – von dauerhafter leichter Beeinträchtigung bis hin zu Suizidgedanken. Manche Frauen haben dabei eine Vielzahl der genannten Symptome, einige nur ein paar. Tatsächlich ist es so, dass einzelne dieser Anzeichen auch bei psychisch gesunden Müttern auftreten können, weswegen unbedingt immer ausgebildete Fachpersonen zur Diagnostik herangezogen werden sollten. Eine wesentliche Aufgabe der betreuenden Hebamme ist es, frühzeitig Symptome zu erkennen und der frischen Mama die Gelegenheit zu geben, eventuelle Schwierigkeiten mit der eigenen Mutterrolle auszusprechen. Da eine Hebamme die Eltern häufig schon während der Schwangerschaft kennenlernt, fällt ihr eine Veränderung im Verhalten nach der Entbindung meist schnell auf. Eine frühe Diagnose wirkt einer Chronifizierung der Depression entgegen. Eine Wochenbettdepression kann auch erst Monate nach der Geburt auftreten. Solche Fälle bleiben häufig lange unerkannt, da die meisten davon ausgehen, dass die Krankheit, wenn, dann unmittelbar nach der Geburt beginnt.

Partner*innen beobachten meist ohnmächtig und hilflos die Veränderung ihrer Frauen nach der Geburt. Oft können sie die Gefühlslage nicht nachvollziehen. Ihnen ist unklar, warum das langersehnte Baby plötzlich zu so umfassender Traurigkeit führt. Dennoch sollten sie unbedingt die Gedanken und Gefühle ernst nehmen. Wichtig ist es, sich bewusst zu machen, dass es sich um eine nicht selbst verschuldete Krankheit handelt. Appelle wie »Stell dich nicht so an« helfen nicht weiter und verstärken die Schuldgefühle. Eine Person mit Wochenbettdepression braucht unbedingt Unterstützung. Diese wird man als Partner*in vermutlich nicht alleine leisten können, daher sollte das erste Ziel sein, dass die erkrankte Person ärztliche oder psychotherapeutische Hilfe in Anspruch nimmt. Reden hilft! Immer. Auch Ruhe ist von großer Wichtigkeit. Dafür kann Hilfe im Haushalt und bei der Betreuung des Babys absolut notwendig und sinnvoll sein. Kann man diese nicht selbst leisten, sollte, wenn möglich, Unterstützung von Dritten in Anspruch genommen werden: Freund*innen, Mütterpfleger*innen, Familienpfleger*innen, Doulas, Bekannte usw.

Wenn man den Verdacht hat, dass die Partnerin oder man selbst unter einer postpartalen Depression leidet, sollte man das abklären lassen. Der Austausch mit anderen Betroffenen und die selbstständige Auseinandersetzung mit dem Thema kann als erster Schritt hilfreich sein. Die Internetseite https://schatten-und-licht.de ist ein empfehlenswerter erster Anlaufpunkt. Leider nur noch gebraucht erhält man den Klassiker *Rund um die Geburt eines Kindes: Depressionen, Ängste und andere psychische Probleme. Ein Ratgeber für Betroffene, Angehörige und ihr soziales Umfeld* von der Psychiaterin, Psychotherapeutin und Professorin für gynäkologische Psychosomatik Anke Rohde. In ihrem Buch werden die Einflussfaktoren für die Entstehung und Entwicklung von postpartalen psychischen

Problemen, erste Symptome, einzelne Störungsbilder und ihre Behandlung erläutert. Ergänzt werden die Fakten durch anschauliche Fallbeispiele. Auch Schwangerenberatungsstellen, sozialpsychiatrische Dienste und psychosoziale Beratungsstellen haben geschultes Personal zur Unterstützung. Die eigene Hebamme oder die Hausärztin sind ebenfalls darin geschult, Symptome zu erkennen und weitere Schritte zur Behandlung einzuleiten. Eine Depression ist eine Erkrankung, kein persönliches Versagen.

Die Behandlung erfolgt meist durch eine Kombination aus psychotherapeutischer Behandlung und Psychopharmaka wie Antidepressiva. Häufig haben Frauen Angst, davon abhängig zu werden, diese Angst ist jedoch unbegründet. Es gibt auch stillfreundliche Präparate, das heißt, ein Abstillen ist nicht zwingend erforderlich. Man muss jedoch eine gewisse Zeit für den Eintritt der Wirkung einkalkulieren, daher ist es wichtig, die Medikamente wie verschrieben einzunehmen und nicht wegen vermeintlicher Wirkungslosigkeit vorzeitig oder abrupt abzusetzen. Auch wenn man sich deutlich besser fühlt, sollte man nicht eigenmächtig entscheiden, die Psychopharmaka abzusetzen. Bleiben auch nach der Behandlung Schwierigkeiten mit dem Bindungsaufbau bestehen, ist es vielleicht nötig, Emotionelle Erste Hilfe oder eine Beratung beim Kreis der Sicherheit in Anspruch zu nehmen.

»Ich möchte einfach nur weg«

Es gibt immer wieder Eltern, die sich von ihrem Baby fremdbestimmt fühlen. Die eine starke Unlust fühlen, wenn sie sich mit ihrem Kind beschäftigen sollen, nur wenig Bindung zu ihrem Baby spüren oder die ganz allgemein bereuen, Eltern geworden zu sein, obwohl sie ihr Kind lieben. Letzteres ist ein Phänomen, welches im Internet unter dem Hashtag #regrettingparenthood oder #regrettingmotherhood diskutiert wird. In dem nun folgenden Abschnitt werden wir uns anschauen, woher diese Gefühle rühren könnten und welche Möglichkeiten es gibt, mit ihnen umzugehen. In vielen Fällen reicht es, die Ursachen zu erkennen, um eine Änderung herbeizuführen, in anderen Fällen wird eine professionelle Begleitung unabdingbar sein. Alena erzählt, wie es ihr nach der Geburt ihres Sohnes Franz erging:

Dass ich schwanger wurde, war ein nicht geplanter Unfall. Eigentlich wollte ich nie Kinder bekommen. Schon in der Schwangerschaft habe ich immer wieder Panik bekommen, mir könnte alles zu eng werden. Einmal bin ich abends hochschwanger aus der gemeinsamen Wohnung von meinem Freund und mir geflüchtet – wir hatten Freunde eingeladen, und alle kommentierten munter meinen Babybauch und sprachen über unsere Zukunft mit Kind. Ich hielt das nicht aus, es schnürte mir vor Angst die Kehle zu.

Als unser Sohn Franz dann da war, ging es mir nicht besser. Natürlich liebe ich ihn abgöttisch. Er ist ein absolut süßes, liebes

Kind und sieht 100 Prozent so aus wie ich. Er hat als Baby auch nie länger geweint und schlief echt schnell durch. Trotzdem war das erste Jahr mit ihm so hart. Ich konnte es einfach nicht ertragen, dass er so abhängig von mir war. Ich fühlte mich von der Verantwortung wie gefesselt. Ich war mehrmals kurz davor, meine kleine Familie zu verlassen und Franz mit seinem Papa sitzen zu lassen.

Wenn es zu schlimm wurde, sind meine Eltern eingesprungen und haben sich für ein paar Tage um Franz gekümmert, damit ich mal durchatmen konnte. Dann bin ich nachts tanzen gegangen und habe mit kinderlosen Freunden gefeiert. Das tat mir einerseits gut, andererseits erinnerten mich solche Nächte auch daran, was ich so arg vermisse: mich selbst. Ohne Mutterdasein. Im Rückblick weiß ich nicht, wie ich es geschafft habe, doch zu bleiben. Wahrscheinlich war es doch diese Liebe zu meinem Kind. Besser wurde es, als ich wieder arbeiten gehen konnte. Wir haben ein Au-pair eingestellt, um meinen Freund zu entlasten, denn der arbeitet ja auch. Die beiden kümmern sich jetzt hauptsächlich um Franz. Mein Freund ist wirklich der geborene Vater: fürsorglich, warm, sensibel. Seit ich besser dosieren kann, wie lange ich mit meinem Sohn zusammen bin, bin ich eine bessere Mutter. Meine innere Mauer, mich mit ihm zu beschäftigen, ist viel kleiner geworden, weil ich weiß, ich kann ihn abgeben, wenn es mir zu viel wird. Das klingt für Außenstehende bestimmt total lieblos, aber so ist es nicht. Ich liebe Franz über alles, sonst wäre ich nicht mehr hier. An Liebe mangelt es nicht. Es ist nur diese Fremdbestimmung, die ein Baby so mit sich bringt, die ich nicht aushalten kann.

Wir wissen heute, dass Kinder von ihren Eltern »Wurzeln« und »Flügel«, also Bindung und ihren eigenen Gestaltungsspielraum erhalten sollten. Schaffen Eltern es, eine gesunde Balance zwischen diesen beiden Polen zu halten, wachsen Kinder mit einem guten Selbstwertgefühl auf. Sie verinnerlichen einerseits »Ich werde bedingungslos geliebt«, »Ich bin gut, so wie ich bin« und andererseits »Die Welt ist ein guter Ort« und »Ich schaffe das schon – und wenn nicht, kann ich mir Hilfe holen«. Mit dieser Mischung werden sie zu in sich ruhenden Erwachsenen, die so schnell nichts umhaut – auch nicht die Erfahrung, selbst Eltern zu werden. Doch nicht alle Menschen haben das Glück, ausgeglichene Bindungserfahrungen gemacht zu haben. Vor allem Eltern, die vor den 2000er-Jahren geboren wurden, erlebten oft eine Erziehung, die zu stark in Richtung Selbstständigkeit fokussiert war. Man ließ die Babys schreien, damit sie nicht »ihren Willen« bekamen, sie sollten allein einschlafen lernen, sie beschäftigten sich allein in ihren Laufställchen, sie wurden früh schon aufs Töpfchen gesetzt, damit sie schnell trocken wurden. Weil ihre Eltern von klein auf immer wieder darauf bestanden, dass die Kinder Dinge selbst schaffen sollten, entwickelte sich in ihnen möglicherweise das unbewusste Gefühl, dass sie sich nur auf sich selbst verlassen konnten. Wer immer wieder, wenn er um Hilfe bittet, von seinen Liebsten abgewiesen wird, verankert, dass er es wohl nicht wert ist, dass man ihm hilft. Man muss es selbst schaffen, selbst stark sein.

Interessanterweise ist auch eine andere Schlussfolgerung aus der gleichen Ausgangssituation möglich: Ein Kind kann auch annehmen, dass es sich nur besonders doll anstrengen muss, um das bisher unbeantwortete Nähebedürfnis und den Wunsch nach Unterstützung von den Eltern doch noch erfüllt zu bekommen. Diese Kinder werden dann harmoniebedürftig, überangepasst und aggressionsgehemmt – ein braver Sonnenschein, der den Erwachsenen stets Freude macht.[1] Die einen verankerten also »Ich bin eine

Insel, ich brauche niemanden«, die anderen »Nur wenn ich von außen an mich herangetragene Anforderungen tadellos erfülle, bin ich liebenswert«. Dieses innere Gefühl verwandelt sich in negative Glaubenssätze, die auch im Erwachsenenalter immer wieder zum Tragen kommen und darauf Einfluss haben, wie wir Beziehungen – auch zu unseren Kindern – leben. Wir werden, um dieses komplexe Thema mal etwas zu simplifizieren, entweder zu »unabhängigkeitsbedürftigen« oder zu »harmoniebedürftigen« Eltern. Die Diplom-Psychologin und Psychotherapeutin Stefanie Stahl hat in ihrem Buch *Nestwärme, die Flügel verleiht* ausführlich darüber geschrieben, falls Sie sich noch etwas mehr in das Thema einlesen wollen.

Bei einigen unabhängigkeitsbedürftigen Eltern, wie zum Beispiel bei Alena aus dem Beispiel oben, erzeugt es ständige Anspannung, heftige Genervtheit oder gar Fluchtfantasien, wenn sie realisieren, dass sie die Verantwortung für ein von ihnen komplett abhängiges kleines Menschenwesen tragen müssen. Ab und zu verlassen freiheitsbedürftige Eltern ein paar Monate nach der Geburt eines Kindes tatsächlich ihre Familie, obwohl sie sie lieben. Meist sind das die Väter, doch können freiheitsbedürftige Eltern natürlich auch weiblich oder nichtbinär sein. Letzten Endes ist es nicht abhängig vom Geschlecht, sondern von den Glaubenssätzen, die man als Kind verinnerlicht hat. Jeglicher Hauch von »müssen« löst in ihnen einen reflexhaften Impuls von Gegenwehr aus: Sie sind lieber allein als fremdbestimmt.

Positiv ist, dass sie ihr Kind in seiner Selbstständigkeit gut unterstützen können. Sie sind als Eltern sehr gut darin, es auszuhalten, wenn ihr Kind eigene Wege geht. Sie sind stolz, wenn es sich beispielsweise beim Krabbelkurs weit vom Elternteil entfernt, um seine Umwelt zu erforschen, oder wenn es als Kindergartenkind auf die höchsten Bäume klettert, wenn es am Nachmittag nicht aus der Kita abgeholt werden will oder wenn es schon früh bei den Großeltern oder Freund*innen übernachten möchte. Manchmal wird

Kindern von freiheitsbedürftigen Eltern allerdings zu viel Selbstständigkeit zugemutet, weil die Erwachsenen automatisch annehmen, dass das Kind, wie sie selbst, seine Freiheit möchte. So passiert es, dass ihre Kinder in manchen Situationen nicht unterstützt werden, obwohl diese sich das wünschen würden, beispielsweise, wenn sie lieber doch nicht an der Kitaübernachtung teilnehmen wollen. Es fällt den Erwachsenen dann schwer, das echte Bedürfnis des Kindes zu erspüren, da ihr eigener Freiheitswunsch die Situation überlagert.

Die unbedingte Freiheitsbedürftigkeit äußert sich manchmal auch darin, dass Eltern sich nicht darauf einlassen können, mit ihren Kindern zu spielen. Die Forderung des Kindes nach gemeinsamer Zeit löst bei einigen Unlust und Müdigkeit aus, sodass diese Eltern sich nicht aufraffen können, dem Wunsch des Kindes nachzugeben, obwohl sie es häufig hinterher bedauern. Doch auch die nächste Spielanfrage werden sie entweder abblocken oder so lustlos beantworten, dass das Kind schon bald von selbst das Spiel beendet. Auch Kuscheleinheiten werden eher kurz gehalten, wenn der Wunsch danach vom Kind ausgeht. Das bedeutet nicht, dass unabhängigkeitsbedürftige Eltern niemals kuscheln. Sie können das genauso gut wie harmoniebedürftige Eltern auch – solange keine implizite Forderung des anderen dabei erspürt wird und sie Stopp sagen können.

Schwierigkeiten überwinden

Die meisten der freiheitsbedürftigen Eltern finden selbst einen Weg, um mit den Anforderungen des ersten Jahres zurechtzukommen. Alena zum Beispiel hat sich ein großartiges Unterstützernetzwerk aufgebaut. Sowohl ihre Eltern als auch ihr Freund und ein Au-pair übernehmen Franz, sobald es Alena zu eng wird. So hat sie trotz großer innerer Kämpfe eine gute Bindung zu ihrem Sohn aufgebaut. Je älter und selbstständiger er wird, desto mehr kann sie sich auf ihn einlassen. In der Autonomiephase und in den Jahren danach wird sie eine tolle Unterstützerin für Franz' Flügel werden. Er darf sich frei entfalten und seine eigenen Fehler machen. Da Franz einen bindungsstarken Vater und sichere sekundäre Bindungspersonen in seinem Leben hat, kann er seine Wurzeln genauso gut ausbilden wie seine Flügel. Wir haben im Bindungskapitel schon beschrieben, dass ein gutes und großes Bindungsnetz eines Kindes eventuelle Schwierigkeiten einzelner Bindungspersonen gut ausgleichen kann.

Wenn Sie das Gefühl haben, zu den freiheitsbedürftigen Eltern zu zählen, und es Ihnen gerade schwerfällt, das erste Jahr mit Baby auszuhalten, dann machen Sie sich bewusst, dass Ihr Baby nur für sehr kurze Zeit so bedürftig ist. In Ihrem, sagen wir, hundertjährigen Leben ist es gerade mal ein Jahr, in dem Ihre eigenen Bedürfnisse so sehr frustriert werden. Nur ein Jahr lang ist Ihr Kind so extrem hilfsbedürftig wie jetzt. Mit jedem Jahr wird es selbstständiger und zieht weiter hinaus in die Welt. Es kann auch hilfreich sein, sich Ihre inneren Glaubenssätze anzuschauen. »Ich kann erst wieder frei sein, wenn du groß bist« könnte einer dieser Glaubenssätze sein. »Um Hilfe zu bitten, ist ein Zeichen von Schwäche!« ein anderer. Versuchen Sie, Ihre persönlichen Glaubenssätze herauszufinden und diese, so gut es geht, aufzulösen. Im Abschnitt »Ich muss es allen recht machen« werden wir diesen Prozess näher beschreiben. Im Allgemeinen gelingt es aber besser, wenn man das gemeinsam mit einer Therapeutin oder einem Therapeuten angeht.

In einigen Fällen von »regrettingparenthood« können die gegensätzlichen Gefühle auch mit größter Anstrengung nicht überwunden werden. Dann ist es eher Ziel, zu lernen, diese anzunehmen bzw. sie zu »reframen«. Auch das gelingt am besten mit professioneller Begleitung.

»Sei doch bitte lieb«

Den Gegenpol zu den extrem freiheitsbedürftigen Eltern bilden harmoniebedürftige Eltern. Deren innere Balance ist zugunsten der Bindung gestört. Sie mussten sich als Kind bemühen, besonders lieb, herzig, klug oder unterstützend zu sein, um sich Liebe zu verdienen oder die Bindung zu ihren Eltern aufrechterhalten zu können. Oftmals streben sie auch als Erwachsene noch danach, angenommen und geliebt zu werden. Sie trauen sich selten, ihre eigenen Bedürfnisse in einer Gruppe durchzusetzen. Ihnen ist wichtig, nur ja nicht negativ aufzufallen. Für harmoniebedürftige Eltern ist die Babyzeit mit ihrem Kind nahezu ideal. Sie gehen darin auf, sich um das kleine, hilflose Menschenkind zu kümmern, und bekommen sehr viel Liebe von ihrem Baby zurück. Sie sind sehr zugewandt und haben kein Problem damit, ihre eigenen Bedürfnisse zugunsten des Babys zurückzustellen. Sie kuscheln, tragen und beruhigen ihr Baby über Stunden, ohne sich zu beklagen. Ja, sie genießen es sogar. Es kann vorkommen, dass sie vergessen, selbst genügend zu essen oder zu trinken, weil ihr Hauptaugenmerk nicht auf ihnen selbst, sondern auf dem Wohlergehen des Babys liegt.[2] Dieses Muster kann sich später, wenn das Kind älter ist, durchaus wiederholen: Der harmoniebedürftige Elternteil bringt viele Opfer, um die eigenen Kinder glücklich zu sehen. Dabei passiert es allerdings, dass der Elternteil über Jahre seine eigenen Bedürfnisse und Grenzen ignoriert und immer unglücklicher wird. Wenn dann von der Familie die eigenen Opfer nicht gesehen und nicht wertgeschätzt werden, wandeln sich die unerfüllten Bedürfnisse schnell in Groll und schlechte Laune.

Oft fällt es harmoniebedürftigen Eltern schwer, Konflikte auszuhalten. Das kann zu Schwierigkeiten führen, wenn das eigene Kind nach Autonomie strebt. Spätestens ab dem zehnten Lebensmonat werden Babys auch mal sauer, wenn etwas nicht klappt oder sie etwas nicht dürfen. Sie werfen sich vor Ärger und Trauer über die erlebte Grenze auf den Boden, manchmal werfen sie vor Wut mit Bausteinen und Tassen. Das ist ein normaler, gesunder Prozess, doch er kann für harmoniebedürftige Eltern zum Problem werden. Obwohl ihnen klar ist, dass manche Regeln einfach sein müssen und es ungesund ist, einem Kind immer alles zu erlauben, kann es ihnen schwerfallen, Regeln durchzusetzen. Denn wenn ihr Kind vor Wut weint und böse mit ihnen ist, haben sie das Gefühl, seine Liebe zu verlieren. Und das wollen sie auf gar keinen Fall. So kommt es, dass sie – meist zähneknirschend – Dinge erlauben, die sie eigentlich nicht erlauben wollen. Wie damals als Kinder auch schon, versuchen sie, sich in der Beziehung so anzupassen, dass immer Harmonie herrscht.[3]

Schwierigkeiten überwinden

Wenn Sie sich zu den harmoniebedürftigen Eltern zählen, könnte es sein, dass Sie bisher noch gar kein Problem haben. Denn das Kümmern um Ihr Baby und die bedingungslose Liebe, die von Ihrem Kind zurückkommt, sind Ihr Element. Vielleicht gibt es aber bereits Missstimmungen bei Ihrem Partner oder Ihrer Partnerin oder den Großeltern des Kindes. Beispielsweise könnte es sein, dass Sie sich so exklusiv um Ihr Baby kümmern, dass sich Ihr Partner oder Ihre Partnerin zurückgesetzt fühlt. Auf dieses Problem kommen wir im Abschnitt »Ich bin eifersüchtig auf mein Kind« noch einmal zu sprechen.

Auch wenn Sie derzeit kein Problem sehen, kann es wichtig sein, sich Ihrer Tendenzen bewusst zu werden und sich damit auseinanderzusetzen. Missmut und Disharmonie aushalten zu können, ist ein wichtiger Bestandteil von Elternschaft. Es ist leider nicht immer alles Friede, Freude, Eierkuchen. Zumindest persönliche und gesellschaftliche Grenzen werden Sie irgendwann auch durchsetzen müssen, damit Ihr Kind sich gesund entwickeln kann. Schauen Sie gern in den kommenden Abschnitt, in dem wir uns mit Glaubenssätzen aus der Kindheit befassen.

»Ich muss es allen recht machen«

Glaubenssätze sind Annahmen über uns selbst, über andere und die Welt. Viele Glaubenssätze haben ihren Ursprung in der Kindheit. Wenn Kinder zum Beispiel das Gefühl haben, sie würden von ihren Eltern nicht gehört oder nichts, was sie tun, sei gut genug, kann sich das im Erwachsenenalter als Glaubenssatz manifestieren. Da solche Glaubenssätze seit der Kindheit in uns verankert sind, nehmen wir sie als allgemeine Wahrheit wahr und bemerken oft nicht, dass sie unser Handeln beeinflussen. Einige typische negative Glaubenssätze sind: »Nichts, was ich tue, ist gut genug«, »Ich kann nur mir selbst trauen«, »Ich darf nicht wütend sein«, »Ich darf keine Fehler machen«, »Ich darf niemandem zur Last fallen«, »Es ist ein Zeichen von Schwäche, andere um Hilfe zu bitten«, »Ich muss vernünftig sein«, »Jungen weinen nicht«, »Ich verdiene es nicht, geliebt zu werden«, »Niemand hört mir zu« oder auch »Erwachsene wissen es besser«. Wer solche Glaubenssätze verinnerlicht hat, blickt sozusagen wie durch eine von Vorurteilen vernebelte Brille auf sich selbst und die Welt. Denn jede Information, die wir aus der Umwelt aufnehmen, unterzieht unser Gehirn einem Filterungsprozess. Wir nehmen dann oft nur denjenigen Teil eines Reizes wahr, der in unsere vorgefertigte Meinung über die Welt, uns und unsere Mitmenschen passt. Selektive Wahrnehmung also.

Besonders stark zum Tragen kommen negative Glaubenssätze, wenn wir selbst Eltern werden. So kann es sein, dass wir Verhaltensweisen unserer Kinder negativ interpretieren: »Das macht es nur, um mich zu ärgern!«, »Es will seine Grenzen austesten!«, »Es ist ein kleiner Egoist, der alles dafür tun würde, um seine Interessen durchzusetzen!«. Dann kann es sein, dass unsere Glaubenssätze (oder auch die Ratschläge anderer Menschen) uns davon abhalten, feinfühlig zu handeln. Wir geraten in einen Kampfmodus, der uns unser Kind als »Feind« sehen lässt, den es zu besiegen gilt.

Ich weiß noch, dass ich, als meine Tochter sechs Monate alt war, plötzlich eines Abends die fixe Idee hatte, sie müsse doch jetzt endlich mal lernen, alleine einzuschlafen. Also legte ich sie in ihr Beistellbett, blieb aber daneben sitzen. Da das von ihrem normalen Einschlafritual abwich, fing sie an zu weinen. Doch statt zu denken: »Na, komm her, ich habe dich wohl überfordert mit meinem abrupten Wunsch«, spukte plötzlich der Gedanke in meinem Kopf herum, ich dürfe jetzt auf keinen Fall nachgeben, weil sie mir sonst »immer auf der Nase herumtanzen« würde, wenn ich ihr dieses Verhalten jetzt »durchgehen« lassen würde. Ich weiß noch, dass mich ihr verzweifeltes Weinen sogar wütend machte. Ich hatte mein Mitgefühl irgendwie ausgeschaltet. Gott sei Dank hielt dieser Modus nicht lange an – vielleicht zehn Minuten, in denen sie weinen musste, weil ich in den Geistern der Vergangenheit gefangen war. Ganz plötzlich änderten sich meine Gedanken wieder: »Das kann so nicht richtig sein. Kein Kind sollte so weinen müssen!« Mein Herz wurde weich, ich wurde überschüttet von Mitgefühl, und ich nahm mein Baby in den Arm, um es zu trösten: »Das war nicht okay von mir, Carlotta. Ich verspreche dir, dass du nie wieder beim Einschlafen alleine weinen musst.« Ich hielt dieses Versprechen. Das heißt aber nicht, dass es nicht im Laufe der Jahre immer wieder andere Begebenheiten gab, in denen mich meine Glaubenssätze zunächst aus der Bahn warfen.

Heute lache ich darüber, aber ich hatte *wirklich* zunächst Schwierigkeiten damit, wenn meine Kinder Schuhe verweigerten oder sich ihre Sonnenhüte vom Kopf rissen, oder bei Kälte für den kurzen Weg zur Kita nur eine Jacke und nicht den Schneeanzug anziehen wollten. In vielen dieser Situationen war ich sauer und fühlte mich in meiner Autorität infrage gestellt – ja, von einem Kind, das keine Schuhe anziehen wollte. Es kostete mich einiges an Zeit und Selbstreflexion, um zu erkennen, dass ich in solchen Momenten von Glaubenssätzen geleitet wurde. Zum Beispiel von »Wer kalte Füße bekommt, wird krank« oder von »Erwachsene wissen alles besser«. Glücklicherweise waren meine Kinder sehr geduldig und nachsichtig mit mir. Mittlerweile (sie sind jetzt 13, 13 und 9 Jahre alt) tragen übrigens alle meine Kinder Schuhe. Aber nicht unbedingt warme Jacken im Winter … Da ich aber meine Glaubenssätze mit ihrer Hilfe überwinden konnte, stört es mich heute nicht mehr. Na gut. Vielleicht ein kleines bisschen. Ein klitzekleines bisschen.

Glaubenssätze auflösen

Der erste Schritt, um Glaubenssätze auflösen zu können, ist, sie zu erkennen. Da wir sie als allgemeine Wahrheiten abgespeichert haben, fallen sie uns im normalen Alltag selten auf. Doch wir können auf die Suche nach ihnen gehen. Am einfachsten ist es zu überlegen, welche Annahmen man selbst über die Welt hat. Schauen Sie auf eine Situation, die demnächst für Sie ansteht. Welche Annahmen haben Sie darüber, was geschehen wird? Meinen Sie, Sie werden die Aufgabe gut meistern? Oder wird es schwer und überfordernd? Hier kommen Sie Ihren Glaubenssätzen nahe. Suchen Sie nach absoluten, verallgemeinernden, einengenden Gedanken, oft verbunden mit bestimmten Signalwörtern wie »muss«, »sollte«, »darf nicht«, »immer«, »nie«, »niemand«, »jeder«. Zum Beispiel »Kinder sollte man sehen, aber nicht hören«, »Kinder müssen Erwachsenen Respekt entgegenbringen!«.

Im zweiten Schritt überprüfen Sie bitte: Sind Ihre Glaubenssätze für Sie einschränkend oder bestärkend? Positive Glaubenssätze, die uns bestärken, müssen wir selbstverständlich nicht auflösen. Nur jene, die uns in unseren Handlungsoptionen limitieren, die unser

Leben einschränken und klein machen, dürfen weg. Wenn Sie beispielsweise im Restaurant ein Gericht serviert bekommen, das Sie nicht bestellt haben und eigentlich auch nicht essen wollen, sich aber scheuen, den Kellner darauf anzusprechen, weil Sie nicht zu viele Unannehmlichkeiten verursachen wollen, dann ist das ein einschränkender Glaubenssatz, den Sie ablegen dürfen.

Im dritten Schritt fragen Sie sich: »Ist das wirklich so?« Sie unterziehen Ihre limitierenden Glaubenssätze also einem Faktencheck. Überprüfen Sie, ob es echte Beweise und auch Gegenbeweise für Ihre Annahmen gibt. Müssen Kinder zum Beispiel wirklich allen Erwachsenen Respekt entgegenbringen? Wie kommen wir darauf, dass dieser Satz die allgemeingültige Wahrheit ist? Kann es sein, dass Sie Erfahrungen in Ihrer Kindheit gemacht haben, die erklären, warum Sie das heute denken? Und ist diese Annahme heute, wo Sie erwachsen sind, noch hilfreich? Es kann überlebenswichtig für Sie als Kind gewesen sein, zum Beispiel als Emotions-Puffer zwischen Ihren Eltern für Harmonie gesorgt zu haben. Aber Sie müssen das heute nicht mehr leisten. Sie müssen nicht zwischen Ihren Kindern für Harmonie sorgen, nicht zwischen Ihren Kolleg*innen und auch nicht beim Kellner im Restaurant.

Wenn Schritt drei bei Ihnen noch nicht so gut klappt, überlegen Sie, ob Sie bei Freund*innen den gleichen Maßstab ansetzen würden. Gilt Ihr Glaubenssatz auch für andere? Oder ominöserweise nur für Sie selbst? Andere dürfen Fehler machen, mit anderen können Sie nachsichtig sein, nur Ihnen darf so etwas doch nicht passieren? Falls ja, ist dies ein ziemlich sicherer Hinweis auf einen schädigenden Glaubenssatz, der aus einer frühen Verletzung des Selbstwertgefühls stammt und überhaupt nichts Konstruktives mit sich bringt. Diesen dürfen Sie gern fallen lassen.

Nun haben Sie Ihre einschränkenden Glaubenssätze erkannt und überprüft. Der vierte Schritt ist nun, diese umzuformen. Im

Prinzip versuchen wir, die negativen Glaubenssätze in positive Glaubenssätze umzuwandeln. »Nichts, was ich tue, ist gut genug« wird vielleicht zu »Ich bin gut genug und das, was ich mache, ist gut genug«. »Ich darf nicht wütend sein« könnte zu »Ich darf alle Emotionen fühlen und zeigen« werden und »Ich muss für Harmonie sorgen« zu »Ich darf für meine Rechte kämpfen«.

Es hat sich als hilfreich erwiesen, diese neuen Glaubenssätze – oder Affirmationen – aufzuschreiben und zum Beispiel in der Wohnung an passenden Orten aufzuhängen, sodass man sie immer wieder sieht, liest und verinnerlichen kann: am Badezimmerspiegel, neben der Kaffeemaschine oder als Hintergrundbild auf dem Handybildschirm. Manche Menschen sprechen ihre Affirmationen morgens oder abends vor sich hin, um positiv in den Tag zu starten oder entspannt einschlafen zu können. Andere kaufen Kartensets mit positiven Affirmationen und schauen sie sich auf dem Weg zur Arbeit in der U-Bahn an. Wichtig ist, sie regelmäßig zu wiederholen und in den Alltag zu integrieren. Dann entfalten die neuen Glaubenssätze nämlich erst ihre magische Wirkung: Wir glauben an sie und handeln danach.

Im fünften Schritt handeln Sie nach Ihren neuen Glaubenssätzen. Das ist unseres Erachtens der schwerste Schritt. Um bei unserem Beispiel aus dem Restaurant zu bleiben: Wenn uns das Essen, das wir fälschlicherweise bekommen haben, nicht zusagt, dann dürfen wir »Ärger machen«. Natürlich machen wir nicht wirklich Ärger – wir winken den Kellner heran und erklären freundlich, dass dies nicht unser bestelltes Essen sei. Einer Freundin, die in der gleichen Situation ist, würden wir das auch genauso sagen, nicht? »Wenn das nicht dein Essen ist, dann sag ihm das. Ist doch kein großes Ding!« Nur für uns selbst stehen wir nicht ein. Doch je öfter wir uns trauen, nach unseren neuen, positiven Glaubenssätzen zu handeln, desto schneller integrieren wir sie in unser Selbst. Wenn das geschafft ist, haben wir die Vergangenheit hinter uns gelassen und können in der Beziehung mit unseren Kindern freier, bedingungsloser und bindungsstärker agieren. Fehler werden wir natürlich trotzdem noch machen. Und das ist okay so.

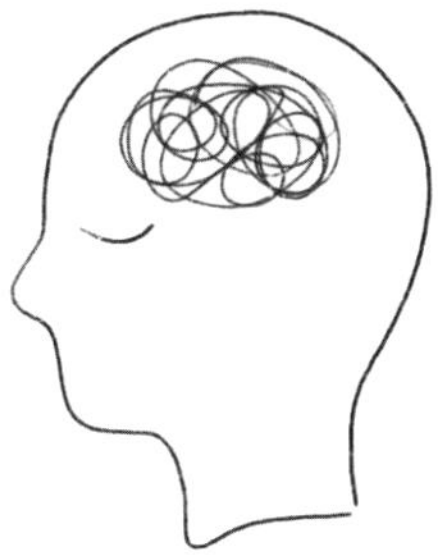

»Ich bin eifersüchtig auf mein Kind«

Überraschend häufig sind Väter eifersüchtig auf ihre eigenen Babys. Weil diese plötzlich im Mittelpunkt des Interesses stehen und die Väter nicht mehr »Nummer 1« bei ihrer Partnerin sind. Gelegentlich ist es tatsächlich der Fall, dass sich die neue Mutter zu stark auf ihr Kind fokussiert, oft jedoch ist es nur ein gefühlter Verlust, wie in Kaelas Beispiel deutlich wird.

Mein Mann ist extrem eifersüchtig auf unseren Sohn, und wir streiten seit zwei Wochen gefühlt nur noch. Die Zeit, die er vorm PC verbringt, wird immer länger. Ich habe das Gefühl, er flüchtet in Online-Spiele, um mental nicht mehr bei uns sein zu müssen. Oder er geht mit seinen Jungs weg. Ist ja an sich voll okay, gönne ich ihm. Aber er ist, wenn er wieder da ist, nicht besser gelaunt, sondern motzt weiter an mir herum. Seit der Geburt zieht er sich immer weiter von mir zurück. Und so der Typ, um über Probleme zu reden, ist er leider auch nicht. Er frisst so was lieber in sich hinein. Gestern hatten wir einen Riesenstreit und da platzte es dann endlich aus ihm heraus. Er sagt, ich kümmere mich nicht mehr um ihn, das Baby sei mir viel wichtiger als er. Und wenn unser Sohn schläft, wäre ich müde und würde auch schlafen wollen. Er will gerne Sex, das würde ich ja immer verweigern. Ja, mache ich – das Kind ist 23 Tage alt, da will ich doch noch keinen Sex! Da ich stille, könne er ihn auch nicht füttern,

und wenn er ihn mal im Arm habe, drehe unser Sohn immer den Kopf zu mir, als wolle er zurück zu mir. Mein Mann meint deshalb, unser Sohn möge ihn nicht. Er sagt, er fühle sich wie in dieser alten Kinderserie »Die Dinos«, wo das Baby immer »Nicht die Mama!« schreit, wenn jemand anderes in seine Nähe kommt.

Er tut so, als hätte ich das Baby 24 Stunden auf dem Arm, aber das stimmt gar nicht. Abends sitze ich auf der Couch und langweile mich, weil mein Mann vorm PC hockt und »nur noch …« irgendwas im Spiel beenden will. Er kommt dann aber nicht, er versinkt im Spiel und vergisst mich, bis ich dann doch ins Bett gehe. Dort weine ich oft erst einmal. Mein Mann zockt noch bis tief in die Nacht. Klar habe ich wegen des Babys weniger Zeit für ihn, aber die Zeit, die ich ihm geben möchte, nutzt er dann gar nicht. Wird sogar noch genervter, wenn ich ihn drauf hinweise, dass wir doch jetzt Zweisamkeit haben könnten. Er ist dann einerseits wie ein bockiger kleiner Junge, der nun erst recht nicht will. Und andererseits wie ein aggressiver Gorilla, den man besser nicht weiter reizt. Ich bin am Ende und weiß nicht, was ich machen soll. Ich bin so gerne Mama. Ich liebe meinen Sohn und kann mir ein Leben ohne ihn nicht mehr vorstellen. Aber ich liebe auch meinen Mann und hätte gern die unbeschwerte Zeit vor dem Baby zurück.

Eifersucht ist eine Form von Kränkung des Selbst und basiert vorwiegend auf der Bedrohung des Selbstwertgefühls und der damit verbundenen Verlustangst. Ein Mann kann sich von seiner Frau zurückgesetzt fühlen, da sie aufgrund des gemeinsamen Babys weniger Zeit für ihn aufbringen kann. Es scheint ihm, als würde sie das Baby vorziehen. Häufig erleben Eifersuchtsgefühle diejenigen, die selbst keine sicheren Bindungserfahrungen in der Kindheit machen konnten, sondern ambivalente oder vermeidende. Im Jahr 2004 waren das etwa 55 Prozent der Erwachsenen in Europa und den USA.[4] Teil dieser Bindungserfahrungen sind verinnerlichte Glaubenssätze wie »Niemand kümmert sich um mich« oder »Die Welt ist hart – niemand schenkt einem was, man muss selbst sehen, wo man bleibt«, was dazu führt, dass diejenigen viele Interaktionen mit Mitmenschen eingefärbt erleben. So fühlt derjenige öfter als andere eine Zurückweisung oder Kränkung, obwohl das Gegenüber diese gar nicht beabsichtigt hat. So geht es dem Vater in unserem Beispiel oben. Er hat das Gefühl, seine Partnerin Kaela würde sich »nur noch« um ihren gemeinsamen Sohn kümmern, und der Sohn würde ihn, den Vater, ablehnen. Kaela aber bemüht sich eigentlich aufrichtig darum, in Verbindung mit ihm zu bleiben und ihm Zeit zu schenken. So gut, wie man das eben neben der Versorgung eines hilflosen Säuglings kann.

Die Folge von subjektiv erlebter Zurückweisung und Kränkung ist oft Rückzug oder Aggression. Beides zeigt der Vater in unserem Beispiel. Er zieht sich emotional zurück, indem er Zeit vor dem PC verbringt und dabei sogar Zeiten verpasst, in denen er Zweisamkeit mit seiner Partnerin erleben könnte. Und er reagiert aggressiv und aufbrausend, wenn Kaela ihn auf diese Diskrepanz hinweist. Wie viele Neuväter ist auch er verunsichert und gekränkt, weil das Baby scheinbar nicht auf seinem Arm sein will. Aber statt sich stärker um einen Bindungsaufbau zu seinem Sohn zu bemühen, zieht er sich auch von ihm zurück. Es ist nicht schwer nachzuvollziehen, warum er das tut. Diesen Impuls hatten sicherlich schon viele von uns. Günstig ist es allerdings nicht, da es das Problem nur verstärkt, sowohl im Hinblick auf die Beziehung mit der Partnerin als auch auf die mit seinem Sohn. Günstiger wäre, er würde sich mit seinen Gefühlen auseinandersetzen und sie offen ansprechen.

Eifersucht, Kränkung und gefühlte Zurückweisung können der Selbsterkenntnis dienen. Immer wenn wir diese spüren, zeigen sie uns unsere verborgenen Verletzungen und alten Mängel auf. Darin liegt eine Chance zu wachsen! Der erste Schritt ist, diese Gefühle anzusprechen. Kaelas Mann könnte beispielsweise sagen: »Ich habe das Gefühl, du und das Baby, ihr seid eine Einheit, und ich gehöre gar nicht richtig dazu. Ihr seid so eng. Und ich bin außen vor. Das macht mich richtig eifersüchtig.« Es ist wichtig, dass Sie dieses Ansprechen der Gefühle als Stärke sehen. Sie zeigen erwachsenes Verhalten, wenn Sie aussprechen können, dass Sie ein bestimmtes Verhalten verletzt und Ihre emotionalen Bedürfnisse zu kurz kommen. Sie übernehmen Verantwortung für Ihr Wohlergehen und geben Ihrer Partnerin die Chance, Sie wirklich und authentisch zu sehen. Nur dann kann sie auch reagieren.

Der zweite Schritt ist Mitgefühl. Und zwar mit der Sie scheinbar kränkenden Person. Das mag jetzt erst einmal komisch klingen, aber lassen Sie es uns erklären: Durch die vermutlich mangelhaften Bindungserfahrungen in Ihrer Kindheit sehen Sie Situationen emotional »eingefärbt«. Sie interpretieren die Handlungen der anderen so, dass sie in Ihr persönliches Weltbild passen, und Sie übersehen Momente, in denen Ihnen beispielsweise Gutes widerfährt. Kaelas Mann zum Beispiel findet, sie sei immer müde, wenn der Sohn endlich schläft, und übersieht dabei, dass Kaela eine ganze Weile allein auf der Couch auf ihn wartet und erst zu Bett geht, wenn sie die Hoffnung auf Zweisamkeit an diesem Abend aufgegeben hat. Behalten wir diese subjektive Einfärbung im Hinterkopf, können wir demjenigen, der uns vermeintlich kränkt, erst einmal zuhören, statt uns sofort gekränkt zurückzuziehen oder zurückzukränken. So kann Ihre Partnerin erklären, wie Sie die Situation sieht und warum Sie sich so verhalten hat. In der Regel sind Frauen wie Kaela verzweifelt und beabsichtigen mit dem, was sie tun, keine Kränkung ihres Partners. Sie leben einfach ihren neuen Alltag, so gut es geht. Oft fühlen sie sich sogar alleingelassen und überfordert. Durch das Zuhören und unser Mitgefühl können wir den engen Blick unserer eigenen Verletzung erweitern auf unsere Liebsten und deren Gefühle.[5] Dann sehen wir, dass wir nicht allein sind mit unserer Unzufriedenheit. Sie erleben eine neue Verbundenheit mit Ihrer Partnerin, die Ihnen helfen kann, das Problem zu überwinden.

Der dritte Schritt liegt im Erkennen des eigenen psychologischen Themas. Eifersucht und Kränkung aktivieren Ängste und unbefriedigte Bedürfnisse – oft solche aus der eigenen Kindheit. Wenn wir uns weiterentwickeln wollen, dürfen wir diese identifizieren und bearbeiten. Sonst verhält man sich unbewusst immer wieder so, dass die verinnerlichten Glaubenssätze wahr werden. Am besten gelingt das Identifizieren mit professioneller Hilfe. Aber Sie können natürlich auch selbstständig versuchen, Ihre negativen Glaubenssätze und Ihr inneres Thema zu bearbeiten. Versuchen Sie, zurückzudenken an Situationen, die in Ihrer Kindheit Eifersucht und Kränkung ausgelöst haben. Vielleicht wurde ein Geschwisterkind geboren oder das Haustier Ihrer Eltern war wichtiger als Sie. Gehen Sie in Gedanken zurück zu einer dieser Situationen, und stellen Sie sich als Erwachsener neben Ihr kindliches Ich. Überlegen Sie sich, wie Sie die Situation damals hätten ändern können, wären Sie schon groß, stark und erwachsen gewesen. Sprechen Sie das Unrecht und die Kränkung aus, helfen Sie Ihrem kindlichen Ich, die Situation besser zu überstehen. Sie dürfen bei dieser Übung in Gedanken auch Ihre Eltern konfrontieren. Man kann natürlich die Vergangenheit nicht ändern, aber man kann ein Stück weit heilen und eine emotionale Distanz zu diesem Mangel erreichen. Das ist der Punkt, an dem die Eifersucht in der Gegenwart nicht mehr so stark zuschlagen muss.[6]

Let's talk about sex, Baby!

Zum Thema Sex wollen wir noch eine kurze Anmerkung machen. Dass Kaela 23 Tage nach der Entbindung noch keinen Sex möchte, sollte jedem verständlich sein. Der Körper einer Frau braucht Zeit zur Heilung! Aber auch in den nächsten Wochen und Monaten kann es sein, dass die Libido eingeschränkt ist. Das liegt oft am »Touched-Out«-Syndrom. Das Magazin *Parents* veröffentlichte im Dezember 2022 einen Artikel, in dem Mütter darüber berichten, dass sie, wenn sie den ganzen Tag ein Baby auf dem Arm hatten und vom Kleinkind berührt, festgehalten und belagert wurden, am Abend von ihrem Mann am liebsten nicht mehr angefasst werden wollen. Hier geht es nicht selten um das Thema Fremd- versus Selbstbestimmung. Dem Baby kann die frischgebackene Mama das viele fremdbestimmte Kuscheln und den permanenten Anspruch auf ihren Körper noch gerade so verzeihen, während sie beim Partner durchaus die Fähigkeit zum Bedürfnisaufschub erwarten darf, er ist schließlich erwachsen. Dabei ist nicht so sehr der Partner das Problem, sondern die eine Berührung zu viel. Die Frauen schrecken bei dem Gedanken zurück, dass nun auch noch ihr Partner sie streicheln und liebkosen möchte. Die Lösung ist ziemlich offensichtlich: Nehmen Sie Ihrer Partnerin die Kinder öfter ab. Lassen Sie sie allein draußen spazieren gehen, sich mit Freundinnen treffen oder ins Fitnessstudio gehen. Hauptsache, sie hat dabei kein Kind an sich hängen. Wenn sie sich regenerieren konnten, kommt die Lust bei den allermeisten Eltern von ganz allein wieder.[7]

»Mein Kind wird mal Bundeskanzler*in!«

In der Schwangerschaft überlegen Mütter und Väter schon Monate vor der Geburt liebevoll, wie ihr Kind wohl werden wird. Neben den ihnen bewussten Fragestellungen wie »Wird er meine Nase erben?«, »Hat sie rote oder blonde Haare?« oder »Erbt es meine Liebe zur Musik?« schleichen sich oft klammheimlich ideale Vorstellungen vom zukünftigen Baby in das Unbewusste. Es wird vermutet, dass es für werdende Eltern erst einmal psychologisch notwendig ist, diese inneren Vorstellungen zu entwickeln, weil sie sich sonst auf das »Projekt Baby« nicht gut genug einlassen würden.[8] Schließlich ist jedem zumindest theoretisch bekannt, wie anstrengend so ein kleines Kind ist und welche Veränderungen es mit sich bringt. Praktisch ist es jedoch so, dass die meisten Paare, die zum ersten Mal schwanger sind, ganz automatisch davon ausgehen, dass es bei ihnen eben nicht so schlimm wird. Dass ihr Baby ganz bestimmt allein einschläft, dass es brav vor sich hin brabbelnd im Ställchen liegt und überhaupt den ganzen Tag bezaubernd ist.

Es kommt gar nicht so selten vor, dass Eltern auch noch nach der Geburt an der Vorstellung vom »idealen Baby« festhalten und dann frustriert sind, wenn es nicht nach ihren Wünschen funktioniert. Völlig normal, das passiert fast allen von uns. Doch wenn dann das Neugeborene eben nicht den ganzen Tag schläft oder ein so sonniges Gemüt hat, dass man es problemlos zum Brunch ins nächste Restaurant mitnehmen kann, kommt es schnell zu Spannungen und Konflikten bei den Eltern. Diese Spannungen übertragen sich oft auch auf das Kind, und dieses wird *noch* unruhiger und *noch* unausgeglichener – und die Eltern werden immer wütender. Ein Teufelskreis.[9]

Nicht nur Idealvorstellungen sind ein Problem, sondern auch andere Vorstellungen, die die Eltern von ihrem Kind während der Schwangerschaft aufgebaut haben. Wie oft hört man Paare, die lachend erzählen, sie würden wohl einen kleinen Fußballer bekommen, weil das Kind im Bauch so treten würde. Oder die meinen, sie bekämen eine kleine Diva, weil das Baby sich beim Ultraschall immer »in Fotoposition« bringen würde. Es ist kein Problem, Vermutungen darüber anzustellen, wie das eigene Baby wohl sein wird – das ist normal und schön und hilft beim Bindungsaufbau vor der Geburt. Doch schwierig wird es, wenn diese Vorstellungen und Vermutungen nach der Geburt nicht fallen gelassen werden, um zu erfahren, wen man da wirklich geboren hat. Betrachten die Eltern ihr Kind weiterhin durch ihre Vorurteils-»Brille«, dann kann es sein, dass sie wütend und enttäuscht reagieren, wenn ihr Baby andere Verhaltensweisen an den Tag legt, als sie ihm zugeordnet haben.

Werden die Idealvorstellungen und Zuweisungen nicht irgendwann abgelegt, kann es außerdem sein, dass das Verhalten des Kindes unbewusst manipulativ beeinflusst wird. Da die Bindungspersonen für das Kind überlebenswichtig sind, wird es versuchen, sich den Erwartungen der Eltern, so gut es geht, anzunähern – unter der Aufgabe des eigenen Selbst. Psychologen bezeichnen diesen Vorgang als Entwicklung eines »falschen Selbst«[10]. Die Kinder sind dann zwar so, wie wir uns das wünschen, mussten aber einen Teil ihrer Vitalität und ihrer Persönlichkeit unterdrücken. Im weiteren Verlauf des Lebens passen sich solche Menschen oft zu stark an die Erwartungen anderer an, ohne eigene Meinungen oder Wünsche zu äußern, aus Angst, abgelehnt zu werden, und entwickeln im Zusammenhang damit verschiedene psychische Erkrankungen.

Wir sollten uns nach der Geburt Zeit nehmen, unser reales Baby erst einmal in seiner eigenen Persönlichkeit zu entdecken. Dafür ist ja das Wochenbett durchaus auch gedacht – nicht umsonst ereilen einen nach der Geburt die immer gleichen Wünsche für eine »schöne Kennenlernzeit«. Von den eigenen Idealvorstellungen Abschied zu nehmen, bedeutet auch, dem Kind sein eigenes Tempo zuzugestehen. Die Kinder in der PEKiP-Gruppe schlafen alle schon durch? Egal – wir haben eben Individualisten!

Denken Sie daran: Eine gute Bindung aufzubauen, bedeutet, jedes Kind so zu sehen und anzunehmen, wie es ist. Mit all seinen Facetten. Auch wenn diese nicht zu uns selbst passen oder wir sie nicht verstehen können. Unser Kind ist uns keine Entwicklung in eine bestimmte Richtung schuldig. Wir sind nicht dazu da, es zu formen – wir begleiten seine Entwicklung, so gut wir können. Da muss man als sportbegeisterter Elternteil in sich gehen, wenn das Kind partout keine Freude an der Turnstunde hat – vielleicht will es ja lieber malen, zocken oder musizieren?

Und auch wenn das jetzt vielleicht noch in weiter Ferne liegt, sollten Sie die Idealvorstellung von der Zukunft Ihres Kindes immer wieder überdenken. Vielleicht haben Sie schon das Bild Ihrer Tochter im Kopf, wie sie später mal einen netten Mann heiratet und in der Doppelhaushälfte zwei Kinder großzieht? Oder Ihr Sohn wird mal ein erfolgreicher Anwalt, verheiratet mit einer wirklich tollen Frau, die sich um das zuckersüße Baby kümmert? Erweitern Sie am besten schon jetzt die Möglichkeiten in Ihrem Kopf. Ihre Tochter will vielleicht gar keine Kinder bekommen, Ihr Sohn heiratet vielleicht einen Mann, und möglicherweise macht keins Ihrer Kinder Abitur. Vielleicht ist Ihr männlich gelesenes Kind gar kein Junge und sagt Ihnen das später. Allein diese Möglichkeiten im Kopf durchzuspielen und zuzulassen, wird Ihnen und Ihren

Kindern einiges an Enttäuschung ersparen. Nehmen Sie sich einen Moment Zeit, um in Ihrem Inneren zu erspüren, welche Idealvorstellungen Sie von Ihrem Kind haben.

Ich will ehrlich mit Ihnen sein: Ich habe damals, als ich die Übung als Teil der Begleitung in einem SAFE-Kurs durchführte, gedacht, ich hätte gar keine unbewussten Wunschvorstellungen bezüglich meines Babys. Mein Gott, war ich stolz auf meine vermeintliche Unvoreingenommenheit! Erst sechs Jahre später, als mein Kind in seiner freien Schule den Deutschkurs hinwarf und sagte, es wolle nicht lesen lernen, das sei langweilig, merkte ich: Doch, habe ich! Plötzlich verspürte ich nämlich eine übermäßige Wut meinem Kind gegenüber. Ich dachte grummelnd, dieses Kind könne doch nicht immer alles hinschmeißen, wenn es ein bisschen anstrengend würde, und überhaupt, da müsse man einfach mal den Arsch zusammenkneifen und sich durchbeißen! Guck an, ich hatte sehr wohl eine spezielle Wunschvorstellung! Und Glaubenssätze, aber holla! Ich ging ganz selbstverständlich davon aus, dass meine Kinder alle Abitur machen würden. In dem Moment, in dem diese Wunschvorstellung ins Wanken geriet, weil mein Kind nicht so strebsam war, wie ich erwartet hatte, brach in mir Wut aus. Das war ein spannender Augenöffner.

Nehmen Sie also ganz bewusst Abschied von all den Idealvorstellungen in Ihrem Kopf. Lernen Sie Ihre Kinder stattdessen unvoreingenommen kennen, mit all ihren Facetten. Geben Sie ihnen Zeit, sich zu einer eigenen Persönlichkeit zu entwickeln. Zeit, in Ruhe zu wachsen. Zeit, in ihrem eigenen Tempo die Welt zu erobern. Zeit, selbst zu entscheiden, was sie lernen oder sein möchten. Zeit, sich ein eigenes Hobby zu suchen. Wer seinem Kind nicht die eigenen Wünsche oder Vorstellungen überstülpt, sondern es annimmt, wie es ist, wird auch nicht enttäuscht. Wer nicht enttäuscht wird, wird nicht wütend. So einfach und gleichzeitig so schwierig ist das.

»Verwöhn doch das Kind nicht so!«

Eine der häufigsten Schwierigkeiten, die junge Elternpaare an uns herantragen, ist, dass ein Elternteil vermeintlich vom Baby abgelehnt wird. Wir haben schon im Bindungskapitel erklärt, dass das häufig mit der Bindungshierarchie zu tun hat, in der aufgrund der gelebten Familiensituation die sekundären Bindungspersonen in stressigen Situationen scheinbar abgelehnt werden. Sekundäre Bindungsperson zu sein, ist kein persönliches Versagen, sondern natürlicher Teil einer Beziehung zum Kind. Manchmal rutscht ein Elternteil allerdings deshalb auf eine niedrigere Bindungsposition, weil er auf eine bestimmte Art und Weise erziehen möchte. Oft möchte dieser Elternteil nicht bindungs- und bedürfnisorientiert handeln, weil er das als zu verwöhnend und zu wenig erziehend einstuft. Stattdessen möchte dieses Elternteil lieber den gut bekannten Weg der alten Erziehung gehen: meist so, wie er selbst erzogen wurde. Dagegen gibt es nicht viel einzuwenden – selbstverständlich entscheiden Sie selbst, wie Sie Ihre Kinder erziehen wollen. Lassen Sie uns aber erklären, warum Ihre Entscheidung dazu führt, dass Ihr Kind Sie im Moment scheinbar ablehnt.

Die alte Erziehung ignorierte die meisten Bedürfnisse von Kindern absichtlich, weil damals gedacht wurde, man müsse schon den allerkleinsten Babys Dinge an- und abgewöhnen, um sie zu guten Mitgliedern der Gesellschaft zu machen. Es kann also dazu kommen, dass ein Elternteil, der »so wie früher« erziehen möchte, die Bedürfnisse des eigenen Babys nicht erkennt oder absichtlich nicht erfüllt, obwohl er selbstverständlich das Beste für sein Kind möchte. In Reaktion auf das Nichterkennen oder Nichtbeantworten seiner Bedürfnisse wendet sich das Baby unbewusst dem anderen Elternteil zu, welcher bindungs- und bedürfnisorientiert handelt oder es zumindest versucht. Dementsprechend weint das Kind, wenn es von dem weniger feinfühlig agierenden Elternteil versorgt wird. Diese offensichtliche Ablehnung des nicht bedürfnisorientiert erziehenden Elternteils könnte diesen so kränken, dass er sich aus Trotz vom Kind zurückzieht. »Wenn du nichts mit mir zu tun haben willst, will ich auch nichts mit dir zu tun haben!« Oder dass er dem anderen Elternteil vorwirft, das Kind mit dieser Art von Erziehung zu verwöhnen und damit das schlechte Verhältnis zwischen ihm selbst und dem Baby zu verursachen. So verschlechtert sich nicht nur das Verhältnis zwischen Baby und Elternteil, nein, auch die Partnerschaft gerät unter Druck. Nicht selten trennen sich diese Elternpaare am Ende sogar.

Trennungsgrund: Erziehung?

Wie kann das so eskalieren? Nun, wie schon erwähnt, war die Erziehung von Kindern in der Vergangenheit nicht unbedingt von Bedürfniserfüllung geprägt. In vielen Familien wurden Kinder erzogen, indem ihre Bedürfnisse ignoriert wurden. Leidiges Ergebnis einer solchen Erziehung sind verletzte innere Kinder und tief verankerte Glaubenssätze wie »Ich bin nicht wichtig!«, »Keiner hört mich!« und »Ich genüge nicht!«. Das Problematische an Glaubenssätzen ist, dass sie uns quasi aus dem Hintergrund steuern.[11] Wenn wir zum Beispiel als Kind das Gefühl hatten, dass wir nicht bedingungslos geliebt werden und in den Augen unserer Eltern nicht gut genug sind, kann es sein, dass wir extrem sauer werden, wenn unser Kind sich lieber der anderen Bindungsperson zuwendet. Unsere verankerten negativen Glaubenssätze werden dann nämlich aktiviert. Wir nehmen das natürliche, nicht persönlich gemeinte Verhalten unseres Kindes doch persönlich – wir denken, unser Kind liebt uns nicht, wir sind wieder einmal »nicht gut genug« – und projizieren die Wut, die eigentlich zu den eigenen Bezugspersonen gehört hätte, nun auf das Kind. Nun liegt es im Interesse unserer Psyche, seelischen Schmerz zu vermeiden. Wir gehen innerlich in Abwehrhaltung, um den alten Schmerz der Kindheit nicht spüren zu müssen. Wir wenden uns daraufhin bewusst von unserem Kind ab, um uns *nicht* nicht geliebt fühlen zu müssen.

Abwehrhaltung bedeutet oft nicht nur Rückzug, sondern auch ein aggressives Gegenhalten, Aufbrausen und Schuld-bei-anderen-Suchen: Wir als abgelehnter Elternteil sehen unser Kind dann in negativerem Licht – es hört nicht, es hat keinen Respekt, es macht, was es will. Es kann passieren, dass wir dann aufgrund unserer (falschen) Annahmen über unser Kind in einen Machtkampf einsteigen. Wir wollen nicht zulassen, dass uns das Baby »auf der Nase herumtanzt«! Wir versuchen, mit aller Macht als Gewinner*in aus der Situation zu gehen. Denn ein wichtiges, unbewusstes Motiv des inneren Kindes von uns Erwachsenen kann sein, sich nie wieder so gedemütigt und ausgeliefert zu fühlen wie als Kind bei den eigenen Eltern. Wir wollen deshalb, wenn wir groß sind, in jedem Fall die Oberhand behalten. Nie wieder, so wird unbewusst abgespeichert, wollen wir ohnmächtiges Opfer sein.[12] »Hört« ein Baby oder Kleinkind nicht auf uns, dann kocht sofort die alte Wut des ohnmächtigen inneren Kindes in uns hoch: Unser Kind hat keinen Respekt! Das müssen wir ändern! Es ist kein bewusster Vorgang – wir fühlen einfach, dass wir uns behaupten müssen, weil wir sonst untergehen könnten. Im Prinzip ist es so, dass wir den Kampf, den wir als Kind mit unseren Eltern hätten führen wollen und nicht konnten, weil wir klein und schutzbedürftig waren, nun als Erwachsene mit unserem eigenen Kind kämpfen. Nun sind wir groß und können endlich gewinnen. Völlig bescheuert eigentlich, oder? Aber so ist das mit unbewussten Mustern und Glaubenssätzen. Natürlich kommt es dann, wie es kommen muss. Durch unsere aktivierte innere Abwehr reagieren wir noch weniger feinfühlig auf unser Kind. Es wendet sich daher häufig noch mehr von uns ab. Der Überlebenstrieb unseres Kindes sagt ihm, dass es einen Elternteil braucht, der in der Lage ist, eigene Bedürfnisse zurückzustecken, um die Bedürfnisse des Kindes zu sehen und zu beantworten, und zu diesem wird es gehen. Weg von uns. Ein Teufelskreis.

Wenn wir uns dieser Mechanismen nicht bewusst sind, dann geben wir oft dem anderen Elternteil die Schuld an der Misere. Wir reden uns ein, unser Partner oder unsere Partnerin würde unser Kind mit dieser »Wischiwaschi-Erziehung« total verwöhnen, und deshalb würde es diesen Elternteil so bevorzugen. Wir sind natürlich nur deshalb die Bösen, weil wir Regeln durchsetzen wollen. Wenn Kinder kleine Egoisten sind, die immer den größtmöglichen Vorteil für sich herausschlagen wollen, dann gehen sie natürlich immer zum »weichen« Elternteil, der nicht Nein sagt. Ist doch klar! Und wie gemein ist es dann vom Partner/der Partnerin, dass wir, nur weil wir das Beste für unser Kind wollen und ihm Grenzen setzen, immer den Part des »Bad Cop« innehaben, nur weil der andere Elternteil nicht richtig erzieht?! So wird nicht nur die Beziehung zum Kind gestört, sondern auch zum Partner oder zur Partnerin.

Oft versuchen diese sogar noch, uns zu helfen, indem sie uns Artikel und Bücher hinlegen, welche die oben beschriebenen Probleme behandeln. Unglücklicherweise passiert es nur selten, dass der »strengere« Erwachsene diese Artikel auch wirklich liest beziehungsweise glaubt, was er da liest. Denn auch in diesem Fall wirken die alten Mechanismen: Wer als Kind verankert hat, dass er sich nie wieder etwas von einer Autorität sagen lassen wird und sich nicht mehr bevormunden lassen will, kann einen Text von Expert*innen über innere Glaubenssätze nicht immer mit der nötigen Offenheit lesen. Die psychologische Abwehr lässt das nicht zu. Zu stark ist der frühe kindliche Schmerz, der vermieden werden muss. Anzeichen dafür sind extreme Unlust, den Text überhaupt in die Hand zu nehmen, plötzliche Müdigkeit, wenn man doch angefangen hat zu lesen, Aggression, wenn der andere Elternteil immer wieder ans Lesen erinnert, oder ein Sich-lustig-Machen (oft verbunden mit Sarkasmus) über den Inhalt, wenn der Text doch gelesen wurde. Die »Bevormundung« durch den oder die Partner*in wird als negativ empfunden – auch hier sind die inneren Glaubenssätze am Werk, die es nicht zulassen, dass man sich klein und unwissend fühlt. Daher wird das Angebot lieber aggressiv abgelehnt. Und ja, an dieser Stelle zerbrechen Partnerschaften. Gar nicht selten sogar.

Schwierigkeiten überwinden

Ein Weg aus diesem Teufelskreis ist, sich seine negativen Glaubenssätze bewusst zu machen und an ihrer Überwindung zu arbeiten. Für den Anfang empfehlen wir die Bücher *Das Kind in dir muss Heimat finden* von Stefanie Stahl und *Kind, du machst mich wahnsinnig* von Bastian Willenborg. Beide behandeln das Thema Glaubenssätze intensiv. In Stefanie Stahls Buch geht es verstärkt um die Auswirkung von Glaubenssätzen auf Partnerschaften, in Bastian Willenborgs um die Auswirkung auf die Eltern-Kind-Beziehung. Hilfreich an beiden Büchern ist, dass es Reflexionsfragen und Übungen gibt, mit denen man selbstständig versuchen kann, alte Muster und Glaubenssätze aufzulösen. Das ist ein guter erster Schritt.

Hinzu kommt: Kinder haben an sich kein Problem mit unterschiedlichen Regeln oder unterschiedlich strengen Elternteilen. Natürlich können klare Regeln, Konsequenzen für unangebrachtes Verhalten und die unangefochtene Autorität eines Elternteils funktionieren, ohne dass sich die Kinder exklusiv dem anderen Elternteil zuwenden. Der Trick dabei ist, trotzdem die Bedürfnisse des Kindes zu beachten und nicht anzunehmen, es würde etwas Bestimmtes tun, um »seinen Willen durchzudrücken«. Die Bedürfnisse zu sehen und immer feinfühlig und prompt zu reagieren, ist das Geheimnis hinter einer guten Beziehung zu seinem Kind. Konsequent und streng kann man dabei trotzdem sein – nicht im ersten Babyjahr natürlich, ich denke, das ist Ihnen klar. Im ersten Jahr braucht niemand streng mit einem Baby zu sein. Das kommt ja gerade erst an auf unserer Erde, und wir wollen doch, dass es die Welt als guten Ort verinnerlicht. Wir dürfen es nach Herzenslust verwöhnen, bekuscheln, umsorgen und bespielen. Alles darf sich leicht und schön anfühlen, wenn Sie mit Ihrem Baby zusammen sind.

»Erziehung« im klassischen Sinne braucht erst dann zu beginnen, wenn Ihr Kind verstanden hat, dass es kein Teil von Ihnen ist, sondern ein eigenständiges Individuum. Das passiert normalerweise um den ersten Geburtstag herum. Sobald Ihr Baby zum Kleinkind wird, ist es theoretisch möglich, strenger auf Regeln zu achten. Es ist aber auch in diesem Alter wichtig zu wissen, dass Kleinkinder eigentlich nicht absichtlich die Regeln brechen. Manchmal wird unerwünschtes kindliches Verhalten durch unbefriedigte Bedürfnisse hervorgerufen, manchmal weiß ein Kind es einfach noch nicht besser, und manchmal ist sein Gehirn noch nicht weit genug entwickelt, dass es sich selbst stoppen könnte. Zu unterscheiden, wann man Regeln durchsetzen und streng sein sollte und wann besser nicht, ist schwerer, als man denkt. Denn auch hier kommt uns wieder unsere Vorurteilsbrille, durch die wir unsere Kinder oft zu negativ betrachten, und unsere Unwissenheit über das echte Vermögen des kindlichen Gehirns in die Quere. Wir haben darüber sehr ausführlich in unserem Buch *Der entspannte Weg durch Trotzphasen* geschrieben und möchten Ihnen ans Herz legen, dieses zu lesen oder zu hören, bevor Sie mit dem strengen Erziehen beginnen. Versuchen Sie bis dahin, in Situationen, die Sie ärgern, immer das unschuldigste, positivste Motiv für das Verhalten Ihres Kindes anzunehmen – damit liegen Sie im Allgemeinen seiner wahren Absicht am nächsten.

Spielen, Motorik und kognitive Entwicklung

Spielend lernen

Jeder Mensch hat emotionale Grundbedürfnisse, deren Beachtung und Erfüllung die Grundlage dafür sind, dass wir uns glücklich, ausgeglichen und stabil fühlen. Die meisten haben wir in diesem Buch schon angesprochen: das Bedürfnis nach Bindung und Sicherheit. Das Bedürfnis nach Autonomie und Kompetenzerweiterung. Das Bedürfnis, Emotionen ausdrücken und kommunizieren zu können. Das Bedürfnis nach Gemeinschaft und den natürlichen Grenzen, die diese Gemeinschaft mit sich bringt. In dem nun folgenden Kapitel wollen wir auf das emotionale Grundbedürfnis nach Spiel zu sprechen kommen. Dieses ist eng verbunden mit der motorischen, sprachlichen und kognitiven Entwicklung des Kindes. So eng tatsächlich, dass wir diese vier großen Themengebiete hier absichtlich nicht trennen.

Alle Kinder auf der Welt spielen. Überall. Selbst unter den widrigsten Umständen. Lässt man ein Kind einfach nur in Ruhe, beginnt es … zu spielen. Dass Kinder im Spiel lernen und sich weiterentwickeln, wissen wir schon lange. In allen Kulturen der Welt verwenden Kinder den Hauptteil ihrer Energie darauf, spielend zu lernen. Sie bereiten sich durch das Spiel mit Puppen, Töpfen, Pfeil und Bogen, Werkzeug etc. auf ihre späteren Aufgaben als Erwachsene vor und lernen im Zusammenspiel mit anderen grundlegende soziale und motorische Kompetenzen.[1] Beim Auf-den-Baum-Klettern oder auf dem Spielplatz beim Von-Plattform-zu-Plattform-Springen müssen sie ihre eigene Angst überwinden und entwickeln Körpergefühl und Selbstbewusstsein. Beim Spielen in der Kindergruppe müssen soziale Regeln angewandt werden. Die Kinder lernen dort, zu führen oder zu folgen, sich die Ideen anderer anzuhören und zu evaluieren. Bei Brettspielen müssen sie abwarten können und unglückliche Umstände aushalten lernen, ohne das Brett durch die Gegend zu pfeffern. Ihre Impulskontrolle wird trainiert. Kurz und gut, Spielen bereitet unsere Kinder so perfekt wie nichts anderes auf das Leben vor.

Die neusten Erkenntnisse der Neurobiologie sagen uns, dass ein Mensch nur dann wirklich nachhaltig etwas lernt, wenn eine Sache ihn innerlich tief berührt. Dann werden nämlich die emotionalen Zentren im Mittelhirn aktiviert, welche neuroplastische Botenstoffe freisetzen, welche wiederum die Nervenzellen dazu bringen, verstärkt bestimmte Eiweiße herzustellen, die für das Auswachsen neuer Fortsätze und für die Neubildung und Stabilisierung von Nervenzellenkontakten gebraucht werden.[2] Menschen können sich durchaus Informationen ins Hirn zwingen, wenn es notwendig ist – beispielsweise wenn die Schule das so verlangt, weil die nächste Klassenarbeit ansteht. Doch dieses Wissen wird schnell wieder verschwinden, weil es keine Relevanz hat und keine Freude auslöst. Nachhaltiges Lernen gelingt immer nur mit Begeisterung, mit »Flow«.

Man kann ziemlich gut erkennen, wenn ein Kind im »Flow« ist – es hat die Welt um sich herum in dem Moment völlig vergessen und hört auch nicht mehr wirklich, wenn man es anspricht. Ein Baby betrachtet vielleicht minutenlang fasziniert seine Faust, ein Kleinkind spielt versunken mit seinen Autos auf dem Spielteppich, zwei Dreijährige graben mit hochroten Wangen ein Riesenloch im Buddelkasten, ein Baby lässt einen Gegenstand nach dem anderen von seinem Hochstuhl fallen und guckt interessiert hinterher … Auch wenn ein Kind hundert Mal den Lichtschalter an- und ausschaltet oder den Wasserhahn auf- und zudreht, befindet es sich wahrscheinlich im Flow. Fast alle Handlungen, die wir Erwachsenen gemeinhin als »Unfug« bezeichnen, sind weder böse gemeint noch so unnütz, wie unser Blick darauf vermuten lässt. Meine Tochter Helene hat sich mit drei Jahren einmal unsere Feuchttücherbox stibitzt und dann eine halbe Ewigkeit konzentriert kopfüber nach vorn gebeugt im Kinderzimmer gestanden, um sich die Tücher um die Beine zu knoten. Das Knotenmachen hat sie sich in diesem Moment selbst beigebracht. Pro Tuch hat sie sicher fünf Minuten gefummelt, ehe alles festsaß, manche Tücher fielen dann auch wieder ab. Doch sie blieb ruhig und begann von vorn – es hatte sie einfach »gepackt«. Ab diesem Zeitpunkt knotete sie übrigens wie eine Weltmeisterin, alles und jeder wurde festgeknotet. Manchmal musste ich am Morgen einen Zehnfachknoten aus meinen Schnürsenkeln fummeln, bevor ich zur Arbeit losgehen konnte. Doch, doch … ich war sehr stolz auf sie.

Wenn Ihre Kinder also innerhalb von fünf Minuten Ihrer Abwesenheit das Bad mit Rasierschaum einschmieren und dabei einen Heidenspaß haben, wenn sie alle Slipeinlagen aus der Schublade nehmen und sie auf den Badewannenrand kleben, damit das »böse Krokodil nicht rauskann«, wenn sie Sand aus den Blumenkübeln schaufeln, weil sie doch Bauarbeiter*innen sind, oder die Mehlpackung auf dem Küchenboden ausschütten, weil es im Spiel schneien sollte, tja, dann folgen sie nur ihrem biologischen Code der Neugier und Fantasie. Sie sind im Flow! Man braucht in diesem Moment nicht mit ihnen zu schimpfen, denn ihr Motiv für ihre Handlung war absolut unschuldig und positiv. Klar, wir sind nicht gerade erfreut über den Schmutz und die Verschwendung. Außerdem wollen wir ihnen ja beibringen, dass man die Erde aus Blumenkübeln nicht herausbaggert und Mehl nicht auf dem Boden verteilt, aber das geht auch, ohne sie für ihre Lernlust zu beschämen. Versuchen Sie, in solchen Momenten immer daran zu denken, dass Ihr Baby die Regeln dieser Gesellschaft noch nicht kennt und nicht bewusst übertritt. »Ah, die Erde in dem Blumenkübel ist sehr einladend, oder? Aber sie muss drinbleiben, damit die Pflanze weiterwachsen kann. Komm, wir fegen das schnell gemeinsam auf, und dann können wir rausgehen und dort buddeln, okay?« »Oh – hier ist es ja weiß. Äh … warst du Frau Holle und hast es mit dem Mehl schneien lassen? Ja? Okay, verstehe. Mhh. Das Mehl gehört nicht auf den Küchenboden. Damit backen wir normalerweise. Hilf mir, es zusammenzufegen, und dann kann ich dir noch einmal das Märchen von Frau Holle vorlesen. Oder möchtest du dann mit mir Muffins backen? Wenn wir noch genügend Mehl in der Packung finden …« Wenn Sie eine Grenze setzen, dann zeigen Sie Ihrem Kind immer auch eine positive Alternativhandlung. Denn selbst, wenn es verstanden hat, dass es etwas nicht machen soll, heißt das noch lange nicht, dass es automatisch weiß, was es stattdessen tun soll.

Kinder wollen ihre eigenen Erfahrungen machen

Leider ist es verdammt einfach, die Entwicklung und den Flow eines Kindes wohlmeinend zu unterbrechen. Oft geschieht das, weil wir Erwachsenen denken, wir müssten unser Kind irgendwie unterstützen oder gar fördern. Doch Hilfestellungen, die wir unseren Kindern heute von Anfang an angedeihen lassen, verhindern echtes Lernen eher, als dass sie es fördern. Schon den Allerkleinsten wird heute ganz selbstverständlich all das aus dem Weg geräumt, was in den Augen der Eltern zu Frustration führen könnte. Und so kommt es, dass ein Baby, das versucht, sich auf den Rücken zu drehen, von seinen Eltern sanft gestützt wird, damit es schnell klappt. Ich selbst habe lange Zeit das Köpfchen meiner Tochter gestützt, wenn sie sich auf den Rücken drehte, weil ich es nicht ausgehalten habe, dass ihr Kopf auf unserem Laminat aufkommt und ihr das wehtun würde. Dass ich ihr dabei die Chance genommen habe, nach ein, zwei schmerzhaften Versuchen zu erkennen, dass es besser ist, den Kopf beim Drehen oben zu halten, wusste ich noch nicht. So blieb sie in diesem Punkt lange abhängig von mir.

Oft werden Babys auch von wohlmeinenden Eltern hingesetzt, bevor sie selbst dazu in der Lage sind, damit sie die Hände frei haben zum Spielen und nicht mehr frustriert weinen müssen, weil sie merken, dass die Kraft in den Rückenmuskeln noch nicht ausreicht, um sich mit nur einer Hand zu stützen und mit der anderen Hand ein Spielzeug zu greifen. Und auch wenn die Babys beim Sitzen zunächst noch in sich zusammensacken – nach ein paar Tagen schaffen sie es meist, aufrecht zu sitzen, und sind dann auch glücklich. Genauso wie die Eltern, die nun nicht mehr das stundenlange Nörgeln der Kinder ertragen müssen. Doch das ist keine echte Hilfe. Ob ein Kind ein motorischer Überflieger wird oder eher unsicher, hängt nicht hauptsächlich von den Genen ab, sondern davon, wie bestimmte Nervenbahnen im Laufe der Hirnentwicklung miteinander verknüpft werden.

Wir alle kommen mit Gehirnen auf die Welt, in denen es eine wahnsinnige Überzahl an Verknüpfungen zwischen den Nervenzellen gibt – doch nur die, die regelmäßig durch Bewegungen des Körpers aktiviert werden, stabilisieren und festigen sich. Werden bestimmte Bewegungen nicht oder nur selten ausgeführt, destabilisieren sich die anfänglich bereitgestellten Verknüpfungen: Sie verkümmern. Lässt man ein Baby, wie schon die ungarische Kinderärztin und Pädagogin Emmi Pikler forderte, in Ruhe seine eigenen motorischen Entdeckungen machen, dann durchläuft es eine ganze Reihe an minimalen Schritten, die für Außenstehende oft gar nicht wirklich zu erkennen sind. Sie bauen jedoch immer aufeinander auf, sprechen immer genau die richtigen Muskelgruppen an und trainieren diese so, dass sie den Grundstein für die nächste motorische Stufe bilden. Dabei entsteht ein Wechselspiel zwischen der Rückbesinnung auf alte Positionen und Bewegungen, die dem Kind Sicherheit vermitteln, und dem Herantasten an neue, ungeübte und mit Risiko behaftete Bewegungsmuster. Von allein lassen Babys dabei normalerweise keinen Minimalschritt aus – das geschieht nur, wenn Erwachsene wohlmeinend in den Prozess eingreifen.

Wird das Baby nun in seiner individuellen motorischen Entwicklung unterbrochen, weil die Eltern ihm helfen wollen, dann gerät das Prozedere der fein aufeinander abgestimmten minimalen Schritte ins Stocken. Wichtige Nervenbahnen im Gehirn werden nicht mehr aktiviert, sodass einer oder mehrere wichtige Zwischenschritte vom Körper nicht mehr erlernt werden. Wird das Kind von den Eltern verfrüht hingesetzt, dann sind nicht nur Muskeln und Gelenke überfordert. Das Gehirn des Kindes kann dann nicht gut nachvollziehen, wie der Körper in diese Position gelangt ist – daher fällt es dem Kind auch immens schwer, sich aus der Position selbst zu befreien. Es fehlen, im wahrsten Sinne des Wortes, die neuronalen Verknüpfungen im Gehirn dafür. So kommt es dazu, dass diese Kinder häufiger nach hinten umkippen und sich wehtun. Die Antwort der besorgten Eltern ist dann meist, den Umkreis des Babys mit Matten oder Kissen zu sichern, sodass das Kind wenigstens weich fällt.

Auch wenn wir es absolut verständlich finden, dass die Eltern ihrem Kind diese Schmerzen ersparen wollen, greifen sie so schon wieder in die Entwicklung ein. Denn ein Baby, das nach hinten fällt und weich aufkommt, wird nicht lernen, sich vor diesem Fall selbst zu schützen, da es die Notwendigkeit nicht erkennt. Stattdessen wird der »falsche Weg« des Sich-aus-dem-Sitz-Befreiens weiter eingeübt und die Nervenbahnen dafür im Gehirn verstärkt. Würde das Kind jedes Mal auf den Hinterkopf fallen, würde es von sich aus aktiv nach anderen Möglichkeiten suchen, aus dem Sitz in eine andere Position zu kommen. Kinder, die ihre eigenen motorischen Erfahrungen machen dürfen und dabei umfallen, lernen durch den Schmerz vor allem eins: sich zu schützen, sich abzurollen und ihre Muskeln so anzuspannen, dass der Fall nur wenig wehtut. Das ist wichtig! Auch hier ist die Genialität der Natur gut erkennbar: Kinder, die aus einer Höhe umfallen, die ihrem Entwicklungsstand entspricht (also z. B. nicht vom Sofa runter, sondern aus dem Bodensitz umfallen), verletzen sich bis auf ein paar Beulen und blaue Flecke nicht ernsthaft. Der Körper von Kindern ist so beschaffen, dass er auf diese Fallhöhe eingestellt ist. Durch das Erlernen von Schutzmechanismen bei diesen Mini-Unfällen lernen sie aber ihren Körper sehr gut kennen und besser einschätzen als Kinder, die vor Schmerzerfahrungen geschützt werden. So verletzen sie sich später, wenn sie höher klettern, weniger stark als die überbehüteten Kinder. Das Motto von uns Eltern sollte also immer sein: Kleinere Unfälle verhindern später große Unfälle.

Wenn das Kind vor einem Problem stand und es dann in irgendeiner Weise selbstständig lösen konnte, wird in seinem Gehirn ein wahres Feuerwerk an Hormonen ausgeschüttet. Körper und Geist fühlen sich wohl, das Kind ist glücklich und wächst über sich hinaus in dem Bewusstsein, etwas *geschafft* zu haben. Diese Hormonausschüttung ist so gewaltig, dass ein Mensch gern mehr davon erleben würde – und das bedeutet, dass er keine Angst vor neuen Herausforderungen entwickelt, sondern sie sich sogar wünscht und mit Freude an die Lösung des Problems herangeht. Doch diese Glückshormone werden nur dann in dieser Vielzahl ausgeschüttet, wenn etwas selbstständig erarbeitet wurde. Eine Unterstützung beim Drehen, Sitzen, Knotenbinden, Treppensteigen etc. vermindert die Ausschüttung gewaltig – die Kinder geraten nicht mehr in den Flow, sondern in Abhängigkeit von den Helfer*innen. Denn einerseits verlieren sie durch den Verlust des Hormon-Feuerwerks die Lust daran, Neues zu entdecken (das Gehirn wurde ja nicht »belohnt«), andererseits verinnerlichen sie mit jeder auch noch so gut gemeinten Hilfestellung seitens der Großen, dass sie in irgendeiner Weise *bedürftig* sind – sie bekommen einfach zu oft gezeigt, dass die Erwachsenen nicht damit rechnen, dass sie es aus eigenem

Antrieb schaffen. Gleichzeitig wird durch das Aus-dem-Weg-Räumen möglicher Hindernisse auch noch die Frustrationstoleranz niedrig gehalten.

Wenn ein Kind von Anfang an nie um etwas kämpfen musste, sich nie durchbeißen durfte durch eine unangenehme Situation – wie soll es dann später mit den viel größeren Frustrationen des Alltags in Schule oder Beruf adäquat umgehen? Klar ist es nervig, wenn das eigene Baby ningelnd auf dem Bauch liegt und hilflos mit Armen und Beinen fuchtelt. Aber aus dieser Mini-Frustration erwächst nun einmal der Wunsch, sich daraus selbst zu befreien und sich zum Beispiel auf den Rücken zurückzudrehen. Natürlich gibt es auch hier Grenzen. Wenn das Kind allzu lang geningelt hat und anfängt, in Bauchlage herzergreifend zu weinen, sollte man es als Elternteil hochnehmen und trösten. Aber das bedeutet nicht, dem Baby diese Situation das nächste Mal vorbeugend vorzuenthalten! Natürlich mag ein Baby die Bauchlage anfänglich nicht. Sie ist unbequem und bedeutet Arbeit. Sie ist ungewohnt und anstrengend. Aber sie bietet eben auch die Chance, neue Bewegungen einzuüben, neue neuronale Verbindungen zu bilden und zu festigen, ein Feuerwerk an Glücksgefühlen zu erleben und sich letzten Endes über seine Selbstwirksamkeit zu freuen.

@Schmaggi_Laubi Für das Baby haben wir eine prall gefüllte Box mit Spielzeug für alle Sinne. Zur motorischen und kognitiven Förderung Montessori-Lern-und-Beschäftigungsspielzeug, Natur-, Knet-, Musikspiele usw. Das Baby spielt ausschließlich mit dem Deckel von der Box.

Im nun folgenden Abschnitt wollen wir aufzeigen, in welchem Alter ungefähr welche Fähigkeiten angelegt werden und welche

Spielangebote dazu passen. Grundsätzlich sei gesagt, dass Kinder im ersten Lebensjahr keine Spielzeuge brauchen, weil auch Alltagsgegenstände ansprechend und anregend sind. Für sie ist alles neu und spannend. Ganz besonders die Dinge, die ihre Eltern oft in der Hand haben. Aber natürlich wissen wir auch, dass Eltern gerne Spielzeuge kaufen. Es ging uns ja nicht anders. Deshalb werden wir Ihnen auch Anregungen in diese Richtung geben.

Die aufregenden ersten 18 Monate

Die Entwicklung unserer Kinder in den ersten 18 Monaten verläuft rasant. Innerhalb kürzester Zeit werden aus hilflos auf der Decke liegenden Neugeborenen selbstbewusst umherlaufende Kleinkinder mit eigenem Humor und ausgeprägten Wünschen. Sie erfassen in dieser Zeit die ersten Grundstrukturen der Gesellschaft, in der sie leben. Sie sammeln emsig Wörter und deren Bedeutungen und beginnen, sich selbst verbal oder mit Gebärden auszudrücken. Sie lernen ihre eigenen Gefühle kennen und werden manchmal überwältigt von deren Wucht. Sie experimentieren mit der Schwerkraft und anderen physikalischen Phänomenen. Versuchen Sie, nicht zu blinzeln, sonst verpassen Sie noch etwas davon!

1 Monat alt

Liegen unsere Kinder wach auf einer Decke auf dem Rücken, sind ihre Beinchen oft nach oben gezogen und überkreuzt in der Spreiz-Beuge-Haltung. Der Kopf fällt nach links oder rechts zur Seite. Manche Babys lieben es, dabei den Kopf weit nach hinten zu überstrecken. Das sieht unbequem aus, ist aber nicht schädlich, sondern eine normale Haltung. Die kleinen Ärmchen hat das Baby üblicherweise angewinkelt nach oben neben dem Kopf liegen, doch es streckt sie auch ab und zu und lässt sie entspannt in Richtung Hüfte auf der Unterlage. Die Hände sind meist noch zu Fäustchen geballt. Die Wirbelsäule ist in diesem Alter meist etwas asymmetrisch nach rechts oder links gebogen. Das muss Sie nicht verunsichern. Im Laufe der nächsten Wochen und Monate wird sich das ändern. Nehmen wir unsere Kinder hoch, bleiben die Beinchen so angezogen, aber der schwere Kopf würde, hielten wir ihn nicht gut fest, nach hinten kippen. Sie sehen ein bisschen so aus, als wären sie noch in unserem Bauch, als hätten sie noch nicht realisiert, dass die sie umgebende Welt nicht mehr eng und eingrenzend ist. Im Laufe des ersten Monats verliert das Baby diese Neugeborenenhaltung nach und nach.

Um Ihrem Kind den Start in unsere Welt zu erleichtern, können Sie ihm in seinen Schlafphasen eine Begrenzung durch ein Pucktuch geben. Das erinnert es an die Zeit im Bauch und beruhigt es schnell. Liegt das Baby mit uns Bauch an Bauch, sind seine Beine meist unter seinem Körper angewinkelt. Nicht selten kommt es dabei vor, dass es sich dann mit den Füßen abstößt und sich mit erstaunlich viel Kraft schiebend nach oben kämpft, bis sein Kopf an unser Kinn stößt. Dort bleibt es meist erschöpft liegen. Den meisten Jungeltern ist nicht klar, dass Neugeborene zu solch einer Leistung in der Lage sind. Möglich macht das der »Breast-Crawl-Reflex«, der sofort nach der Geburt vorhanden ist und eigentlich dazu da ist, dass sich das Kind aus eigener Kraft vom unteren Bauch der Mutter bis zu ihren Brüsten schieben könnte, um dort das erste Mal zu saugen. Ist das nicht kompetent? Von wegen hilflose Neugeborene! Einige besonders mobile Neugeborene schieben sich auch auf dem Rücken liegend durch eine Art Schlängelbewegung des Rumpfes in ihrem Bettchen immer weiter nach oben, bis sie mit ihrem Kopf eine Begrenzung finden. Wundern Sie sich also nicht, wenn Sie Ihr Kind zum Mittagschlaf in die Mitte der Matratze gelegt haben und Sie es am Ende in eine der oberen Ecken gequetscht vorfinden. Diese Schlängelbewegungen sind nicht bewusst. Das Kind bewegt einfach unwillkürlich seinen Rumpf mal nach links, mal nach rechts und rutscht so ohne Arme und Beine nach oben.[3] Es ist unerlässlich, ein Kind niemals allein auf einer erhöhten Unterlage liegen zu lassen, von der es fallen könnte!

Im Alter von vier bis fünf Wochen entwickelt sich der Stoffwechsel unserer Neugeborenen verstärkt. Während Babys in der Regel bis zu diesem Zeitpunkt tränenlos weinen, kann das Weinen nun auch von Tränen begleitet sein. Babys können nun auch über eine etwas weitere Distanz scharf sehen. Daher sind sie deutlich mehr an ihrer Umwelt interessiert und offen für neue Erfahrungen. Manchmal beginnen unsere Babys in diesem Alter sogar schon, uns anzulächeln, wenn sie uns sehen. Sie erkennen uns! Manchmal muss man aber auch noch etwas auf das erste Lächeln warten, denn das Spektrum der individuellen Entwicklung ist breit. Ihr liebstes Spielzeug sind in diesem Alter wir Eltern. Sie schauen gern und viel in unser Gesicht, deshalb ist es günstig, sie in eine En-face-Haltung, beispielsweise auf Ihrem Schoß an Ihre Knie gelehnt, zu bringen. Aber auch in der Wiegehaltung ist ein Anschauen möglich.

Dadurch, dass unsere Kinder ihre aktive Aufmerksamkeit nun Schritt für Schritt länger aufrechterhalten können, wird es ihnen jetzt schnell zu viel des Guten. Wenn wir mit ihnen schäkern, schmusen oder sprechen, sollten wir feinfühlig auf ihre Signale achten. Werden sie unruhig oder aufgeregt, drehen sie ihren Kopf weg, starren sie Löcher in die Luft oder Ähnliches, dann brauchen sie eine Auszeit. Sie benötigen eine kurze Stimuli-Pause, um ihr Gehirn auszuruhen. Schon nach kurzer Zeit sind sie meist wieder entspannt und können sich auf neue Abenteuer einlassen. Oder sie schlafen erst einmal eine Runde.

2 Monate

Im Verlauf des zweiten Monats werden die Bewegungen unserer Babys etwas koordinierter. In der Rückenlage liegen sie entspannter, wobei ihre Beine aber durchaus noch in der Hüfte angewinkelt nach oben gehalten werden. Sie strampeln mehr – die zunächst unwillkürlichen Bewegungen der Neugeborenenphase werden nun geordneter und bewusster. Ab und zu werden die Füße auch auf die Unterlage gestellt und der Po wird ein wenig angehoben. Dabei kann es bei glattem Untergrund wie Dielen oder Parkett dazu kommen, dass das Baby durch Schieben mit den Füßen kopfwärts rutscht. Auch im Kreis kann sich ein Baby – noch aus Versehen – auf dem Rücken liegend drehen, indem es viele kleine Schrittbewegungen mit seinen angewinkelten Beinen macht. Viele Eltern stellen in dieser Phase seufzend fest, dass »Krabbeldecken« grundsätzlich zu klein konzipiert sind, denn oft schieben sich Babys schnell von diesen herunter.

Dadurch, dass unsere Babys nun lernen, ihre Körperteile besser zu steuern, wird auch das Stillen jetzt einfacher. Die Babys brauchen nicht mehr so viele kleine schaukelnde Kopfbewegungen vor der Brustwarze, um diese zu finden, sondern sind jetzt in der Lage, sie mit einer Bewegung zu umfassen. Sie beginnen außerdem zunehmend, einzelne Dinge und Details in ihrer Umwelt zu erkennen. Dabei erscheint nun zufällig immer wieder etwas in ihrem Blickfeld, das ihre Aufmerksamkeit erregt: die eigene in die Luft gehaltene Hand! Nun kann man Babys dabei beobachten, wie sie minutenlang fasziniert auf ihre eigene Faust starren. Nach und nach löst sich das Fäustchen und die Hand wird geöffnet und gedreht. Abwechselnd und ausdauernd betrachten unsere Kinder nun tagelang ihre Hände – mal die rechte, mal die linke. Das ist gut und wichtig, denn wenn sie verstanden haben, dass sie zwei dieser »komischen Dinger« haben, fangen sie an, diese in der Körpermitte zusammenzuführen. Eine Hand befühlt nun die andere und gibt dem Gehirn mehr Informationen über den eigenen Körper. Von den neuronalen Anlagen her wäre das Baby nun sogar schon in der Lage, etwas festzuhalten. In der Praxis sieht das natürlich anders aus. Bewusst greifen die meisten Kinder erst ab dem dritten Monat. Eine unserer Töchter war mit zehn Wochen besonders früh dran, während sich die andere bis zum vierten Monat Zeit nahm, um ihre Rassel mit der Hand zu umschließen. Die erste Vorstufe zum bewussten Greifen sieht man recht schnell: das Stoßen mit der geschlossenen Hand gegen Gegenstände, die vor ihrem Gesicht baumeln, beispielsweise unter einem Trapez.

Da die eigene Hand das schönste Spielzeug ist, können wir Babys damit zunächst einmal allein auf dem Rücken liegend spielen lassen. Sie sind vollauf damit zufrieden, auf ihre Faust und später auf die geöffnete Hand zu starren. Das ist weder langweilig noch überfordernd. Zusätzlich haben wir unseren Kindern sehr gern das Lied »Wie ein Fähnlein auf dem Turme« (nach der Melodie von »Ringlein, Ringlein, du musst wandern«) vorgesungen und dabei unsere eigene Hand vor ihren Augen langsam gedreht.

Wie ein Fähnlein auf dem Turme
sich kann dreh'n bei Wind und Sturme,
so soll sich mein Händchen dreh'n,
dass es eine Lust ist mitanzuseh'n.

Ja … wir wissen. Nicht der ansprechendste Reim, der je erfunden wurde. Aber hey, Babys mögen das Lied, ehrlich. Und es passt genau zur Entwicklungsphase. Wie Sie vielleicht bemerkt haben, gibt es im zweiten Lebensmonat Ihres Kindes nun kurze Phasen, in denen es sich allein beschäftigt, indem es eben seine Hand betrachtet. Bleiben Sie aber besser bei ihm sitzen. Es spielt sehr viel lieber in Ihrer Gegenwart, da es sich so sicher und verbunden fühlt. Sie brauchen es nicht zu animieren, nicht aus seiner Konzentration zu reißen, sondern können einfach nur dabei sein und voller Stolz Ihr kompetentes Kindlein betrachten. Sobald Sie weggehen, wird es wahrscheinlich nach kurzer Zeit nach Ihnen rufen. Seien Sie sich bewusst: Hier in diesem Moment, in welchem Sie neben Ihrem Kind sitzen und nichts tun außer gucken, beginnt es, seine

Allein-Spiel-Kompetenz aufzubauen, und Sie unterstützen es dabei mit Ihrer Anwesenheit.

3 Monate

Einige Kinder beginnen mit drei Monaten langsam, bewusst zu greifen. Es passiert noch häufig, dass die Babys dabei danebengreifen, da sie den Abstand zwischen Hand und Gegenstand noch nicht genau einschätzen können. Das ist kein Grund zur Beunruhigung, denn das wird erst mit etwa einem halben Jahr gelernt. Insgesamt wirken die Körperbewegungen unserer Kinder nun ausgereifter. Sie fangen an, auf dem Rücken liegend mit Freude zu strampeln und mit den Ärmchen zu rudern. Am liebsten tun sie das nackt, da es ihnen ohne den Widerstand der Kleidung weitaus leichter fällt, die neuen Bewegungen auszuprobieren. Für ein Sommerkind ist das kein Problem – man kann es bei warmen Temperaturen durchaus nur mit Windel bekleidet in der Wohnung auf die Krabbeldecke legen. Winterkinder würden so zu schnell auskühlen – für sie müssen sich die Bindungspersonen extra viel Zeit beim Wickeln unter einem Wickeltischstrahler oder im warmen Bad lassen. Es ist auch kein Zufall, dass PEKiP-Kurse meist im Alter von drei Monaten beginnen – hier dürfen und sollen sich die Babys nackt in einem warmen Raum bewegen. Sie können Ihr Baby nun auch auf seinem Bauch ablegen. Streng genommen ist das nicht nötig, weil Babys bei ihrer eigenen motorischen Entwicklung automatisch auch in der Bauchlage ankommen, allerdings meist erst später als mit drei Monaten. Vertreter*innen einer eigenständigen Bewegungsentwicklung wie beispielsweise Emmi Pikler kritisieren, dass Babys, die von ihren Eltern auf den Bauch gelegt werden, nicht wissen, wie sie in diese Position gekommen sind, und sich dementsprechend auch nicht (gut) aus der Position befreien können. Sie müssen deshalb länger in dieser Position verharren, als sie es natürlicherweise tun würden. Vertreter*innen der Bauchlage finden jedoch, dass Babys von Anfang an lernen sollten, das Köpfchen zu heben und so die Muskeln zu trainieren. Orthopäd*innen und Kinderärzt*innen hoffen so, sowohl einem abgeflachten Hinterkopf als auch einer Hüftdysplasie entgegenwirken zu können.[4]

Besonders gern spielen Kinder nun auch mit ihrer eigenen Stimme, was bedeutet, dass sie den ganzen Tag freudvoll vor sich hin kreischen. Laut, leise, schrill, lauter, noch lauter, zum Gläserzerspringen schrill – unsere Kinder sind begeistert von ihrer Stimme und können nicht genug davon bekommen, sie auszuprobieren. Das ist für unsere Ohren natürlich nicht immer angenehm. Viele Eltern wollen dieses Gekreische unterbinden – sollten sie aber nicht. Es ist Teil der kognitiv-sprachlichen Entwicklung und sollte ausgelebt werden dürfen. Es trainiert die Stimmbänder und die Lippen- und Zungenmuskeln und bedeutet Kommunikation.

Wenn Sie mit Ihrem Kind gemeinsam spielen wollen, dann singen Sie! Lieder oder melodische Abzählreime finden Babys in diesem Alter richtig toll. Jetzt also schnell die alten Kinderlieder aus der eigenen Kindheit auffrischen! Wir haben damals festgestellt, dass wir zwar viele Kinderlieder kannten, aber immer nur die erste Strophe. Dank Internet findet man aber alle Texte problemlos wieder.

Am allerliebsten ist unseren Babys das Spielzeug »Eltern«. Unser Gesicht, die Hände, die Augen, die Brille, die Nase, die Haare – all das wird in diesem Alter mit Vorliebe betatscht, befühlt und untersucht. Reißt uns das Baby dabei immer die Brille von der Nase, müssen wir selbst vorsichtiger sein, denn das Kind kann seinen Untersuchungsdrang nicht unterdrücken. Ich habe meinen Babys eine alte, ausrangierte Brille ohne Brillengläser als Ersatz gereicht, da sie nicht an meine Lesebrille durften. Kinder durchlaufen immer Interessenswellen. Wird die Neugier nach dem Gegenstand ausgiebig gestillt, ebbt das Interesse wieder ab. Das heißt, durfte die Ersatzbrille ausgiebig belutscht und angekaut werden, kann man sich getrost wieder mit Brille auf der Nase in Babys Nähe wagen, weil sie dann nicht mehr so scharf drauf sind. Es bringt übrigens nichts (es ist sogar kontraproduktiv), laut »Nein!« zu sagen, wenn das Kind einem die Brille von der Nase reißt oder an den Haaren zieht. Das macht den Gegenstand durch die laute Reaktion nur noch interessanter. Warum das so ist und was man stattdessen machen sollte, haben wir ausführlich in unserem Buch *Der entspannte Weg durch Trotzphasen* erklärt.

4 bis 5 Monate

Motorisch frühe Kinder beginnen nun, sich auf die Seite zu drehen. Oft passiert das erst einmal unbewusst, wenn etwas, was die Kinder faszinierend finden, neben ihnen liegt. Wenn sie ihren Kopf in diese Richtung drehen und erst mit der einen, dann mit der anderen Hand danach greifen und ihre Beine dabei nach oben an den Bauch gezogen haben, fallen sie quasi zufällig auf die Seite. Natürlich registriert ihr Gehirn sofort die neuen Möglichkeiten. Nach und nach wird dieser Vorgang bewusster eingeübt. Die durch das Strampeln in den Vormonaten trainierte Bauchmuskulatur spielt in diesem Zusammenhang eine wichtige Rolle. Liegt das Kind auf der Seite, ist der Kopf in diesem Alter noch völlig flach auf der Unterlage abgelegt. Aber wie Sie vielleicht sehen können, sind beide Hände völlig frei, um sich mit dem begehrten Gegenstand spielerisch beschäftigen zu können.[5] Babys müssen also nicht zwangsläufig sitzen können, um mit den Händen frei zu spielen! In der Seitenlage und auch auf dem Rücken ist das problemlos möglich. Es ist für unsere Kinder zunächst noch schwierig, das Gleichgewicht in der Seitenlage zu halten, deshalb fallen sie bald wieder zurück in die Rückenlage. Doch die Vor- und Zurückbewegung wird in den nächsten Tagen verstärkt eingeübt, und bald können unsere Kinder in den jeweiligen Positionen so lange verweilen, wie sie es möchten.[6] Besonders mögen Babys in diesem Alter schaukelnde Spielzeuge vor ihren Augen. Perfekt sind beispielsweise Stehaufmännchen, die das Kind, wenn es auf der Seite liegt, mit einer Hand immer wieder anstupsen kann. Auch Schüsseln mit rundem Boden, die es anstoßen kann und die dann vor ihm wippen und kreisen, üben eine große Faszination aus.

Mit fünf Monaten haben einige wenige Kinder vielleicht sogar ihren Körper so weit unter Kontrolle, dass sie sich vom Rücken auf den Bauch drehen können. Dafür müssen sie die Beine nach oben werfen, die Hüfte drehen, die Rückenmuskeln anspannen, die Beine mit Schwung nach unten wuchten etc. All das muss fließend ausgeführt werden, um den eigenen Körper herumdrehen zu können. Eine meiner Töchter schaffte dies tatsächlich in diesem Alter. Sie hatte sich mit vier Monaten bereits in einer Bewegung auf die Seite drehen können, es fehlten nur noch ein paar Millimeter, bis sie sich ganz gedreht hätte. Zu Beginn der Entwicklungsphase stellte sie ihre Bemühungen jedoch völlig ein. Sie drehte sich nicht einmal mehr auf die Seite, geschweige denn dass sie versuchte, sich weiter zu drehen. Sie lag stattdessen unzufrieden auf dem Rücken, als hätte sie vergessen, was sie schon alles kann. Nach exakt vier Wochen Nörgelei wurde sie von einem auf den anderen Tag wieder gut gelaunt – und drehte sich komplett auf den Bauch, als hätte sie nie etwas anderes getan. Dort lag sie dann und war sehr stolz auf sich. Meine andere Tochter und mein Sohn warteten mit dem Drehen vom Rücken auf den Bauch bis zu ihrem sechsten Monat – also keine Panik, wenn Ihre Kinder nicht gleich ihre neuen neuronalen Verbindungen im Gehirn ausprobieren. Sie sind einfach an anderen Fähigkeiten dran. Beide meiner Kinder lagen lieber auf dem Rücken und brabbelten kurze Abfolgen von Vokalen und

Konsonanten vor sich hin. Meine motorisch frühe Tochter hat das in diesem Alter nie gemacht.

Einige wenige Babys schaffen es übrigens nach kurzer Zeit (ein paar Wochen) auch, sich wieder zurückzudrehen. Es ist aber nicht ungewöhnlich, wenn sie dies nicht sofort tun. Was habe ich mir für Gedanken gemacht, weil meine Kinder es einfach nicht schafften, sich wieder vom Bauch zurück auf den Rücken zu drehen. Erst mit sage und schreibe elf Monaten gelang es ihnen dann. Mittlerweile weiß ich, dass das völlig im Rahmen ist. Das Buch *Babyjahre* von Remo Largo ist eine gute Lektüre, wenn man eigene Ängste abbauen will, da er immer wieder darauf aufmerksam macht, welche Bandbreite die Entwicklung von Kindern haben kann.

Im Hinblick auf das Sehen, Hören und Fühlen schaffen es unsere Babys nun, bestimmte Details herauszufiltern. Sie hören einzelne Wörter, die immer wiederkehren, aus einem Satz heraus. Sie erkennen einzelne Gegenstände wieder. Um das Sehen und Verstehen zu fördern, kann man Kindern in diesem Alter viele echte Dinge zeigen und sie dazu animieren, diese anzufassen und so zu begreifen.

Der Sehprozess besteht aus zwei Komponenten. Zum einen ist da der optische Prozess des Sehens, bei dem das Bild des Gegenstandes von der Linse gebrochen und auf unsere Netzhaut geworfen wird. Als Nächstes schließt sich der kognitive Prozess des Sehens an. Das auf der Netzhaut abgebildete Bild wird mit den im Gehirn abgespeicherten Bildern verglichen. Erst wenn es bereits ein Abbild im Gehirn gibt, mit dem verglichen werden kann, kommt es zu einem verstehenden Sehen. Um ein verstehendes Sehen zu üben, können wir unseren Kindern also viele reale Dinge zeigen und benennen. Das sollte nicht in Form von Vokabelpauken geschehen, sondern ganz natürlich im Alltag. Man trägt das Baby auf dem Arm durch die Wohnung, hält hier und dort an und sagt: »Guck mal, ein Buch. Mama mag Bücher sehr gern!« Oder: »Hier, eine Pflanze. Die müssen wir wohl mal gießen.« Ganz automatisch betonen wir die Hauptwörter, wenn wir mit unseren Kindern reden. Sie wiederum hören tatsächlich die Bezeichnung für das Objekt aus unserem Wortschwall heraus – vorausgesetzt, man redet langsam, deutlich und nicht übermäßig viel. Tatsächlich ist für unsere Kinder »unser Alltag« am allerspannendsten. Das Umrühren der Suppe, das Kämmen der Haare, das Mobile, das über dem Kopf hängt und sich im Wind bewegt, der Papa, der mit dem Staubsauger im Raum auf und ab läuft – all das beobachten Kinder gern.

Kognitiv tut sich in diesem Alter eine Menge. Ganz besonders faszinierend finden wir, dass unsere Babys nun die geistige Fähigkeit entwickeln, zu verstehen, dass ein Spielzeug weiter existiert, auch wenn es nicht mehr ganz zu sehen ist. Sie beginnen, nach ihren Sachen zu suchen, wenn diese zum Beispiel durch eine Windel halb verdeckt sind oder vor ihren Augen zugedeckt werden. Sie ziehen dann an der Windel, um das Spielzeug aufzudecken. Die Fähigkeit, einzelne Dinge mit einem Wort zu verbinden, entwickelt sich in diesem Alter weiter. Sie schauen nun zum Beispiel zu dem Ort, an dem der Gegenstand normalerweise steht, wenn die Eltern den Namen aussprechen.[7] Sie haben erkannt, dass sie selbst auch benannt werden können, und reagieren auf ihren Namen mit Aufmerksamkeit und Zuwenden. Versteckspiele mit den Bindungspersonen gehören in diesem Alter zu den Höhepunkten des Babytages. Wir können eine dünne Mullwindel auf den Kopf des Babys legen, wenn es auf dem Schoß mit dem Gesicht zu uns sitzt. Automatisch wird es versuchen, diese wieder von seinem Kopf zu ziehen, auch wenn es ihm schwerfällt und nicht immer gelingt. Wenn wir dabei lustig »Wo ist denn der/die …?« rufen und das Herunterziehen des Tuches mit einem freudigen »Daaaaa!« begleiten, wird es bald merken, dass dies ein Spiel ist, und immer wieder danach verlangen. Als Variation können die Eltern sich selbst oder ein Spielzeug verdecken und danach fragen. Auch das klassische »Kuckuck!«-Spielen mit den Händen macht Spaß und darf, wenn es nach unseren Babys geht, unendlich oft wiederholt werden. Immer beliebter werden Lieder und Reime, die mit bestimmten Bewegungen verbunden werden. Diese kann man sehr leicht immer beim Wickeln in den Alltag einfügen. Unsere Kinder mochten besonders »Kommt ein Mann die Treppe rauf«, »Kommt ein Mäuslein, baut ein Häuslein« und »Zehn kleine Zappelmänner«. Es gibt aber unendlich viele dieser Fingerspiele – probieren Sie einfach ein paar aus.

6 bis 7 Monate

Mit sechs bis sieben Monaten lernen die meisten Kinder, sich auf den Bauch zu drehen. Dabei passiert es fast allen Kindern zunächst, dass ein oder beide Arme unter dem Oberkörper eingeklemmt werden. Geben Sie Ihrem Kind Gelegenheit, sich aus dieser kleinen Misere selbst zu befreien. Hier ist eine dieser kleinen Frustrationen, von denen wir im Kapitel »Weinen und schreien« unter dem Unterpunkt »Weinen aus Frustration« sprachen. Natürlich kann man als Eltern helfen, wenn das Baby es absolut nicht schafft, den Arm hervorzuziehen, aber zunächst darf man abwarten, ob es das allein hinkriegt. So entwickeln sich Körperkontrolle und Selbstbewusstsein. Auf dem Rücken und der Seite liegend, wurden die vordere und seitliche Rumpf- und Halsmuskulatur gut trainiert, sodass fast alle Kinder in diesem Alter ihren Kopf in der Bauchlage gut halten können beziehungsweise es schnell lernen. Zunächst stützen sie sich auf ihren angewinkelten Unterarmen ab, nach ein paar Tagen oder Wochen oft aber auch schon mit gestreckten Armen und dementsprechend von der Unterlage abgehobenem Oberkörper. Schließlich sind die Muskeln so weit entwickelt, dass sie »fliegen«, das heißt ihren Ober- und Unterkörper von der Unterlage hochnehmen, sich aber weder mit den Armen noch mit den Bei-

nen abstützen. Die Gliedmaßen sind seitlich in die Luft gestreckt, und das Kind berührt nur noch mit dem Bauch die Unterlage.[8]

Am anstrengendsten ist in diesem Alter wohl der Kampf ums Wickeln. Viele Babys wehren sich mit sechs Monaten vehement dagegen, auf den Rücken gelegt zu werden – sie schreien, als wäre die Wickelkommode mit Reißzwecken ausgelegt. Viele Eltern sind verzweifelt und denken, ihr Kind hätte furchtbare Schmerzen, doch die Verweigerung liegt nur an der neuen Mobilität, die unsere Kinder nicht mehr aufgeben wollen. Üben Sie deshalb, Ihr Kind auf dem Bauch liegend zu wickeln. Später, mit etwa elf Monaten, wird es noch mal eine Wickelkrise geben, dann wollen unsere Kinder höchstens noch im Stehen gewickelt werden.

Sobald sie die Kraft haben, sich nur auf einem Arm abzustützen, beschäftigen sich unsere Kinder sehr gern mit sogenannten Busy Boards, Activity Centers oder Motorik-Brettern. Das sind flache Bretter aus Plastik oder Holz, auf die eine Vielzahl von klapp-, dreh- oder drückbaren Gegenständen montiert sind. Mit den darauf befindlichen Wählscheiben, den Schiebern und Glöckchen können sich Kinder wirklich intensiv beschäftigen und trainieren ganz nebenbei die Bauchlage und ihre Stützkraft. Versuchen Sie, auf dem Flohmarkt noch ein altes Activity Center aus den 1990er-Jahren zu finden – diese sind noch nicht elektronisch, sondern mechanisch. Sie sind nicht zu laut und bieten angemessenere Stimulation als die neueren Modelle, bei denen auf einen kleinen Knopfdruck ganze Symphonien abgespielt werden. Auch ein einfacher Spiegel wird für Babys nun zunehmend interessant: Hält man ihnen in Bauchlage einen Spiegel vor, wird das »fremde« Baby darin intensiv beobachtet und angefasst. Man kann sehr gut das Erstaunen und die Neugier der Kinder an ihren Augenbrauen ablesen. Hebt Ihr Baby für eine Sekunde die Augenbrauen und sieht kurzzeitig erstaunt aus, ist seine Aufmerksamkeit gerade auf dem Höhepunkt – es ist im Flow, das Spiel macht ihm viel Spaß.

Unsere Kinder suchen sich in der Regel die Dinge selbst aus, die ihnen beim Weiterentwickeln der neuen Fähigkeiten helfen. In der Bauchlage strecken sie sich oft so weit, dass sie einen begehrten Gegenstand doch noch aus eigener Kraft erreichen können. Oder sie drehen sich in Bauchlage um ihre eigene Achse. Können sie in diesem Alter schon robben oder rollen, bewegen sie sich oft gezielt auf für sie interessante Spielzeuge zu. Das sind nicht immer die Sachen, die die Eltern ausgesucht hätten. Wir finden jedoch, man sollte – solange es nicht lebensgefährlich ist – die Vorlieben des Kindes berücksichtigen. Denn ein Kind ist umso motivierter, etwas intensiv zu erforschen, je interessanter es einen bestimmten Gegenstand findet. So war es bei uns beispielweise so, dass all die schönen, teuren Holz-Greiflinge, die wir zur Geburt geschenkt bekommen hatten, links liegen gelassen wurden und stattdessen voller Inbrunst eine alte (ausrangierte) Fernbedienung bespielt wurde. Das Lieblingsspielzeug meines Sohnes war ein alter Metallteller vom Camping, den er immer wieder zum Drehen und Scheppern brachte. Wir mussten lernen, unsere Vorstellungen von »schönem« Spielzeug loszulassen und stattdessen mit unseren Kindern auf Entdeckungsreise zu gehen.

Mit etwa sieben Monaten fangen Babys an, langsam Zusammenhänge zu erkennen. Sie lernen zu verstehen, dass eine Aktion eine andere verursachen kann: Wenn ich den Becher loslasse, fällt er auf den Boden und es scheppert. Wenn ich auf diesen bestimmten Knopf drücke, geht das Licht an. Wenn ich an diesem kleinen Rad drehe, wird die Musik laut. Wenn ich hier draufbeiße, ruft Mama laut: »Aua!« … Willkommen in der Welt des Ursache-Wirkungs-Prinzips! Dieses Prinzip ist wirklich ein großer Meilenstein und wird von unseren Babys auch ausgiebig, das heißt mehrere Monate lang bearbeitet. Wenn Ihr Kind demnächst sitzen lernt und im Hochstuhl sitzt, kann es

also passieren, dass es jetzt öfter mal den Löffel, Geschirr und Essen oder das Spielzeug fallen lässt und sich daran erfreut, wie es fällt und wie es klirrt. Ärgern Sie sich bitte nicht darüber. Ihr Kind verinnerlicht gerade hochwissenschaftliche Grundideen der Welt. Abgewöhnen sollte man ihm diesen Entwicklungsschritt nicht. Sollte es jedoch Dinge geben, die das Kind besser nicht tausend Mal wiederholt (z. B. in die Brustwarze beißen), müssen die Eltern darauf achten, dass auf die Ursache (Beißen) keine Wirkung (»Aua!«) folgt. Sobald nichts passiert, wird das Spiel schnell langweilig, denn das Kind möchte unbedingt das Ursache-Wirkungs-Prinzip weiterverfolgen. Das kann es nicht, wenn keine Reaktion auf die Aktion folgt.

Ein Hampelmann ist übrigens ein tolles Spielzeug, um dieses Ursache-Wirkungs-Prinzip darzustellen. Zieht man an der Schnur (Ursache), heben sich Arme und Beine (Wirkung). Meine Kinder freuten sich ein Loch in den Bauch, wenn das wieder und wieder klappte. Ich bin froh, dass ich den Hampelmann zufälligerweise zu diesem Zeitpunkt auf dem Flohmarkt gekauft hatte, denn eigentlich dachte ich, dass dieses Spielzeug erst viel später interessant wird. Ich hängte ihn ganz tief an eine Schublade, sodass unsere Kinder auf dem Bauch liegend an seiner Schnur ziehen konnten – sie liebten ihn! Aus heutiger Sicht muss ich sagen: Nie wieder war der Hampelmann für meine Kinder so interessant wie mit sechs und sieben Monaten. Sehr passend dazu war übrigens das »Hampelmannlied«, welches ich oft als Bewegungsspiel mit ihnen spielte beziehungsweise immer dann anstimmte, wenn sie an der Schnur des Hampelmanns zogen.

Ich bin der kleine Hampelmann,
der Arm und Bein bewegen kann.
Mal links mh mh, mal rechts mh mh,
mal auf mh mh, mal ab mh mh
und manchmal auch klipp-klapp.

Man hängt mich einfach an die Wand
und zieht an einem langen Band.
Mal links mh mh, mal rechts mh mh,
mal auf mh mh, mal ab mh mh
und manchmal auch klipp-klapp.

Ich mache stets ein froh' Gesicht,
das Lachen, das vergeht mir nicht.
Mal links mh mh, mal rechts mh mh,
mal auf mh mh, mal ab mh mh
und manchmal auch klipp-klapp.

Mein Kopf, der ist so müd und schwer
vom vielen Hampeln hin und her.
Mal links mh mh, mal rechts mh mh,
mal auf mh mh, mal ab mh mh
und manchmal auch klipp-klapp.

Und kommt für mich die Schlafenszeit,
dann bin ich armer Mann befreit
vom Links-mh-mh, vom Rechts-mh-mh
vom Auf-mh-mh, vom Ab-mh-mh
und auch vom Klipp-klipp-klapp.

Beim Singen des Textes nimmt man Arme oder Beine des auf dem Rücken liegenden Kindes in die Hände und klappt sie im Takt nach außen und innen. Bei »mal links, mal rechts« werden die Arme oder Beine dann zusammen nach links oder rechts geführt, sodass das Baby ein wenig auf die entsprechende Seite rollt. Bei »mal auf, mal ab« entsprechend nach oben und unten, und bei »und manchmal auch klipp-klapp« werden Hände oder Füße leicht zusammengeklatscht. Melodie und Text können Sie wie oben angegeben oder so ähnlich im Internet[9] oder auf der CD »Die 30 besten Spiel- und Bewegungslieder 2« finden.

Achtung, erhöhte Aufmerksamkeit gefragt!

Da unsere Kinder nun mit dem Ursache-Wirkungs-Prinzip beschäftigt sind, stecken sie gern ihre Finger überall rein oder versuchen, Dinge auseinanderzunehmen. Jetzt ist es wichtig, die Wohnung zu sichern, denn es dauert nicht mehr lange, bis sie sich auf die eine oder andere Art fortbewegen! Alle Steckdosen brauchen unbedingt einen Steckdosenschutz, da diese besonders faszinierend auf Kinder wirken. Schnell sind da mal die kleinen Fingerchen reingesteckt oder es wird mit einem Gegenstand darin herumgepult. Auch große Pflanzen, die auf dem Boden stehen, sollten gesichert werden, da die Kleinen in der kommenden Zeit gern Kisten ausräumen und Erde aus Blumenkübeln nehmen. Über Blumentöpfe kann man einfach einen Nylonstrumpf spannen (mit Loch für Pflanze in der Mitte) oder auch Pflanzentopfgitter kaufen, welche in jedem Babymarkt und auch in Baumärkten erhältlich sind. Hunde- oder Katzenfressnäpfe müssen nun auch bald aus Babys Reichweite gebracht werden, da das tierische Trockenfutter aufgrund seiner Größe zu den verschluckbaren Kleinteilen gehört, die nicht in die Hände von unter Dreijährigen geraten dürfen.

Auch bei Haushalts-Spielgegenständen muss gesichert sein, dass das Baby sie gefahrlos auseinandernehmen kann. Das bedeutet, dass Fernbedienungen selbstverständlich ohne Batterien zum Spielen benutzt werden sollten. Plastikflaschen mit Reis etc. müssen sehr gut geschlossen sein, wenn möglich, sollte der Deckel mit (ungiftigem) Kleber verleimt werden. Mülleimer, die leicht umgestoßen werden können, aber nicht auskippen sollen, sollten so hingestellt werden, dass das Kind nicht heranreicht, da das Umwerfen von Dingen wie einem Bauklotzturm oder eben einem Mülleimer beliebte Spiele sind.

@teresabuecker Das Baby im Schlafsack durch die Wohnung krabbeln lassen ist auch Putzen.

8 bis 9 Monate

Es kommt nun auf die Vorliebe Ihres Babys an, wie es motorisch weitergeht. Manche Kinder lernen nach dem Drehen vom Rücken auf den Bauch als Nächstes, sich wieder zurückzudrehen, also vom Bauch auf den Rücken. Dafür wird der Kopf nach hinten zur linken oder rechten Seite gelehnt und schließlich abgelegt. Automatisch dreht sich dadurch der Oberkörper mit, und es bedarf nur noch wenig Anstrengung, auch die Hüfte und die Beine mitzunehmen. Schon liegt das Baby wieder auf dem Rücken. Kinder, die diese Bewegung gemeistert haben, gehen danach eher zum Rollen über. Zunächst ist es oft so, dass der Kopf des Kindes beim Rollen unangenehm laut auf den Untergrund rumst. Bitte machen Sie nicht den Fehler, Ihr Kind davon abzuhalten oder den Kopf zu »retten«. Denn durch diese winzigen Schmerzimpulse merkt Ihr Kind, dass es die Hals- und Rumpfmuskeln besser anspannt, wenn es rollt, damit der Kopf nicht mehr aufkommt. Damit lernt es, für sich selbst Verantwortung zu übernehmen.

Andere Kinder üben in diesem Alter die Rückbewegung in die Rückenlage nicht, sondern sind stärker damit beschäftigt, auf dem Bauch liegend vorwärtszukommen. Sie robben. Sie fangen an, sich zunächst ohne Beine mit angewinkelten Armen vorwärtszuziehen (»army crawl«), später nutzen sie die Beine mit zur Seite gebeugten Knien zum Schieben mit. Besonders auf glatten Untergründen können sie schon erstaunliche Geschwindigkeiten erreichen. Es ist möglich, dass Ihr Kind einen Arm bevorzugt und nur diesen zum Vorwärtsschieben nutzt und den anderen nachzieht. Das ist nicht »falsch« oder besorgniserregend.[10] Auch die Bevorzugung nur eines Beines ist möglich. Es gibt sehr viele richtige Arten des Robbens. Letzten Endes kommt es darauf an, mit welcher Methode Ihr Kind das Gefühl hat, schnell und energieschonend ans Ziel zu kommen. Kinder, die robben, fangen bald danach an, in Bauchlage ihre Füße unter die Hüfte zu ziehen. Stützen sich dabei auch mit den Armen ab, ist schon eine Menge Gleichgewicht nötig, um sich in Position zu halten und nicht umzukippen. Sie werden bemerken, dass Ihr Kind mit der neuen Position, die ja auch eine neue Höhe seines Körpers bedeutet, erst einmal experimentiert. Es wird leicht hin- und herschwanken, so als würde es üben, sein Gleichgewicht auszutarieren.

Mit acht Monaten kann man auch damit beginnen, mit dem Kind zu gebärden, wenn man das möchte. Als Sonderpädagogin habe ich das bei allen drei meiner Kinder gemacht, da ich weiß, dass das die Sprachentwicklung unterstützt. Kinder können weitaus früher gebärden, als verbal kommunizieren. Wir begannen zunächst mit »fertig« (der Gebärde für »genug«, ein zweimaliges Tippen der Hand mit der Handkante kurz unter dem Mund) und »Milch« (mit den Händen ein imaginäres Euter melken). Immer, wenn eines der beiden Wörter im Alltag auftrat, gebärdeten wir es gleichzeitig mit dem gesprochenen Wort – diese Vorgehensweise nennt man lautsprachunterstützendes Gebärden. Wurden sie also unruhig und zappelig und ich wusste, sie hatten Hunger, fragte ich »Möchtest du <u>Milch</u>?« (unterstrichene Wörter sind immer gesprochen und gebärdet). Fielen sie satt wie Maikäferchen von meiner Brust ab, sagte ich: »Oh, ich glaube, du bist <u>fertig.</u>« Auch beim Windelwechseln oder Anziehen – beides mochten sie überhaupt nicht – setzte ich »fertig« oft ein. Immer, wenn ich die Tätigkeit fast beendet hatte, sagte ich: »Wir sind gleich fertig!«, was den wunderbaren Nebeneffekt hatte, dass sie ab da anfingen, sich zu entspannen. Sobald ich also »fertig« gebärdet und gesprochen hatte, wurde der Kampf gegen die Windel oder das Kleidungsstück aufgegeben, denn sie wussten, dass ein Ende in Sicht ist. »Fertig« war die Gebärde, die wir Eltern am allerhäufigsten nutzten, und tatsächlich war dies auch die erste, die Carlotta mit neun Monaten selbst benutzte. Wir waren gerade beim Breifüttern, als sie nach drei oder vier Löffelchen ihr Ärmchen wild hin- und herwedelte. Ich dachte zunächst, dass sie mir den Löffel aus der Hand schlagen wollte, aber dann realisierte ich, dass sie vielleicht gebärdete. Ich probierte noch einmal aus, den Löffel zu ihrem Mund zu führen – wieder das wilde Armgefuchtel, verbunden mit einem grantigen Gesichtsausdruck. Ich antwortete überrascht: »Du sagst fertig! Gut, dann hören wir jetzt auf.« Sofort erschien ein Strahlen auf ihrem Gesicht – ich hatte sie richtig verstanden. Beim Einführen neuer Gebärden ist es wichtig, dass dies im Kontext geschieht. Niemals sollte man seine Kinder irgendwo hinsetzen und dann Gegenstände oder Bilder hochhalten, um zu »üben«. Vokabelpauken ist unnötig und kontraproduktiv.

Wenn Sie mehr über Gebärden wissen wollen, empfehlen wir Ihnen *Babysignal – Mit den Händen sprechen* von Wiebke Gericke oder *Das große Buch der Babyzeichen* von Vivian König.

10 bis 11 Monate

Kinder, die bisher durch die Gegend gerollt sind, kommen nun meistens über den seitlichen Ellenbogenstütz beim Liegen auf der Seite durch das Vorziehen eines Beines und das Durchdrücken des Arms zum abgestützten Seitsitz und von dort schnell zum Sitzen ohne Armstütze. Kinder, die bisher gerobbt sind, ziehen die Beine unter den Po und schaukeln eine Weile, auf die gestreckten Arme gestützt, vorsichtig vor und zurück. Bei der Rückwärtsbewegung wird der Po immer weiter nach links oder rechts hinten gestreckt. So üben die Kinder eine ganze Weile, bis sie sich trauen, den Po so weit nach links oder rechts hinten zu schieben, dass er den Boden berührt. Nun sitzen auch sie im abgestützten Seitsitz und kommen von dort ebenfalls schnell ins Sitzen ohne Armstütze. Das freie Sitzen ist gemeistert! Hurra!

Freies Sitzen kann ganz unterschiedlich aussehen: Langsitz, Fersensitz, Zwischenfersensitz, Schneidersitz usw. Solange Ihr Kind diese Position selbst eingenommen hat, ist sie ergonomisch in Ordnung. Kinder, die diese Position selbstständig erobert haben, drehen sich nach ein paar wenigen Minuten im Sitz schnell wieder zurück in die liegende Seitenlage oder den Knie-Hand-Stütz, denn das Sitzen ist für die Rückenmuskeln noch anstrengend. Kinder, die das bisher vermieden haben, lernen in diesem Alter im Zusammenhang mit der Rückbewegung des Pos in den Sitz auch das Zurückdrehen aus der Bauchlage in die Rückenlage, da sie nun ein Gespür für den Raum hinter ihnen entwickeln konnten.

Üben Kinder im Knie-Hand-Stütz das Vor- und Zurückwippen, kommt es vor, dass sie den ein oder anderen Arm dabei anheben. Mit zunehmender Sicherheit in dieser Position werden sie nun auch das entgegengesetzte Bein heben und darüber ins Krabbeln kommen. Das sieht erst unbeholfen und wackelig aus, doch schon bald haben sie ihre Gliedmaßen so weit unter Kontrolle, dass sie sie kreuzweise abheben und aufsetzen und damit schnell vorwärtskommen – sie krabbeln.

Bei vielen Familien ist dieses Alter ziemlich anstrengend, da die Kinder phasenweise nörgelig und unzufrieden wirken. Das liegt daran, dass gerade ein besonders wichtiger kognitiver Meilenstein im Gehirn der Kinder vorbereitet wird. Ab jetzt beginnen sie, scheinbar »klüger« zu agieren, denn ihr Spielen ähnelt unserem erwachsenen Denken stärker als je zuvor. Bausteintürme werden nicht nur umgeschubst, sondern auch wieder aufgebaut. Ein Schlüssel wird bewusst in ein Schlüsselloch gesteckt. Die Socke wird an den Fuß gehalten, so als wolle das Kind sie anziehen (was noch nicht klappt). Eine Haarbürste wird zart an den eigenen Kopf gehalten, so als wisse das Kind nun, dass sie dafür gebraucht wird. Sand wird in einen Eimer geschaufelt und nicht wahllos umhergeworfen. Unsere Kinder haben nun verstanden, dass jede Handlung viele verschiedene Unterschritte mit einer bestimmten Reihenfolge hat.[11] Sie können zum Beispiel verstehen, dass sie den Löffel erst in den Brei führen müssen und dann zum Mund, damit sie selbst essen können. Dass der Löffel dabei von den meisten Babys zunächst vor dem Mund noch einmal umgedreht wird und so der gesamte Brei herunterflutscht, bevor er im Mund landet, ist normal. Schon nach wenigen Tagen haben unsere Kinder verstanden, dass es besser ist, den Löffel *nicht* zu drehen. Man muss sie nur selbst ausprobieren lassen, wie es geht. Jeder Klecks Brei auf dem Lätzchen, der Hose, dem Fußboden bringt das Kind näher zum Selberessen. Manche Kinder kommen übrigens mit der Gabel besser klar als mit dem Löffel. Kleine gedünstete Gemüsesticks lassen sich wunderbar mit der Gabel aufspießen und zum Mund führen.

Ein echtes Highlight, das diese Entwicklungsphase mit sich bringt, ist das sichere Herunterklettern von Sofas, Betten und großen Kisten. Wir Eltern können unseren Kindern nun beibringen, mit den Füßen zuerst vom Sofa herunterzusteigen und nicht kamikazehaft mit dem Kopf zuerst. Zunächst hilft man dem Kind, vom Sofa runterzurutschen, indem man es auf dem Bauch liegend auf dem Sofa so dreht, dass die Füße über den Rand reichen. Dann lässt man es vorsichtig in Richtung Boden rutschen, hält aber natürlich mit den Händen das Kind so fest, dass es nicht allein fällt. Dabei sagt man jedes Mal zum Beispiel »Füße zuerst!«, damit das Kind diesen Vorgang mit einem Satz verbindet. Es kann auch ein anderer Satz sein, er darf nur nicht zu lang sein und bitte auch keine Negierungen enthalten. (Also statt »Nicht mit dem Kopf zuerst!« besser »Rückwärts runterkrabbeln!«.) Wenn man das eine Weile zusammen mit dem Kind gemacht hat, fängt das Kind in diesem Alter bald an, es bei hohen Stufen etc. selbst zu versuchen: Es wird sich vor einer Stufe herumdrehen, um mit den Füßen zuerst herunterzukrabbeln. Die kognitive Verbindung mit dem gesprochenen Satz gibt uns die Möglichkeit, unser Kind später in vielen potenziell gefährlichen Situationen von weiter weg daran zu erinnern, mit den Füßen zuerst runterzuklettern. Sieht man also das Kind auf eine Treppe zukrabbeln, und man schafft es aus bestimmten Gründen nicht, rechtzeitig da zu sein, um es davon abzuhalten, kann man im Sprint dorthin von Weitem zumindest rufen: »Füße zuerst!«, und das Kind wird sich drehen und sicher runterkrabbeln.

Wir haben »Füße zuerst« auch beim Rutschen auf der Rutsche angewandt. Unsere Kinder haben zuerst gelernt, auf dem Bauch liegend mit den Füßen vorneweg runterzurutschen. Das erschien uns in dem Alter einfach sicherer als das Rutschen in Sitzhaltung. Bei einzelnen Stufen oder kleinen Podesten können Sie Ihr Kind aber ruhig vorwärts hinunterkrabbeln lassen. Es ist Teil der natürlichen Entwicklung, dass es erspürt, wie schwer es für die Arme ist, das gesamte Körpergewicht beim Hinunterkrabbeln zu tragen.

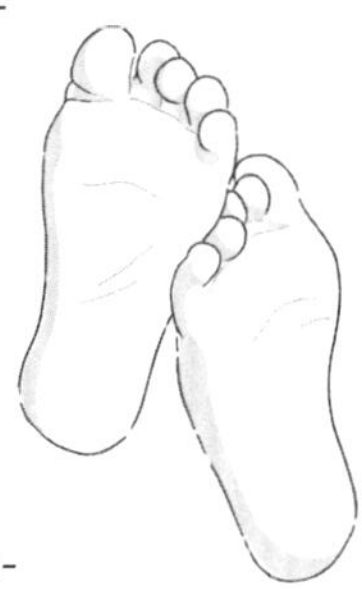

Die Babys sind in diesem Alter oft unglaublich lange damit beschäftigt, flache Kisten ein- und auszuräumen. Sie manövrieren die darin befindlichen Spielzeuge immer wieder neben, unter, hinter, vor, in oder auf die Kiste und freuen sich an neuen Raum-Lage-Erkenntnissen. Wir haben uns das zunutze gemacht und in jedem Zimmer unserer Wohnung einen tief liegenden Schrank frei geräumt und dort ungefährliche Alltagsgegenstände reingelegt. In der Küche waren es diverse große und kleine (unzerbrechliche) Schüsselchen, Holzlöffel, Schneebesen, gut verschlossene kleine Plastikflaschen mit Reis, Linsen oder Nudeln. Im Wohnzimmer ordneten wir in die unterste Reihe unseres Bücherregals Pappbilderbücher ein. Im Bad war es ein Schrank mit Lappen und kleinen Handtüchern. Immer wenn wir Eltern in einem dieser Räume etwas zu tun hatten, waren unsere Kinder dabei und haben die Schränke oder Kisten ausgeräumt. Die Gegenstände wurden untersucht, weggeworfen, vermisst, von Mama zurückgebracht, wieder weggeworfen, wieder vermisst, noch mal von Mama zurückgebracht, noch mal weggeworfen und dann krabbelnd oder robbend selbst wiedererobert.

Unser Kind lernt nun, dass die roten Haare zu Mama gehören, der Katzenkorb zur Katze, die Elsa-Spange zum älteren Geschwister und der Schlüssel zum Schlüsselloch. Es ordnet gewissermaßen seine Umwelt. Es sortiert in »Menschen«, »Tiere«, »Gegenstände«. Es ordnet alle Bälle in die Kategorie »Ball«, egal, wie groß oder klein, bunt oder einfarbig sie sind. Es ist dabei auch unerheblich, ob der Ball nur in einem Buch zu sehen ist oder in natura. Um das zu lernen, braucht es Zeit und vor allem die Möglichkeit, alles in Ruhe zu untersuchen. Es muss Menschen, Tiere und Gegenstände im Detail kennenlernen dürfen. Nur, wenn es durch Anfassen und Angucken das Objekt in all seinen Facetten erfassen darf, kann es für sich selbst Gattungen erschaffen, in die es passt. Ist es weich? Schwer? Groß? Kalt? Schnell? Rot? Das bedeutet für uns Eltern, dass wir unseren Kindern möglichst viel zugänglich machen sollten. Alles, was nicht gesundheitsschädlich oder lebensgefährlich ist oder kaputtgehen kann, sollten unsere Kinder anfassen dürfen, um unsere Welt im wahrsten Sinne des Wortes »erfassen« zu können. Sprechen Kinder in diesem Alter schon erste Worte, bezeichnen sie oft alle Frauen, die sie sehen, als »Mama« und alle Männer als »Papa«. Lange Zeit sind alle vierbeinigen Tiere »Wauwau«. Diese Verallgemeinerungen zeigen uns, dass sie verstanden haben, dass alle Menschen, die aussehen wie Mama, in eine Kategorie fallen.

@Cinnabrise Das Baby hat heute sein
erstes Wort gesagt: Hoppla!
Es hat mir nachgesprochen, als mir ein Glas
zu Boden gefallen ist.
Zum Glück habe ich Hoppla gesagt!
Normalerweise sage ich nicht Hoppla …

Der Klassiker unter den Spielen in dem Alter ist das Buddeln, vor allem, wenn die Kinder gerade das freie Sitzen gelernt haben. In dieser Entwicklungsphase nehmen sie nicht mehr nur wahllos Sand auf die Schippe, sondern versuchen bereits gezielt, diesen in einen Eimer zu schütten. Danach wird der Eimer wieder ausgeschüttet und von Neuem begonnen. Damit konnten sich unsere Kinder wirklich sehr lange und intensiv beschäftigen, und so hatten wir Eltern das erste Mal seit elf Monaten eine kleine Spiel-Ruhepause, die wir entspannt auf der Bank neben dem Buddelkasten verbringen konnten. Hurra!

Ebenfalls ein Klassiker sind in diesem Alter Stapelbecher. Unzählige Elterngenerationen sind sich einig: Das ist das beste Spielzeug für eine lange Zeit. Eigentlich ist das gut verständlich – man kann die Stapelbecher auseinandernehmen, einen Turm daraus bauen, versuchen, sie der Größe nach wieder zusammenzustecken, man kann die einzelnen Becher farblich sortieren, damit buddeln, Wasser damit gießen etc. Sie sind einfach und genial – so muss gutes Spielzeug sein. Ein anderes Spiel, das wir unseren Kindern in diesem Alter anboten, waren Farbkisten. Wir hatten etwa A4-große Kisten in den Farben Rot, Grün, Blau, Gelb gekauft und einfach ins Kinderzimmer gestellt. Am Anfang waren wir Erwachsenen es, die, immer wenn sie einen Gegenstand in einer der Farben gefunden hatten, diesen in die entsprechende Kiste sortierten. Ein roter Ball kam in die rote Kiste, einer grüner Duplo-Stein in die grüne Kiste, das blaue Dreieckstuch in die blaue Kiste usw. Lange Zeit spielten wir Eltern das Spiel quasi allein, unsere Kinder guckten nur verwundert zu. Nach ein paar Monaten aber konnten sie – zögerlich zunächst – farbige Bausteine sortieren. Als Nächstes kamen Wäscheklammern dazu, und irgendwann hatten sie es dann wirklich verstanden und das halbe Kinderzimmer wurde in die Kisten gesteckt. Vor allem wurden die Kisten übrigens dafür verwendet, selbst ein- und auszusteigen und die eigenen körperlichen Begrenzungen zu erfühlen. Also achten Sie darauf, dass Sie kippsichere Kisten nehmen.

Dinge einzuräumen, macht unseren Kindern in diesem Alter besonders viel Spaß. Auf dieser Grundlage kann man ihnen einfache Spielzeuge basteln. Man nimmt zum Beispiel eine leere Kakaopulver-Packung mit Plastikdeckel. In den Deckel drückt man mit dem Messer einen schmalen Spalt – dann besorgt man sich eine kleine Menge bunter, großer Knöpfe (Durchmesser mind. 4 cm) oder einfach die sauberen Deckel von Babybreigläsern, welche das Kind dann nacheinander durch den Spalt drücken kann. Dabei übt es Feinmotorik und Auge-Hand-Koordination.

Ebenso beliebt war unsere Taschentuch-Box: Wir haben eine leere Feuchttuchbox mit etlichen Stofftaschentüchern gefüllt, die meine Kinder nach Lust und Laune herausziehen konnten. Das fanden sie besonders beim Wickeln spannend – dort hatte ich eine kleinere Version liegen mit fünf Stofftaschentüchern. So ähnlich funktioniert auch ein Schneebesen, der mit Babysocken gefüllt ist. Gibt man dem Baby auf dem Wickeltisch den Schneebesen, kann es in Rückenlage versuchen, die Socken durch die Spalten nach draußen zu ziehen – wenn es noch auf dem Rücken liegen mag. Die meisten Kinder wollen mit elf Monaten im Stehen gewickelt werden. Aber auch im Stehen kann der Socken-Schneebesen zum Einsatz kommen.

Am glücklichsten haben wir unsere Kinder in dem Alter aber mit einem einfachen Schlüsselbund gemacht. Da sie unsere echten Schlüsselbunde nicht ununterbrochen haben durften, stellten wir ihnen ein eigenes zusammen. Schlüsselring, ein paar alte, ungenutzte Schlüssel und eine schmale Pfeife, und schon waren unsere Kinder absolut glücklich. Das Schlüsselbund musste überallhin mit, und jedes noch so kleine Loch wurde dafür genutzt, um zu überprüfen, ob dort ein Schlüssel reinpasst. Die Pfeife landete oft im Mund, und ab und zu schafften sie es sogar (zufällig), damit zu pfeifen! So konnten sie wieder Ursache und Wirkung erkunden.

Wahrscheinlich machen Ihre Kinder nun auch schon »winke, winke«, oder sie zeigen auf Nachfrage mit den Armen, dass sie »soooo groß sind«. Mit der kognitiven Entwicklung in diesem Alter entsteht auch die Freude daran, Gebärden in Liedern verstärkt nachzuahmen. Unsere Kinder liebten »Tip Tap«, »Das Krokodil im Nil« oder »Wozu sind die Hände da?«, aber es gibt wirklich unendlich viele Lieder mit Gebärden.

Achtung, erhöhte Aufmerksamkeit gefragt!

Kinder beginnen nun, mit den Spielzeugen der Erwachsenen zu experimentieren. Wenn sie zum Beispiel gelernt haben, dass eine DVD in den DVD-Player gehört, werden sie bald versuchen, auch andere Dinge in den Schlitz des Players zu schieben. Sie probieren einfach aus, ob das erfolgreich ist. Das ist ganz normales, sehr schlaues und altersadäquates Verhalten, das in keiner Weise dazu angelegt ist, uns zu ärgern. Unsere Kinder tun das einzig und allein aus dem Wunsch heraus, zu lernen. Aus dem gleichen Grund kann es auch vorkommen, dass ganze Klopapierrollen in die Toilette geworfen werden. Oder auch Matchbox-Autos etc. darin landen.

Um das zu umgehen, kann man entweder immer die Tür zum Bad geschlossen halten oder aber eine simple Kindersicherung an der Toilette anbringen. Viele Kinder finden auch die Toilettenbürste in diesem Alter wahnsinnig anziehend. Da diese durch Keime belastet ist und demnach gesundheitsgefährdend, wollten wir nicht, dass unsere Kinder damit spielen. Nun hätten wir durchaus darauf pochen können, dass sie in der Ecke der Toilettenbürste nichts zu suchen haben, und ihnen das mit konsequentem Wegtragen und »Nein!«-Sagen beibringen können. Doch uns war klar, dass sie dem Impuls, dorthin zu krabbeln, nicht ohne Weiteres widerstehen konnten: Ihre Neugier, ihr Forscherdrang, ihr Wunsch, Neues zu lernen, war einfach zu groß. Das wollten wir nicht unterdrücken, schließlich ist Neugier etwas Gutes. Also kauften wir einfach zwei identische Toilettenbürsten. Eine stellten wir ins Bad auf eine erhöhte Ebene – dort durften sie nicht ran. Die andere bekamen unsere Kinder ins Kinderzimmer gestellt und durften sie ausgiebig untersuchen. Nach einer Weile konnten wir die Bürste im Bad wieder ganz normal neben die Toilette stellen. Sie sind nie an diese verbotene Toilettenbürste gegangen, denn sie konnten ihre Neugier an dem anderen Exemplar stillen.

Manchmal kann dieses Ausprobieren aber auch richtig gefährlich sein. Dann zum Beispiel, wenn Kinder versuchen, schmale Gegenstände in die Steckdose zu stecken. Gerade Dinge mit zwei Stöpseln, die einem Elektrostecker ähneln, laden dazu ein. Das muss unbedingt, wirklich unbedingt unterbunden werden!

12 bis 13 Monate

Die meisten Kinder, die krabbeln oder sitzen, richten sich kurz danach bereits zum Kniestand auf. Dabei nutzen sie meist einen Gegenstand, um sich hochzuziehen – den Couchtisch, das Gitter ihres Bettchens, einen Stuhl usw. Es ist wichtig, dass wir Eltern aufpassen, dass die Dinge, an denen sich unsere Kinder möglicherweise hochziehen wollen, standfest sind. Bald lernen Kinder aber schon, sich auch ohne Festhalten aus dem Krabbeln in den Kniestand hochzudrücken. Der Kniestand ist die Vorstufe des Stehens. Auch in dieser neuen Körperhaltung müssen sie zunächst ihr Gleichgewicht finden – sie balancieren ihren Rumpf aufgerichtet über den Knien. Manche Kinder sind so kompetent im Kniestand, dass sie anschließend über mehrere Wochen auf den Knien laufen! Sind Kinder sicher aufgerichtet, nehmen sie anschließend meist ein Knie nach oben und stellen den Fuß auf die Unterlage. Können sie sich dabei irgendwo festhalten, ziehen sie sich mit den Armen nach oben, und auch das zweite Bein wird aufgestellt. Sie stehen.

Sie werden schnell bemerken, dass Ihr Kind auch in dieser Position unermüdlich an seiner Balance arbeitet. Es wird also nach und nach mit der einen oder anderen Hand loslassen, weil es im Spiel nach etwas greifen möchte. Ist es sehr ins Spiel vertieft, kann es sogar sein, dass es kurzzeitig mit beiden Händen loslässt und komplett frei steht. Da diese Position für die Gelenke und Muskeln noch anstrengend ist, wird Ihr Kind bald zurück in die Hocke beziehungsweise in den Kniestand gehen, sich hinsetzen oder wegkrabbeln. Einige Kinder finden aus dem hochgezogenen Stand allerdings erst einmal nicht wieder zurück in eine bequemere Position. So kann es sein, dass sie sich nicht trauen, ihre Knie zu knicken, um in die Hocke zu kommen. Diese Kinder lassen dann einfach los und fallen nach hinten um. Oft auf ihren gepolsterten Windelpopo, manchmal ist der Schwung aber so stark, dass sie noch weiter nach hinten kippen und auf ihrem Hinterkopf landen. Wie gemein! Manche Eltern haben nun den Wunsch, den Boden so zu polstern, dass sich ihr Kind dabei nicht wehtut. Das können wir gut verstehen, und gegen einen Teppich oder Puzzlematten ist auch nichts einzuwenden. Aber denken Sie daran: Von der Natur wurde diese Fallhöhe eingeplant, das heißt, es wird keine schwerwiegenden Verletzungen geben, solange hinter Ihrem Kind keine spitzen Ecken lauern. Ihr Kind wird sich erschrecken und sicher auch wehtun. Ihre Aufgabe ist es, es in den Arm zu nehmen und zu trösten, nicht, ihm diese Lerngelegenheit noch stärker auszuweiten. Wir raten also davon ab, die Sicherheitsvorkehrungen auszuweiten.

Über die nächsten Tage und Wochen werden Kniestand, Hocke, Einbeinstand und Stand ausführlich geübt, und schon bald schaffen Ihre Kinder es, sich im freien Raum selbstständig aufzurichten. Einige Kinder krabbeln nun erst einmal mit durchgestreckten Beinen im Bärengang. Das sieht lustig aus und ist nicht sehr ergonomisch, daher wird der Bärengang meist nur kurz genutzt. Vom freien Stehen bis zum Laufen dauert es nun nicht mehr lange.

Nach ihrem ersten Geburtstag beginnen Kinder, mit ihren neuen kognitiven Fähigkeiten zu experimentieren. Haben sie einen Löffel Brei selbstständig in den Mund verfrachtet, haben sie nun die Wahl, was sie als Nächstes tun können: Brei runterschlucken oder Brei ausspucken. Neuen Brei vom Löffel auf den Boden klatschen lassen oder neuen Brei in den Mund schieben. Den folgenden Bissen mit den Händen oder aber mit dem Löffel aus der Schüssel nehmen. Einen Schluck oder lieber drei Schlucke trinken oder das Wasser vielleicht doch eher ausspucken. Kinder spielen nun verstärkt mit Essen und das ist auch gut so. Sie müssen einfach noch lernen, welche Folgen ihre Entscheidungen haben. Das ist – zugegeben – für uns Eltern anstrengend und manchmal auch eklig, doch für die neuronalen Verschaltungen im Gehirn unserer Kinder wichtig. Lassen Sie deshalb Ihre Kinder erst einmal machen. Lassen Sie sie die verschiedenen Möglichkeiten durchspielen, ohne von vornherein zu korrigieren und zu sagen: »Das macht man so nicht. Guck mal, so geht das.« Kinder müssen auch mal scheitern dürfen, damit sie lernen, bei

Problemen einfach die Taktik zu ändern und es noch mal zu probieren, statt gleich zu uns Eltern zu gucken und darauf zu warten, dass wir die Probleme für sie lösen.

Spannend ist, dass Kinder nun auch in der Lage sind, ihre eigenen Wünsche und Vorstellungen zu zeigen. Freunde, die mit ihrer Tochter bei uns zu Besuch waren, wurden nach einer Weile von ihr immer wieder aufgefordert, doch nun endlich wieder zu gehen. Dafür zog die Kleine, die noch nicht sprechen konnte, ihre Eltern immer wieder zur Eingangstür und zeigte darauf. Als dies nichts half (wir verstanden zwar ihr Anliegen, wollten aber noch etwas quatschen), holte sie schon mal ihre Schuhe und bedeutete ihrer Mama, sie möge sie ihr doch bitte anziehen. Sie hat damit die Handlung »Losgehen« gestartet, die ja tatsächlich normalerweise mit dem Anziehen der Schuhe und der Jacke und dem Durchschreiten der Haustür beginnt. Wie schlau! Oft kommt es zu Missverständnissen mit den Eltern, wenn Kinder eigene Ideen haben, da sie sich noch nicht gut verbal ausdrücken können.

Als wir einmal vom Spielplatz nach Hause laufen wollten, weil es Abendbrotzeit war, lief eine unserer Töchter – sie war 13 Monate alt – immer wieder in die falsche Richtung. Wir riefen sie und bedeuteten ihr, dass der Weg, den sie benutzen wollte, nicht zu uns nach Hause führt, und wurden nach einer Weile sogar ärgerlich, weil sie nicht kam, sondern vehement immer in die andere Richtung strebte. Man hätte denken können, sie wolle uns mit Absicht ärgern. Da sie zu diesem Zeitpunkt schon gut gebärdete, fragte ich sie: »Wo willst du denn nur hin?«, und sie antwortete in Zeichensprache: »Brot einkaufen!« Tatsächlich war der Weg, den sie eingeschlagen hatte, der zum Bäcker. Wir waren vor ein paar Wochen schon einmal vom Spielplatz dorthin gelaufen, als wir nicht genügend Brot zu Hause hatten. Daran erinnerte sie sich. Es hatte ihr gefallen, und als sie das Wort »Abendbrot« hörte, wollte sie die Handlungsabfolge »Brot einkaufen« starten.

Kommt es zu Missverständnissen mit den Eltern, ist das Kind frustriert und bekommt oft einen kleinen Wutanfall. Da es den Blickwinkel von anderen noch nicht einnehmen kann, denkt es, die Eltern verstehen es absichtlich falsch. Es selbst weiß doch ganz genau, was es will, warum wissen es die Eltern nicht? Dass wir nicht in seinen Kopf hineinsehen können, versteht es noch nicht. Der Meilenstein des Perspektivenwechsels, also der Einsicht, dass andere Menschen andere Gedanken und andere Informationen zu einer Situation haben können als man selbst, kommt erst mit etwa vier Jahren. Auch abwarten kann unser Kind in diesem Alter noch nicht besonders lange, sodass es in solchen Situationen schnell unwirsch wird, quengelt und schließlich schreit. Wir Eltern sollten darauf mit Ruhe und Verständnis reagieren und versuchen, den Moment mit den Augen unseres Kindes zu betrachten. Es gibt eigentlich immer einen Grund für einen Wutanfall – manchmal erscheint er uns Erwachsenen nichtig, aber das heißt nicht, dass wir ihn deshalb nicht ernst nehmen sollten. Für unsere Kinder ist der Grund eines Wutanfalles bedeutungsvoll, und sie fühlen sich unverstanden, wenn wir das Ganze mit einem »Ach, das ist doch nicht schlimm« abbügeln.

Da Kinder jetzt auch Absichten bei anderen erkennen können, kann es sein, dass sie für uns Eltern wie aus dem Nichts heraus anfangen zu bocken. Diese Wutanfälle sind meist darin begründet, dass sie zum Beispiel erkennen, dass ihre Eltern mit einer bestimmten Handlung beginnen, auf die die Kinder gerade keine Lust haben. Wenn die Co-Mami die Schürze umbindet, heißt das, dass sie nun mit dem Kochen beginnt und keine Zeit zum Spielen hat. Das ist sehr frustrierend. Oder Mama fängt an, morgens ihre Tasche zu packen, und startet die Handlung »zur Arbeit gehen«, aber das Kind möchte lieber, dass sie noch dableibt. Manchmal denken unsere Kinder nur, dass wir Eltern eine bestimmte Absicht verfolgen, und wehren sich sofort dagegen, realisieren aber nicht, dass die Eltern das gar nicht meinen. Wenn es zum Beispiel den Pullover ausgezogen bekommt, weil er nass ist, könnte das Kind denken, die Eltern wollen es ins Bett bringen, obwohl es noch helllichter Tag ist. Dann wird es für die Eltern völlig unerwartet wütend. Da Kinder nun erkennen können, dass wir mit einer bestimmten Handlung beschäftigt sind, können wir ihnen nun Schritt für Schritt beibringen, ein bisschen abzuwarten, bis wir das beendet haben, was wir gerade tun. Zum Beispiel, wenn wir uns gerade die Hände waschen, das Kind aber gern ein Buch lesen möchte. Die Handlung, die wir beenden möchten, darf allerdings nicht zu lange sein, weil unser Kind noch nicht besonders viel Impulskontrolle hat. Lassen Sie es am besten erst einmal nur ein paar Sekunden bis zu einer Minute abwarten. Wir haben dafür die Gebärde »abwarten« benutzt und das Ganze verbal begleitet: »Ja, ich lese dir gern vor! Warte kurz (dabei »abwarten« gebärden)![12] Ich wasche mir nur kurz die Hände.« So lernten unsere Kinder schnell, dass Abwarten nichts Dramatisches ist und sich ihre Geduld auszahlte. Die Gebärde »kurz abwarten« half uns übrigens dann noch mal bei der Eingewöhnung in die Kita. Als es Zeit war, dass ich für ein paar kurze Momente den Raum verlassen sollte, gebärdete ich immer »Kurz abwarten!«. Unsere Kinder wussten da schon, dass kurz abwarten wirklich nur kurz ist und ich dementsprechend gleich wiederkomme. Sie konnten also entspannt weiterspielen. Als ich für längere Zeiten gehen wollte, gebärdete ich übrigens »Toilette« (10 Minuten Abwesenheit) und »Einkaufen« (30 Minuten Abwesenheit) oder »Arbeit« (mehr als 1 Stunde Abwesenheit). Diese Zeiteinheiten hatten wir vor Kitabeginn immer wieder mit ihnen geübt, indem ein Elternteil vom Spielplatz wegging, während der andere Elternteil mit den Kindern dortblieb.

In diesem Alter interessieren sich Kinder vor allem für Spielsachen oder Gegenstände, mit denen sie Handlungen nachspielen können. Meine Kinder spielten nun das erste Mal wirklich mit ihren Puppen. Diesen wurden die Windeln abgenommen und es wurde das Windelwechseln nachgespielt. Sie wischten den Po der Puppen mit Feuchttüchern (Stofftaschentüchern) ab, taten so, als cremten sie den Po danach ein, und dann wurde eine neue Windel umgebunden. Das Ganze war natürlich immer nur angedeutet und motorisch noch nicht besonders ausgereift, aber wir Eltern konnten sehen, dass sie mit ihren Puppen ihren Alltag nachspielten. Auch mit einer echten Zahnbürste und einer leeren und ausgewaschenen Zahnpastatube spielten meine Kinder super gern. Es wurde nicht nur den Puppen die Zähne geputzt, nein, auch dem Lego-Duplo-Krokodil, das so schön den Mund aufmachen konnte. Haben Sie Ihrem Kind zum ersten Geburtstag eine Kinderküche geschenkt, können Sie nun sehen, dass sie intensiv genutzt wird. Am günstigsten ist es übrigens, die Kinderküche in die echte Küche zu stellen, da die Kinder immer noch sehr gern in unserer Nähe spielen. Wenn dann der Papa das Mittagessen kocht, kann das Kind am selben Ort die gleiche Handlung nachahmen. Weitere Spielzeuge, mit denen man Handlungen nachspielen kann, sind Besen, Handfeger und Müllschippe, Staubsauger, Wischmopp, Staubtuch, Puppenstube, Spielzeughandy und Spielzeugtablet etc. Auch mit kleinen Autos, einer Parkgarage, Holzeisenbahn, Spiel-Werkzeug oder einem Lego-Duplo-Zoo können Handlungsabfolgen gut nachgespielt werden. Mit dem Spiel-Werkzeug wurde bei uns gern das Dreirad oder Bobbycar »ganz gemacht«, es reichten eigentlich schon ein Schraubendreher und eine Zange, und schon waren meine Kinder eine halbe Stunde beschäftigt.

Auch große Kugelbahnen sprechen das Lernen in dem Alter an. Hier versteckt sich wieder das Ursache-Wirkungs-Prinzip, das uns eine ganze Weile begleitet. Achten Sie darauf, dass die Kugeln groß genug sind, damit sie nicht verschluckt werden können. Achten Sie auch darauf, dass die Kugelbahn einen festen Stand hat, da Ihr Kind sich sicher daran hochziehen und im Stand daran festhalten wird.

Wenn unsere Kinder gezielt Handlungen in ihrer Umgebung beobachten, ändern sich auch ihre Büchervorlieben. Jetzt sind solche Bücher aktuell, in denen kleine Alltagsgeschichten mit vielen Bildern nacherzählt werden. *Bobo Siebenschläfer* ist der absolute Klassiker dieses Genres. Glauben Sie uns, Ihre Kinder werden Bobo lieben. Wenn Ihnen Puppenspiel liegt, können Sie Ihren Kindern ab jetzt auch kleine Geschichten vorspielen. Am besten eignen sich einfache, kurze Geschichten aus dem Alltag, die nicht länger als drei Minuten sein sollten (das ist die durchschnittliche Aufmerksamkeitsspanne eines Kleinkindes). Es muss nichts Aufregendes sein, für Krokodil und Co sind unsere Kinder noch zu klein.

Achtung, erhöhte Aufmerksamkeit gefragt!

Unsere Kinder wissen nun ganz genau, wie man an einem Lautstärkeregler dreht. Schon mehr als ein Kleinkind hat dabei einen Schreck fürs Leben und einen halben Hörsturz bekommen, als es die Lautstärke auf maximal gedreht und dann den CD-Player angestellt hat! Auch Knöpfe am Herd sollten nun unbedingt gesichert werden!

14 bis 15 Monate

In diesem Alter können die meisten Kinder frei stehen. Dabei ist der ganze Körper über den Fußsohlen ausbalanciert, Vorderfuß und Ferse werden gleichmäßig belastet. Manche Kinder stehen auf den Zehenspitzen.[13] Das ist erst einmal im normalen Rahmen, sollte jedoch im Laufe der nächsten Monate verschwinden. Wenn nicht, sollte das bei der U-Untersuchung angesprochen und beobachtet werden. Am Anfang stehen Kinder noch breitbeinig, die Knie- und Hüftgelenke sind etwas gebeugt, der Oberkörper ist etwas nach vorn geneigt, um das Gleichgewicht zu halten. Nach und nach richten sie aber den Rumpf stärker auf, die Füße werden nach vorn gerichtet und Knie und Hüfte durchgedrückt. Aus dieser Position kommt Ihr Kind leicht in andere Positionen. Es kann sich hinhocken, hinknien, es kann in Bärenstellung gehen oder sich auf ein kleines Stühlchen oder eine Kiste setzen.

Sind die Kinder sicher im freien Stehen, werden sie bald ihre ersten Schritte wagen. Auch hier ist es, wie beim Krabbelnlernen, wichtig, das Gleichgewicht zu halten, wenn eine Extremität die Unterlage verlässt. Die ersten Schritte sind wackelig und langsam, fast sehen sie wie Schwerstarbeit aus. Viele Kinder üben das Laufen lieber erst einmal an der Wand – sie laufen dann in Seitstellschritten. Andere suchen sich kurze Strecken, beispielsweise vom Tisch zum Sofa, um von einem Ziel zum anderen zu laufen. Wieder andere nehmen sich alle Arten von Gegenständen zu Hilfe, die sie vor sich herschieben können, um das Schreiten zu üben. Solange die Kinder sich ihre Fortbewegungsart selbst ausgesucht haben, ist dagegen nichts einzuwenden. Wenn Sie Ihrem möbelschiebenden Kind einen Lauflernwagen zur Verfügung stellen wollen, achten Sie bitte darauf, dass bei diesem die Räder so eingestellt werden können, dass sie schwergängig sind. Ein zu schnell rollender Wagen würde Ihr Kind jetzt noch überfordern. Auch zu leichte Wagen, die umkippen, sind nicht geeignet. Tatsächlich sind große Kisten oder Stühle, die die Kinder sich selbst zum Schieben suchen, oft besser. Laufen die Kinder frei los, fallen sie schon bald wieder nach hinten auf ihren Po, gucken kurz verdutzt, drehen sich dann in den Hand-Knie-Stütz und krabbeln davon. Auch wenn die Kinder in den nächsten Tagen ihr Laufen stärker einüben werden, bleibt das Krabbeln noch ihre liebste Methode zur Fortbewegung, denn sie beherrschen sie schnell und effizient. Lassen Sie sie gewähren. Bald schon werden sie auf zwei Beinen durch die Gegend

sausen. Jedes Kind möchte sich weiterentwickeln, wir brauchen sie nicht zu Höchstleistungen antreiben.

Mit 14 Monaten sagen die meisten Kinder nun »Mama« und »Papa«. Je nachdem, ob Sprache ihr bevorzugtes Entwicklungsgebiet ist, sprechen sie zusätzlich zwischen zwei und zehn weitere Wörter. Auch Eigenkreationen, die immer für den gleichen Gegenstand genutzt werden, zählen zum Sprachschatz dazu. Ihr Sprachverständnis liegt mit 100 bis 200 Wörtern deutlich höher. Kinder, die Gebärden nutzen, können sich mit 14 bis 15 Monaten schon gut mitteilen. Meine Kinder zeigten etwa 100 aktiv gezeigte Gebärden. Zu diesem Zeitpunkt mit ihnen durch die Stadt zu fahren, sah in etwa so aus: Meine Kinder saßen im Doppelkinderwagen und bewegten ununterbrochen ihre Hände und Ärmchen. Sie gebärdeten: »Da, Flugzeug! Da, Blume. Da, Mann, Hund! Angst Hund! Mann Tür. Schlüssel, schließen. Katze Fenster. Katze schläft. Da, Mädchen. Mädchen Fahrrad. Mädchen weg. Wo? Da, Schmetterling! Horch – Tatütata ...« Manchmal führten sie regelrechte Gespräche miteinander. Am Frühstückstisch gebärdete Helene »Avocado alle alle«, und Carlotta antwortete altklug mit den Händen: »Mama einkaufen!« Auch abstrakte Begriffe wie »Angst« konnten sie gut mitteilen. In einem Spielcafé lag einmal ein roter Schneeanzug auf einem Stuhl, und Helene weigerte sich strikt, daran vorbeizulaufen. Ich fragte sie, warum sie nicht weiterlief, da gebärdete sie: »Angst. Da was?« Ich hob den Schneeanzug auf und sagte und gebärdete: »Es ist nur ein Schneeanzug.« Da nickte sie erleichtert und ging weiter. Ich weiß bis heute nicht, was sie dachte, was es sei, aber immerhin konnte sie mir ihr Problem mit dem »Ding« mitteilen. Die Gebärden verschwanden übrigens so nach und nach von selbst. Jedes Wort, welches sie in der Lautsprache lernten, wurde als Gebärde fast sofort abgelegt. Lediglich »Angst« und »kalt« wurden noch eine Weile gleichzeitig gesprochen und gebärdet, und manchmal, wenn sie den Mund voll mit Brötchen hatten, gebärdeten sie noch »trinken« als Aufforderung an mich.

Auch mit 14 bis 15 Monaten sind immer noch Spielzeuge Spitzenreiter, mit denen man Handlungen nachspielen kann, also Kinderküche, Kaufmannsladen, Bagger, Parkhaus usw. Neu ist, dass nun schiefe Ebenen wie Rutschen immer beliebter werden: Die Kinder versuchen, vorwärts und rückwärts hoch- und runterzulaufen, sie auf allen vieren zu erklimmen und Bälle oder Autos runterfahren zu lassen (oder klappt auch hoch?). Meine Kinder hatten eine kleine Holzrutsche im Kinderzimmer und haben sie zunächst dazu genutzt, ihre eigenen Körpergrenzen auszuloten. Sie erklommen die Treppe, kletterten die Rutschbahn von unten hinauf und lernten, von oben auf dem Bauch oder auf dem Po herunterzurutschen. Nach und nach wurden aber andere Experimente spannender. Die Matchbox-Autos durften hinunterfahren, Bälle, Murmeln, gesammelte Kastanien. Auch Puppen und Kuscheltiere wurden hinuntergeschickt, genauso wie Bücher, Schuhe und der (leere) Mülleimer. Es war spannend zu beobachten, wie systematisch sie vorgingen und wie überraschend manche Erkenntnis für sie war. Zum Beispiel, wenn manches einfach nicht rutschen wollte, weil es zu leicht war oder das Material das Rutschen verhinderte.

16 bis 18 Monate

Können Kinder in diesem Alter bereits laufen, beginnen sie nun, diese Fähigkeiten auszubauen. Am allerliebsten laufen sie jetzt schiefe Ebenen auf und ab. In der Stadt sind das oft Ebenen, die eigentlich für Kinderwagen gedacht sind. Aber auch einzelne Stufen, wie eine Bordsteinkante, sind eine willkommene Übungsmöglichkeit. Ganze Treppen werden erst einmal mit Festhalten am Treppengeländer gemeistert, wobei es nach oben einfacher geht als nach unten. Viele Kinder gehen aber auch einfach in den Vierfüßlerstand zurück, um die Treppen krabbelnd zu überwinden. Nun beginnen Kinder auch mit dem Klettern an Klettergerüsten. Wenn man das zu Hause unterstützen möchte, sind Kletter-Dreiecke eine gute Investition. Sie werden sehen, dass Ihre Kinder – am besten barfuß – sehr bedächtig und konzentriert klettern. Sie erspüren dabei alles, was in ihrem Körper, in ihren Gelenken, ihren Muskeln so vor sich geht, und tarieren kompetent ihr Gleichgewicht aus.

Auch der Ausbau der Feinmotorik durch Malen oder Puzzeln steht bei einigen Kindern nun hoch im Kurs – Sie können Ihrem Kind Kreide, Fingermalfarbe oder einen leichtgängigen Buntstift geben und beobachten, mit welcher Freude es Spuren auf dem Papier hinterlässt. Es ist unnötig, ein Kind zum Malen bestimmter Gegenstände wie Sonne oder Haus aufzufordern – das kommt, wie alles in der Entwicklung von Kindern, irgendwann von ganz allein.

Im Alter von 18 Monaten beginnen Kinder laut Hetty van de Rijt (*Oje, ich wachse!*) langsam, Systeme zu verstehen, die wechselseitig voneinander abhängige Bestandteile haben. Familien sind zum Beispiel Systeme, aber auch eine Hausgemeinschaft, ein Fußballteam, die Kirche, eine Kindergartengruppe usw. Richtig fasziniert sind die meisten Kinder dieses Alters beispielsweise vom System »Baustelle«. Sie können Stunden damit verbringen, einfach nur am Baustellenrand zu stehen und zuzusehen, wie die Bauarbeiter Hand in Hand arbeiten, um ein Haus zu erbauen.

Systeme unterscheiden sich, auch das lernen unsere Kinder nun. Einige Systeme »Familie« leben in einem Haus, die anderen in einer Wohnung. Zu manchen Systemen gehört ein Hund dazu, zu anderen eine Katze, ein Vogel oder gar kein Haustier. Manche Familiensysteme haben nur einen Elternteil, manche drei oder vier, manche leben zusammen, manche getrennt usw. Da ein Kind nun auch versteht, dass Systeme verschieden sein können, kann es recht schnell begreifen, dass zum Beispiel bei den Großeltern andere Regeln gelten als bei den Eltern oder dass man im Kindergarten mit dem Essen nicht matschen darf, zu Hause aber schon.

Unsere Kinder begreifen sich nun erstmals selbst als Individuum – sie erkennen, dass sie ein »ich« sind, während ein anderer Mensch ein »du« darstellt. Zum allerersten Mal und auch nur ganz ansatzweise kann das Kind nun begreifen, dass ein anderer Mensch vielleicht andere Gefühle und Gedanken hat. Diese Fähigkeit ist noch lange nicht ausgereift – richtig funktionieren wird das erst in ein paar Jahren, wenn es den Perspektivenwechsel gemeistert hat –, und doch kann ein Kind nun zum Beispiel ein anderes Kind trösten, wenn dieses weint. Auf jeden Fall bedeutet die Erkenntnis, dass es »ich« und »du« gibt, großes Potenzial für Frust. Denn wenn das Kind entdeckt, dass Mama nicht so begeistert von der Idee ist, bei minus 10 Grad und Schneegestöber ein Eis in der Eisdiele zu kaufen, wird es nicht freudestrahlend nicken und sagen: »Du hast recht, Mama!« Nein, es wird sich vor Wut auf den Boden werfen und laut schreien, um seiner Frustration über die konträren Meinungen Ausdruck zu geben. Das ist keine schöne Situation, aber denken Sie daran: Ihr Kind will Ihnen nicht das Leben schwer machen, das Leben ist gerade schwer für Ihr Kind. Es muss nämlich lernen, Ungerechtigkeiten, kleine Frustrationen und echt große Gefühle auszuhalten. Statt also genervt auf den kindlichen Wutausbruch zu reagieren, versuchen Sie es mit Verständnis und Einfühlung. Ganz wie damals zu der Zeit, als Ihr Baby Ihnen in den Abendstunden vom Tag erzählt hat.

Den meisten Eltern fällt nun auf, dass sich ihre Kinder besser in der Umgebung zurechtfinden. Meine Töchter wussten immer schon beim Abbiegen an einer bestimmten Ecke, dass wir uns auf dem Weg zu ihrem geliebten Sportkurs befanden. Auch den Weg zum Lieblingsspielplatz, zum Eisladen, Bäcker oder wie das eigene Haus aussieht, merken sich Kinder nun mühelos. Sind sie schon im Kindergarten, können sie sich dort im Haus plötzlich besser orientieren und wissen, wohin sie laufen müssen, um zum Gruppenraum, zur Toilette oder in den Garten zu kommen.

Auch die Spielvorlieben entwickeln sich nun hin zu Systemen. Bei unseren Kindern waren Puzzles plötzlich beliebt, sodass wir in dieser Zeit eine wirklich entspannte Leise-Spiel-Phase hatten, in der sie gebannt am Kindertisch saßen und Bilder zusammensetzten. Ebenfalls beliebt sind Eisenbahnschienen. Die kleinen Entdecker*innen lernen in dieser Entwicklungsphase, die Schienen der Bahnen selbst zusammenzusetzen und somit eine ganze Strecke aufzubauen. Baustellenfans spielen am liebsten mit diversen Baustellenfahrzeugen. Passend dazu ist klassisches Buddelzeug – man kann sowohl Baustelle als auch Einkaufsladen im Sand spielen.

Wimmelbücher sind in diesem Alter besonders spannend. Darin werden ja oft Baustellen oder Parkszenen dargestellt. Für Kinder ist es sehr faszinierend, die Zusammenhänge zwischen den Figuren auf dem Bild herzustellen: Warum weint der Mann? Wo läuft der Hund hin? Findest du den entflogenen Papagei? Gleichzeitig schulen sie damit auch ihr Sprachverständnis und lernen neue Wörter. Etwa 20 bis 50 Wörter sprechen die meisten Kinder mit 18 Monaten. Sobald die 50-Wörter-Grenze geknackt wird, geht der weitere Spracherwerb immer rasanter voran. Einige sprachbegabte Kinder könnten nach dieser Entwicklungsphase beginnen, erste Wörter zu Zwei- und Dreiwortsätzen zu kombinieren. Nur um das noch mal zu sagen: *könnten*. Die neuronalen Anlagen sind geschaffen. Das heißt nicht, dass Ihr Kind das jetzt unbedingt schon zeigen muss. Die meisten Kinder beginnen erst mit zwei Jahren, zwei Wörter zu kombinieren. Bitte fühlen Sie sich nicht unter Druck gesetzt.

Achtung, erhöhte Aufmerksamkeit gefragt!

In einer Studie wurden Väter beim gemeinsamen Puzzeln mit ihren Kindern beobachtet. Dabei fiel etwas Spannendes auf: Sie puzzelten auf eine ganz bestimmte Art und Weise mit ihren Kindern, die davon abhing, welches Geschlecht das Kind hatte. Bei Jungen übersahen die Väter emotionalen Frust und wütende Ausbrüche oder Tränen, blieben selbst ruhig und zeigten Strategien zur Bewältigung der Aufgabe: die Randpuzzleteile suchen und sortieren, sich am Bild auf der Verpackung orientieren usw. Sie halfen den Jungen aber nicht, das Puzzle zu lösen. Sie gaben nur verbale Hilfestellung und ließen sie dann in Ruhe probieren. Die Kommunikation war aufgabenorientiert. Bei Mädchen dagegen waren die Väter viel eher darauf bedacht, ihre Töchter glücklich zu sehen und Tränen zu vermeiden. Wenn die Mädchen durch die Aufgabe frustriert waren, machten die Väter Scherze, trösteten sie und legten sogar Puzzleteile selbst an die richtige Stelle, bevor die Töchter darum baten. Diese »vorzeitige Rettung« der Mädchen war in jedem Fall von Liebe geprägt, das steht gar nicht infrage. Doch leider sendet sie die Botschaft »Ich denke, du schaffst es nicht allein!«.[14] Das untergräbt die Selbstwirksamkeitserwartung der Töchter und damit ihr Selbstbewusstsein. Seien Sie sich dieses Geschlechter-Bias bewusst, wenn Sie mit Ihren Kindern spielen, und lassen Sie sie Dinge selbst schaffen, bis sie Sie aktiv um Hilfe bitten.

Nun haben wir die ungefähre Entwicklung Ihrer Kinder in den ersten 18 Monaten dargestellt. Es ist uns wichtig zu betonen, dass die Entwicklung in den verschiedenen Gebieten (Motorik, Sprache, Kognition, Soziales, Emotion, Regulation) individuell verläuft. Kinder sind unterschiedlich begabt in unterschiedlichen Gebieten! Das fällt bei Motorik und Sprache besonders stark auf, weil dort der Fortschritt von Erwachsenen gut zu erkennen ist. Deshalb sind das auch die beiden Gebiete, um die sich Eltern die meisten Sorgen machen, weil es bei ihrem Kind vielleicht nicht so schnell wie bei anderen geht. Lassen Sie uns deshalb hier noch einmal den Kinderarzt Remo Largo zitieren, der in seinem Buch *Babyjahre* ganz ausführlich erklärt, dass »normale« Entwicklung eine große Spannbreite hat. Er zeigt das unter anderem an der motorischen Entwicklung auf:

Auf den Bauch drehen	3 bis 6 Monate
Auf den Rücken drehen	6 bis 9 Monate
Robben	7 bis 11 Monate
Krabbeln	8 bis 12 Monate
Hinsetzen	9 bis 13 Monate
Aufstehen	10 bis 15 Monate
An Möbeln entlanggehen	9 bis 19 Monate
Frei gehen	9 bis 20 Monate
Sicher gehen	11 bis 20 Monate[15]

Und nicht nur das: Bei der normalen kindlichen Entwicklung wird es immer auch Zeiten des Stillstandes geben.[16] Äußerlich ist für uns Großen dann nicht viel zu sehen. Manchmal scheinen unsere Kinder sogar auf einem viel niedrigeren Niveau zu spielen als in den letzten Wochen. Es scheint gar, als hätten sie verlernt, was sie gerade noch konnten. In der Regel sind das normale Ruhepausen des Gehirns, sogenannte Entwicklungssprünge. Nach ein paar Wochen wird Ihr Kind seine neu erworbenen Fähigkeiten doch zeigen und ausführlich testen. Wenn Sie diese Phasen aber verunsichern oder ängstigen, können Sie selbstverständlich mit Ihrer Kinderärztin oder Ihrem Kinderarzt darüber sprechen. In Bezug auf die ganzheitliche Entwicklung Ihres Kindes ist unser Rat: Lehnen Sie sich entspannt zurück. Lassen Sie Ihr Kind seine eigenen Erfahrungen machen, seine Muskeln nach dem eigenen inneren Bauplan stärken, sich an seiner Selbstwirksamkeit freuen und die Meilensteine in seinem jungen Leben selbst erreichen. Räumen Sie ihm keine Steine aus dem Weg. Es kann, will und wird das alles allein schaffen und dabei seinem höchstpersönlichen inneren Bauplan folgen.

Baby-gesundheit von A bis Z

Affektkrampf

Ein respiratorischer Affektkrampf ist ein Anhalten des Atems durch das unbewusst ablaufende krampfartige Verschließen der Stimmritze, welches in Bewusstlosigkeit enden kann. Die auslösenden Reize sind dabei so vielfältig und individuell, dass eigentlich keine allgemeine Aussage gemacht werden kann. Oft ist es ein simples »Nein!« der Eltern, welches das Kind so aufregt, dass es einen Anfall bekommt. Weitere Reize können Erschrecken, Schmerzen oder Unwohlsein sein.

Affektkrämpfe kommen bei Kindern zwischen sechs Monaten und fünf Jahren vor, selten begleiten sie das Kind bis ins Schulalter. Hoch-Zeit ist um den 18. Monat herum, nämlich dann, wenn die Kinder ihren eigenen Willen entdecken, es aber noch nicht aushalten können, wenn etwas nicht nach ihrem Wunsch läuft. Etwa 5 Prozent aller Kinder sind betroffen. Bei einigen treten mehrere Affektkrämpfe am Tag auf, andere erleben diesen nur ein einziges Mal im Leben. Es konnte beobachtet werden, dass bei Kindern, deren Eltern auch schon an Affektkrämpfen litten, diese ebenfalls gehäuft auftraten.

Woran erkenne ich einen Affektkrampf?

Ein Affektkrampf beginnt nicht selten mit dem wütenden Gesichtsausdruck des Kindes. Das Kind beginnt, vor Wut zu schreien – so weit kennt das wohl jeder Elternteil. Bei einem klassischen Affektkrampf bricht das Schreien nach einigen Minuten aber abrupt ab, und das Kind hält nach dem Ausatmen die Luft an (deshalb heißt es auch: »Breath-Holding Spells«), bekommt blaue Lippen, wird bewusstlos und fällt um. Es gibt auch »blasse Anfälle«, bei denen es nicht zu einem Schrei kommt, sondern das Kind gleich blass und bewusstlos zusammensackt. Bei einer weiteren Erscheinungsform versteifen sich die Kinder und überstrecken sich. Das Gesicht zeigt

Panik beziehungsweise wird zu einer Grimasse verzogen, und das Kind versucht zu atmen – dabei wird häufig geröchelt. Die krampflösende Ohnmacht tritt bei diesen Krämpfen erst nach etwa 10 bis 20 Sekunden ein. Anders, als es den Eltern vielleicht vorkommt, ist das Anhalten der Luft nicht bewusst, sondern geschieht unbewusst aufgrund eines Reflexes. Die Kinder können also nichts für ihren Anfall und führen diesen nicht bewusst herbei – sie sind einfach sensibler als andere auf diesem Gebiet. Es ist wirklich wichtig, dem Kind keine Absicht zu unterstellen oder ihm die Schuld für die Anfälle zu geben – das wäre unfair und würde dem Kind ein falsches Selbstbild vermitteln.

Nach einigen Sekunden bis wenigen Minuten kommt das Kind wieder zu sich, da der Atemreflex sofort mit der Ohnmacht wieder einsetzt. Die Kinder sind nach einem Anfall meist schlapp und gelegentlich auch so müde, dass sie sofort schlafen möchten. Die Anfälle sehen dramatisch und lebensgefährlich aus, sind es aber nicht. Es sind auch keine negativen Langzeitwirkungen bekannt.

Was kann ich während eines Affektkrampfes tun?

Wenn möglich, das Kind auffangen, wenn es zusammensackt, sodass es sich beim Fallen nicht wehtut. Das Kind in die stabile Seitenlage legen, damit die Zunge nicht nach hinten rutscht und das Atmen nicht behindert wird. Man kann versuchen, dem Kind ins Gesicht zu pusten, um das Einsetzen des Atmens zu beschleunigen, oder auch das Gesicht mit kaltem Wasser zu benetzen und/oder die Wangen zu tätscheln. Im Prinzip ist dies aber unnötig, da die Anfälle sehr kurz sind und die Kinder auch ohne Stimuli wieder zu sich kommen. Nach dem ersten Anfall ist es angebracht, mit dem Kind zum

Kinderarzt oder ins Krankenhaus zu gehen, um abzuklären, ob es wirklich »nur« ein Affektkrampf war oder es andere Ursachen gab.

Mehr zu akuten Notfällen finden Sie in Larissa Meiers Buch *Erste Hilfe für dein Kind. Verletzungen, Unfälle, akute Krankheiten: Vorbeugen und richtig handeln.*

Ätherische Öle

Bestimmte ätherische Öle sind für Babys und Kleinkinder gefährlich, da sie in höherer Konzentration die Atemwege reizen. Schon kleinste Mengen können zu Krämpfen im Kehlkopf und zu Atemstillständen führen. Auch Erbrechen, Krampfanfälle und Bewegungsstörungen wurden beobachtet. Dies gilt insbesondere für Kampfer-, Eukalyptus-, Thymian- und Pfefferminzöl (= Menthol). Einzelne Untersorten sind durchaus auch unbedenklich – man sollte sich im Zweifel ausführlich informieren und unbedingt auf die Etiketten der Produkte schauen.

Bessere Alternativen: Bei Erkältungen lieber eine aufgeschnittene Zwiebel verwenden und Luftbefeuchter, die die Luftfeuchtigkeit erhöhen (natürlich ohne Öle).

Babyschalen als Kinderwagen

Die Idee an sich ist auf den ersten Blick eigentlich gut: die Nutzung eines Kinderwagen-Untergestells, auf das man durch entsprechende Adapter die Babyschale aufklicken kann. So muss man die Babyschale nicht über längere Strecken tragen und auch das womöglich schlafende Baby nicht in einen Kinderwagen umbetten. Zugegeben, das ist praktisch, aber leider auf Dauer nicht gesund. Neugeborene und Babys bis vier Monate sollen pro Tag maximal 20 Minuten halb sitzend in der Babyschale verbringen, da die Belastung für den Rücken unnatürlich ist und das langfristig zu Haltungsschäden führen kann. Die zusammengestauchte Haltung kann auch die Atmung behindern. Für den kurzen Weg von der Haustür bis zum Auto oder zurück, um die schwere Babyschale nicht tragen zu müssen, kann man das Maxi-Taxi sicherlich nutzen. Aber nicht als Kinderwagenersatz.

Bessere Alternativen: Das Kind ins Tragetuch nehmen oder in den Kinderwagen legen.

Batterien/Magnete

Babys erkunden gern Dinge mit dem Mund. Deswegen sollten Knopfbatterien oder Magnete niemals in Reichweite Ihres Babys sein. Verschluckte Batterien können Verätzungen der Speiseröhre und des Magen-Darm-Traktes verursachen. Magnete werden gefährlich, wenn mehrere davon verschluckt werden. Treffen sie im Darm aufeinander, können sie die Darmwände perforieren.

Bergtouren mit Baby

Babys unter einem Jahr sollten mit ihren Eltern keine Bergtouren über 1 500 Meter Höhe machen. Es besteht die Gefahr einer Sauerstoffunterversorgung – die Höhenkrankheit gibt es auch bei Kindern. Auch schnelle Höhenänderungen, beispielsweise durch eine Fahrt in der Gondel, sollten vermieden werden, da der dadurch ausgelöste Ohrendruck Schmerzen verursachen kann. Durch Stillen oder Fläschchen geben kann man dem Kind helfen, den Druckausgleich im Ohr zu schaffen.

Engelchen-flieg-Spiele

Das Ellenbogengelenk ist bis zum Alter von vier Jahren sehr empfindlich – die Verbindung zwischen Ober- und Unterarm kann schon bei leichter Belastung gelöst werden. Das umliegende Gewebe kann in den Spalt rutschen und dann eingeklemmt werden, was starke Schmerzen und eine Schwellung verursacht. Bei »Engelchen flieg« oder auch »1, 2, 3, hüpf« können die Schulter ausgerenkt und Sehnen in der Hand verschoben werden. Das sogenannte »Sonntagsärmchen« entsteht durch starken, unvorbereiteten und plötzlichen Zug am voll gestreckten, nach innen gedrehten Unterarm beziehungsweise der Hand. Häufige Situationen dafür sind, wenn das schreiende, sich wehrende Kind an der Hand vom Boden hochgezogen wird oder wenn ein noch nicht sicher laufendes Kleinkind beim Fallen aus Reflex am Arm hochgerissen wird, um den Sturz zu verhindern. Da das früher häufig bei Familienspaziergängen passierte, bekam diese Radiusköpfchen-Subluxation die Beinamen »Sonntagsärmchen« oder »Kindermädchen-Ellenbogen«.

Fieberkrampf

Ein Fieberkrampf ist ein zerebraler Anfall, der durch einen plötzlichen Temperaturanstieg, wie er bei Fieber vorkommt, ausgelöst wird. Wichtig ist dabei nicht die Höhe des Fiebers, sondern der schnelle Anstieg. Es kann also durchaus vorkommen, dass das Kind schon bei 38,3 °C einen Krampfanfall bekommt, zum Beispiel dann, wenn es gerade erst einen fieberhaften Infekt entwickelt.

Fieberkrämpfe kommen bei Kindern ab sechs Monaten und bis zu fünf Jahren vor und stehen im Zusammenhang mit der Anfallsanfälligkeit des kindlichen Gehirns. Die Hoch-Zeit liegt zwischen dem 14. und 18. Lebensmonat. Normalerweise bleibt ein Fieberkrampf ein einmaliges Ereignis, sehr oft wird er durch das Drei-Tage-Fieber ausgelöst. Selten neigen Kinder zu gehäuften Fieberkrämpfen, meist haben sie dann eine familiäre Disposition, die bekannt ist.

Wie erkenne ich einen Fieberkrampf?

Ein Fieberkrampf beginnt mit einem plötzlichen Bewusstseinsverlust und einer kompletten Versteifung des Körpers. Nach 10 bis 30 Sekunden beginnt das Kind, unkontrolliert zu zucken. Begleitend kann es sein, dass es Gurgel- und Schmatzlaute von sich gibt, unkontrolliert Grimassen schneidet, die Augen wild verdreht beziehungsweise ganz starr hält und vielleicht sogar blau anläuft. In seltenen Fällen sackt das Kind, ohne zu zucken, in sich zusammen und ist schlapp und leblos.

Der Krampf dauert normalerweise nur wenige Minuten, durchschnittlich zwei bis drei, wobei sich diese Zeit für die Eltern endlos anfühlt. Es gibt einen atypischen Verlauf des Krampfes, bei dem dieser bis zu 15 Minuten dauern kann, deshalb ist es sinnvoll, die Zeit im Auge zu behalten, um hinterher der Kinderärztin möglichst genau Auskunft geben zu können. Nach dem Anfall folgt meist eine kurze Phase der Benommenheit beim Kind.

Was kann ich während eines Fieberkrampfes tun?

Am besten, Sie legen Ihr Kind dorthin, wo es sich während des Krampfes nicht wehtun kann. Spitze Kanten, Ecken und andere gefährliche Gegenstände sollten aus der Reichweite des Kindes entfernt werden – genau wie bei einem epileptischen Anfall. Sollte Ihr Kind stark speicheln oder erbrechen, können Sie es in die stabile Seitenlage legen, damit alles abfließen kann. Es ist schwer, aber Sie müssen einfach Ruhe bewahren und abwarten.

Gehfrei / Babywalker

Gehfreis werden gern von wohlmeinenden Großeltern geschenkt. Begeistert wird die sperrige Gerätschaft mit der Erwartung gekauft, das Laufenlernen des Enkelkindes zu unterstützen. Leider ist das Gegenteil der Fall: Gehfreis behindern die natürliche Entwicklung, da die Kinder darin oft *falsch* laufen lernen – nämlich auf den Zehenspitzen. Auch die unflexible Haltung in dem Gerät kann zu orthopädischen Problemen führen. Stößt das Kind an Hindernisse, wird zusätzlich die Wirbelsäule unnatürlich erschüttert. Außerdem sind sie gefährlich. Immer wieder kommt es zu Stürzen mit Gehfreis, vor allem an Treppen und bei Türschwellen. Die Stiftung Warentest warnt eindringlich: »Die geltende europäische Norm für Lauflernhilfen reicht nicht aus. Die Geräte sind überflüssig und gefährlich. Eltern sollten auf einen Kauf unbedingt verzichten, auch wenn sie unter Hinweis auf die Norm als scheinbar sicher angepriesen werden.«

Bessere Alternative: Auf die natürliche Entwicklung vertrauen. Jedes Kind wird ohne Hilfe laufen lernen!

Giftige Pflanzen

Babys neigen dazu, alles was ihnen in die Hände gerät, in den Mund zu stecken. Dies gilt leider auch für Zimmerpflanzen. Nicht jeder weiß, welche Pflanzen giftig sind, daher hier eine Übersicht der am meisten verbreiteten gesundheitsgefährdenden Zimmerpflanzen. Nicht in die Reichweite von Kindern gehören folgende Pflanzen: Alokasie, Alpenveilchen, Amaryllis, Becherprimel, Begonien (einzelne Arten), Birkenfeige (leicht giftig), Blutblume (Elefantenohr), Browallie, Brunfelsie, Buchsbäume, Christusdorn, Clivie (Riemenblatt), Dieffenbachie, Dipladenie, Flamingoblume,

Flaschenpflanze, Goldtrompete, Herbstzeitlose, Katzenschwanz, Kirschlorbeer, Kolbenfaden, Korallenbäumchen, Kroton, Madagaskar-Immergrün, Monstera (Fensterblatt), Oleander, Philodendron (Baumfreund), Prachtlilie, Primel, Ritterstern, Ruhmeskrone, Wolfsmilchgewächse, Wüstenrose, Wunderstrauch, Zierspargel, Zimmerefeu (Beeren). Achtung auch bei Frühlingsblumen: Tulpen, Osterglocken und Narzissen sind giftig – hier kommt es häufig zu Vergiftungen durch das Blumenwasser!

Wachsen Eiben in Ihrem Garten oder Hinterhof, sollten Sie ebenfalls aufmerksam sein: Fast alle Teile dieses Nadelbaums sind für den Menschen giftig.

An jedem Kühlschrank sollte übrigens die Nummer des 24-Stunden-Giftnotrufes kleben, damit Sie im Fall der Fälle nicht googeln müssen. Da die Nummer regional unterschiedlich ist, sollten Sie sie am besten jetzt heraussuchen und aufschreiben.

Honig

Honig (und auch Ahornsirup) kann für Babys tödlich sein. Es besteht die Möglichkeit, dass er mit Bakterien verunreinigt ist, welche sich nach dem Verzehr im noch unreifen Darm ansiedeln. Dort vermehren sie sich und produzieren Botulinumtoxin. Dieser Giftstoff gelangt über die Darmschleimhaut in den Blutkreislauf und wird zu den Nerven transportiert. Dort hemmt er die Ausschüttung von neuronalen Botenstoffen. Dies führt zu einer schleichenden Lähmung von Muskeln – ist die Atemhilfsmuskulatur betroffen, kann dies zum Tod führen. Der Prozess verläuft so schleichend, dass zwischen Infektion und den ersten Ausfallerscheinungen mehrere Tage vergehen können, sodass der ursächliche Zusammenhang oft nicht mehr erkannt wird. Symptome sind unter anderem

Störungen beim Schlucken und Saugen, abnehmende Bewegungsfreude verbunden mit Muskelschwäche, verminderte Mimik und Heiserkeit. Daher sollte auf Honig unbedingt im gesamten ersten Lebensjahr verzichtet werden. Hitze tötet das Bakterium zwar zuverlässig ab, weswegen an einigen Stellen zu lesen ist, dass erhitzter Honig unproblematisch sei. Allerdings sind die Sporen des Bakteriums durchaus hitzeresistent und können nach dem Erhitzen neue Bakterien bilden. Wer vollkommen sichergehen will, vermeidet auch erhitzte Produkte mit Honig.

Bessere Alternativen: Mit Mandelmus, Bananen oder Agavendicksaft süßen, wenn Süße überhaupt nötig ist.

Katzenbisse

Katzenbisse sehen oft nicht dramatisch aus, können aber gravierende Folgen haben, da sie sich häufig stark entzünden. Die spitzen Zähne der Katze dringen tief ein und bringen Bakterien dadurch tief unter die Haut. Daher gehört ausnahmslos jeder Katzenbiss in sofortige ärztliche Behandlung.

Kinder im Auto lassen

Im Sommer besteht durch Sonneneinstrahlung akute Lebensgefahr, wenn Kinder in parkenden Autos zurückgelassen werden. Allein in den USA sterben jedes Jahr so etwa 40 Kinder. Durch den Treibhauseffekt heizt sich das Innere des Fahrzeugs schnell auf – sehr viel schneller, als man es erwartet! Schon nach kurzer Zeit können Temperaturen von 50 °C bis 70 °C erreicht werden, auch im Schatten. Manchmal vergessen Eltern ihre schlafenden Babys aus

Versehen im Auto – klar, das sollte nicht vorkommen, aber kann trotzdem tragischerweise passieren, wenn man selbst übermüdet und gestresst ist. Es wird deshalb geraten, das eigene Handy vor Fahrtbeginn neben das Baby auf die hinteren Sitze zu legen. Das Vergessen des Handys bemerkt man oft sehr schnell – man geht zum Auto zurück, um es zu holen, und findet rechtzeitig das ebenfalls zurückgebliebene Baby.

Kinderwagen im Sommer verhängen

Im Sommer sieht man immer wieder Kinderwagen, die komplett mit Mullwindeln oder anderen Tüchern zugehängt werden, um das Baby vor der Sonne zu schützen. Doch im Innern des komplett verhangenen Kinderwagens steigt die Temperatur stetig an, weil die Luft nicht zirkulieren kann. Es droht eine lebensgefährliche Überhitzung, deren Symptome man zudem nicht rechtzeitig entdeckt, weil die Sicht auf das Baby durch das Tuch versperrt ist.

Besser: Sonnensegel oder Sonnenschirme nutzen!

Luftballons

Jahr für Jahr sterben Kinder an eingeatmeten Luftballonfetzen. Vor allem Babys und Kleinkinder sind gefährdet, da sie häufig in die Luftballons beißen, um deren Beschaffenheit oral zu erkunden. Platzt der Luftballon dabei, erschrickt das Kind und atmet reflexartig ein – dabei können kleine Fetzen des geplatzten Ballons in die Luftröhre gelangen oder sich membranartig über deren Eingang legen.

Darum besser: Schutzhüllen aus Stoff für Luftballons.

Nüsse

Kaum jemand wird seinem Kind im ersten Lebensjahr Nüsse geben – sie sind schlicht nicht gut kaubar. Aber auch wenn die Backenzähne dann da sind, sollte man darauf verzichten. Das Gefährliche an Nüssen ist, dass sie eingeatmet werden können. Rundliche Nüsse wie Erdnüsse und Haselnüsse können unzerkaut in die Luftröhre gelangen und diese vollständig verschließen – das Kind erstickt. Das kann übrigens auch Fünfjährigen noch passieren, weswegen die Faustregel lautet: »Nüsse werden erst gegessen, wenn das Kind ›Nüsse‹ schreiben kann.« Aus dem gleichen Grund sollten kleine Beeren wie Heidelbeeren und Weintrauben und Cocktailtomaten stets halbiert werden, denn so sind sie leichter abhustbar. Wer Würstchen zum Verzehr in Scheiben schneidet, sollte auch diese halbieren. Auch bei Bonbons besteht eine hohe Aspirationsgefahr, daher sollten sie erst sehr spät angeboten werden.

Bessere Alternative: Gemahlene Nüsse (wenn keine Allergieneigung besteht) sind unproblematisch, aber bitte anfeuchten, denn auch Nussstaub ist in der Lunge extrem unangenehm.

Pseudokrupp

Pseudokrupp ist eine Erkrankung der Atemwege zwischen Kehlkopf und Stimmritze, die von ganz normalen Erkältungsviren, selten durch Bakterien, Grippeviren, starke Luftverschmutzung oder passives Rauchen ausgelöst wird. Sie tritt vorwiegend bei Kindern im Alter von sechs Monaten bis sechs Jahren auf, wobei die Hoch-Zeit der Anfälle eher bis zum dritten Lebensjahr angegeben wird. Das ist leicht verständlich, denn die Erreger verursachen eine Entzündung in der Schleimhaut, wodurch diese anschwillt. Da bei kleinen Kindern die Atemwege an sich noch sehr eng sind, wirkt sich die Schwellung natürlich stärker aus als bei älteren Kindern oder Erwachsenen. Der Atemwegswiderstand erhöht sich bei Babys und Kleinkindern um das 16-Fache, bei Erwachsenen nur um das Dreifache. Das Ergebnis ist schlicht und ergreifend Atemnot und, daraus resultierend, Panik. Die Anfälle treten zwischen Oktober und März hauptsächlich nachts zwischen 22 Uhr und 4 Uhr auf, da zu dieser Zeit die körpereigene Cortisolproduktion heruntergefahren ist. Ein normal hoher Cortisolspiegel sorgt dafür, dass das Immunsystem auf Krankheitserreger nicht überreagiert – er dämpft also die körpereigene Abwehr. Sinkt der Spiegel in der Nacht, arbeitet das Immunsystem stärker und reagiert entsprechend heftiger auf Krankheitserreger als tagsüber. Deswegen kommt es dann verstärkt zu Pseudokrupp-Anfällen.

Hat man einmal sein Kind so einatmen und husten gehört, weiß man für den Rest seines Lebens, wie das klingt. Das Einatmen klingt irgendwie *verengt*, sehr oft kommt es dabei zu einem pfeifenden Geräusch. Das Ausatmen klingt dagegen eher normal. Das pfeifende Einatmen verstärkt sich zu einem bellenden, blechernen Husten.

Was kann ich bei Pseudokrupp tun?

Das Wichtigste ist, dass die Eltern eines Kindes mit Pseudokrupp-Anfall selbst ruhig bleiben und dem Kind Sicherheit vermitteln. Das Kind wird wegen der akuten Atemnot immer panischer, leider verbraucht es dadurch auch mehr Sauerstoff, was die Symptomatik verschlimmert. Nehmen Sie Ihr Kind auf den Arm, gehen Sie ans offene Fenster, auf den Balkon oder in den Garten. Wenn es draußen heiß sein sollte, stellen Sie sich vor den offenen Kühlschrank. Reden Sie beruhigend mit Ihrem Kind, zählen Sie Sterne oder Autos, oder erzählen Sie ihm eine ruhige Geschichte etc., damit es gleichmäßiger atmen und sich

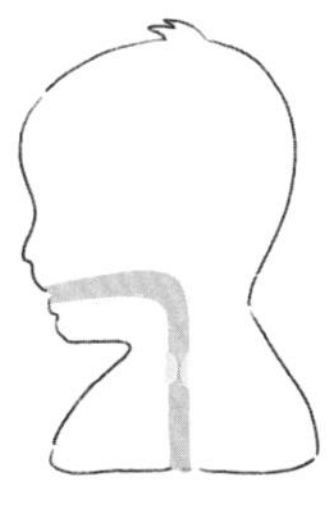

auf etwas anderes als die beklemmende Atemnot konzentrieren kann. Zu Zeiten unserer Eltern und Großeltern wurde oft geraten, feucht-heißen Dampf einzuatmen, das heißt die heiße Dusche weit aufzudrehen, doch davon wird mittlerweile abgeraten, da Wärme das Gewebe eher noch anschwellen lässt. Zusätzlich können Sie Ihrem Kind, wenn es das möchte, sehr kalte Getränke anbieten.

Da der Anfall vornehmlich dadurch ausgelöst wird, dass die körpereigene Cortisolproduktion heruntergefahren ist und das Immunsystem deshalb so stark mit der Schwellung der Atemwege auf die eindringenden Erreger reagiert, ist die beste Hilfe, die Sie Ihrem Kind geben können, Cortison. In Deutschland ist es üblich, Cortisonzäpfchen zu verabreichen.

Nach dem ersten Pseudokrupp-Anfall, egal ob mit schwerem oder leichtem Verlauf, ist es angezeigt, bei der Kinderärztin oder dem Kinderarzt vorstellig zu werden. Zwar können diese im Nachhinein nichts mehr tun, und selbst die Diagnostik kann dann nur noch per Fragen (»Wie klang der Husten genau? Wann trat er auf?«) geschehen. Aber Ihr Kinderarztteam sollte wissen, dass Ihr Baby ein Pseudokrupp-Kind ist: Sie werden Ihnen die Zäpfchen verschreiben und ein Merkblatt zur Krankheit in die Hand drücken.

Salz

Speisesalz kann tödlich sein. Nimmt ein Kind eine hohe Menge Salz zu sich, entzieht das Salz den Zellen durch Osmose Wasser. Die tödliche Dosis liegt bei etwa drei Gramm je Kilogramm Körpergewicht. Auf einen Esslöffel passen etwa 30 g Salz (wenn es richtig gehäuft ist) – daran könnte ein Kind mit 10 Kilogramm sterben. Diese Menge ist allerdings sehr groß – kaum ein Kind würde sie versehentlich freiwillig verzehren. Dennoch hat es bereits Salzvergiftungen gegeben.

Schwimmsitze / Badehilfen

Ertrinken ist die zweithäufigste Todesursache bei Kleinkindern – Kinder unter drei Jahren können tatsächlich bei einer Wassertiefe von nur 5 cm ertrinken. Daher sollte man nie, nie, nie ein kleines Kind in Wassernähe unbeaufsichtigt lassen. Trügerische Sicherheit versprechen Schwimm- und Badehilfen für Babys. Aber Schwimmsitze können umkippen oder umgestoßen werden – das Baby taucht mit dem Kopf unter das Wasser und hat nicht die geringste Chance, sich wieder zurückzudrehen. Dasselbe gilt für einfache Schwimmringe und auch Schwimmwesten – auch damit ist ein Umdrehen aus eigener Kraft häufig unmöglich. Es reichen wenige Sekunden, um langfristige Hirnschädigungen davonzutragen.

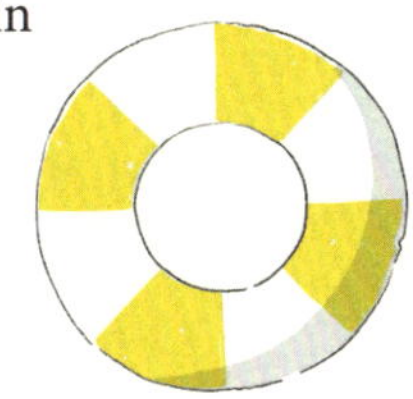

Strangulationsgefahr durch Ketten, Kordeln und Fahrradhelme

Bernsteinketten, Schals, Handykabel, Kopfhörerkabel, Schlüsselbänder oder Kordeln an Jacken oder Hoodies können sich so unglücklich um den Hals Ihres Kindes wickeln, dass es ersticken kann. Kinder kamen bereits zu Tode, weil sich eine Kordel ihrer Jacke in einem Spalt am oberen Ende einer Rutsche verhakte und sich die Jacke dann immer weiter zusammenzog. Auch Fahrradhelme, die auf dem Spielplatz aufbleiben, stellen eine ernsthafte Strangulationsgefahr dar. Fahrradhelme sind wichtig und können Leben retten, sollten aber auf Spielplätzen unbedingt abgenommen werden.

Besser: Entfernen Sie Kordeln und Kordelstopper, verzichten Sie auf (ohnehin unwirksame) Zahnungsketten, kaufen Sie nur Schnullerketten, die nach der europäischen Schnullerhalter-Norm

(DIN EN 12586) gefertigt wurden und eine Länge von höchstens 22 cm haben.

Taschentücherpackungen

Ähnlich gefährlich wie Luftballons können Taschentücherpackungen sein. Babys mögen es, diese Packungen in den Mund zu nehmen und darauf herumzulutschen. Dabei kann die Verschlusslasche durch den Speichel abgelöst werden und sich quer vor die Luftröhre legen. Außerdem saugen Babys gern an den Taschentüchern – durch den Speichelkontakt lösen sich manche Arten von Taschentüchern auf und können ebenfalls aspiriert werden. Die Folge kann eine Lungenentzündung sein, weil sich die Taschentuchfetzen nicht abhusten lassen.

Türhopser

Türhopser werden an Türrahmen befestigt, und das Kind kann dank der elastischen Aufhängung dann im Türbereich hüpfen. Um ehrlich zu sein: Viele Kinder lieben es! Aber auch hier besteht die Gefahr anatomischer Beeinträchtigungen aufgrund der eingeschränkten Beweglichkeit. Zudem hüpfen manche nur mit den Zehenspitzen, was das Laufenlernen erschwert, weil falsche Bewegungsmuster trainiert werden. Darüber hinaus besteht eine hohe Unfallgefahr – nicht wenige Babys sind schon unsanft gegen den Türrahmen gesprungen oder kopfüber aus dem Hopser gepurzelt.

Bessere Alternative: Mit dem Kind auf dem Schoß sanft auf einem Pezziball wippen

Warme Jacken im Auto

Werden Kinder im Winter mit dicken Jacken im Autositz angeschnallt, sitzen die Gurte nicht so straff, wie sie das sollten, um wirklich sicher zu schützen. Sie können leichter verrutschen, weil sie mehr Spielraum haben, sodass Schulter und Becken im Ernstfall ungeschützt sein können und innere Verletzungen (Milzriss) drohen. Gleiches gilt übrigens auch für uns Erwachsene!

Bessere Alternativen: Einschlagdecken mit Gurtschlitzen, die Kinder in mehrere dünne Schichten kleiden, oder die Jacke über den Gurt legen, wenn es extrem kalt ist.

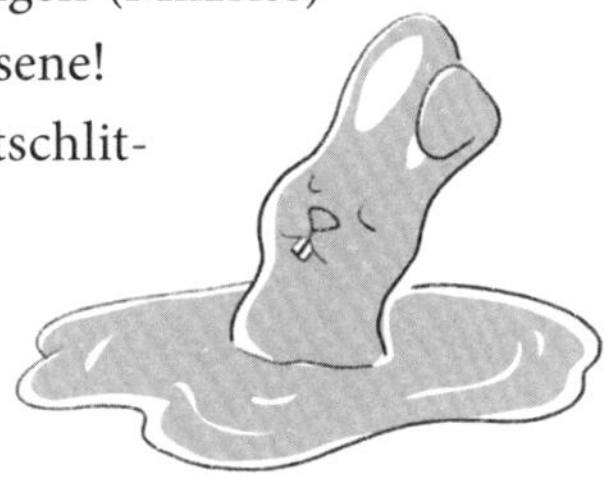

Wasservergiftung bei Säuglingen

In den warmen Sommermonaten kommen Eltern manchmal auf die Idee, ihren Säuglingen zusätzlich zur Mutter- oder Flaschenmilch Wasser zu geben. Das Problem ist, dass zu viel Wasser das Natrium aus dem Blut spült. Dadurch tritt Wasser ins Gewebe über und sammelt sich dort an, da die noch unreifen Nieren es nicht schaffen, das Wasser auszuscheiden. Dies kann zur Schädigung von Gehirnzellen führen. Folge von übermäßiger Wasserzufuhr ist eine Wasserintoxikation. Symptome sind Lethargie, Aufgedunsenheit, gegebenenfalls Krampfanfälle und eine geringe Körpertemperatur (ca. 36,1 °C). Gefährdet sind vor allem Kinder, die noch keine Beikost zu sich nehmen.

Bessere Alternativen: Ausschließlich Mutter- oder Flaschenmilch füttern. Nur an extrem heißen Tagen (über 33 °C) Flaschenbabys Wasser in geringen Mengen anbieten, aber nicht zum Trinken auffordern.

Wickeltische oder Sofas

Auch wenn Ihr Baby sich noch nicht allein drehen kann und Sie sich sicher sind, dass es nicht gerade in der Sekunde vom Wickeltisch oder Sofa rollt, wenn Sie gerade schnell die Creme holen – diese Dinge passieren. Oft. Statistiken besagen, dass etwa jedes dritte Baby von Wickeltisch, Couch oder Sessel fällt. Wie stark es sich dabei verletzt, kommt auf die Fallhöhe und den Zufall an. Ist Ihr Kind bei Bewusstsein, es weint, weist keine blutenden Wunden auf und verhält sich an sich normal, hatte es wahrscheinlich Glück. Eine kurze Bewusstlosigkeit oder Erbrechen sprechen dagegen für eine Gehirnerschütterung. Fahren Sie auf jeden Fall in eine Klinik oder rufen Sie den Notarzt. Das Verhalten Ihres Kindes sollte 24 Stunden beobachtet werden, denn Hirnverletzungen zeigen sich oft erst verzögert. Lassen Sie es am besten gar nicht erst dazu kommen. Haben Sie immer eine Hand am Baby, und wenn Sie etwas holen wollen, nehmen Sie Ihr Kind mit, oder legen Sie es kurzzeitig auf dem Boden ab.

Epilog: Ein Baby kann man nicht verwöhnen

@kirsten_fuchs_ Ich bei Übergabe des Babys nach der Frühschicht: »Getrunken, gepullert, nackt gespielt, zweimal gekackt.«
Mann: »Du bist ja fleißig. Und das Baby?«

Das erste Jahr unserer Kinder steht ganz unter dem Motto der bindungsorientierten Bedürfnisbefriedigung. Ein Baby kann man nicht verwöhnen. Im ersten Jahr kommen unsere Kinder in dieser Welt erst einmal an. Sie lernen, Ihre Körper zu beherrschen, beginnen zu sprechen und registrieren erste Zusammenhänge zwischen der Umwelt und ihnen selbst. Sie wissen natürlich bereits instinktiv, was sie brauchen, und fordern die Erfüllung ihrer Grundbedürfnisse kompetent ein. Doch sie können noch nicht darüber nachdenken, was ihnen genau helfen würde. Diese Denkleistung muss zunächst von uns Eltern übernommen werden. Wenn ein Baby also ein unangenehm ziehendes Gefühl im Magen verspürt und unbewusst beginnt, zu schmatzen und den Kopf hin- und herzubewegen, dann erkennen die Erwachsenen seinen Hunger und reagieren adäquat und prompt. Sobald das unangenehme Gefühl im Bauch durch die warme Milch verschwindet, registriert das Gehirn des Kindes diesen erlebten Kausalzusammenhang. Neuronen beginnen zu feuern, die Information wird im Gehirn abgespeichert. Das Kind lernt den Zusammenhang zwischen dem ursprünglich unangenehmen Gefühl und der erlösenden Handlung. Spricht der oder die Erwachsene diesen Sinnzusammenhang auch noch aus (»Oh, du hast Hunger, dann lass mich dir Milch geben«), erhält das Kind gleichzeitig auch noch Worte für den Vorgang. Nach und nach lernen unsere Kinder also, wie sich Hunger anfühlt und was sie dagegen tun können. Diese Lernleistung vollbringen sie mit unserer Hilfe auch auf vielen anderen Gebieten, sodass sie zum ersten Geburtstag als überraschend kluge kleine Menschlein vor uns stehen. Doch wie geht es weiter?

Zwischen dem ersten und vierten Geburtstag wird Ihr Kind nicht nur seine Sprachkompetenz erweitern, sondern vor allem seine eigenen Gefühle kennen und beherrschen lernen. Das ist gar nicht so leicht! Denn anders als bei Erwachsenen dominiert bei Kleinkindern der emotionale Teil des Gehirns noch stark. Dieser ist Experte für die Entschlüsselung menschlicher Mimik und Gestik, aber er reagiert eben auch sehr emotional und weniger rational. Um Gefühle und Impulse zügeln zu können, brauchen wir Menschen unseren präfrontalen Kortex. Er hilft uns, Pläne zu schmieden, vernünftigerweise früh ins Bett zu gehen und nicht sofort zuzuhauen, wenn uns jemand ärgert. Dieser präfrontale Kortex ist bei Babys und Kleinkindern zwar schon angelegt, aber nur sehr rudimentär entwickelt.

Der Ausbau dieses Bereiches ist die Aufgabe der nächsten sechs Jahre. Hat ein Kleinkind also ein Stresserlebnis, zum Beispiel weil ein Elternteil etwas verbietet, dann übernimmt das dominante emotionale Gehirn des Kindes die Führung und blockiert das noch im Aufbau befindliche vernünftige, geduldige Gehirn weitestgehend in seiner Funktion. Das Kind wird von seinen Emotionen überwältigt: Es wütet, wirft sich auf den Boden und schreit. Das Problem an der Sache: Im rationalen Teil des Gehirns liegt das Sprachzentrum. Doch dieser Teil des Gehirns wird gerade blockiert, das heißt, auf das Sprachzentrum kann nicht zugegriffen werden. Wir Eltern können beschwichtigen und rationalisieren, wie wir wollen, unsere Worte kommen bei unserem Kind in dieser Situation einfach nicht an. Sein Gehirn kann unsere Worte gerade nicht verarbeiten. Spannend, oder? Aber auch schwierig. Denn wir Eltern müssen natürlich eine Möglichkeit finden, unseren aufgebrachten Nachwuchs trotzdem zu beruhigen. Keine Angst, diese Möglichkeiten gibt es. Wir haben sie ganz ausführlich in unserem Buch *Der entspannte Weg durch Trotzphasen* beschrieben. Wichtig zu wissen ist, dass auch in diesem Moment das Gehirn unserer Kinder mit dem Stresserlebnis überfordert ist. Das kennen Sie schon aus der Babyphase, in der Kinder beim Weinen Co-Regulation brauchen. Auch in der Kleinkindphase brauchen unsere Kinder zuverlässige Unterstützung und Zuwendung von außen, um sich beruhigen zu können. Dadurch lernen sie nach und nach, ihre großen Gefühle auszuhalten und unter Kontrolle zu bekommen – der präfrontale Kortex wird trainiert. Bis zum Schulanfang wird Ihr Kind so Impulskontrolle gelernt haben.

Und das ist echt wichtig. Denn spannenderweise brauchen unserer Kinder, um psychisch und emotional gesund zu wachsen, nun Schritt für Schritt nicht nur bedingungslose Bedürfnisbefriedigung, sondern sie sollten auch Bedürfnisfrustration und Bedürfnisaufschub lernen. Denn eine Familie und die Gesellschaft, in der wir leben, sind Systeme, welche nicht funktionieren, wenn jeder nur auf sich selbst und seinen eigenen Vorteil achtet. Es ist also wichtig, unseren Kindern beizubringen, die eigenen Wünsche zurückzustellen und Kompromisse einzugehen, um ein gutes soziales Miteinander zu erreichen. Diese Aufgabe wird Sie ungefähr die nächsten zehn Jahre beschäftigen. Wir haben diesen Prozess ausführlich in *Gelassen durch die Jahre 5 bis 10* beschrieben.

Teil dieses Lernprozesses ist, dass Sie Ihren Kindern vorleben, dass auch Sie selbst Bedürfnisse haben, die es wert sind, beachtet zu werden. Natürlich stellen wir Eltern unsere eigenen Bedürfnisse für unsere Kinder oft zurück, aber das sollte eben nicht immer der Fall sein. Sie müssen sich der Notwendigkeit bewusst sein, dass Ihre aufgeschobenen Bedürfnisse nach einer Weile befriedigt werden sollten. Zeigen Sie Ihren Kindern, dass Sie Wünsche und Grenzen haben, dass Ihre Kraft nicht unendlich ist, dass auch Sie Ruhepausen brauchen. Damit tun Sie Ihren Kindern einen Gefallen. Und sich selbst ebenfalls. Sie müssen sich nicht für Ihre Kinder aufopfern, das ist nicht Ihr Job. Das Babyalter, in dem das vielleicht noch nötig ist, ist vorbei. In einem Familiengefüge, in dem alle Mitglieder alt genug sind, um die Perspektive eines anderen einzunehmen, müssen die Bedürfnisse jedes Einzelnen gleichermaßen beachtet werden. Natürlich wird es dabei immer wieder schwierige Phasen geben, aber insgesamt sollte sich das Zusammenleben für alle leicht und schön anfühlen. Dann sind Sie als Familie auf dem richtigen Weg.

Anmerkungen

Bindung

1 Ainsworth, 1979.
2 vgl. Brisch, 2010, S. 21 f.
3 Goldberg et al., 1999.
4 vgl. Brisch, 2010, S. 23 f.
5 vgl. Howes/Spieker, 2008.
6 vgl. Brisch, 2010, S. 24.
7 Grossmann/Grossmann, 2012, S. 72.
8 vgl. Brisch, 2010, S. 126.
9 Ainsworth, 1974/2003, in: Grossmann/Grossmann 2012, S. 431–439.
10 vgl. Grossmann/Grossmann, 2012, S. 123 f .
11 Andrews/Murray, 2000.
12 Brisch, 2010, S. 34.
13 Stern, 1991, S. 51.
14 Stern, 1991, S. 106.
15 Anisfeld et al., 1990.
16 Kirkilionis, 2022, S. 97 f.
17 Brisch, 2010, S. 98 f.
18 vgl. Brisch, 2021.
19 Cierpka, 2011, S. 10.
20 Sunderland, 2007, S. 45.
21 Grossmann/Grossmann, 2012, S. 179 f.
22 Powell et al., 2015, S. 44.
23 Stern, 1991, S. 75.
24 vgl. Stern, 1991, S. 124.
25 vgl. Haarer, 1934, S. 165.
26 vgl. Lohaus/Vierhaus, 2019, S. 198.
27 Grossmann/Grossmann, 2012, 1985.
28 Grossmann/Grossmann, 2012, S. 130.
29 Grossmann/Grossmann, 2012, S. 132 f.
30 Grossmann/Grossmann, 2012, S. 133.
31 Klaus/Kennell, 1987, S. 80 ff.
32 Trevarthen, 2005, S. 55–84.
33 vgl. Grossmann/Grossmann, 2012, S. 133 f.
34 Grossmann/Grossmann, 2012, S. 112 ff.
35 vgl. Grossmann/Grossmann, 2012, S. 114.
36 vgl. Grossmann/Grossmann, 2012, S. 172.
37 Brisch, 2010, S. 93.
38 Bauer, 2006, S. 108.
39 Harlow, 1958.
40 Kraemer/Clarke, 1996.
41 Sagi-Schwarz/Aviezer, 2005.
42 Roth, 1987.
43 Braun et al., 2009.
44 Belsky et al., 1984.
45 Grossmann/Grossmann, 2012, S. 178.
46 Grossmann/Grossmann, 2012, S. 205.
47 Bowlby, 1988d/2008.
48 vgl. Brisch, 2010, S. 38.
49 Bowlby, 1988d/2008.
50 vgl. Stahl, 2018, S. 75 ff.
51 Imlau, 2022, S. 59.

Stillen

1 vgl. Largo, 2004, S. 362.
2 vgl. Renz-Polster, 2010, S. 49 f.
3 Imlau, 2013, S. 124.
4 vgl. Haarer, 1939, S. 119 ff.
5 https://www.bfr.bund.de/de/empfehlungen_zur_stilldauer___einfuehrung_von_beikost-54044.html
6 ebd.
7 Schmidt, 2015, S. 112.

Beikost einführen

1 vgl. Arvedson/Brodsky, 2002; Morris/Klein, 2001.
2 Van den Engl-Hoek et al., 2008.
3 vgl. Arvedson/Brodsky, 2002; Morris/Klein; 2001.
4 vgl. Biber, 2012; Morris/Klein, 2001; Bledau-Greiffendorf, 2001.
5 vgl. Renz-Polster, 2010, S. 84.
6 Morris, 1995, S. 132 ff.
7 vgl. Van den Engl-Hoek et al., 2008.
8 vgl. Hübl/da Costa, 2011, S. 38.
9 Van den Engl-Hoek et al., 2008.
10 vgl. Hübl/da Costa, 2011, S. 35.
11 ebd.
12 ebd.
13 ebd.
14 ebd.
15 vgl. Pridham, 1990; Morris/Klein, 2001.
16 Murkett, 2013, S. 55.
17 vgl. Seidl/Nusser-Müller-Busch, 2011; Arvedson, 2011.
18 Hübl/da Costa, S. 37.
19 vgl. Hübl/da Costa, S. 36.
20 www.kindernotfall-bonn.de/ersticken-kind-notfall/
21 ebd.
22 vgl. Posth, 2016, S. 211.

Weinen und schreien

1 Faure, 2011, S. 38.
2 Morris, 1995, S. 47 f.
3 vgl. Derksen/Lohmann, 2009, S. 28.
4 Faure, 2011, S. 39.
5 Derksen/Lohmann, 2009, S. 66.
6 Derksen/Lohmann, 2009, S. 56.
7 Faure, 2011, S. 40.
8 Derksen/Lohmann, 2009, S. 58.
9 Derksen/Lohmann, 2009, S. 48 f.
10 Renz-Polster, 2010, S. 151.
11 Faure, 2011, S. 34.
12 Renz-Polster, 2014.
13 vgl. Harms, 2019, S. 102 f.
14 Frey et al., 1985.
15 de Zegher et al., 1994.
16 vgl. Harms, 2019, S. 58 f.
17 Harms, 2019, S. 120.
18 vgl. Lester/Boukydis, 1985.
19 vgl. Seligman, 2016, S. 107 f.
20 Harms, 2019, S. 31.
21 Derksen/Lohmann, 2009, S. 117.
22 vgl. Jenni, 2009.
23 ebd.
24 Laucht et al., 1992.
25 vgl. Wessel et al., 1954.
26 Derksen/Lohmann, 2009, S. 38.

27 Derksen/Lohmann, 2009, S. 75.
28 vgl. Renz-Polster, S. 157.
29 Derksen/Lohmann, 2009, S. 117; Field, 1987, S. 972–1005; Lyons-Ruth/Jacobitz, 2008, S. 666–697.
30 Powell et al., 2015.
31 Aarts, 2023.
32 Wenn Sie zum Thema »Schreibabys« noch mehr lesen wollen, empfehlen wir *Mein Schreibaby verstehen und begleiten. Der geborgene Weg für High-Need-Babys* von Anja C. Gaca und Susanne Mierau.
33 Butler, 1978; Sunderland, 2007, S. 45.
34 vgl. Brisch, 2010, S. 36 f.
35 Middlemiss et al., 2012.
36 Field, 1987; Lyons-Ruth, 2008.
37 Rao, 2004.

Schlafen

1 Kushida, 2013.
2 Walker, 2018, S. 17.
3 vgl. Weeß, 2018, S. 15 f.
4 Walker, 2018, S. 114 f.
5 Weeß, 2018, S. 108.
6 Weeß, 2018.
7 vgl. Tononi/Cirelli, 2006, sowie Vorster, 2019, S. 54.
8 vgl. Walker, 2018, S. 43 ff.
9 Walker, 2018, S. 26 ff.
10 Walker, 2018, S. 124.
11 vgl. Jenni, 2004.
12 ebd.
13 Staton et al., 2015.
14 vgl. Karp, 2016.
15 ebd.
16 vgl. Pantley, 2019, S. 57.
17 vgl. Groschwald/Rosenkötter, 2016.
18 vgl. Carpenter et al., 2004.
19 vgl. Grossmann/Grossmann, 2012, S. 46.
20 Field, 1985.
21 Laudenslager, 1984.
22 vgl. Barry/McKenna, 2022.
23 Mc Kenna et al., 1990.
24 Jenni et al., 2003.
25 vgl. McKenna, 2022, S. 164 f.
26 Parks et al., 2023.

Mit Herausforderungen der Elternrolle umgehen

1 Stahl, 2018, S. 36.
2 vgl. Stahl, 2018, S. 54.
3 Stahl, 2018, S. 190.
4 Bifulco, 2004, S. 31–37.
5 Wardetzki, 2019, S. 201 ff.
6 Simon/Willenborg 2022, 137 f.
7 https://www.parents.com/parenting/moms/what-it-means-for-a-mom-to-feel-touched-out-how-to-cope/
8 Brisch, 2010, S. 119.
9 vgl. Brisch, 2010, S. 126.
10 ebd., vgl. auch Winnicott, 1960.
11 vgl. Stahl/Tomuschat, 2018, S. 75.
12 vgl. Stahl/Tomuschat, 2018, S. 98.

Spielen, Motorik und kognitive Entwicklung

1 vgl. Gray, 2015, S. 25.
2 vgl. Hüther/Hauser, 2012, 48 f.
3 Pikler, 2018, S. 190.
4 Pikler, 2018, S. 98.
5 Pikler, 2018, S. 193.
6 Pikler, 2018, S. 110.
7 Rijt, 2005, S. 138.
8 Rehm, 2021, S. 66.
9 https://www.lyrics.com/lyric/33148094/Die+Kita-Fr/Ich+bin+der+kleine+Hampelmann
10 Pikler, 2018, S. 196.
11 Rijt, S. 238.
12 https://signdict.org/entry/3634-warten/video/5196
13 vgl. Pikler, 2018, S. 227.
14 Block, 1979.
15 Largo, 2001, S. 134.
16 Rehm, 2021, S. 106.

Literatur- und Quellenverzeichnis

Aarts, M.: Marte Meo: Möglichkeiten der alltäglichen Entwicklungsunterstützung, Freiburg: Herder, 2023

Ainsworth, M. D. S. (1979): Attachment as related to mother–infant interaction. In: J. S. Rosenblatt, R. A. Hinde, C. Beer, M. Busnel (Hrsg.): Advances in the Study of Behavior, Vol. 9. New York: Academic Press, S. 1–51

Ainsworth, M. D. S. (1974/2003): Feinfühligkeit versus Unfeinfühligkeit gegenüber den Mitteilungen des Babys. In: Grossmann, K. E./Grossmann, K. (Hrsg.): Bindung und menschliche Entwicklung. John Bowlby, Mary Ainsworth und die Grundlagen der Bindungstheorie, Stuttgart: Klett-Cotta, S. 431–439

Andrews, L., Murray, L.: The Social Baby, Vereinigtes Königreich: Children's Project, 2000

Anisfeld, E., Casper, V., Nozyce, M., Cunningham, N. (1990): Does infant carrying promote attachment? An experimental study of the effects of increased physical contact on the development of attachment. Child Development, 61(5), 1617–1627

Arvedson, J. C., Brodsky, L.: Pediatric swallowing and feeding: assessment and management, Australien: Singular Thomson Learning, 2002

Barry, E., McKenna, J. (2022): Reasons to Bedshare: A Review of Effects on Infant Behavior and Development. Infant Behavior and Development 66, 101684

Bauer, J.: Warum ich fühle, was du fühlst. Intuitive Kommunikation und das Geheimnis der Spiegelneurone, München: Heyne, 2012 (20. Aufl.)

Bechmann, C.; Reimer, D.: Ich kann schon schlafen!, Hannover: Humboldt Verlag, 2022

Belsky, J., Garduque, L., Hrncir, E. (1984b): Assessing free play, elicited play and executive capacity in infant exploration: Relations to home environment and attachment. Developmental Psychology, 20, S. 406-417

Biber, D.: Frühkindliche Dysphagien und Trinkschwächen. Leitfaden für Diagnostik, Management und Therapie im klinischen Alltag, Wien: Springer Vienna, 2012

Bifulco, A. et al. (2004): Maternal Attachment Style and Depression Associated with Childbirth. Preliminary Results from a European und US Cross-Cultural Study. British Journal of Psychiatry 184; S. 31–37

Bledau-Greiffendorf, J. (2011): Physiologie des Schluckens und der Essfähigkeiten. In: Frey, Sophie (Hrsg.): Pädiatrisches Dysphagiemanagement, München: Elsevier, S. 23–40

Block, J. H. (1979): Another Look at Sex Differentiation in the Socialization Behaviors of Mothers and Fathers. In: J. A. Sherman and F. L. Denmark (Hrsg.): Psychology of Women: Future Directions of Research, New York

Bowlby, J. (1988d/2008): Erlebnisse und Gefühle, zu deren Verdrängung Kinder regelrecht gezwungen werden. In: Ders.: Bindung als sichere Basis. Grundlagen und Anwendung der Bindungstheorie, München: Ernst Reinhardt Verlag, S. 79–96

Braun, K., Helmeke, C., Bock, J. (2009): Bindung und der Einfluss der Eltern-Kind-Interaktion auf die neuronale Entwicklung präfrontaler und limbischer Regionen: Tierexperimentelle Befunde. In: K. H. Brisch, T. Hellbrügge (Hrsg.): Wege zu sicheren Bindungen in Familie und Gesellschaft. Prävention, Begleitung, Beratung und Psychotherapie, Stuttgart: Klett-Cotta, S. 13–52

Brisch, K. H.: SAFE. Sichere Ausbildung für Eltern, Stuttgart: Klett-Cotta, 2010 (5. Auflage 2013)

Brisch, K. H.: Bindung und psychische Störungen, Deutschland: Klett-Cotta, 2021

Butler, S. R. et al (1978): Maternal Behavior as a Regulator of Polyamine Biosyntheses in Brain and Heart of Developing Rat Pups, Science 199: S. 445-447

Carpenter R. G., Irgens L. M., Blair P., et al. (2004): Sudden unexplained infant death in Europe: findings of the European Concerted Action on SIDS, ECAS. Lancet, 363, S. 185–191

Cierpka, M.: Frühe Kindheit 0–3 Jahre. Beratung und Psychotherapie für Eltern mit Säuglingen und Kleinkindern, Berlin Heidelberg: Springer, 2012, 2014

Coan, J. A. (2008): Toward a neuroscience of attachment. In: Cassidy, J., Shaver, P. R. (Hrsg.): Handbook of attachment. Theory, research, and clinical applications. 2. Aufl., New York: Guilford Press, S. 241–256

de Zegher, F., Vanhole, C., Van den Berghe, G., Devlieger, H., Eggermont, E., Veldhuis, J. D.: Properties of thyroid-stimulating hormone and cortisol secretion by the human newborn on the day of birth, in: Journal of Clinical Endocriniology and Metabolism, 79 (2), 1994, S. 576–581

Derksen, B., Lohmann, S.: Baby-Lesen, Stuttgart: Hippokrates, 2009

Dube K., Schwartz J., Mueller M. J., Kalhoff H., Kersting M. (2010): Iron intake and iron status in breastfed infants during the first year of life. Clinical Nutrition (Edinburgh, Scotland), 29 (6), S. 773–778

Engel-Hoek, L. v. d.: Fütterstörungen. Ein Ratgeber für Ess- und Trinkprobleme bei Kleinkindern, Idstein: Schulz-Kirchner, 2008

Engl-Hoek, L. v. d., de Groot, S., van Haaften, L. (2007): Nijmeegse Observatielijst Lepelvoeding (NOL). Logopedie en Foniatrie 11, S. 360–364

Faure, M.: Was mein Baby will. Mimik und Körpersprache verstehen, München: Dorling Kindersley, 2011

Field, T. (1985): Attachment as psychobiological attunement: Being on the same wavelength. In: Reite, M., Field, T. (Hrsg.): Introduction to the psychobiology of attachment and separation, New York: Academic Press

Field, T. (1987): Affective and interactive disturbances in infants. In: J. D. Osofsky (Hrsg.): Handbook of infant development, John Wiley & Sons, S. 972–1005

Frey, W. H., Langseth, M.: Crying. The Mystery of Tears, Minneapolis: Winston Press, 1985

Gaca, A. C., Mierau, S.: Mein Schreibaby verstehen und begleiten. Der geborgene Weg für High Need Babys, Gräfe und Unzer, 2018

Gebhardt, M.: Die Angst vor dem kindlichen Tyrannen. Eine Geschichte der Erziehung im 20. Jahrhundert, Stuttgart: Deutsche Verlags-Anstalt, 2020

Gericke, W.: babySignal. Mit den Händen sprechen: Spielerisch kommunizieren mit den Kleinsten, München: Kösel, 2019

Goldberg, S., Grusec, J. E., Jenkins, J. M. (1999): Confidence in protection: Arguments for a narrow definition of attachment. Journal of Family Psychology, 13(4), S. 475–483

González, C.: Mein Kind will nicht essen. Ein Löffelchen für Mama …, Falkensee: La-Leche-Liga, 2002

Gray, P.: Befreit lernen: Wie Lernen in Freiheit spielend gelingt, Klein Jasedow: Drachen Verlag GmbH, 2015

Gresens, R.: Intuitives Stillen. Dem eigenen Gefühl vertrauen – die Beziehung zum Baby stärken – einfach und entspannt, München: Kösel, 2016

Groschwald, A., Rosenkötter, H.: Vom Wahrnehmen zum Lernen, Freiburg: Herder, 2017

Grossmann, K. E., Grossmann, K.: Bindungen. Das Gefüge psychischer Sicherheit, Stuttgart: Klett-Cotta, 2012

Haarer, J.: Die deutsche Mutter und ihr erstes Kind, München/Berlin: J. F. Lehmanns Verlag, 1934

Harlow, H. F. (1958): The nature of love. American Psychologist, 13 (12), S. 673–685

Harms, T.: Emotionelle Erste Hilfe: Bindungsförderung – Krisenintervention – Eltern-Baby-Therapie, Gießen: Psychosozial-Verlag, 2016

Harms, T.: Keine Angst vor Babytränen. Wie Sie durch Achtsamkeit das Weinen Ihres Babys sicher begleiten: das Elternbuch, Gießen: Psychosozial-Verlag, 2019

Howes, C., Spieker, S., (2008): Attachment relationships in the context of multiple caregivers. In: Cassedy, J., Shaver, P. R. (Hrsg.): Handbook of attachment: Theory, research, and clinical applications, New York: Guilford Press, S. 317–332

Hübl, N., da Costa, S. P. (2011): Breikost im Kindesalter: eine Herausforderung für Eltern und Kinder. Physiologie – Diagnostik – Auffälligkeiten – Therapie. In: Sprachförderung und Sprachtherapie 1/12, S. 32–39

Hüther, G., Krens, I.: Das Geheimnis der ersten neun Monate. Unsere frühesten Prägungen,Weinheim: Beltz, 2008

Hüther, G., Hauser, U.: Jedes Kind ist hoch begabt. Die angeborenen Talente unserer Kinder und was wir aus ihnen machen, München: Albrecht Knaus Verlag, 2012

Imlau, N.: Das Geheimnis zufriedener Babys. Liebevolle Lösungen, damit Ihr Baby ruhiger schläft und weniger weint, München: Gräfe und Unzer, 2013

Imlau, N.: In guten Händen. Wie wir ein starkes Bindungsnetz für unsere Kinder knüpfen, Berlin: Ullstein Buchverlage, 2022

Jenni O. G., Borbély, A. A., Achermann, A. (2004): Development of the nocturnal sleep electroencephalogram in human infants. Am J Physiol, Vol. 286, S. R528–R538

Jenni, O. G. et al. (2003): Perzentilenkurven für die Schlafdauer in den ersten 16 Lebensjahren, Pädiatrische Praxis, (63), S. 481–489

Jenni, O. G. (2009): Säuglingsschreien und Schlaf-Wach-Regulation, Monatszeitschrift Kinderheilkunde 6, S. 551–559

Karp, H.: Das glücklichste Baby der Welt. So beruhigt sich Ihr schreiendes Kind – so schläft es besser, München: Goldmann, 2016

Kirkilionis, E.: Ein Baby will getragen sein. Alles über das Tragen und seine Vorteile, Gießen: Psychosozial-Verlag, 2022

Klaus, Marshall H., Kennell, John H.: Mutter-Kind-Bindung. Über die Folgen einer frühen Trennung, München: Dt. Taschenbuch-Verlag, 1987

Koletzko B., et al. (2009): Lower protein in infant formula is associated with lower weight up to age 2 : a randomized clinical trial. Am. J. Clin. Nutr. 2009 June; 89 (6), S. 1836–1845

König, V.: Das große Buch der Babyzeichen: Mit Babys kommunizieren, bevor sie sprechen können, Erfurt: Verlag Karin Kestner, 2007

Kraemer, G. W., Clarke, A. S. (1996): Social attachment, brain function, and aggression. In: Understanding Aggressive Behavior in Children. Annals of the American Academy of Sciences, Vol. 794, S. 21–135

Kushida, C.: Encyclopedia of Sleep, Band 1, Elsevier, 2013

Largo, Remo H.: Babyjahre. Die frühkindliche Entwicklung aus biologischer Sicht, München: Piper, 2004

Laucht, M., Esser, G., Schmidt, M.H. (1992): Verhaltensauffälligkeiten bei Säuglingen und Kleinkindern. Ein Beitrag zu einer Psychopathologie der frühen Kindheit. Zeitschrift für Kinder- und Jugendpsychiatrie, 20, S. 22–33

Laudenslager, M.L., Reite, M.L. (1984): Losses and separations: Immunological consequences and health implications. Review of Personality & Social Psychology, 5, S. 285–312

Lester, B.M., Boukydis, C.F.: Infant Crying: Theoretical and Research Perspectives, New York: Plenum Press, 1985

Lohaus, A., Vierhaus, M.: Entwicklungspsychologie des Kindes- und Jugendalters, Berlin, Heidelberg: Springer, 2019

Lyons-Ruth, K., Jacobvitz, D. (2008): Attachment disorganization: Genetic factors, parenting contexts, and developmental transformations from infancy to adulthood. In: Cassidy, J. and Shaver, P.R., Eds., Handbook of Attachment. Theory, Research, and Clinical Applications. Guilford Press, New York, 666–697

McKenna, J.J., Mosko, S., Dungy, C., McAninch, J. (1990): Sleep and arousal patterns of co-sleeping human mother/infant pairs: A preliminary physiological study with implications for the study of sudden infant death syndrome (SIDS), American Journal of Physical Anthropology, 83 (3), S. 331–347

McKenna, J.J.: Safe Infant Sleep: Expert Answers to Your Cosleeping Questions, USA: Platypus Media, 2020

Meier, L.: Erste Hilfe für dein Kind. Verletzungen, Unfälle, akute Krankheiten: Vorbeugen und richtig handeln, Weinheim: Beltz Verlag, 2023

Middlemiss, W., Granger, D.A., Goldberg, W., A., Nathans, L. (2012): Asynchrony of mother-infant hypothalamic-pituitary-adrenal axis activity following extinction of infant crying responses induced during the transition to sleep, In: Early Human Development, Volume 88, Issue 4, S. 227–232

Miller, A.: Das Drama des begabten Kindes und die Suche nach dem wahren Selbst, Suhrkamp Verlag, 2013

Morris, D.: Babywatching - Die Körpersprache der Babys: Was dir dein Baby sagen will, München: Heyne, 1995

Morris, E.M., Klein, M.D.: Mund- und Esstherapie bei Kindern. Entwicklung, Störungen und Behandlung orofazialer Fähigkeiten, München: Urban & Fischer, 2001

Murkett, T., Ripplett, G.: Baby-led weaning. Das Grundlagenbuch: Der stressfreie Beikostweg, München: Kösel, 2013

Pantley. E.: Schlafen statt schreien, Stuttgart: Trias, 2019

Parks, S.E., DeSisto, C.L., Kortsmit, K., Bombard, J.M., Shapiro-Mendoza, C.K. (2023): Risk Factors for Suffocation and Unexplained Causes of Infant Deaths, Pediatrics January 2023, 151 (1)

Pikler, E.: Lasst mir Zeit. Die selbständige Bewegungsentwicklung des Kindes bis zum freien Gehen, München: Pflaum Verlag, 2018

Posth, R.: Vom Urvertrauen zum Selbstvertrauen. Das Bindungskonzept in der emotionalen und psychosozialen Entwicklung des Kindes, Münster: Waxmann, 2014

Powell, B., Cooper, G., Hoffmann, K., Marvin, B.: Der Kreis der Sicherheit. Die klinische Nutzung der Bindungstheorie, Lichtenau/West: G.P. Probst Verlag GmbH , 2015

Pridham, K. (1990): Feeding Behavior of 6 to 12 months old infants. Assessment and sources of parental information. Session III: Infant Feeding Behavior and Parenting. In: Journal of Pediatrics 117(2), S. 174–180

Rao, M.R., Brenner, R.A., Schisterman, E.F., Vik, T., Mills, J.L. (2004). Long term cognitive development in children with prolonged crying. Archives of Disease in Childhood, 89(11), S. 989–992

Rehm, N.: Gehen – Sprechen – Denken. Wie sich Babys aus eigener Kraft entwickeln. Praxisbuch zur frühkindlichen Entwicklung. Von 0 bis 3 Jahren, München: Kösel, 2021

Renz-Polster, H.: Kinder verstehen. Born to be wild. Wie die Evolution unsere Kinder prägt. 4. Aufl., München: Kösel, 2010

Renz-Polster, H., Imlau, N.: Schlaf gut, Baby! Der sanfte Weg zu ruhigen Nächten, München: Gräfe und Unzer, 2016

Renz-Polster, H. in: Gesundheit heute, hrsg. von Dr. med. Arne Schäffler. Trias, Stuttgart, 3. Auflage 2014

Rijt, Hetty van de, Plooij, Frans X.: Oje, ich wachse! Von den 10 »Sprüngen« in der mentalen Entwicklung Ihres Kindes während der ersten 20 Monate und wie Sie damit umgehen können, München: Mosaik, 2005

Rohde, A., Dorn, A.: Rund um die Geburt: Depressionen, Ängste und mehr. Hilfe und Selbsthilfe bei peripartalen psychischen Problemen, Stuttgart: Kohlhammer, 2023

Roth, R. (1987): Spielqualität und Konfliktverhalten bei 5-Jährigen im Kindergarten als Folge unterschiedlicher Eltern-Kind-Beziehungen im Kleinkindalter. Diplomarbeit, Universität Regensburg

Ryan, R.M., Deci, E.L., Grolnick, W.S. (1995): Autonomy, relatedness and the self: Their relation to development and psychopathology. In: D. Ciccetti, D.J. Cohen (Hrsg.): Developmental psychology, Bd. 1 New York: Wiley, S. 618–655

Sagi-Schwartz, A., Aviezer, O. (2005): Correlates of Attachment to Multiple

Caregivers in Kibbutz Children from Birth to Emerging Adulthood: The Haifa Longitudinal Study. In: K. E. Grossmann, K. Grossmann, E. Waters (Hrsg.): Attachment from infancy to adulthood: The major longitudinal studies, Guilford Publications, S. 165–197

Schäffler, A., Renz-Polster, H., Menche, N.: Gesundheit für Kinder. Kinderkrankheiten verhüten, erkennen, behandeln: Moderne Medizin – Naturheilverfahren – Selbsthilfe, München: Kösel, 2010

Schmidt, N.: artgerecht – Das andere Baby-Buch. Natürliche Bedürfnisse stillen. Gesunde Entwicklung fördern. Naturnah erziehen, Deutschland, Kösel-Verlag, 2015

Schultheiss, C., Nusser-Müller-Busch, R., Seidl, R. O. (2011): The semisolid bolus swallow test for clinical diagnosis of oropharyngeal dysphagia: a prospective randomised study. Eur Arch Otorhinolaryngol. 2011 Dec; 268 (12), S. 1837–1844

Sears, M., Sears, W.: Das Attachment-Parenting-Buch. Babys pflegen und verstehen, Leipzig: Tologo-Verlag, 2012

Seidl, R. O., Nusser-Müller-Busch, R. (2011): Endoskopische Schluckuntersuchung (FEES) bei Kindern. In: Frey, Sophie (Hrsg.): Pädiatrisches Dysphagiemanagement, München: Elsevier, S. 175–196

Seligman, M.: Erlernte Hilflosigkeit, Weinheim: Beltz, 2016

Simon, C. P., Willenborg, B.: Kind, du machst mich wahnsinnig! Wie uns in der Erziehung unsere eigenen Muster in die Quere kommen. Trigger-Situationen erkennen, verstehen und auflösen, München: Heyne Verlag, 2022

Stahl, S.: Das Kind in dir muss Heimat finden. Der Schlüssel zur Lösung (fast) aller Probleme, München: Kailash, 2015

Stahl, S., Tomuschat, J.: Nestwärme, die Flügel verleiht. Halt geben und Freiheit schenken – wie wir erziehen, ohne zu erziehen, Gräfe und Unzer, 2018

Staton, S. L., Smith, S. S., Thorpe, K. J. (2015): »Do I really need a nap?« The role of sleep science in informing practices in early childhood education and care settings. Translational Issues in Psychological Science, 1 (1), S. 32–44

Stern, A.: Wie man Kinderbilder nicht betrachten soll, Hamburg: Zabert Sandmann, 2012

Stern, D. N.: Tagebuch eines Babys. Was ein Kind sieht, spürt, fühlt und denkt, München: Piper, 1991

Sunderland, M.: Die neue Elternschule. Kinder richtig verstehen – ein praktischer Erziehungsratgeber, München: Dorling Kindersley, 2007

Tononi G., Cirelli C. (2006): Sleep function and synaptic homeostasis. Sleep Med Reviews, 10(1), S. 49–62

Trevarthen, C., (2005): Stepping away from the mirror: Pride and shame in adventures of companionship – reflections on the nature and emotional needs of infant intersubjectivity. In: Carter, C.S., Ahnert, L., Grossmann, K.E., Hrdy, S.B., Lamb, M.E., Porges, S.W., Sachser, N. (Hrsg.): Attachment and bonding: A new syntheses (Dahlem Workshop Report 92) Cambridge/MA: The MIT Press, S. 55–84

Valentin, L.: Die Kraft des Selbstmitgefühls. Wie wir unseren inneren Garten pflegen und zum Erblühen bringen können, München: Kailash, 2019

Vorster, A.: Warum wir schlafen. Weshalb unsere Beine manchmal keinen Schlaf finden, auch Schnecken sich schlau schlummern und andere faszinierende Erkenntnisse über den unbekannten Teil unseres Lebens, München: Heyne, 2019

Walker, M.: Das große Buch vom Schlaf, München: Goldmann, 2018

Wardetzki, B.: Ohrfeige für die Seele. Wie wir mit Kränkung und Zurückweisung besser umgehen können, München: dtv Verlagsgesellschaft, 2019

Weeß, H.-G.: Schlaf wirkt Wunder, München: Droemer, 2018

Weishaar, M.E., Young, J.E., Klosko, J.S.: Schematherapie: ein praxisorientiertes Handbuch, Paderborn: Junfermann, 2005

Wessel, M.A., Cobb, J.C., Jackson, E.B. et al. (1954): Paroxysmal fussing in infancy, sometimes called colic, Pediatrics 14(5), S. 421–435

Winnicott, D.W. (1960): Ego Distortion in Terms of True and False Self. In: Winnicott, D.W., Ed., The Maturational Processes and the Facilitating Environment: Studies in the Theory of Emotional Development, Karnac Books, London, S. 140–152

https://www.still-lexikon.de/das-korrekte-anlegen/

https://www.bfr.bund.de/de/empfehlungen_zur_stilldauer___einfuehrung_von_beikost-54044.html

www.kindernotfall-bonn.de/ersticken-kind-notfall/

https://www.parents.com/parenting/moms/what-it-means-for-a-mom-to-feel-touched-out-how-to-cope/